VdN

Jakob Wassermann

Donna Johanna von Castilien

Historische
Erzählungen

Verlag der Nation
Berlin

Herausgegeben und mit einem Nachwort
von Otto Matthies

ISBN 3-373-00255-9

1. Auflage 1988

Lizenz-Nr. 400/48/88
LSV 7311
Einband: Franz Zauleck
Typographie: Kerstin Vorwerk
Gesamtherstellung: Karl-Marx-Werk Pößneck V15/30
Best.-Nr. 696 937 8
01180

Sabbatai Zewi

Gemächlich schwebt die Zeit hin über die Länder und über die Geschlechter, und wenn sie auch Städte zertritt und Wälder zerstampft und neue Städte und neue Wälder hinwirft mit gleichgültiger Gebärde, so vermag sie doch dem heimatlichen Boden niemals seine Lieblichkeit zu rauben oder seine Rauheit, kurz, jene Gestalt und jenes Antlitz, womit die Heimat ihren Sohn erfüllt, indem sie ihn gleichsam als ihr Eigentum in Anspruch nimmt und ihm auf den Weg seines Lebens die Worte ins Herz sät: Aus meinem Ton bist du gemacht.

Die süße und einschmeichelnde Linie des Horizonts, die von den Mauern Nürnbergs über Altenberg nach der Kadolzburg zieht, hat sicherlich im Lauf der Jahrhunderte keinerlei Veränderung erlitten; es sei denn, daß ein gewitterreicher Sommer eine einsame Pappel gefällt oder daß eine ungestüme Überschwemmung einen stillen Fichtenhain mit fortgerissen hätte.

Dort, wo Rednitz und Pegnitz zusammenfließen, haben freilich die letzten zweihundert Jahre den Flor der Wälder vernichtet, aber weiter hinüber, jenseits der alten Feste mit ihren Steinbrüchen und ihren dunklen Tannen, dehnt sich der fränkische Gau seit Urandenken als eine weite, breite, friedliche, fruchtbare Ebene, wo das Korn gedeiht und die

Kartoffel gedeiht und der Mohn blüht und die weiße Rübe reift.

Aber in jenem Winkel zwischen den beiden Strömen haben die Kriege des siebzehnten Säkulums dem natürlichen Schmuck des Bodens gar sehr Abbruch getan. In den dreißiger Jahren befand sich hier das große Lager der Schweden, und der geängstigte Bauer fand seine Äcker mit Blut gedüngt. Schnellfüßig hastete der Kriegsschrecken durch Franken, und die kurfürstlich Onolzbachischen und die Nürnbergischen sahen sich gleicherweise gedrängt, Mut und Gottvertrauen nicht fahrenzulassen. Lange Jahre gingen hin, bis die zertretenen Felder wieder zu ihrer natürlichen Fruchtbarkeit erstarkten, und selbst nach dem Friedensschluß lag noch manches Stück Land verödet. Überall zeigten sich Spuren frecher Feindeshände. Unweit der Kapelle Karls des Großen, die am Schießanger in Fürth steht, ragt ein mächtiger Steinhaufen in die Höhe, und man sagt, die Schweden hätten ihn aufgerichtet als ein Wahrzeichen ihrer Siege: nämlich jeder Stein bedeutet ein geplündertes Haus. Langsam entfaltete sich der Frieden wieder; schüchtern wuchs er heran und sah mit ungläubigen Augen ins ebene Land der Regnitz hinauf. Das Volk begann zu vergessen, und es kam die Zeit, wo schon die Väter und die alten Veteranen von den Schrecken der Schlacht erzählten, und sie ließen sich die Mühe nicht verdrießen, die erlittenen Fährlichkeiten phantasievoll auszuschmücken und, was sie an Heldentaten von andern vernommen, sich selbst zuzuschreiben. So war es Kriegerbrauch seit Kriege bestehen, und auch die von Franken waren mit ihrer Zunge mehr Helden als mit ihrem Arm. Der Krieg gewinnt an Buntheit und an Frohheit, wenn ihn die Jahre fortgetragen haben, und gar mancher erzählt schmunzelnd von denselben Greueln, die ihn einst erzittern ließen bis in seine tiefste Seele.

Auf jenem Schwedenstein bei der Kapelle befand sich

unter vielem andern Gemäuer ein gut zubehauener Granitblock, welcher mit seltsamen und fremdländischen Lettern bemalt war. Es war eine jüdische Inschrift auf einem Grabmonument; die Schweden hatten ihn vom Gottesacker der Juden gestohlen und ihn mitten unter die Steine rechtgläubiger Christen geworfen. Kein Christ wagte es aber, den Stein zu entfernen, denn ein großes Befremden ging von seinen verschnörkelten Lettern aus, und sie hatten Furcht, daß sie dem Bann eines Zauberspruchs verfallen möchten, wenn ihre Hand den verruchten Judenblock berührte. Mehr als drei Jahrzehnte lag der Grabstein so; wollte man seine Inschrift in die Sprache jener Zeit übersetzen, so lautete sie: «Der schöne Joseph, den man nur gern angesehen, unsere Augen-Lust, ist nicht mehr vorhanden. Jetzt sind ihm Gabriel und Michael als Hüter zu seiner rechten und linken Hand zugegeben worden. Die Jahre seines Lebens waren wenig und bös. Er brachte sie nicht höher als auf siebzig. Er war ein solcher Regent, der wie Barak und Deborah das Volk mit großem Ruhm regieret. Er suchte seine Lust in dem Studieren, sein Sterben war wie seine Geburt, nämlich ohne Sünde. Als seine Seele am fünften Tag in der Woche von ihm geschieden, hörte man Heulen und Weinen. In Bamberg ist er freudig gestorben, den achtundzwanzigsten Tag des Sivans. Jetzt ist dies die Zeit, da wir vor Jammer und Herzeleid unsere Kleider zerreißen und unserer Augen Tränen fließen lassen. Nach seinem Abscheiden hat man ihn zu Fürth zur Grabesruhe gebracht. Seine Seele soll gebunden sein in das Bündelein der Lebendigen mit der Seele Abrahams, Isaaks und Jakobs und der Sara.»

Lange Zeit hindurch war es der Kummer der Juden, einen Stein aus ihrem Heiligtum solcher Entweihung preisgegeben zu wissen. Sie glaubten, die Seele des schönen Joseph, des Naphtali Sohn, hätte keine Ruhe und wandle allnächtlich klagend zum Schwedenstein. Denn auch sie wagten nicht, den Stein zu entfernen, weil der Schwedenstein als eine Art von Friedenssymbol galt und jede Beschädigung einer Vorbedeutung neuen Krieges gleichgeachtet wurde. Schwer trugen der Bürger und der Bauer noch an Kriegeslasten, und viele ließen vom Pfaffen ein Bittgebet um langen Frieden sprechen.

So stand also das Grabmal der Juden unter ungleichartigen Genossen wie ein Fremdling aus weiter Ferne. Es sprach eine unbekannte Sprache, und seine edlere Form ließ es zu besserem Dienst berechtigt erscheinen. Es blickte nicht hinaus auf die Ebene, sondern sah herein gegen die niederen Häuser und in die krummen, winkeligen Gassen von Fürth. Unfern rauschte der Fluß hinunter ins Bistum Bamberg, und wenn er im Herbst die gelben Fluten zum Uferrand und noch weit darüber hinauswälzte, so mußten bisweilen einige Linden am Schießanger ihr Leben lassen. Das Wasser brach sie wie dürre Zweiglein und trieb sie ins Mainland hinab, innig gesellt mit Balken und Astwerk und Hausgeräten und allerlei spaßhaften Dingen, die der wild gewordene Strom aus der Stadt Nürnberg mit sich führte.

Wenn der Stein des schönen Joseph an Gottesfrieden verlor, so gewann er hingegen an Weltweisheit und Kenntnis der Dinge und Menschen. Ernst besah er sich das Treiben der Leute, die um ihn herumwandelten wie Sperlinge um einen gedeckten Tisch; Gewitter und Schneegestöber, Regen und Sonnenhitze, er hielt sie mit gleicher Geduldigkeit aus, und wenn die sanfte Nacht seine graue Stirn beschattete, so schien darauf noch ein süßer Abglanz der letzten purpurnen Sonnenröte zu haften oder ein Vorglanz des kommenden Morgenrots. Denn die Sonne strahlt diesem Erdstrich beim Aufgang und beim Niedergang mit einer unerhörten Glut, was die Gelehrten dem Dünstereichtum des Landes zuschreiben.

Fest, Tanz und Kirmesspiel waren von jeher üblich bei den Fränkischen, die einen leichten Sinn haben und ihre

Pfennige gern zum Schenkwirt tragen. An einem Kirchweihtag im Oktober, siebzehn Jahre nach dem großen Friedenspakt – das Volk jubelte auf dem Schießanger, zum Tanze schwangen sich die Mädchen, und lustige Weisen spielten die Zigeuner und Spielleute –, ging ein alter Mann, nachdem er lange Zeit nachdenklich vor der jüdischen Inschrift am Schwedenstein gestanden, gegen den Anger zu. Der Abend sank schon herab, und der Himmel war von einem matten Rot getränkt. Blaue Schatten fielen auf den rauschenden Fluß, Schmiedehämmer tönten von fernen Gassen her, und der schrille Laut verklang erst weit draußen in den Wiesen. Dann setzte wieder die Musik ein: Orgel und Fiedelbögen, die Maultrommel und die Wasserpfeife. Die Buben lachten und sprangen wild um die alten Bäume, und die Mädchen hatten glänzendere Augen an diesem festlichen Tag. Die Nürnberger Kaufleute boten nie gesehene Waren aus, und Seiltänzer, Taschenspieler und Zigeuner versprachen Wunder ihrer Kunst zu bieten. Als die Dämmerung herabsank, wurden Pechfackeln an die Stämme und die fahrenden Häuser der Komödianten befestigt, und der schwere braune Rauch erhob sich in weiten Wellungen, zog hinüber gegen den Strom, zog über die Wiesen hin, und einzelne Funken sprangen knisternd in die Lindenäste. Die dumpfe Glut gab den Gesichtern der Menschen ein abenteuerliches Farbenspiel, und die Sterne am Himmel verblaßten für jeden, der sich in dem trüben Lichtkreis befand. Der alte Jude hielt die rechte Hand wie einen Schirm über die Augen und blickte finster und forschend in das heitere Getümmel. Sein Gesicht war von grünlichweißer Färbung, und ein roter Bart floß mager um Wangen und Kinn, so daß er nur eigentlich eine Art von Rahmen bildete und dem Gesicht etwas Fremdes, etwas erschreckend Deutliches verlieh. Die braunen Sterne seiner Augen irrten unruhig in dem geröteten Weiß umher, und bisweilen erweiterten sich die Pupillen rasch wie die eines

Raubtieres. Es waren Judenaugen: voll Hast, voll Unfrieden, voll von unbestimmtem Flehen, von einer gedrückten Innigkeit, bald in Leidenschaft flackernd, bald in Schwermut alle Glut verlierend, die Augen des gehetzten Tieres, das angstvoll und kraftlos die Blicke dem Verfolger zuwendet oder in bebender Sehnsucht hinausstarrt in das ferne Land der Freiheit. «Das Volk ist wild», murmelte er, «da tanzen sie und blasen Schalmeien, und morgen schon wird Gott ein Gericht halten.» Er blieb stehen, verbeugte sich tief nach Osten und lispelte ein kurzes Gebet durch die schmalen Lippen.

Unter den Linden des Angers tanzte ein Zigeunermädchen einen wunderlichen Tanz, und zwei Burschen spielten die Geige dazu. Eine Menge von Zuschauern hatte sich im weiten Kreis versammelt, und alle waren atemlos vor Schaubegierde. So war es immer in den Tagen Remigius, Leodegar und Lukretia in Fürth; die Menschen erwachten aus dem drückenden Traum ihrer Sorgen und dünkten sich freigeboren und glückbestimmt einmal im Jahr.

Nach der Zigeunerin kam ein junges Mädchen von großer Schönheit langsam in die Mitte des Kreises. Sonderbar irrten schmale Schatten auf ihren bleichen Wangen und auf ihrer Stirn, und sie war schlank wie jene Frauen, die man zu Florenz malte. Ein langes Gewand floß an ihrem Leib herab, und sie begann, ohne die Arme zu bewegen, ohne die Augen vom Boden zu erheben, mit klagender Stimme ein Rezitativ:

> Ich weiß nicht, wo's Vögelein ist,
> ich weiß nicht, wo's pfeift.
> Hinterm kleinen Lädelein,
> Schätzlein, wo leist?
>
> Es sitzt ja das Vögelein
> nicht alleweil im Nest,

schwingt seine Flügelein,
hüpft auf die Äst.

Wo ich gelegen bin,
darf ich wohl sagen.
Hinterm grün Nägeleinstock
zwischen zwi Knaben.

Doch sang sie diese Worte leise und melancholisch. Ihre Lippen zitterten, und sie senkte den Kopf tief gegen die Brust. Der Harlekin kam und äffte sie, aber sie blieb starr wie eine Bildsäule; er begann an ihr herumzuschnuppern und erklärte endlich grinsend, das sei ein feines Aschenputtel für sein Ehegespons. Er wollte sie umfassen und davontragen, da kam ein Ritter in glänzender Rüstung, um sie zu befreien. Der Hanswurst verwandelte sich und stand nun in seiner wahren Gestalt da: als der Teufel. Er kämpfte mit dem Ritter, und als er nahe daran war zu siegen, zog jener ein elfenbeinernes Kruzifix heraus und hielt es dem Bösen hin. Der Satan stieß ein schreckliches Geheul aus und sprang in großen Sätzen davon.

Da trat aus einer Lücke in dem Kreis der Zuschauer der alte Jude, stieg über die niedrige Planke hinweg, und sein langer Kaftan flatterte im Abendwind, als er auf das blasse Mädchen zuschritt. Sie schlug ihre Augen zu ihm auf und schüttelte sich plötzlich wie im Fieberfrost; seine Blicke bohrten sich gleich Nadeln in sie ein, und sie las etwas in dem flackernden Feuer dieser Augen, das lange schon ihre Seele mit grüblerischer Furcht erfüllt hatte. Es war, als ob ihre Seele auf einmal von frühen Erinnerungen der Kindheit ergriffen würde und darüber erschüttert wäre. Der rotbärtige Jude hatte seine Finger um ihren Arm gelegt, daß sie wie Spangen sich schlossen, und er blickte sie unverwandt an, als ob er einen Wunsch, einen unwiderstehlichen Befehl tief in ihr Herz zu senken wisse, so daß kein Wesen daran zu rühren vermochte. Die Musik schwieg, der Lärm in der nahen Runde dämpfte sich zum Gemurmel, viele empfanden ein zielloses Grauen, viele nur Neugier und Erwartung. Den Fluß hörte man rauschen, der Wind strich durch die Bäume; er warf gelbe Blätter herab, und eine leichte Kühlnis ging herbstahnend über den Anger. Der Jude beugte sich nieder und murmelte in des Mädchens Ohr: «Gedenkst du noch an den Feuerbrand in deiner Heimat, Zirle? An den Vater, an die Mutter, an die Brüder und an alle andern, die tot sind? Zirle, denkst du's noch?» Tränen flossen über des Mädchens Wangen, und es schaute völlig verloren in eine vergangene Nacht. Und der Alte fuhr fort: «Um die Mitternacht des nächsten Vollmondes mußt du zu mir kommen; du wirst Zacharias Naar zu finden wissen, wo es auch sei. Den Messias verkündige ich, dem die geheimnisvollen Tiefen der Wesenheiten offenbar geworden sind.»

Ein unwilliges Murren erhob sich über die Störung des Festes und der Fröhlichkeit. Zacharias Naar wandte sich ab von dem Mädchen und schritt bald darauf langsam dem Ausgang des Angers zu. Niemand kannte ihn, alle wichen ihm aus, und schnell lief ein Wort von Mund zu Mund: Ahasverus. «Ja, ja, er laufft umher wie der tolle Judt», sagte ein verschrumpftes Weiblein und schnüffelte mit der dünnen Nase in der Luft umher. Sie wisse einen Spruch, erzählte sie mit klirrender Stimme den jungen Leuten, die sie umstanden:

Der Jud Ahasverus, weit und breit
vor alters und vor dieser Zeit
bekannt, geht nun durch alle Welt,
redt alle Sprachen, veracht' das Geld.
Was er von Christo reden tut,
kannst hören hie, doch mit Unmut.
Veracht' ihn nicht, laßt wandern ihn,

weil Gott ihm geben solchen Sinn:
daß er von Christo, seinem Sohn,
redt alles Guts und ohne Hohn.
Ihn zehret ungemeßne Pein,
es ängstet ihn der Sonnenschein,
dein Urteil, wie es auch mag sein,
laß Gott, der kennt das Herz allein.

Zacharias Naar schritt durch die dunklen Straßen des Orts zum Tempel der Juden. Dort war noch Gottesdienst, denn es war der Vorabend des Versöhnungsfestes. Bald stand er unbeachtet unter der Menge der Gebete Murmelnden, den Tallis um die Schultern, und starrte mit glühenden Augen gegen den Altar. Keine friedliche Feststimmung herrschte in diesem Raum. Jeder schien seinem Gott für sich zu dienen, und bisweilen entstand ein unbestimmter Lärm, in dem sich eine schreiende oder keifende Stimme abhob. Ein dumpfer Höhlengeruch erfüllte das Gotteshaus; es roch nach altem Leder, nach alten Gewändern, nach Rauch und faulem Holz. Kinder standen umher und glotzten mit stumpfsinniger Andacht in Bücher mit gebräunten Blättern. Der Raum glich einem unterirdischen Gemach für Verschwörer, einer Büßerklause für Asketen; nichts von Lebensfreude und nichts von Gottesfreude war hier zu finden. Die Lichter qualmten, und wer aus freier Lust hereinkam, glaubte alsbald in eine schwül qualmende Schlucht zu versinken.

Das letzte Kaddisch war beendet; alle rüsteten sich zum Aufbruch. Da schritt Zacharias Naar dem Altar zu und erhob die Hand: ein Zeichen, daß er zu reden wünsche. Es wurde still, und aller Augen wandten sich dem Fremdling zu. Der begann – nicht laut und scheinbar mehr für sich selbst. Er sprach zuerst in hastig hingeworfenen Worten von der Niedrigkeit und Erbärmlichkeit des jüdischen Volkes; von der Unterdrückung, die es erlitten, und von der

Zerstreuung in alle Teile der Welt. Dann, als er gewiß war, daß alle aufmerksam lauschten, wurde seine Stimme lauter, sie verlor den belanglosen Ton, und seine Augen begannen zu blitzen. Er rief den alten Gott der Juden an, der Verheißung auf Verheißung gehäuft und die Armut über sein erwähltes Volk geschüttet habe und die Qualen der Heimsuchung, ärger als zur Zeit der ägyptischen Plagen. Es wurde totenstill. Selbst die Mauern schienen zu lauschen und die Worte mit Begierde einzusaugen. Der Redner fuhr fort: «Der Zorn des Herrn ist entbrannt wider sein Volk, und er streckt seine Hand aus, und er schlägt es, so daß die Berge erzittern und ihre Leichen wie Kehricht auf den Straßen liegen. Haben sie uns nicht beschuldigt: Ihr vergiftet unsere Brunnen? Haben sie nicht unsere Brüder hingeschlachtet zu Tausenden? Haben sie nicht geschrien: Ihr nehmt das Blut unserer Kinder zum Opfer beim Passahfeste? Ihr nehmt das Blut und braucht es für eure schwangeren Weiber? Haben sie uns nicht ausgewiesen aus ihren Städten und unsere Häuser verbrannt und unsere Güter geraubt? Müssen wir nicht vogelfrei dahinwandern, und viele finden keine Hütte, wie Kain, der seinen Bruder erschlug? Haben sie uns nicht aufs Rad geflochten und den Henkern im Land preisgegeben wie krankes Vieh? Nicht unsere Kinder verbrannt, nicht unsere Weiber geschändet und, als die Pest kam, nicht schlimmer unter uns gewütet denn die Pest? Bei alledem hat sich der Zorn des Herrn nicht gewandt. Doch jetzt, jetzt wird er ein Panier aufrichten dem Heidenvolk aus der Ferne und wird ihm pfeifen vom Ende der Erde, und siehe, eilends, flugs kommt es. Kein Matter und kein Strauchelnder ist darunter; nicht gibt es sich dem Schlummer noch dem Schlafe hin; auch springt nicht der Gurt seiner Lenden noch zerreißt der Riemen seiner Schuhe. Die Hufe seiner Rosse sind wie Kiesel zu achten und seine Räder wie der Sturmwind. Gebrüll hat's wie die Löwin und brüllt wie die jungen Löwen und knurrt und packt den Raub und trägt ihn davon, und niemand vermag zu retten. Und es wird über Juda dröhnen wie Meeresdröhnen, und blickt er auf das Land hin, siehe, da ist angsterregende Finsternis, und das Licht ward dunkel in dem Gewölbe darüber. Nahet euch, ihr Heiden, um zu hören, und ihr Völker, merket auf! Es höret die Erde, was sie erfüllet, der Weltkreis und alles, was ihm entsproßt. Denn einen Groll hat der Herr auf alle Heiden, er hat sie bestimmt für die Schlachtung, und ihre Erschlagenen werden hingeworfen, und ihre Leichen – aufsteigen soll ihr Gestank, und es sollen die Berge zerfließen von ihrem Blut. Die Sterne sollen zerbröckeln, und wie ein Pergamentum soll der Himmel zusammengerollt werden. Aber unsere Trift soll lustig sein, frohlocken soll unsere Steppe und blühen wie die Narzisse. Sie soll blühen, ja blühen und frohlocken, frohlocken und jubeln! Die Herrlichkeit des Libanon wird ihr geschenkt und die Pracht des Karmel. Stärkt die erschlafften Glieder, und die wankenden Knie macht fest! Sagt zu denen, die bekümmerten Herzens sind: Seid stark! Aufgetan werden die Augen der Blinden und die Ohren der Tauben geöffnet! Dann wird wie ein Hirsch der Lahme springen und jubeln die Zunge des Stummen. Denn seht: ein Mann ist aufgestanden in der kleinasiatischen Stadt Smyrna, das ist der wahre Messias, und das Himmelreich ist nah! Ja, ich sehe eure Blicke leuchten und eure Hände beben! Habt ihr ihn nicht rufen hören von den Gestaden des Mittelmeers? Ein neues Erlösungswerk geht ihm voran, und Olam ha Tikkun wird erstehn. Das göttliche Wesen hat er allein erkannt, er, Sabbatai Zewi! Sammelt euch, Brüder, richtet euch empor, richtet eure Weiber empor, lehrt eure Kinder seinen Namen aussprechen, und eure Waisen tröstet mit seinem Wort! Im Jahre fünftausendvierhundertundacht der Welt begann die Erlösungszeit zu tagen, und in diesem Jahre hat sich Sabbatai Zewi uns offenbart. Wunder über Wunder hat er verrichtet, und die Juden des Morgenlandes jauchzen ihm zu.»

Ein furchtbarer Tumult unterbrach den Redner. Lange schon war die Kunde von dem Ereignis nach Franken gedrungen, aber stets waren es nur dunkle Laute gewesen, geheimnisvolle Andeutungen: von wandernden Mönchen, von wandernden Juden oder von Zigeunern hergetragen. Es war nur das dumpfe Geräusch eines sehr fernen Wetters gewesen, das die Gemüter wohl in nächtlicher Stille und Träumerei zu ergreifen vermag, aber das Licht des Tages machte zweifeln und ungläubig. Zum ersten Male nun war es wie ein Trompetenstoß in die Ohren der Juden gefahren, wie ein heller, schmetternder Schlachtruf, wie ein Klirren von tausend Schildern und Schwertern, ein Auferstehungsschrei. Es wurde leuchtend um ihre Augen, ringsherum ward es Tag, das bange Los der Unterdrückung schien dem Ende nahe: Sonne, Freiheit, göttliches Auserwähltsein zu großen Dingen, Glanz und Freudigkeit und verzückte Sehnsucht – eine wundervolle Erfüllung tausendjähriger Glaubensdienste. In ihre bedrückten Seelen fuhr es wie der Aufruf zu einer neuen Weltordnung; Knaben sahen sich zu Männern geworden, Männer ballten ihre Fäuste, und es rieselte ihnen kalt und heiß über den Rükken. Und als der erste Taumel sich gelegt, drängten sie sich um den Fremden, bestürmten ihn um Einzelheiten und lauschten, lauschten. Vergessen war die Stunde der Heimkehr, vergessen die Gebote des Fasttags; die Weiber drängten sich aus ihren Verschlägen und hörten mit erhitzten Wangen zu. Sie sahen ihn in ihrer Phantasie lebendig werden, den geheimnisvollen Propheten von Smyrna, der am hellen Tag der Geschichte wie ein glühendes Meteor hinwandelte und, ergriffen von lurjanischer Mystik, das Ende der Zeitalter herbeizuführen glaubte. Zacharias Naar erzählte, versunken und hingegeben gleich einem Träumenden: wie Sabbatai seinen Leib kasteite und Sommer und

Winter, bei Tag oder bei Nacht im Meer badete. Wie sein Leib vom Wasser des Ozeans einen Wohlgeruch erhielt und sein Auge klar davon wurde. Niemals hatte er ein Weib berührt, und obwohl er zwei Frauen vermählt worden war, mied er sie und verstieß sie bald. Ernst und einsam war sein Wesen, und er hatte eine schöne Stimme, mit der er die kabbalistischen Verse oder seine eigenen Poesien sang. Das Jahr sechzehnhundertsechsundsechzig bezeichnete er als das messianische Jahr; den Juden sollte es eine neue Herrlichkeit bringen, und sie sollten nach Jerusalem zurückkehren. Seine Seele ergab sich jauchzend dem süßen Rausch des Gottesbewußtseins. Man hatte ihn von Smyrna verjagt, aber da brach das glimmende Feuer zur verheerenden Flamme aus: seine Demütigung war seine Größe geworden und seine Verklärung. Er ließ zu Salonichi ein Fest bereiten und vermählte sich in Gegenwart seiner Freunde feierlich mit der Heiligen Schrift: Thora, die Himmelstochter, ward mit dem Sohn des Himmels in unzertrennlichem Bund vereinigt. Fünfzig Talmudisten speisten an seiner Tafel, und kein Armer ging hungrig von seiner Türe. Er vergoß Ströme von Tränen beim Gebet, und nächtelang sang er bei hellem Kerzenlicht die Psalmen. Er sang auch Liebeslieder. Er sang das Lied von der schönen Kaisertochter Melliselde:

Aufsteigend auf einen Berg
und niederschreitend in ein Tal,
kam ich zur schönen Melliselde
in des Kaisers Krönungssaal.
Mild kam sie einher
mit flutendem Haar,
und ihr Antlitz milde,
süß ihre Stimme war;
ihr Antlitz glänzte wie ein Degen,
ihr Augenlid wie ein Bogen von Stahl,

ihre Lippen waren Korallen,
ihr Fleisch wie Milch so fahl.

Die Kinder folgten ihm auf den Straßen, indes die Mütter seinen Namen lobpriesen. Er ließ verkünden, daß er vom Flusse Sabbation aus die zehn Stämme nach dem heiligen Lande führen werde: auf einem Löwen reitend, der einen siebenköpfigen Drachen werde im Maule haben …

Wie von einem ergreifenden Zauber umschlungen, wanderten die Juden nach Hause. Das Fieber der Erwartung hatte sie gepackt, das von Land zu Land floß wie ein berauschender Strom. In dieser Nacht konnte keiner schlafen.

Man sagte damals, der Herr der Welten öffne seine Tore, den Propheten zu empfangen, oder er pflücke die Sterne vom Himmel, als wären es Trauben am Rebstock, das Volk sähe ein edles Licht, und die Todesschatten verschwänden neben ihm; hinabgestürzt sei die Pracht der Könige und das Rauschen ihrer Harfen; der Prophet steige zum Himmel empor, und oberhalb der Gestirne errichte er seinen Thron; viele Stimmen schrien zu ihm empor: Wächter, wie weit ist's in der Nacht? Da verkündete er schon das Morgenrot. In seiner Nähe gab es nichts Alltägliches mehr, der Fürst schien dem Bauer gleich, der Bettler dem Richter, keine liebende Hand streckte sich dem Kranken hin, und es war erhaben, alle Pein der Kasteiung zu erdulden und der aufgehenden Gnadensonne zerknirscht entgegenzuwinseln. Die Schule der Kabbalisten glaubte die Verkündigung klarer zu verstehen. Aus dem göttlichen Schoß hatte sich die neue göttliche Person entfaltet, der wahre König, der Messias, der Erlöser und Befreier der Welt, und die Herrschaft des Metatron ist zu Ende. Es steht aber im Buche Sohar, sagten sie: Metatron ist das erste der Geschöpfe, der Abglanz Gottes; er ist die mittelste Säule, die das Himmlische vollkommen macht; er ist das Vereinigende in der Mitte. Denn der wahre Messias ist der verkörperte Urmensch, der Adam Kadmon der Schrift, ein Teil der Gottheit.

Der Tag brach an, ein trüber und dunstiger Herbstmorgen. Kühler, trockener Wind ging durch die Gassen. Die christlichen Einwohner waren verwundert über das aufgeregte Wesen der Juden. Der Rabbi Bärmann rannte bleich von einem Haus ins andere. Der Rabbi Salman Klef stand, ein vergilbtes Pergament lesend, stundenlang vor seinem Haus. Salman Ulman Käsbauer rief mit lebhafter Stimme nach dem Fremdling von gestern. Hutzel Davidla hinkte nachdenklich umher, und Boruchs Klöß wurde nicht müde, an den heiligen Fasttag zu erinnern und daß man zur Schul gehen müsse. Gegen neun Uhr kam ein staubbedeckter Bote aus der Richtung der Stadt Nürnberg. Er brachte ein Sendschreiben. Michel Chased, der Chassan, nahm es entgegen, und die Juden, Männer, Weiber und Kinder in stets wachsender Anzahl, sammelten sich um ihn, als er mit lauter Stimme vorlas. Das Schreiben kam von dem berühmten Samuel Prime, einem Jünger des Sabbatai, und lautete: «Der einzige und erstgeborene Sohn Gottes, Sabbatai Zewi, Messias und Erlöser des jüdischen Volkes, bietet allen Söhnen Israels Frieden. Nachdem ihr gewürdigt worden seid, den großen Tag und die Erfüllung des Gotteswortes durch den Propheten zu sehen, so müssen eure Klagen und Seufzer in Freude und eure Fasten in frohe Tage umgewandelt werden. Denn ihr werdet nicht mehr weinen. Freut euch mit Gesang und Lied und verwandelt den Tag der Betrübnis und der Trauer in einen Tag des Jubels, weil ich erschienen bin.»

Ein Todesschweigen folgte diesen Worten. Die Zumutung des Propheten war für dies Volk, das mit unerschütterlichem Fanatismus am Hergebrachten, am überlieferten Gesetz hing, etwas Furchtbares und Unerhörtes. Wolf Käsbauer wurde weiß wie Schnee und stotterte ein hebräisches Gebet. Viele andere, besonders Frauen, beteten ihm nach.

Aber es waren doch auch solche da, die von Mut erfüllt waren für die neue und große Sache. Sie riefen Halleluja, und ihre Augen leuchteten dem Kommenden froh entgegen. Der Messias, weil er so fern war, wuchs ins Unermeßliche vor ihren Augen, sein Haupt stand golden in den Morgenwolken, ihre Seele war ausgefüllt von ihm, weil der Druck niederer Dienstbarkeit auf ihnen lastete, die Verachtung eines ganzen Volkes, einer ganzen Welt. Tagelang wohnte eine dumpfe Angst über den Juden in Fürth; sie wagten nicht aus ihren Häusern zu gehen, sie ergaben sich ganz den Gefühlen der Zerknirschung oder der Erbitterung oder der Reue oder der Hoffnung.

Da kam am zweiten Tage nach dem Fest die Kunde aus Norden, der berühmte Hamburger Jude Manoel Texeira, der Vertraute der Königin Christine von Schweden, habe sich öffentlich in der Synagoge für den Messias erklärt. Aus Amsterdam, aus London, aus Prag, aus Mainz, aus Frankfurt und aus Wien gingen Huldigungen an den Propheten ab, und seltsame Zeichen am Himmel machten auch den Christen das Herz schwer. Der Jude Wassertrüdinger in Fürth, genannt Weiber-Lambden, der bei schwangeren Weibern herumging und mit lauter Stimme Gebete las, sah nämlich am Samstagabend, dem ersten des Monats Tibeth, einen großen anwachsenden Feuerschein am nördlichen Himmel. Seine Augen wurden naß vor Grauen, und mit seinem Hinkbein lief er, so schnell es ging, in die Häuser der Juden und schrie mit halberstickter Stimme, daß Gott ein Zeichen gegeben habe. Viel Volk sammelte sich schweigend an den Ufern der Regnitz und Pegnitz, und Christen und Juden standen in gleicher Furcht, in gleicher mystischer Andacht Schulter an Schulter. Zacharias Naar tauchte auf, fiel am Schilf des Flusses nieder und wandte sein gelbes Gesicht mit den weiten Augen dem himmlischen Feuer zu. Er begann ein flehendes Gebet zu singen, eine klagenvolle Anrufung des Gottessohnes zu Smyrna, und die Gemeinde fiel im Chorus beim letzten Vers mit ein. Einsilbig rauschte der Fluß durchs Land, und die erblassende Röte des Firmaments beleuchtete unsicher die dunklen Talare der in süßer Verzükkung heimkehrenden Juden.

In derselben Nacht erhob sich ein gewaltiger Sturm, riß das heilige Kreuz von der katholischen Kirche herab, und als die Juden in der Morgenfrühe zum Gebet gingen, sahen sie über dem niederen Portal der Synagoge die Anfangsbuchstaben vom Namen des Sabbatai Zewi in goldenen Lettern stehen.

Nun lebte ein Mann in Fürth, den man Maier Knöcker nannte; er hieß auch Maier Nathan und bei den Christen Maier Satan. Er hatte einen offenen Mund und eine häßliche Nase und war wegen seines Schacherns verhaßt. Knökkern heißt bei den Juden stammeln, und ein Stammler war Maier Knöcker, der Nathan. Er sah mit scheelen Augen in das erregte Treiben seiner Glaubensbrüder, und inmitten des allgemeinen Rausches blieb er nüchtern und kalt. Er war nur besorgt, daß er von seinem Geld nichts verliere, und beriet sich oft mit seiner Frau, wie man die Kasse am besten verwahren solle. Er wohnte in einem alten Haus mit vielen Löchern und Winkeln, und jeden Tag in der Woche brachte er sein Geld in ein anderes Versteck. Sobald eine Nachricht von auswärts kam über irgendeinen bedeutsamen Vorfall, irgendein unerklärliches Ereignis, begann Maier Knöcker zu zittern und lief in sein Haus, um seine Schätze nachzusehen. Und als die Flut der Ereignisse schwoll und sich ausbreitete und die Länder bedeckte, wuchs auch in der Seele des Knöckers die Furcht vor dem Verluste seines Vermögens, und er konnte keinen ruhigen Schlaf mehr finden und mußte seine Bissen bei den Mahlzeiten in Unfrieden hinunterwürgen. Er betete sogar weniger, um seinem Hab und Gut ein besserer Wächter sein zu können. Er verdammte diese unruhigen Zeiten, und es gab

Tage, wo er sich nicht mehr über die Gasse wagte und die Türen versperrte, um einen geheimnisvollen Feind abzuhalten.

Aber es war noch eine andere Furcht in diesem schiefen und winkelreichen Haus, das in jeder Stunde einzufallen schien und das beim hellen Mondschein der Herbstnächte einer Ruine glich. Der Maier Knöcker hatte eine Tochter. Sie war nicht gerade schön, aber sie hatte die üppigen Formen und die äußerliche Leidenschaft der jüdischen Weiber, und in ihren Augen war etwas dumpf Sinnliches, das die Männer zu ihr trieb. Rahel hatte nun vor langem ein Liebesverhältnis mit einem christlichen Studiosus aus Erlangen angeknüpft und war in dessen Armen gefallen. Seit Monaten fühlte sie ein junges Leben in ihrem Leib, und sooft sie daran dachte, was Vater und Mutter sagen würden, wenn sie es entdeckten, wurde ihr das Herz wund. Ratlosigkeit und Traurigkeit verdunkelten ihr Dasein und machten ihre Jugend finster und bereuenswert. Aber als die Woge der Messiasbegeisterung in den stillen Hofmarkt stürzte, sah das gequälte Mädchen darin eine Art Erlösung. Sie fand es leichter als sonst, ihren leiblichen und seelischen Zustand geheimzuhalten, denn die Erregung der Gemüter wandte sich nichts einzelnem mehr zu. Trotzdem rückte die Zeit immer näher, wo nichts mehr zu verbergen war, wo sie, ohne zu reden, ihr Geheimnis offenbar werden lassen mußte. Sie sann und sann in schlaflosen Nächten, und endlich fand sie durch angeborene Schlauheit einen verwegenen Ausweg aus ihrer Bedrängnis, und sie beschloß, ihren Geliebten um Hilfe zu bitten.

Maier Knöcker war von der Abendschul nach Hause gekommen und erzählte finster, daß er mit vier andern unverrichtetersache wieder gegangen sei. Die Juden vergäßen, sich zum Gebet zu versammeln; er sah darin ein schreckliches Zeichen. Beklommenen Herzens lugte er hinaus auf die Straße, als erwarte er Stunde für Stunde, den unerbittlichen Gegner des häuslichen Friedens von Angesicht zu Angesicht zu schauen. Da läutete die Hausglocke, und Itzig Gänßhenker kam und berichtete atemlos, daß sich ein wahrhaftes Gotteswunder begeben habe. An der Küste von Nordschottland habe sich nämlich ein Schiff gezeigt mit seidenen Segeln und seidenen Tauen, und die Schiffsleute, die es führten, hätten hebräisch gesprochen, und die Flagge habe die Inschrift getragen: Die zwölf Stämme oder die Geschlechter Israels. Dies Schiff sei für die Braut des Messias bestimmt.

Sie sprachen nun von vielen Dingen, auch Thelsela, das Weib des Knöckers, mischte sich in die Unterhaltung, bis Boruchs Klöß kam und man im Talmud lesen wollte. Auch Klöß wußte von dem geheimnisvollen Schiff, und alle, alle draußen wußten es schon. Es kam nicht zum Studium des Talmuds, da Boruchs Klöß manche neue Seltsamkeiten zu berichten wußte: wie ein jüdischer Schneider zu Mailand in einen Zustand der Raserei gefallen sei und sich seitdem in prophetischen Verzückungen winde; stundenlang liege er am Boden und spreche bald lachend, bald weinend von der nahen Erlösung und von Sabbatais Macht im Himmel und auf Erden. Ferner erzählte er, daß sein Oheim aus der Türkei nach Hause zurückgekehrt sei und gänzlich betäubt sei von dem Großen und Wundervollen, das er dort gesehen. Das Volk von Smyrna sei wie im Wahnsinn und jauchze dem Befreier zu, der in Prozessionen von nie gesehener Pracht durch die Straßen ziehe. Die Ungläubigen, die Chofrim, seien ihres Lebens nicht sicher; Chajim Peña sei vom Volk fast zerfleischt worden, als er gegen Sabbatai aufgetreten war; des Peña eigne Tochter habe mit verzückten Sinnen das Heil des Erlösers ausgerufen, habe geweissagt und sei wie berauscht gewesen. Da gaben sie Chajim Peña frei, und er wurde später zum Jünger. So wurde erzählt, und Boruchs Klöß wußte immer noch erstaunlichere Dinge als Itzig Gänßhenker. Maier Knöcker aber schwieg mit schwerem Herzen. Ringsum sah er den wilden Tanz sich gestalten; seine Klugheit warnte ihn davor, zu widerstehen, um so mehr, als noch in derselben Nacht das Gerücht laut wurde, Zacharias Naar stehe in Verbindung mit dem Propheten selbst. Er erhielt dadurch eine förmliche Weihe; er ging in die Häuser der Juden, überzeugte die Zweifler und entflammte die Hoffenden. Überall schritt er umher, überall fand man ihn, oft hob er sich gegen den dunklen Himmel der Felder ab, einsam im Abend.

Die Glocke verkündete die Mitternacht. Ein junger Mensch schlich über den Lilienplatz in die Wassergaß zum Haus des Knöckers. Er hatte ein langes Rohr unter seinem Mantel verborgen, und sein Kopf war sorglich in eine Kapuze gehüllt. Der rote Mond senkte sich gegen Westen und schien ein zauberhaftes Blühen auf die Dächer zu breiten. Gelbe Blüten, zarte Nebelschleier, er hauchte sie hin, daß es keiner sah, und die Steine waren nicht mehr Steine, sondern Knospen von Mondblüten, und jeder Zaunpfahl erwachte aus einem traumlosen Schlaf und guckte schwermütig in die Welt. Die windschiefen Häuser sahen unbekleidet, hilflos und gottverlassen aus; manche erschienen rührend in ihrer trostlosen Verfallenheit, während ihre Fenster traurigen Augen glichen, die in die dunstige Glasglocke des Himmels hineinstarrten, als ob sie geblendet wären von dem sanften natürlichen Licht.

Der junge Mensch überkletterte einen niederen Zaun und erstieg eine schmale morsche Treppe, von wo er auf ein Dach kam, und dort schritt er auf den Zehen weiter. Vor einem grünen Fensterladen stand er still und steckte sein Rohr durch einen schmalen Spalt. Nun rief er mit dumpfer und verstellter Stimme in das Sprachrohr: «Boruch ado adonai elohim! O ihr gerechten und gottliebenden Eheleute Maier Nathan und Thelsela, freuet euch, denn eure Tochter, die eine Jungfrau ist, hat eine Tochter in ihrem Leib empfangen, die wird die Braut sein dem Erlöser des Volkes Israel, dem Messias zu Smyrna.»

Der Knöcker, der vergebens seine Kissen um Schlaf zerwühlt hatte und dessen Phantasie in wilder Bewegung war, weckte sein Weib. «O meine Liebste», flüsterte er beklommen, «hast du die himmlische Stimme gehört? Es ist ein Engel dagewesen; stehe auf, wir wollen beten, daß du die himmlische Stimme auch zu hören gewürdigt werdest.» Zitternden Leibes erhob sich die Frau; sie lauschte in die Nacht hinaus, legte die vermagerte Hand auf die klopfende Brust und kniete nieder. Da ertönte die Stimme von neuem: «Ihr sollt eure Tochter in hohen Ehren halten und großen Fleiß anwenden, daß sie wohl versorgt werde. Denn aus ihrem jungfräulichen Leib wird die Messiasbraut geboren werden.»

Da packte Thelsela ihren Mann und zog ihn hinüber in das Zimmer, wo die Tochter schlief. Sie schien ruhig zu schlummern, sah abgehärmt aus, und ihre Lider zuckten ein wenig. Als die Mutter ihr die Decke vom Körper ziehen wollte, stieß sie einen heiseren Schrei aus und krampfte die Hände, von tödlicher Angst erfaßt, in den Stoff. Doch der Knöcker streichelte ihr die Wangen und stotterte unverständliche Zärtlichkeiten, während Thelsela den Leib des Mädchens befühlte, ernst nickte und von Andachtsschauern durchrieselt wurde. Eine große Freude hatte den Maier Nathan befallen: Sein Haus war zu solch vorzüglichen Dingen auserwählt worden, daß er in diesen Stunden sogar der Sorge um sein Geld vergaß und mit seinem Weib am Lager der Tochter sitzen blieb, um ungeduldig den Anbruch des Tages zu erwarten. Über Rahels Wangen flossen bittere Tränen. Mit weitgeöffneten Augen sah sie beständig auf einen Punkt. Böse Gesichte schienen sie zu foltern; das Licht tat ihr weh, jede Tröstung schmerzte sie.

Der Maier Nathan indessen, dem eine ganz neue Welt aufgegangen war, sah sich schon als den Patriarchen der

Gemeinde, gepriesen als den Vater eines unerhörten Glükkes. Er nahm sein Weib bei der Hand, führte sie in das Schlafgemach zurück, stammelte trunken, fuhr sich in die Haare, lachte, tänzelte und ging endlich fort, um zuerst seinen Freund Boruchs Klöß und dann den Chassan aufzusuchen.

Der Morgen war nahe. Eine drückende Öde lag auf den Gassen. Fern in der Ebene rauschte der Fluß, und bisweilen klang es herein wie das Klappern eines Mühlenrades oder das Geläute von Kuhglocken. Den Zenit belagerten große Wolken. Wie Raubtiere lagen sie und schienen bereit, sich auf das Land zu stürzen.

Fast in allen Judenhäusern war Licht. Wo auch Maier Knöcker das neugierige Ohr an einen Türverschluß oder an eine dünne Mauerwand legte, hörte er Gebete murmeln, Klagen, Anrufungen und Lobpreisungen.

Als der helle Tag angebrochen war, kam wunderbare Kunde. Es hieß nämlich, die Juden in dem Städtchen Avricourt rüsteten sich, nach Jerusalem zu ziehen. Dann hieß es auch, Jakob Gasportas, der wütende Feind des Zewi, sei plötzlich zum glühenden Anhänger geworden, und mit der Heiligen Schrift im Arm tanze er verzückt durch die Straßen von Worms. Ferner kam die Nachricht, Manoel Texeira sei mit zehn Ältesten nach Smyrna gepilgert und habe sich dem Messias zu Füßen geworfen. Ein gewisser Nathan Chazati war von Sabbatai zum König von Griechenland und Elisa Levi, ein Bettler, zum Kaiser von Afrika bestimmt worden. Die Palästiner, die durch Jakob Zemach eine Huldigung an den neuen König der Juden abgeschickt hatten, schmückten ihren Tempel und zogen psalmensingend und blumenstreuend durch die Städte, als ob Davids Zeiten sich erneuert hätten. Der berühmte Sabbatai Raphael in Polen und Mathatia Bloch seien vom Heiligen Geist erfaßt, so daß sie wahrsagten auf offenem Markt in Warschau und in Thorn.

So kommt der Föhn im Frühjahr über das deutsche Hochland wie all diese Botschaften nach Fürth. Selbst die Christen wurden mit erregt von der Wucht der fremdartigen Ereignisse. Ein Taumel ging durch Europa; die alte Welt schien aufzuwachen aus einem Schlaf. Der Bedrücker fürchtete den Bedrückten, der Knecht träumte von Freiheit. Kein Tag verging, an dem nicht Kunde von Außerordentlichem eintraf, wäre es nur auch ein geheimnisvolles, deutungsreiches Wort des Messias gewesen. Er steht auf einer Terrasse am Meer, streckt seine Hand aus und spricht: Seht, ich gebe euch heute das Leben und den Tod. So wurde von wandernden Juden berichtet. Sendschreiben liefen durch die Städte; wunderliche Dinge lagen in der Luft.

Maier Knöcker, der Nathan, der das unerwartete Glück, dessen er teilhaftig geworden, voll Entzücken weitergetragen hatte, traf zuerst auf Mißtrauen, dann auf Verwunderung, dann auf blinden Glauben. Er fand einen begeisterten Apostel in Boruchs Klöß, und dieser beredsame Mann erwies sich in der Tat als der beste Anwalt einer so begnadeten Sache. Die Ältesten der Gemeinde kamen zu Rahel, um sie durch Gebete heiligzusprechen. Am gleichen Abend wurde ein großes Festmahl unter dem Vorsitz des Ober-Rabbis abgehalten, und das Haus des Stammlers wurde als eine fromme Zuflucht erklärt. Aber Rahel selbst blieb finster und verschlossen. Sie wich jedermann aus und hatte es verlernt, Vater und Mutter gerade ins Gesicht zu sehen. Wenn einer länger mit ihr redete, begann sie zu zittern. Ihre Hände waren feucht, ihre Lippen trocken und aufgesprungen, ihre Augen gerötet. Sie konnte in keiner Nacht mehr schlafen; die Finsternis nahm eine purpurne Färbung an, so daß es wie ein Vorhang vor ihren Blicken lag, undurchdringlich und beängstigend. Oft bevor noch der Tag anbrach, erhob sie sich vom Lager und schleppte sich hinauf in die Bodenkammer, um an irgendeiner Luke zu kauern und starren Blickes stundenlang zu brüten. Sie freute sich, wenn sie fror; sie wünschte zu frieren, wünschte zu leiden, ein äußerer Schmerz verlieh dem inneren Milderung. Am Sabbat nach der Schul kamen die Weiber zu ihr; aber sie war so bedrückt, daß sie vor den Besucherinnen in lautes Weinen ausbrach. Sie rang die Hände, stöhnte, warf sich zu Boden, fletschte die Zähne und murmelte Worte ohne Sinn und Klang. Das war ein sehenswertes Schauspiel, eine Bestätigung des Wunders, das mit dieser Jungfrau vorgegangen. Sie brachten Geschenke, doch das Mädchen warf sie ihnen vor die Füße und schalt und drohte fassungslos. Auch viele Männer kamen: Thurathara, Wolf Batsch, Seligman Schrenz, Seligman Rumpel, Hirsch und Herz, die Rumpeln, Wolf Bieresel, Joel und David, die Bieresel, Maier Anschel und Itzig Gänßhenker, ja sogar Moses Bock aus Würzburg und Michael bar Abraham aus Markt Erlbach. So schnell hatte sich die Kunde im Lande verbreitet. Alle brachten sie Geschenke: güldene Schleier oder Sternlein oder durchzogene Sternlein oder Umhänge von Drapd'or oder gestickte von Gold, von goldenen oder silbernen Blumen, Kleider von Samt mit einer Blumenbordüre, einen Mantel von Damast, Schuhe oder Pantoffeln mit gutem oder schlechtem Gold verbrämt, Bänder von schwarzem oder gefärbtem Leder, Kartelsteine oder andere Gehänge, auch Hand- und Leibschnallen, güldene Gürtel und einen Gürtel von Gold, der mit Diamanten besetzt war, Ringe und Ohrgehänge, Handschuhe von Pelz und Halstücher bis auf zwei Gülden Wert.

Das waren festliche Tage für Maier Knöcker, den Nathan. Mit zitternden Händen tastete er über den Reichtum; nahm die Tücher, faltete sie wieder zusammen, liebkoste die Schuhe und Ringe, legte die Gehänge um seinen Hals und stolzierte im Zimmer damit auf und ab; auch stellte er sich damit vor einen Spiegel, machte Bücklinge, schnitt lächerliche Grimassen und ging dem finsteren Schicksal mit kindischer Heiterkeit entgegen.

Am Tag Dionysius war die Luft so klar, daß man die Kirchenglocken von Nürnberg vernahm. Ein gelber Schimmer lag auf den Wiesen, und der Himmel war mit weißen, feinen, runden Wölkchen marmoriert. Ein Zug jüdischer Spielleute, die von der Dompropstei Bamberg verwiesen worden waren, brachte die Nachricht, der Messias sei von Smyrna aufgebrochen und käme nach Deutschland, die Gläubigen um sich zu versammeln und an ihrer Spitze ins Heilige Land zu ziehen.

Als Rahel dies vernahm, erwachte sie aus ihrer langen Apathie. In ihr war nur ein Gedanke: daß sie fort sollte aus dem Land, wo der Geliebte wohnte; denn in ihrer heißen und erregten Phantasie war ein Gerücht schon einem Geschehnis gleich. Mit glühenden Augen eilte sie auf die Gassen; niemand beachtete sie heute. Viele schienen in einer Tollheit befangen wie eine Schar Verschmachtender, denen man feurigen Wein gegeben hat. Kein Ritus wurde mehr beachtet, weder das Abend- noch das Morgenminjan, weder der Socher noch der Bund der Beschneidung. Über den Lilienplatz lief ein junger Mensch mit nacktem Oberkörper; er hatte sich auf die Brust die Worte gemalt: Wir empfahen, was unsere Taten wert sind, wir leiden Pein in heißen Flammen. Der Schmuel, der Richter der Gemeinde, ein Mann von siebzig Jahren, der sonst Tag und Nacht den Talmud studiert, hatte sich im Schulhof bis an den Hals in Erde eingegraben, und sein Leib war beinahe erstarrt. In hebräischen Worten schrie er leidenschaftlich das Lob des Messias, und viele Menschen standen bleich und andächtig um ihn her. Rahel eilte hinaus zum Schießanger, wo noch von der Kirchweih die Wagen der Zigeuner standen, und dann lief sie hinüber zum Schwedenstein, wo sie kraftlos ins Gras sank. Sie hörte die Zigeuner schreien in ihrem Rotwelsch und sah sie gestikulieren, trotz des Nebels, der über der Landschaft lag. Der Schulklopfer und der Totengräber liefen an der Kapelle vorbei, aber sie nahm es nicht wahr. Ihr war zumut, als läge sie schon tagelang hier, ohne Sinn für die Flucht der Zeit, und als müsse sie noch tagelang und wochenlang hier kauern, unfähig zu begreifen, was in ihr vorging. Der Himmel bedeckte sich mit Wolken, und ein feiner Perlenregen fiel. Eine dieser Wolken, die heraufzogen vom Vestner-Wald, hatte die Gestalt und die Züge des jungen Studenten, den sie liebte. Sie sah es genau: die Wolke trug einen schwarzen Bart, der zierlich um Kinn und Wangen stand und kokett zugespitzt war. Sie sah auch den kleinen Mund und die kleine Nase und die unsteten Augen. Und dann stand er plötzlich bei ihr, Thomas Peter Hummel, und ihr war, als könne sie seine Hand fassen. Er sprach ihr zu, fein und schnell und geschickt, und wenn er überzeugte, war es nicht in dem, was er sagte, sondern in seiner Stimme, in seiner gewandten, schlangenhaften Art, in seiner heiteren Geschwätzigkeit. Er wählte seine Worte wie ein scharfer Politiker und spielte taschenspielerhaft mit den Gefühlen. Aber wie es in der Welt geht, sie liebte ihn.

Ein Mann und ein Weib kamen vom Anger her. Ihr gemächlicher Schritt zeigte, daß sie den Regen nicht achteten. Rahel erkannte Zacharias Naar und jenes schlanke Mädchen, das sie bei den Schaustellungen am Schießanger gesehen hatte. Sie war schön. Man muß die Augen zumachen, wenn man sie sieht, dachte Rahel. Sie war blaß und krank, wie verzehrt von einer geheimen Sehnsucht. Jede Linie an ihrem Körper hatte etwas Leidendes, und die Form ihres Mundes verriet Geduld und Lieblichkeit. Dennoch war etwas an ihr, das all dies Lügen strafte, vielleicht in der Heftigkeit und dem Trotz ihrer Augen. Bald verschwanden sie an der Biegung des Wiesenwegs. Rahel blickte starr in die leise dämmernde Landschaft hinein und war froh, daß sie nicht gesehen worden war. Sie fühlte nicht Kraft genug, wieder nach Hause zu gehen, und fürchtete, die einbrechende Nacht könne sie noch immer hier finden. Sie erschien sich ausgestoßen und verfolgt; verurteilt, für sich allein Schmach, Bedrückung, Ruhelosigkeit und Heimatlosigkeit zu ertragen; sie wollte nicht mehr heimkehren. Sie haßte Vater und Mutter, haßte die bleichen, gebetseifrigen jüdischen Männer, ihre gefräßigen, schwatzhaften Weiber, die altklugen Knaben, die frühreifen Mädchen, die kindischen, fanatischen Greise: alle schienen ihr verächtlich und unrein. Doch wohin sollte sie gehen, wenn nicht nach Hause; sie dachte: Endlos ist die Welt, und für ein Judenmädchen gibt es kein Erbarmen, keine Unterkunft, selbst ein Räuber darf sie stoßen mit seinen Füßen. Schließlich stechen sie einem die Augen aus, wenn sie es für gut finden, und dann mußt du verhungern. Sie glaubte nicht an diesen Messias, sie glaubte nicht an seine Prophezeiungen, vielleicht nur deshalb, weil es ihr gelungen war, durch einen plumpen Betrug alle, die um sie herum waren, im Namen desselben Messias zu täuschen.

Während sie so sann und dabei in den westlichen Himmel sah, teilten sich dort die Wolken, und auf einmal warf die untergehende Sonne eine Flut schwefelgelben Lichtes über das Firmament. Bäume, Steine, Wiesen, das Wasser, der Wald, die Häuser in der Ferne, die Kirchtürme, ja die Luft selbst schien lebendiger Körper zu werden. Da lächelte Rahel, und die Spannung ihrer Seele löste sich. Tiefer Frieden erfüllte sie, und sie schloß träumend die Augen.

Ein Bauer kam von Ronhof her über das Feld geschritten, der seinen Kopf mit einem Sack verhüllt hatte. Er sah das Judenmädchen am Boden kauern und war so erschrokken über den Anblick, den sie bot, daß er sich bekreuzigte und spornstreichs gegen die Häuser des Orts rannte. Eine Schar von Juden kam ihm entgegen, die zum Schwedenstein wollte, um das Grabmal des schönen Joseph mit Gewalt fortzunehmen, nachdem die Familie beim Schultheiß und beim Friedensrichter mit ihren Bitten abgewiesen worden war. Der Bauer, dessen eines Auge erblindet war, machte den Juden die Mitteilung, daß er eine Hexe am Schwedenstein gesehen habe. Aber jene erkannten schon von weitem die Tochter des Knöckers, und einer lief zurück, um Maier Nathan zu holen. Der Ronhofer Bauer hatte schnell erhorcht, daß die Juden den Schwedenstein berauben wollten; er schwang drohend den Arm, lief fort und alarmierte einen Hornmacher, einen Schneider, einen Goldplätter und zwei Metzger- oder Schlächterburschen, die in der Nähe des Schießangers ihre Verrichtung hatten. Als Maier Knöcker bleich und atemlos aus der Fischergasse kam, stürzten sich Hornschuch, der Kammacher, und Federlein, der Schneider, voll Wut auf ihn, während ein paar alte Weiber aus dem Erdgeschoß eines grünen Hauses herauskeiften und ihren Haß gegen das Judengesindel nicht zu zügeln vermochten. Die andern Helden rannten mit dem Ronhofer Bauern zum Schwedenstein und freuten sich baß auf die bevorstehende Prügelei; im Laufen verteilten sie die Opfer unter sich und rechneten aus, daß jeder etwa drei Juden zum Prügeln bekommen würde.

Es war dunkel geworden: ein milder Abend. Die Sterne blinkten unter den Wolkentüchern hervor; auch der volle Mond stieg im Osten herauf, gerade über den Türmen Nürnbergs. Ein olivenfarbenes Licht ging von ihm aus, während im Westen das finstere Rot und das bronzene Gold allmählich verblaßten. Wer sich niederließ auf die Knie oder sich platt auf den Leib legte und aufmerksam hineinsah in das ebene Land, konnte glauben, daß die Erde Atem schöpfe wie ein Mensch, daß das melancholische Frankenland gleichsam die Brust der Erde sei, die sich auf und nieder bewegte in ruhigem Traumschlaf.

Kaum waren die händelsüchtigen Burschen am Schwedenstein angekommen, als sie erstaunt und bestürzt stillstanden. Der Schelomo Schneiors, der Bürgermeister der Juden, hatte sich seiner Kleider entledigt, und mit einer kurzen Geißel schlug er wütend auf seinen Körper los. Sein

Gesicht war so verzerrt, daß es einen widerlichen Anblick bot, und seine dicken blutroten Lippen schoben sich, Gebete murmelnd, hin und her. Sein Körper zuckte vor Schmerz, und die Rippen quollen heraus unter der magern, verwundeten Haut. Die andern Juden standen totenbleich um ihn her wie Scharwächter und beugten taktmäßig das Knie. Behrman der Levit rief mit einer Stimme, die schrill und unheimlich hinausscholl in den friedlichen Abend der Felder, eine kabbalistische Anrufung: «Der König Messias wird erscheinen, und ein auf der Morgenseite befindlicher Stern wird sieben Sterne von der Mitternachtsseite verschlingen, und eine schwarze Feuersäule wird vom Himmel herabhangen sechzig Tage lang. Alsdann werden alle Völker zusammentreten gegen die Sprößlinge Jakobs, und eine große Finsternis wird in der Welt sein, fünfzehn Tage lang.»

Mit einem irren Schrei stürzte Maier Nathan, den seine Feinde endlich losgelassen hatten, in den Kreis, ergriff Rahels Kopf mit beiden Händen, streichelte sie und fragte mit Todesangst in der Stimme, warum sie fort sei und ob sie krank sei. Rahel schüttelte den Kopf.

Der Schneider Federlein und der Hornmacher hatten ihren Mut eingebüßt, und unverrichtetersache zogen sie mit den andern davon; sie schickten den Ronhofer Bauern zu Herrn Pfarrer Wagenseil, damit er Bericht gebe und sie wegen des Schwedensteins keinerlei Verschulden treffe. Die beiden Schlächterburschen und der Goldplätter, die alle drei sehr gedrückt schienen, wünschten alsbald eine geruhsame Nacht, und der Schneider und Herr Hornschuch gingen allein weiter. Am Gänsgraben kam ihnen ein Leiterwagen entgegen, dessen Fuhrmann dem Hornmacher bekannt war, und nun teilte jeder dem andern seine Gedanken mit. Der Fuhrmann wußte befremdliche Dinge zu sagen von Himmelszeichen und vom nahen Ende der Welt. Es sei gut, meinte er, daß es in Nürnberg keine Juden gäbe, denn dort seien die Bürgersleute noch halbwegs zu vernünftigen Dingen zu gebrauchen. Er erzählte beiläufig, daß er am Juden-Bühel in Nürnberg einen großen Stein gesehen habe mit der Inschrift:

Der Stein ist nach den Juden blieben,
als sie von Nürnberg wurden vertrieben,
in Wolfgang Eysen Haus, das ist wahr,
im vierzehnhundertneunundneunzigsten Jahr.

Allmählich wurden die Gassen mondhell. Herüber von den Wäldern der Feste wogten herbstliche Dünste. Die Blätter der Bäume, ein wenig regenfeucht, schimmerten silbern und zitterten im Abendwind.

Fast alle Fenster in den Häusern waren erleuchtet. Die Juden schienen dreifaches Licht zu brennen, und die Christen hatten den unbestimmten Trieb, wachsam zu sein. Uralte Prophezeiungen waren auf dem Wege der Erfüllung, und die Schwülnis, die vom Morgenland herüberkam, war so drückend wie einst vor sechzehnhundert Jahren, als man Jesus Christus gekreuzigt hatte.

Junge jüdische Mädchen liefen in den Gassen umher mit aufgelösten Haaren; manche hatten die Brust entblößt, und ihre Augen glänzten wie von übermäßigem Weingenuß. Knaben saßen in Gruppen vor den Türen und sangen Psalmen und Hymnen an den Messias. In den Zimmern hatten sich die Greise versammelt und gaben sich mit tiefer Inbrunst dem Studium der Kabbala hin. Es erhob sich in einem Haus am Kohlenmarkt der neunzigjährige Chajim Chaim Rappaport und sprach: «Wäre er es nicht, der die Schmerzen von Israel über sich nähme, wahrlich kein Mensch wäre es zu erdulden imstande. Unsere Krankheiten wird er tragen, und alle Übel und Schmerzen nimmt er ab von der Welt.» Dann verkündete er, Sabbatai Zewi habe den vierbuchstabigen Gottesnamen auszusprechen gewagt und der Türke Murad Effendi sei dadurch bekehrt worden.

Im Hause des Ober-Rabbi waren fünfzig Männer und Frauen zu einem Mahl vereinigt. Je weiter der Abend vorschritt, je ungezügelter wurde der Freudenrausch, je heißer wurden die Köpfe vom Wein, vom Spiel, von Erregungen seltsamer Art. Viele warfen die silbernen Becher in die Luft, und viele knieten hin und schrien mit heiserer Stimme Gebete. Der Rabbi selbst war es, der zuerst die Kleider von sich warf und dann der schönen Esther Fränkel das Gewand vom Leibe zerrte. Ihre Lippen küßten sich, wie zwei Ertrinkende hielten sie sich umschlungen, und nahezu nackt schwangen sie sich in einem orgiastischen Tanz umher. Andere folgten bald dem Beispiel; überall erhoben sich bleiche Gesichter von der Tafel, glühende Augen starrten fassungslos in die kommende Welt der Erlösungen: wie wenn ein scheuer Sklave plötzlich die Freiheit empfängt und in wilder Zügellosigkeit sich selbst zerfleischt und seine eigene Habe zerstört. Männer, die schon an der Schwelle des Greisentums standen, gebärdeten sich wie Faune. Weiber mit grauen Haaren gaben sich beklagenswerter Verirrung hin. Die Thelsela Knöcker trank fast ohne auszusetzen schweren Burgunderwein, lallte mit kindischer Stimme hebräische Worte von der Messiasbraut, bis sie besinnungslos zu Boden sank. Es waren junge Mädchen da, die sich einer rasenden Liebesgier überließen, als wollten sie damit die Jahre der Entbehrungen in ihrem Gedächtnis verwischen. Manche sahen aus wie Furien, die lechzend von Lust zu Lust wankten und sich schamlos in finstern Lastern begruben. Geschrei, Ächzen und schrilles Johlen herrschte, und eine scheußliche Musik wurde ausgeübt von fünf betrunkenen Spielleuten. Dazwischen erhob sich ein düsterer Gebetskanon, den drei oder vier Männer in einer dunklen Ecke hersagten, oder ein fanatischer Schrei um Erlösung, der von einem Haus in einer fernen

Gasse erwidert wurde. Michel Chased, der Chassan, hatte die Gesetzrolle von der Schul geholt und tanzte damit umher wie mit einer Geliebten; er trieb eine lächerliche und furchtbare Unzucht, und als er keuchend, die andern gleichsam um Atem bettelnd hinstürzte, bohrte er eine stählerne Nadel tief in den Oberarm, daß dunkelrotes Blut auf die Gesetzrolle und auf den Boden rann. Boruchs Klöß, Wolf Batsch und die Rumpeln knieten hin und leckten und schlürften winselnd das halbgeronnene Blut, indes der Chassan stumm und steif in die Arme seines Sohnes sank. Zwei junge Leute sahen den bleichen Zacharias Naar durch den Raum gehen, beschwörend die Hände heben und wieder verschwinden. Auch der alte Thurathara, dessen gerötete Augen stets wie aus einem dünnen Spalt hervorblinzten, hatte die Erscheinung wahrgenommen und behauptete, jener habe ein wunderschönes blasses Kind auf den Armen getragen, und lächelnd und heiter habe das goldlockige Geschöpf in das schreckliche Treiben geschaut. Der alte Seligman Schrenz wollte die Blöße seiner Tochter bedecken, wollte sie mit seinem Mantel umhüllen; aber jauchzend, mit halbgeöffneten Lippen lief die schwarze Noemi davon, warf sich in die Arme ihrer Freundin, der Schwester des Schulklopfers, und die beiden Mädchen küßten sich, warfen sich zu Boden und drückten ihre fieberheißen Körper aneinander.

Ein Haus weiter lag der Maier Lambden mit seiner Familie auf den Dielen; denn sie schliefen nicht mehr in Betten. Bei Tage hüllten sie sich in Tücher von grobem Stoff und hörten nicht auf zu beten. Es gab Männer, die sich des Schlafes gänzlich enthielten und sich Tag und Nacht mit dem Studium des Gesetzes befaßten, denn durch die Tikkunim in der Mitternachtsstunde wurden die Sünden verwischt. Maier Wolf, genannt der Fünkler, und sein Bruder Samuel Fünkler gingen des Morgens bei dem kühlen Herbstwetter hinaus und badeten im Fluß, um ihren Leib zu reinigen. So stieg und stieg die Erregung der Gemüter, und es war bald ein gewöhnlicher Anblick, wenn einer nakkend durch die Gassen taumelte und sich geißelte, bis sein Körper über und über mit Blut bedeckt war.

Als am Freitag Serapion die Glocke die zehnte Abendstunde schlug, kam die Familie des schönen Joseph auf dem Lilienplatz zusammen, und vier junge Männer trugen den Grabstein vom Schwedendenkmal hinweg. Es war eine Menge Menschen dabei. Frauen und Kinder, die sich mit farbigen Tüchern geschmückt hatten und Freudengebete sangen. Auch viele Männer hatten sich eingefunden. Im langsamen, schmalen Zug schritten sie dem Gottesacker zu, an der Spitze die vier mit dem Stein, der mit goldbestickter Samtschärpe umwunden war. Der Mond lugte über das Dach der Michaeliskirche, und es war, als müsse man überall erst die feinen Nebel zerreißen, bevor man hineingehen konnte in die blaue Nacht. Über dem Fluß, weit hinunter bis an ferne Waldgrenzen, lag der Dunst gleich einem weißen Gewölbe oder wie die lange Säulenhalle eines Schlosses. Rote, dumpfe Flecken, wachte dort und da ein rätselhaftes Licht. Das Wasser rauschte, und nichts Bewegtes war zu sehen, außer den lichten, fast blendenden Wolken am Himmel und dem jüdischen Zug an der Straße.

Da sie sich den Mauern des Bes Chajim näherten, kam aus dem weitgeöffneten Tor ein Weib mit aufgelösten Haaren gelaufen und stammelte, oft unterbrochen durch staunende, erschreckte Ausrufe der Zuhörer, ein Geist schwebe über die Gräber und singe wunderbare Weisen und rufe: Messias, o Messias, o Sabbatai, Stern der Höhe! Alle blickten angestrengt hinüber. Der Gräberort lag ausgebreitet an einer Hügelsenkung, und die zahllosen Grabsteine gaben ihm ein phantastisch zerklüftetes Aussehen. Darüber hinaus die nebelschimmernde Ebene, baumlos, häuserlos, einem Meer ähnlich, darin einsame Dörfer wie Toteninseln lagen.

Die Juden bemerkten nichts von dem gemeldeten Geist, überwanden ihre natürliche Furchtsamkeit und schritten ängstlich und zaudernd durch das Tor. Vorsichtig zogen sie den breiten Hauptweg entlang, immer spähend, zum Grab des schönen Joseph. Am mutigsten waren die Knaben; sie sangen ein Lied vom Stolze Zions, und ihre köstlichen frischen Stimmen erfüllten weithin die Nacht.

Das Grab lag an der westlichen Mauer, die hart an den Schindanger der Christen stieß und wo auch die verurteilten Verbrecher hingerichtet wurden. Deutlich war die alte Feste mit ihrem düsteren Wald sichtbar, und ein flötender Hornruf klang herein. Der Totengräber kam, und Obadia Änsel Steinblaser trat als Vorbeter heraus, um die im Schulchan Aruch vorgeschriebenen Gebete zu sagen. Aber er fing nicht an; Minuten vergingen, und weil die hinten Stehenden sein Gesicht nicht sehen konnten, drängten sie sich gierig vor. Einige verwünschten schon die Furcht vor den Christen, die sie veranlaßt hatte, die Zeremonie zur Nachtzeit vorzunehmen, und viele Weiber schlossen die Augen, um nichts sehen zu müssen. Als aber Obadia Änsel noch immer keinen Laut von sich gab, näherten sie sich ihm, so dicht sie konnten, und nun sahen sie, daß er mit aufgerissenen Augen und leichenfahlem Gesicht beständig nach einem Punkt starrte. Sie folgten seinem Blick und sahen eine weibliche Gestalt bei einem Weidenbusch mitten unter den Steinen stehen. Die Stille tödlichen Schreckens entstand, als ob alle auf einmal zu atmen aufgehört hätten; leise und eindringlich erscholl eine Mädchenstimme von dorther, eine Melodie in einem fremden Rhythmus und einer fremden Sprache. Der Totengräber und der Rabbi Seligman in der Clauß waren die mutigsten, und da es doch eine menschliche Stimme war, die sie vernahmen, so folgten schließlich auch die andern Männer, dann die Kinder und zuletzt die Frauen.

Niemand erkannte Zirle in dem jungen Mädchen. Nur

mit einem Hemd bekleidet stand sie da und schien doch nicht zu frieren. Wer sie so gewahrte, mußte im Innern jedes Leiden mitfühlen, das sie bedrückte. Aber es war etwas Listiges in ihrem Schmerz und etwas Begehrliches in ihren klagenden Augen.

«Was willst du hier? Liegt wer von den Deinigen hier begraben?» fragte Änsel Steinblaser flüsternd.

Ein junges Weib bot ihr ein wollenes Tuch an, aber Zirle wies es schweigend zurück.

«Hört, was ich euch erzählen will», sagte das Mädchen, und flüchtige Schauer überliefen sie, während sich alle dicht herandrängten.

«Ich bin im Kloster gewesen, und Nonnen haben mich gelehrt, an Jesus Christus zu glauben. Aber als Kind war ich Jüdin, und meine Heimat war im Polenland. Eines Tages sind die Christen über uns hergefallen, und unsere Betten schwammen in Blut. Vater, Mutter, Brüder und Schwestern sind aufs grausamste erschlagen worden. Die Häuser brannten, Frauen und Mädchen wurden in den Tempel gesperrt und kamen in den Flammen um. Ich hörte ihr Röcheln und Wimmern, als ich in einem Stalle versteckt lag. Die Zeit verging. Und wenn ich gleich Christengebete unter Christen sagte, ich vergaß nichts, ein Jude vergißt nichts! Wieder eines Tags entlief ich, und Zigeuner nahmen mich auf. Ich lebte bei ihnen wie in einem bösen Traum und von Stimmen umgeben, die mich riefen in der Nacht. Der Bräutigam wartet, riefen sie, er breitet seine Arme aus und wartet; er ist mehr als Jesus Christus, er ist selber Gott.

Und gestern war es, gen Morgengrauen, da kam mein Vater zu mir im Schlaf. Der Herr der Heerscharen hat dich zur Braut des Sabbatai bestimmt, sagte er. Du sollst ihm entgegengehen, denn er ist der Stern, der aufgegangen ist aus Jakob, wie es in der Bibel steht. Den ganzen Tag war ich voll Angst und konnte nicht Ruhe finden. Und heute lag ich, da kam wieder der Geist meines Vaters und faßte mich mit seinen Händen an und trug mich hierher.»

Sie streifte das Hemd zurück und zeigte Nägelspuren an ihrem Leib, wo die Hand des Vaters sie gepackt hatte. Oberhalb der rechten Brust und an der linken Hüfte waren blutige Schrammen.

Ein langes Schweigen entstand. Sonderbare Scheu hielt jeden ab, das junge Mädchen anzureden. Stille Schwärmerei, fanatische Gläubigkeit, geheimnisvolle Ekstase und die Taumel der Bacchanterei, das alles hatten sie gesehen oder gefühlt. Aber das offenbare Wunder, so dicht vor ihren Augen, machte sie verdutzt und erfüllte sie mit Angst.

Eine schwarze Menge tauchte in der Richtung des Tores auf und kam mit dumpf-unruhigem Gemurmel näher. Am Leichenhaus zündeten sie Fackeln an, die einen blutigen Glanz über die Gesichter warfen und deren Rauch die Mondscheibe verdüsterte. Von der Senkung des Hügels kam Zacharias Naar herauf, nahm Zirle bei der Hand und sagte laut und vernehmlich: «Führe sie, Tochter Zions! Alle, die da kommen, werden sich dir beugen.»

In den Gassen des Hofmarkts war die Nacht zum Tag geworden. Überall standen aufgeregte Leute. Von Ottensoos, Schnaittach, Unterfarrnbach und Hüttenbach waren die Juden hereingekommen. Niemand wußte, wie sich das Gerücht so schnell verbreitet hatte, zu Fürth habe sich Außerordentliches auf dem Gottesacker begeben, jede Stunde sei unerschöpflich an neuen Geschehnissen. Zwei Juden, Samuel Ermreuther und Nachman Sandel Mahler, markgräfischer Schulklopfer, hatten große kostbare Teppiche auf der Straße ausgebreitet und sie mit Blumen bestreut: Rosen, Nelken und Orchideen aus dem Treibhaus einer vornehmen Gärtnerei. Girlanden hingen an den Fenstern, und goldene und silberne Leuchter standen auf den Simsen. Höher und höher, sturmflutgleich, stieg der Aufruhr der Gemüter. Da war ein kluger und vielgereister Jude namens David Tischbeck, ein Bruderssohn des Wolf Bieresel; er erzählte, daß überall in deutschen, österreichischen, italienischen und spanischen Landen ein so wüster Taumel, eine so entsetzliche Verwirrung herrsche, daß niemand wisse, ob nicht sein Nachbar, sein Weib oder sein Kind in Wahnsinn verfallen sei. Es war, als sei die Luft selbst zu betäubendem Wein geworden, und wer da atmete, wurde auch trunken. Könige begannen für ihren Thron zu zittern.

Im ersten Schein des Frührots ging Zacharias Naar am Haus des Ober-Rabbi vorbei, wo noch die Lichter brannten. Erstickte, gequälte Rufe, wilde Schreie, leidenschaftliche Gebete, schmerzliches Stöhnen drangen heraus. Naar ging versonnen seinen Weg weiter, hinaus gegen Westen, wo die Häuser bald im Morgendunst verschwanden. Der hagere Mann mit seinem spitzen, tütenförmigen Hut, der nach der Vorschrift jener Zeit orangegelb mit weißem Rand war, schritt unter den tiefhängenden Ästen der Bäume dahin, und die braun gewordenen Blätter gerieten in leise Bewegung, wenn der Judenhut sie streifte. Zacharias Naar ließ sich unter einem Apfelbaum nieder und starrte ins Morgenrot. Die Ebene schien sich zu recken und zu dehnen, und der Schlaf flog auf von ihr in Gestalt der Raben und Krähen. Der Wanderer zog eine schwarze Tafel und einen Stift aus dem Gewand, und mit träumerisch zaudernden Fingern formte er Buchstaben und Worte, immer bestimmter und rascher. «Mein Mund ist schwer wie der Mund eines Mörders. Mein Geist schreit nach dir. Der blasse Morgen drückt deine zitternden Lider zu, da du kommst. Du liegst schon schlafen, und ich küsse im grünlichen Schein der Nachtwende dein Gewand. Kraft, Kühnheit, Stolz und Genugtuung sind nichts mehr vor dir. Soll ich lächelnd an den kommenden Morgen denken, wenn du enteilst? Die Liebe schreitet jauchzend der Finsternis zu und verachtet den Regentag. Was ist im Himmel und auf Erden außer der Liebe, Leib der Leiber und Schoß aller Schöße! Die heimliche Glut der Erdbrust wohnt in dir. Ich gehe durch die Dämmerung, wo die Wetter schlummern, in die jahrlose Einsamkeit der großen Ewigkeiten hinab. Ich gehe, Gott zu suchen.» Hastig fuhr der Stift wieder über das Geschriebene und machte es unleserlich. Dann wischte Naar alles mit feuchten Gräsern wieder weg und schaute bitteren Mundes hinaus ins Land, über dem die Sonne kam. Zum zweitenmal nahm er den Stift und schrieb bedächtig, bei jedem Zug den Stift gleichsam in die Tafel eingrabend: «Ist ein Gott in diesem leeren All? Ich will ihm schreien, ich will ihm die Glut meiner Seele opfern. Ist ein Gott, daß er die Unbill räche, die Kränkung des Stolzes, daß er den Höfling demütige? Ist ein barmherziger Vater, der das Feuer stillt, wenn es des Armen Dach beleckt? Der den Schläfer auf nackter Erde bewahrt, dem frierenden Hund eine Hütte gibt? Ich rufe dich, Ewiger, und deine Welten verneinen dich, deine Sonnen verleugnen dich. Ich suchte dich, und nirgends fand ich dich. Die Himmel sind echolos, wenn ich dich rufe, schweigend starren die Wälder. Allein bin ich gegangen im Angesicht der Nacht, und die Dunkelheit war mein Mantel und meines Kummers Kleid; breit ist das Meer und tief, und maßlos dehnen sich die Himmel, aber du bist nicht. Jahrtausende verschwinden wie ein Lächeln, und wer gut ist, verdirbt, und die Falschen und Treulosen werden zu Propheten. Aber laß es laufen, das Volk, laß es springen zu den Kammern des Todes. Wo bist du, Gott? Bist du, wo das Jahr zeitlos ist und die Unendlichkeiten zusammenschrumpfen wie Leichname? Bist du, wo die Sonne aus dem Westen steigt und der Mond aus Brunnen strahlt? Bist du beim Gastmahl der Toten, und hast du den neuen Morgen der Welten verschlafen? Ach, wo lauf ich hin? Der Himmel ist nur in mir. Wo ist Raum für meine Seele?»

Als er fertig war, zerschmetterte Zacharias Naar die Tafel am Baumstamm und streute die Trümmer in alle Winde. Dann erhob er sich und ging den Häusern zu.

Im Schindelhof begegnete ihm ein Zug jüdischer Männer und Frauen mit Kerzen in den Händen. Vier Jungfrauen trugen einen Purpurbaldachin, unter dem ein Knabe und ein Mädchen trippelten, beide noch Kinder. Sie sollten einander vermählt werden, denn es war der Glaube jener Zeit, dadurch den Rest der noch ungeborenen Seelen in die Leiblichkeit eingehen zu lassen und so das letzte Hindernis zum Eintreffen des Gottesreiches zu beseitigen. Die Kinder, deren Namen Benjamin und Eva waren, hielten sich fest an den Händen, und ihre Augen standen voll Tränen; wenn sie sich einander anschauten, so geschah es gleichzeitig, und sie lächelten dabei schwermütig wie Menschen, denen eine Strafe bevorsteht, der sie nicht entrinnen können und die sie auch nicht verdient haben. Plötzlich bedeckte sich Evas Gesicht mit einer glühenden Röte. Die schwarze Noemi kam mit ihrer Freundin nackt die Gasse heruntergelaufen, und trotz der frischen Herbstmorgenluft schienen ihre Körper heiß zu sein von Tanz und Ausschweifungen. Schier besinnungslos, doch graziös wie Gazellen liefen sie dahin, und in jedem Laut ihres Mundes war etwas Bacchantisches. Die kleine Eva wußte sich nicht zu helfen vor Scham; in heller Verzweiflung schlang sie einen Arm um den Hals des Knaben, und mit der freien Hand bedeckte sie seine Augen.

Der sonderbare Brautzug kam in ein buntes Gewühle. Über den Gärtnerplatz ging eine Kinderprozession, und jedes Kind trug einen Teller südländischer Früchte oder Schalen mit Wein oder Backwerk. In diesen Tagen des Wahnsinns ging auch kein Christ im weiten Umkreis seinen Geschäften nach, und keiner, wie mächtig er auch sein mochte, versuchte den leidenschaftlichen Brand, der unter dem verachteten und verhaßten Judenvolk ausgebrochen war, zu dämpfen oder gar zu verspotten. Fremde Musikanten kamen des Wegs – es wußte niemand, woher – und spielten auf Instrumenten, die man vorher niemals gehört. Alles war zauberisch, überirdisch, aufregend und bestürzend.

Unerhörtes begab sich auf dem Platz vor dem Pfarrhof. Dort nahm ein junges und schönes Mädchen die symbolische Handlung vor, deren Deutung war, daß auch die Tiere eingehen sollten in das messianische Reich. Die Zeremonie geschah mit einem mächtigen Hunde, und das junge Mädchen sang dabei wilde Lieder und schrie verzückt. Die Zuschauer wären wohl entsetzt oder erschüttert oder verwundert, aber sie empfanden es gleichwohl als einen religiösen Vorgang von tiefer Feier. Mit bleichen Wangen standen sie umher und zitterten vor Grauen. In der Synagoge blies man das Schofar, und es klang wie ein einsamer Weckruf in alle Gassen, hinweg über alle Häuser – wie ein Ruf aus den dunklen Tiefen der Kabbala. Eine Krone auf dem Haar, kam Zirle einher, mit einem Gefolge wie eine Fürstin. Wer sie sah, glaubte an sie wie an den Erlöser selbst. Ein junger Christ namens Wagenseil, der Sohn des Pfarrers, folgte ihr wie behext auf Tritt und Schritt. Schließlich sang er das Lob des Sabbatei fast in dichterischen Worten, und Zirle erhörte ihn, noch ehe der Tag zur Neige ging. Ihr Wesen war ohne Schüchternheit; sie hatte etwas Glänzendes in jeder Gebärde. Die Männer verloren alle Vernunft, wenn sie vor ihnen stand, und die Glorie der Messiasbraut gab ihrem Wort ein unwiderstehliches Gepräge. Sie kam zu den Fastenden und Betenden und richtete sie auf. Denn manche wälzten sich tagelang wie Würmer auf der Erde, enthielten sich jeglicher Nahrung, oder sie hockten regungslos in den feuchten Winkeln unterirdischer Gewölbe, hatten Visionen, «strahlende Nächte», wie sie sagten, fromme Gesichte, widerstanden so den Verlokkungen des Satans und erfüllten zur Nachtzeit die Luft mit ihren Klageliedern. Ohne zu erlahmen, studierten sie alle

Bücher der Kabbala, alle Seiten des Talmud nach neuen und wunderbaren Deutungen; ihre Weiber, wenn sie nicht zu den Orgien gingen, ergaben sich einem grenzenlosen Fanatismus, stellten sich auf den Markt unter viele Leute, stachelten zu nutzlosen Grausamkeiten und nutzlosen Versündigungen auf und fluchten den Christen bitter. Die Kinder waren sich selbst überlassen, Säuglinge schrien umsonst nach der Mutterbrust und starben bald. Hunger und Überfluß, Prunk und Erbärmlichkeit reichten einander die Hände. Es fand kein regelmäßiger Gottesdienst mehr statt, und wenn man gemeinsam vor dem Altar betete, schrie, forderte, triumphierte, war es einer Schändung des alten Gottes gleich. Zigeuner zogen umher und vermehrten das Unheimliche und die Verwirrung. Der Papst und der Kaiser schickten wie in alle Städte auch hierher Beamte und Abgesandte, die unverrichtetersache wieder ziehen mußten. Die freie Stadt Nürnberg entbot einen Hauptmann und fünfzig Reiter, aber den Hauptmann samt seinen Reitern sah man noch am selben Abend wüst johlend durch die Gassen taumeln. Am Fluß oben, gegen Buch zu, wohnte ein ehrwürdiger christlicher Mann von bedeutender Gelehrsamkeit. Er kannte gründlich die klassischen Sprachen und befaßte sich auch mit Astrologie und Alchimie. Die Leute behaupteten, er habe den Stein der Weisen gefunden und ihn für einen unermeßlichen Schatz an den Großtürken abgegeben. Er wurde befragt, was er von all dem Sturm und Aufruhr halte, und da sagte er: «Der Jüd ist ein tolles Tier. So ihr ihn aus dem Käfig laßt, frißt er euch auf mit Stumpf und Stiel. So er aber im Käfig bleibt, ist er zahm wie ein Hund. Viel Verstand hat der Jüd, und er ist wie ein Blindschleich. So du ihn entzweihackst, kriechen zweie hinweg.»

Niemals stand die Anarchie drohender über den Völkern, als zu dieser Zeit der Dämonie und der Ekstase. Da die Nachricht eintraf, die Juden von Frankfurt, Worms und Mainz rüsteten sich zum Aufbruch nach Zion, entstand eine Erregung, die mit einer langen, inbrünstigen Andacht zu vergleichen war. Alle Sehnsucht hatte nun ein Ziel bekommen, und jeder einzelne beschloß, dem Rufe des Propheten zu folgen.

An demselben Tage, es war Allerseelen, lag Rahel auf ihrem Bette und starrte stumpf-gleichgültig durch das Fenster in den Abendhimmel. Das Haus war leer; die Schritte mochten darin nachhallen, denn die Dielen knisterten oft von selbst. Rahel hatte die Mutter schon seit zwei Tagen nicht gesehen, der Vater war seit dem Morgen fort. Niemand hatte sich in der letzten Zeit um sie gekümmert, und keine der jüdischen Frauen kam mehr, um stundenlang bei ihr zu sitzen. Aber darüber dachte sie nicht nach. Sie war froh, daß wieder die Nacht kam.

Als es dunkel war, trat Maier Nathan ins Zimmer. Sein Wesen war verstört, und bisweilen brach er in kurzes mekkerndes Lachen aus. Beim Schein eines Öllichts zählte er sein Geld nach und vergrub später einen Kasten mit Perlen und Schmucksachen im Hofe neben dem Brunnen. Erhitzt von der Arbeit, schnaufend und pustend kam er zurück und setzte sich neben seine Tochter, das Kinn auf den Griff des Spatens gestützt. Er seufzte, fuhr mit den Fingern in die Haare, schnitt Grimassen, sprang endlich auf, warf den Spaten heftig von sich, focht mit den Armen in der Luft umher und brach in ein glucksendes Weinen aus. Rahel rührte sich nicht. Sie war daran gewöhnt, seit Zirle erschienen war. «Schadai, Schadai voller Gnade!» rief der Knöcker aus. «Ich habe die himmlische Stimme gehört, ich hab sie doch sicherlich gehört mit meinen Ohren. Gott soll mich strafen, aber mein Rahelchen ist doch keine Hur!» Er kniete vor Rahel hin, streichelte mit der Hand ihre Haare und stammelte: «Mein Rahelchen, mein gutes Jeleth, mein Engelchen. Mise meschinne über die Narren, daß sie an die falsche Braut glauben. Sterben sollen sie den Tod durch Aussatz.» Und er erhob sich und rannte wie gepeitscht davon.

Die Nacht war stürmisch. Die Winde kamen von Süden, und draußen in der Ebene gurgelte es wie in einem Strudel. Der Mond grinste fahl durch geborstene Wolken, und es war, als ob er selbst sie zerrissen hätte und sie aufgelöst vor sich her triebe. Gegen Mitternacht kam ein Herbstgewitter. Flatternde, schwere, lichtsaugende Nebel fielen nieder, und die Blitze fuhren hinein mit einem süßgelben Leuchten. Rahel sah zu, und ihr wurde bitter in der Kehle vor Grauen; in der Ferne heulten die Hunde.

Rahel war müde. Was da draußen vorging in der Welt, sie kümmerte sich nicht darum. An nichts glaubte sie, mitten in einem Haufen von Wahnsinnigen blieb sie ruhig und nachdenklich. Doch hatte sie Furcht vor der Zukunft. Was soll aus dem Kind werden, dachte sie, und was aus mir, wenn sie alles erfahren? Gegen zwei Uhr, das Gewitter hatte sich verzogen, rief das Schofar die Juden in den Tempelhof. Zacharias Naar verlas einen Brief des Sabbatai an seine Braut Zirle, die er Zilla nannte. Es war ein feuriges und sinnlich überschwengliches Liebesgedicht, und es hieß zum Schluß, daß er sie samt ihrem Volk, den Lebenden und denen, welche von den Toten auferstehen würden, am siebzehnten Tag des Monats Tamuz zu Salonichi empfangen würde. Darauf stellte Zacharias Naar drei Fragen an die schweigende Gemeinde: Ob sie mit Gut und Blut sich dem Messias ergeben wollten? Ob sie die Mühen und Beschwerden der langen Wanderung nicht scheuen wollten? Ob sie ohne Murren und Weigern die Göttlichkeit der Messiasbraut anerkennen und ihren Befehlen folgen wollten? Ein bebendes Ja aus vielen hundert Kehlen antwortete. Nun trat Zirle in die Mitte des Kreises, hob ihre Arme verzückt zum Himmel, und ihr leidenschaftliches Gebet ließ die Zuhörer erglühen vor Sehnsucht und Begierde nach dem Neuen, Großen, Wundervollen, das für sie bereit war. Noch wußten sie nichts, was ihnen Sicherheit gab, aber mehr war es, zu glauben und dem Kommenden begeistert entgegenzuleben. Jauchzend wollten sie ein Land verlassen, das nur Verachtung und unmenschliche Grausamkeit für sie gehabt hatte. Es schien leicht, alles hinter sich zu werfen, wenn im Osten die Triften der ererbten Wohnsitze lockten, wenn ein königlicher Prophet sie zum unverbrüchlichen Bunde rief. Hier war kein Vaterland für sie und konnte es niemals werden, wie sich auch die Zeiten wandeln mochten.

Die Ältesten der Gemeinde erklärten sich zum Aufbruch bereit; bei Anbruch des Tages sollte mit den Vorbereitungen begonnen werden. Plötzlich sprang Maier Knöcker, der Nathan, schreiend auf Zirle zu, packte sie bei den Haaren und riß sie zu Boden. Die andern Juden hätten ihn sicherlich in Stücke zerrissen, wenn nicht sein Weib, die Thelsela, und die tugendsame Treinla, des Rabbi Man Ehewirtin, sich über ihn geworfen und flehentlich um sein Leben gebeten hätten.

Gleich fernem Brandschein zeigte sich der erste Streifen des Morgenrots, und hoch in der Luft zogen Vögel mit zirpenden Schreien dahin.

Als Maier Knöcker nach Haus kam, fand er seine Tochter schlafend. Aber es bedurfte nur einer leisen Berührung, und sie erwachte. Ihr Blick war scheu, verstört und furchtsam. «Gebenscht, ich hab se zugericht'», sagte der Nathan mit stumpfsinnigem Frohlocken. «Unbeschrien, ich hab'r die Haare ausgerissen, der falschen Braut.» Er sah seine Tochter durchdringend an, schüttelte bekümmert den Kopf und fragte die Thelsela, wie lang es noch dauern könne bis zu Rahels Niederkunft. Geistesabwesend erwiderte das arme Weib, sie wisse das nicht; jedenfalls aber noch vier bis sechs Wochen. Gegen Mittag kam der Ober-Rabbi mit finsterem Gesicht, und fünf Älteste begleiteten ihn. In harten Worten stellte er den Knöcker zur Rede und gab schließlich Zweifel darüber zu erkennen, daß Maier Nathan die himmlische Stimme gehört habe. Der Knöcker begann zu weinen. Sein leidenschaftlicher Protest und die schwermütige Bestätigung der Tatsache durch die Thelsela stimmten den Rabbi milder, und Chajim Chaim Rappaport meinte in seiner wohlwollenden Art, man könne ja doch das Ende der Schwangerschaft abwarten; auch sei es nicht ausgeschlossen, daß dem Messias zwei Bräute bestimmt seien, obwohl Zacharias Naar ein Gegner solchen Glaubens sei.

Wenn Maier Knöcker sich auf den Gassen blicken ließ, sah er sich mit Mißtrauen beobachtet, und seine ehemaligen Freunde gingen ihm aus dem Weg. Nur die ameisenhafte Geschäftigkeit, die überall herrschte, schützte ihn vor Schlimmerem. Doch hatte er nirgends Rast. Ein wühlender Schmerz über die ungeordneten Zustände bedrückte ihn. Er suchte nach der Reihe seine Schuldner auf und keifte überall und drohte mit dem Landrichter. Dann eilte er wieder schnellen Laufs nach Hause, in die Kammern, zu seinen Kostbarkeiten und Pfandpapieren. Da er sich von allen verachtet fand, nahm die Liebe zu den Schätzen zu wie auch ein gewisses trotziges Vertrauen in die Mission seiner Tochter, und mit zorniger Ungeduld erwartete er die Ankunft der gottgeweihten Enkelin, überzeugt, daß es dabei an himmlischen und weit erkennbaren Zeichen nicht fehlen werde.

Änsel Obadja und Hutzel Davidla standen am Abend des vierten November tuschelnd unter einem Haustor und gaben ihren Sorgen Ausdruck über die Vernachlässigung jeglichen Gottesdienstes. «Wenn es sich zuträgt, daß viele trinken werden», sagte Hutzel Davidla zitternd, und seine Mausaugen schauten glitzernd gegen Himmel, «dann hat unser Herrgott uns strafen gewollt.» Davidla gebrauchte das Wort «trinken» und meinte damit den Tod, denn die Juden reden ungern vom Sterben, und schon im Talmud

Ketuboth steht die Redensart vom Trinken. Ein gelehrter Chronist, der zu Fürth lebte, schreibt: Man frage nicht, warum sich dieses Volk allezeit so sehr für den Tod entsetzet? Dies macht es: Sie wissen nicht, wie sie dem künftigen Zorn entfliehen sollen. Das Sterben der Juden ist daher allezeit mit Furcht und Schrecken umgeben. Alle, alle müssen mit Entsetzen vor den Dingen, die da kommen, aus der Welt scheiden.

Das Laubhüttenfest war unbeachtet herangekommen und sah nun in den Taumel und Wirrwarr der kommenden großen Wanderung. Breite Lastwagen, die von Bauern draußen oder von Christen im Markt erkauft worden waren, rumpelten ununterbrochen vor die Häuser der Juden. Die streitenden Stimmen der Fuhrleute mengten sich mit dem Gekeife der Weiber; Pferde, Esel und Rinder wurden mit vielem Lärm erhandelt; die Gassen lagen voll von zerbrochenem Hausrat, leeren Kisten; Kleider- und Leinwandfetzen, Stroh, Pergamenten und Spänen. Wenn Christen vorbeikamen, hatten sie ein finsteres und drohendes Gesicht und sahen aus, als ob sie die Mittel überlegten, um diese Anstalten zunichte zu machen.

Auf einer Kiste saß sinnend der kleine Benjamin und pendelte mit den Beinchen hin und her. Ihm war unwohnlich. Durch die hohlen Fensterlöcher schaute er in das Haus der Maie Lambden; er sah Kasten auf Kasten getürmt, sah die Weiber mit weißen Tüchern um den Kopf hin und her eilen, wie sie die Schränke leerten und das Geschirr verpackten, und er hörte das Silberzeug klirren und den Lärm von Hammer und Meißel. Daneben stand das Haus von Samuel Ermreuther, der von seinen Söhnen das Dach abtragen ließ, denn nichts sollte den Gojim verbleiben von seinem Gut und Eigentum. Bei Itzig Gänshenker hatten sich viele junge Mädchen zusammengefunden und nähten emsig Wagendecken und Reisegewänder und sangen alte Gesänge. Stunde für Stunde zogen arme Juden aus fremden Ortschaften durch die Hauptstraße, und in der frischen Glut ihrer Begeisterung vermochten sie nicht länger Rast zu machen, als es nötig ist, um ein Gebet zu sagen. Dann eilten sie weiter in ihren Lumpen und mit ihrer jämmerlichen Habe.

Betrübt ging Benjamin an den Häusern entlang. Er blickte in die Gärten, in denen alle Blüten verwelkt waren und dürre Blätter den Boden bedeckten. Einmal sah er Eva, seine Verlobte, über die Gasse eilen, und er ging zu ihr hin. Aber das Kind, mit aufgestreiften Ärmeln und geröteten Wangen, schüttelte den Kopf und sagte, sie habe zu viel zu tun, um plaudern zu können. Benjamin hatte Hunger, und weil man ihm daheim nicht zu essen gab, ging er hinaus an den Fluß, wo er Haselstauden wußte und wo er sich sättigen wollte. Die Ereignisse, von seiner melancholischen Stimmung in farbige Dämmerung gehüllt, gaben ihm viel zu denken, und er träumte sich mit klopfendem Herzen das Land der Verheißung, wo es keine Christen gab und keinen Stadtvogt und keine Daumenschrauben und kein Spießrutenlaufen. Wie klar und furchtbar erinnerte er sich des Tages, wo sein Vater wegen einer angeblich gestohlenen Sanduhr gefoltert worden war. Seinen Oheim hatten sie aus Nürnberg hinausgepeitscht, weil er dort übernachtet hatte. Oft hatte die Mutter erzählt, daß ihre Muhme als Hexe verbrannt worden war, obwohl sie eine fromme und sanfte Frau gewesen war. Dies alles machte ihn ungeduldig nach Macht und Größe.

Ein Jubelgesang scholl von den Häusern herüber. Er hörte eine Weile zu und fragte sich, warum eigentlich die Juden so verachtet seien. Er kam zu keinem Schluß. Im Grunde schmerzte es ihn, von diesen Feldern fort zu müssen, wer weiß wie weit. Es war so schön hier! Wie breit und ruhig lag das Land da! Ein glanzloser Nebel kroch über die Äcker, und drüben lag Nürnberg mit seiner kaiserlichen Burg, mit seinen starken Mauern, mit seinen schmalen, stolzen Türmen. Die Häuser waren vielleicht aus Marmor gebaut, und die Stoffe und das viele Gold und die herrlichen Rosse, die Kampfspiele, der Jahrmarkt auf der Schütteninsel, der Metzgersprung – wie bunt und wechselvoll, wie freudig und schimmernd alles!

Die Welt versank allmählich in der Dämmerung. Er ging heimwärts. Die dumpfe, drohende Geschäftigkeit, die überall herrschte und die immer mehr anschwoll, erweckte eine unbestimmte Angst in ihm. Bei einer Gartentür lag ein Stein, und er ließ sich ermüdet nieder. Samson Weinschenk und die Seinen hatten schon zwei Wagen vollgepackt und saßen nun zwischen leeren Wänden. Auch David Tischbeck und Samuel Schrenz und Hutzel Davidla und Löw Wassertrüdinger und Moses Käsbauer und Maier Wolf: alle waren sie schon fertig und bereit, das fremde Land für immer zu verlassen. Der Knabe fühlte gleichsam schwere Schicksale voraus, darum war er traurig, und es war, als ob von irgendwoher eine schmerzlich schöne Musik erschalle und durch die kümmerlichen Gassen des Judenviertels fließe.

Er blickte empor und sah Rahel Nathan mit plumpen, aber hastigen Schritten daherkommen. Sie wollte vorbei, aber Benjamin rief sie an. Da fuhr sie zusammen, winkte mit beiden Armen ab und wollte schnell weitergehen – gegen die Häuser der Christen hinüber. Doch besann sie sich eines andern und setzte sich neben den Knaben auf den Stein. «Morgen soll es fortgehen, weißt du das, Junge?» fragte sie. Er bejahte, aber sie redete nicht mehr, es war, als ob sie sich ganz in sich selbst verkröche. Der Knabe sah, daß sie mit ihren Händen das Gesicht bedeckt hatte, und die Ellbogen waren durch das niedere Sitzen tief in den Schoß vergraben. Es fiel ihm ein, daß es im Gesetz verboten sei, so niedrig zu sitzen; nur die Leidtragenden dürfen es um ihre Verstorbenen. Da stand er rasch auf. Aber ehe er sich dessen versah, hatte ihn das Mädchen heftig bei den

Armen gepackt, zog ihn an sich, nahm seinen Kopf zwischen ihre beiden Hände und drückte die glühendheißen trockenen Lippen leidenschaftlich auf seinen Mund. Benjamin glaubte zu versinken, auf seiner Stirn perlte feiner Schweiß, der ihn gleich Nadeln verwundete. Er hörte Rahels Herz wie einen dumpfen Hammer pochen, die Wärme ihres Körpers strömte auf ihn über, ihre aufgelösten Haare umhüllten seinen Kopf. Und nun fielen nasse Tropfen auf seine Wangen nieder, und erst durch das laute Schluchzen des jungen Mädchens ward er schaudernd inne, daß es Tränen waren. Auf einmal stand sie auf, stieß den Knaben rauh von sich und eilte davon.

In der Rosengaß stand ein kleines grün angestrichenes Haus, darin wohnte der Studiosus Thomas Peter Hummel. Rahel tastete sich mühsam durch die Finsternis des Flurs. Plötzlich fiel ihr, sie wußte nicht warum, ein Vers aus dem Talmud Taanit ein: Und ich mache allen ihren Jubel still, ihre Feste, Monden und Sabbate. Heiserer Gesang scholl aus einem Raum im Hintergrund, dann kam ein wüstes Lärmen und Durcheinanderreden, Gläserklirren und Zurufe, und auf einmal war es wieder ganz still. Eine weiche, schmiegsame Mittelstimme begann ein Lied zu singen; Rahel kannte die Stimme, die so verführerisch war und von der sie meinte, daß niemand ihr widerstehen könne. «Es ist ein Ros entsprungen aus einer großen Zahl» – ein altes Lied voll Trauer und Sehnsucht. Wer es sang, mußte gewiß um der Liebe willen leiden. Es war, wie wenn ein Vogel gefangen sitzt, von dem man weiß, daß er nur durch Freiheit leben kann, und er sitzt in einem finstern Käfig und flattert sich die Flügel wund. Das Lied war schon lange zu Ende, aber Rahel stand immer noch regungslos da, und ein schmaler Lichtstreifen aus der Türspalte fiel auf ihre Stirn. Plötzlich wurde die Tür aufgerissen, und lachend, in der einen Hand den Weinkrug, mit der andern der Schar von Studenten am Tisch in der übertriebenen Lustigkeit, die ihm eigen war, zuwinkend, trat Thomas Peter Hummel heraus. Das Zimmer war von Rauch erfüllt, denn die jungen Leute saßen alle mit Pfeifen im Mund und pafften fleißig drauflos. Hummel schloß die Tür und setzte mit einem Feuerstein ein Öllicht in Brand, um in den Keller zu gehen. Als er sich mit dem Lämpchen in der Hand umdrehte, gewahrte er Rahel. Er erbleichte. Sein kleiner Mund kniff sich zusammen, die Pupillen erweiterten sich wie bei einer Katze, und endlich stieß er einen dumpfen, fragenden Laut hervor. «Wir gehen fort von hier», murmelte Rahel, und ihr Kinn sank gegen die Brust. Der Student lächelte schnell unter seinem schwarzen, koketten Bart hervor und sagte, in eine Stube könne er sie nicht führen, sie sollte mit ihm in den Keller kommen, und Rahel folgte ihm in den feuchten Keller hinab. Hummel ließ sie auf ein leeres Fäßchen setzen, nahm ihre Hand und begann zu sprechen. Das war seine Kunst, zu sprechen. Da vergaß er sich selbst und den andern, wußte Hunderte Gründe oder Dinge, an die kein Mensch dachte oder denken konnte, geriet vom Zehnten ins Zwanzigste und von da noch weiter, unterbrach niemals den freien Fluß der Rede, setzte, wo es anging, ein gelehrtes Zitat statt eigener Meinung oder brachte füglich eine bedeutsame Geschichte von spannender Erfindung an, kurz, er wußte das Wort so vollkommen zu gebrauchen, daß er es in knapper Zeit vermochte, ein großes Unglück höchst winzig erscheinen zu lassen, und war im ganzen ein glänzendes Beispiel für den Ausspruch des alten Cicero über die Beredsamkeit. Dabei war seine Stimme leise und berückend, eindringlich und gleichsam erziehend. Seine Gesten waren rund und gefällig, gemessen und wohlwollend, besonders wenn er Daumen und Zeigefinger mit den Spitzen zusammendrückte und den Arm pendelartig auf und ab bewegte. Er schien nichts als Liebe und Uneigennützigkeit zu empfinden, und alles, was er sagte, hatte Klang und Vernunft, sozusagen Hut und Schuh, und er vermochte einen Menschen zu trösten, daß er all seine

Schmerzen vergaß und sich so vollgeredet fand, als habe er am Tisch des Großmoguls die köstlichsten Speisen gespeist.

Nach geraumer Weile und als von oben das ungeduldige Fußgetrampel der andern Studenten hörbar wurde, erhob sich Rahel und ging wieder. Draußen in der Nacht erinnerte sich sich dunkel, daß Thomas Peter ihr empfohlen hatte, die Juden zu warnen, es sei etwas im Werk; aber es ließ sie kühl. Sie fühlte sich wie das tote Werkzeug in einer fremden Hand. Sie dachte an den Geliebten, von dem sie eben auf so seltsame Weise ewigen Abschied genommen, und ein Schauer zog ihr die Brust zusammen, und ihr Herz lag wie Blei im Körper. Jenes Haus, das so Teures für sie beherbergt hatte, konnte nicht mehr das Bild ihrer Träume verschönen. Stand doch schon über seinem Eingang ein roher Landsknechtspruch, neu hingemalt:

Wer so fährt wie ich, fährt bös.
Meines Vaters Guett hab ich versoffen
bis auff einen alten Filzhuett.
Der leit da.
Den Ofen wer ich aach ball versaufen.

Die Nacht war kalt. Die Wolken am Himmel hatten in ihrem gelben Leuchten und ihren kargen Umrissen etwas Wesenhaftes und Persönliches. Vor manchen Haustüren der Christen standen Männer im Schein düsterer Lichter und berieten über die Vorgänge im Judenviertel. Sie schienen besorgt, denn wie auch dies Volk verhaßt bei ihnen war, so beleidigten doch all diese Dinge ihr Herrischkeitsgefühl, und sie glaubten, es nicht zugeben zu dürfen, daß sich der Knecht so leichterdings frei mache und davonziehe. Nur die zu Wucherzins Verpflichteten rieben sich insgeheim die Hände und beglückwünschten sich zu den so mühelos errungenen Kapitalien.

Rahel wagte sich nicht heim. Sie wußte nicht, was sie davon abhielt, aber ihre Seele verging in Furcht. Sie wanderte dahin, ohne über ein Ziel nachzudenken. Sie lebte völlig in einer dunklen Innenwelt, und die Blicke, die sie in die erleuchteten Fenster der Wohnungen warf, hatten etwas Irres. Wie so oft ging sie in das Haus des frommen Elieser Rappaport, der ihr Verwandter war. Die ganze Familie saß um den großen Tisch herum; die Wände waren kahl, die Schränke fortgeschafft, Geschirr, Betten, Wäsche und Gewänder auf den Wagen verpackt. Es war unheimlich zu sehen, wie die Menschen um das trübe rauchende Licht herumhockten, mit blassen, erwartungsvollen Gesichtern oder mit milden Gesichtern, in denen gleichsam nur noch eine entfernte, eine fliehende Sehnsucht, ein schüchternes Hoffen leuchtete, und wie sie dem Vorlesen des Elieser lauschten. Draußen fauchte der Wind, und überall klimperte und klirrte es, und oft blökten ängstliche Rinder oder wieherten die Pferde.

Rahel setzte sich in eine Ecke des Raumes, wo ein Balken aus der Wand hervortrat. Niemand achtete ihrer. Elieser las aus dem Buch Simchas Chamefesch, der «Seelenfreude», welches zu Frankfurt und zu Sulzbach deutsch gedruckt worden war. Mit bebender Stimme las der alte Mann die Parabel, die von der Stärke des Glaubens handelte. «Einer hat drei gute Freund; eines is sein Leibfreund, der ander is aach ein guter Freund, und der dritter, den hat er vor gar nix geacht. Urbizling schickt der Melech, der König, einen Boten nach den Mensch, er soll geschwind zum Melech kommen. Der Mensch derschreckt sehr, denkt, was muß das bedeuten, als der Melech nach mer schickt, und fercht sich sehr un geht zu sein Leibfreund, der soll mit ihm gehn zum Melech, der will aber nit mit ihn gehn. Da geht er zu den andern Freund, er soll mit ihn gehn zum Melech, da spricht er, ich will dich begleiten bis an das Schloß, aber weiter will ich nit gehn. Da geht er zu den dritten Freund, den er vor gar nix geacht hat. Da spricht er, ich will mit dir gehn zum Melech un will dich beschermen. Un is mit ihm gangen zum Melech un hat ihm beschermt. Also aach die drei Freund; einer das is Geld, der ander, das is sein Weib un Kind, der dritt Freund, den er vor nix hat gehalten, das is die Thora, die Gebote, die guten Taten, das acht der Mensch vor nix. Der Melech, das is Got, der Bote, das is der Tod, den schickt Got urbizling, soll dem Menschen seine Seel nehmen. Der beste Freund, das is das Geld, das bleibt derheim, wenn er gleich noch aso viel hat, kann er doch nix mitnehmen. Der ander Freund, das is sein Weib un Kinder, gehn mit ihn bis ans Grab, schreien un weinen, kennen ihm nit helfen. Der dritt Freund, den acht der Mensch vor nix, der geht mit zum Melech.»

Die Stimme verklang wie in einer Höhle. Es befand sich aber noch ein Rabe im Zimmer, der vom alten Elieser aufgezogen worden war und der, lachend auf einer Stange hockend, sein düsteres Krächzen in die gelehrtesten Disputationen zu werfen pflegte. Rahel sah den Vogel beständig an, denn ihr war, als sei ein menschliches Wesen in ihm verborgen, ja sie dachte: So ist mein Volk wie dieser Rabe. Doppelt schwarz und doppelt unruhig sah er aus im Gegensatz zu den glutgeröteten Mauern; mitten im Dunkel saß er wie auf einer Insel in einem Ozean von Finsternis.

Gebete und Fasten füllten allenthalben die Nacht aus. Es gab freilich manche, die wieder zaghaft geworden waren und die am liebsten zurückgeblieben wären, aber zu ihnen kam Zacharias Naar. Es war, als ob er die Schwächlinge und Feiglinge am Blick zu erkennen vermöchte. Es war erstaunlich, wenn er zu ihnen sprach und sie folgsam wurden wie Hunde, wenn er seine Augen auf sie heftete und in geheimnisvoller Weise ihre Entschlüsse formte wie Ton.

Der Zug der wandernden Juden nahm nicht ab. Im Osten häuften sich Ereignisse verwirrender Art. Es kam die Kunde, Sabbatai sei zum Sultan der Türkei zu Gast geladen worden und reise nun in Begleitung seiner zwölf Jünger und einer großen Schar von gelehrten Talmudisten zu Schiffe nach Salonichi. Eine ganze Flottille von Smyrnaer Schiffen sei in seinem Gefolge, Ehefrauen hätten ihre Männer verlassen um seinetwillen, Mütter ihre Kinder, Jungfrauen und Knaben das elterliche Heim. Gold und Geschmeide flösse ihm zu aus unerschöpflichen Bornen, und die Kalifen der Bucharei, die Fürsten Afghanistans und die Rajahs von Indien schickten Perlen und Geschmeide, Gesandte, Speisen für seine Festmahle, Gewänder von Purpur und Seide und Samt. Dergleichen war wie ein Rausch für das ganze Judenvolk der Erde. Ihre Erwartung hielt kaum Schritt mit ihrer Freude, eine sinnlose Vergötterung für den Menschengott erfüllte sie, und der Jude, der so leicht der Raserei in jeglicher Gestalt zugänglich ist, vergaß sein irdisches Gut und die irdischen Dinge. Engel bliesen auf Sturmschalmeien, und der finstere Gott der Juden, der Moses erhoben und Pharao gezüchtigt hatte, kam selbst, um dem Messias entgegenzuschreiten. Darum war es kein Wunder, wenn Zirle sich alsbald zu ungeahnter Höhe emporgerissen fand. Ihre Seele, im Beginn dieser Mission ein wenig fremd, entflammte sich im Angesicht des Mysteriums. Ihr Wesen war nicht keusch, wer ihr gefiel, dem ergab sie sich, oft mehr aus Mitleid als aus Begierde, denn sie sah die Männer vor sich zerschmelzen wie Wachs. Dennoch blickte sie mit Schauern hinüber in jenes Heilige Land, wo der Sohn des Himmels ihrer harrte, der so schön sein sollte, daß niemand ihn anzuschauen vermochte, ohne geblendet zu werden. Sie empfing auf rätselhafte Art Briefe von ihm, deren Inhalt ihrem Träumen und Wachen eine Fülle von Glückseligkeit verlieh.

Einst ging sie am Haus des Knöckers vorbei und sah Rahel unter der Türe sitzen. Etwas in dem Gesicht des Mädchens zog sie an, vielleicht die hilflosen Augen oder der bleiche Mund. Sie trat näher, stellte sich vor Rahel hin, nahm ihre Hand und drückte sie sanft. Rahel schüttelte befremdet den Kopf und lächelte störrisch. Aber plötzlich konnte sie sich nicht mehr zurückhalten, es war, wie wenn etwas in ihr zerbrochen wäre: Sie fiel auf die Knie und drückte ihr Gesicht schluchzend in den Schoß Zirles, die sich schmerzlich unzufrieden fand. Auf der Gasse stand Wagen an Wagen, vollbepackt zur langen, schweren Reise. Darin und in den Mienen der alten Männer, die so besorgt waren und doch eine freudige Zuversicht glauben ließen, lag etwas Erschütterndes für Zirle.

Der Maier Nathan wurde mit jedem Tag unruhiger, fragte seine Tochter, wann sie denn glaube, daß das Große sich ereignen würde, und holte den Rat der Frau Pesla ein, einer erfahrenen Wehmutter, von der noch in alten Chroniken zu lesen ist: daß sie mit frühem Morgen jedesmal nach dem Tempel geeilet sei, daß sie viele Jahre weder Fleisch noch Wein genossen und ohne Betten auf der Erde lag. Wenn der Nathan sein Weib betrachtete, die sich einer stillen Schwermut so ergeben hatte, daß sie oft stundenlang mit geschlossenen Augen kauerte, so wurde ihm bang in seiner Seele, und seine letzte Zuflucht waren seine Kostbarkeiten. Auch tat er alles, um die Aufmerksamkeit auf sich zu lenken, und dies um so mehr, je stärker er die Verachtung empfand, mit der man ihm begegnete. So errichtete er in einer Nacht einen großen Scheiterhaufen hinter seinem Haus, setzte ihn in Brand, stand davor wie vor einem Altar und betete, als das Feuer lohend gegen Himmel stieg. Entsetzt kamen Männer herbeigelaufen, ihn zu fragen, was dies zu bedeuten habe. «Ich hab Flachs hineingeworfen», sagte Nathan, doch kein Mensch konnte es begreifen. «Ich faste», fuhr er fort, «wegen eines bösen Traums, und Rabbi bar Mechasja sagt: Fasten ist dem Traum wie Feuer dem Flachs.» Alle schüttelten spöttisch die Köpfe und gingen. Die Gerüchte, die über Rahel umliefen, wurden häßlich und abenteuerlich, und bald galt sie für unrein; und doch wandelte sie umher wie im Schlaf, dachte der Wochen, wo noch die Liebe ihren Gang verschönt hatte, wo keine Nacht saumselig genug war für den frischen Trunk des Glücks – das aber war vorbei.

Am Samstag Kreszenz, dem achtundzwanzigsten November, sollte der Aufbruch stattfinden. Frühe des Morgens, lang ehe der Osten sich rötete, versammelte sich die Gemeinde in der Synagoge. Die Heilige Schrift wurde aus der Lade genommen, und der Älteste trug sie mit gesenktem Kopf demütig und bleich hinaus, während die Gemeinde Mann hinter Mann betend folgte und der Schammes oder Schuldiener die Lichter verlöschte, die Türe fest versperrte und den großen, hohlen Schlüssel an einem sicheren Ort neben der Klauß vergrub. Dann hörte man Weinen hinter vielen Wänden: Es galt den Abschied vom Ort der Fron und der Verachtung.

Unfern der Mauer des Gottesackers kamen die Wagen zusammen. Regen wälzte sich her im grauenden Tag, und der Sturmwind pfiff durch die Wagenzelte. Doppelt öde lagen die weiten Felder in der Dämmerung, und die verlassenen Häuser schienen zu rufen, ihre leeren Fenster hatten etwas Ziehendes und Warnendes. Frauen kreischten auf dem feuchten Plan, Hunde bellten, Kinder wimmerten, die Männer riefen nach ihren Angehörigen, und die Rinder brüllten. Zigeuner gesellten sich dem Zug bei, und sie wurden geduldet, weil sie als Wegweiser dienen konnten; ihre Weiber riefen sich ihr gellendes Rotwelsch durch den brausenden Wind zu, und aus einem verschlossenen Zigeunerwagen tönte in seltsamer Unbekümmertheit eine Geige in langen Mollakkorden. Es kam ein Bote und meldete, die freie Reichsstadt gebe den Durchzug durch ihr Gebiet nicht frei. Das nächste Ziel der Wanderung war daher die Schwedenfeste im Süden. Die Besorgnis wurde laut, die Nürnberger möchten Soldaten aufbieten, um die Juden zum Bleiben zu zwingen. Manchen schien es, als ob Geschehnisse sich wiederholten von vieltausendjährigem Alter. Der Himmel gab ihnen recht; vor allen Plagen schien die Plage der Finsternis sich vorzudrängen. Der Tag war angebrochen, und doch war es noch Nacht. Die Wege waren durchweicht, und die Wagenräder standen tief im Kot. Zirle, der man eine Art vornehmer Karosse gegeben hatte, lehnte bleich im Rücksitz. Im strömenden Regen stand der junge Wagenseil vor dem Gefährt. Unter großer Feierlichkeit hatte er gestern dem christlichen Glauben abgeschworen und war zum Jünger des Messias geworden; nun wollte er mit fortziehen, wollte alle Bande der Heimat zerschneiden, nur um unverwandt in Zirles Antlitz schauen zu können. Nicht beachtenswert erschien es ihm, daß sie die Braut des Sabbatai war; darin war so viel Überirdisches und Unsinnliches, daß ihn nichts bei diesem Gedanken beunruhigte. Er wußte nicht, daß er der Urheber des Verderbens für die Auswanderer war. Die stille Gärung unter den Christen des Hofmarkts war vom alten Pfarrer Wagenseil zur offenen Flamme geschürt worden, und noch im Lauf des Tages entstand ein Einverständnis mit den Nürnbergischen zur raschen Tat. Nur die Furcht vor dem Gloriosen und Erhabenen, die in der Stimmung dieser Tage lag, hatte bisher den feindseligen Arm gelähmt.

Um den Gottesacker vor frevlerischen Händen zu sichern, wurde das Tor mit fünffachem heiligem Siegel verschlossen. Gegen acht Uhr wurde endlich, mitten in der größten Verwirrung, durch ein dreimaliges Hornsignal das Zeichen zum Aufbruch gegeben. Die Zigeuner hatten sich bereits an die mit Lebensmitteln gefüllten Wagen gemacht und rauften um Fleisch und Brot wie die Wölfe. Keiner verstand den anderen im Tumult; Ermahnungen und Ermunterungen verhallten fruchtlos. In manchen Augen tauchte jene geheimnisvolle Verzweiflung auf, die durch einen unsicheren und brennenden Glanz den Schein von Mut erhält und sich durch rastlose Geschäftigkeit unkenntlich macht. Der Lärm und das Geschrei erscholl weit hinaus, scheuchte die Krähen aus den kahlen Feldern empor, und die Peitschen der Kärrner schallten durchdringend bis an den Wald hinüber und klangen zurück als ein schüchternes Echo. Die Wolken sahen aus wie zerzauste Leinwand, und der ganze Himmel glich einer grauen Wüste. Am Kreuzweg nach Unterfarrnbach stieß die kleine Judengemeinde dieses Dorfes zum großen Hauptzug. Bald flatterten schlecht befestigte Zelttücher im Wind, und allerlei leichte Gegenstände flogen in der Luft herum. Was half das Beten der Frommen und das fromme Deuten der Talmudisten? Was half der Glaube und die Begeisterung? Der finstere Judengott ließ nicht mit sich spaßen und streckte seine grausame Hand herab, daß sie wie eine Mauer vor jenen süßen und verlockenden Zielen stand, die eine morgenländische Phantasie heraufgezaubert hatte. Oft saß ein Gefährt fest im dicken Kot, und fünfzig und mehr Männer mußten es unter Anspannung aller Kräfte herausschieben. Ein Wagen diente als Betzelt, und in ihm war auch die heilige Lade in kostbarem Putz aufbewahrt. Der Ober-Rabbi, der Chassan, die Rumpeln und Wolf Batsch saßen herum und sangen Lieder des Sabbatai. Boruchs Klöß in seinem Wagen hielt sein Weib umschlungen; das Mittagessen, eine fettige Mehlspeise, stand in einer zinnernen Schüssel vor ihnen, aber sie aßen nicht, sondern sahen beide stumpfsinnig in die erkaltende Speise. Dumpfe Schreie schallten in ihre erbärmliche Behausung; manche hatten ihre Hauskatzen mitgenommen, und die Tiere miauten unaufhörlich aus unauffindbaren Verstecken. Dann wurde wieder das Ächzen des Windes laut; an den spärlichen Baumalleen der Straße flogen die braunen, nassen Blätter in geisterhaftem Tanz umher, und die Äste bogen sich knarrend. Der Regen prasselte und trommelte auf die dünnen Dächer, die Achsen wimmerten, an vielen Gespannen standen die Tiere störrisch still und waren nicht fortzubringen, man mochte sie quälen oder ihnen gütlich zureden. Im Gefährt des Maier Knöcker war es ruhig, denn die Thelsela kauerte teilnahmslos in einem Winkel, und in einem anderen Winkel kauerte Rahel. Nur der Nathan selbst schien froh bewegt. Aus irgendeinem Grunde schien er glücklich zu sein; er zwinkerte oft freundlich mit den Augen und fragte: «Rahelchen, wann kommt das güldene Mädchen? Das himmlische Töchterchen?»

Nach drei Stunden erreichte die Karawane den Wald, der eine Viertelmeile entfernt lag. In sanfter Steigung sollte es nun bergan gehen, aber vorher wurde eine Stunde Rast gehalten. Der Wald war finster, die Zweige trieften vom Regen, der Boden war schwarz und schlammig. Ein eigentümlich klirrendes Geräusch lief wie eine Welle durch die Baumkronen. Zwischen den Stämmen in der Tiefe lagerte aufdringlich die Nacht, und bisweilen war der ferne Schrei eines Wildes vernehmbar oder ein Laut wie das Schlagen einer Axt. Der Himmel war verschwunden, die Ebene war nicht mehr zu sehen, und Regenschleier und Nebelschleier machten den Pfad zu einem unsicheren Bilde. Ein Vogel flog auf und huschte scheu und hastig ins tiefere Gehölz. Über dem sumpfigen Grund lag der Tod. Fern fühlten sich alle schon der Heimat, ihren Gärten, ihren Häusern, dem Bereich ihrer Kinderspiele, dem Schauplatz ihrer Sorgen. Rahel lehnte, mit einem dicken Wolltuch geschützt, stumpf in ihrer Ecke. Dennoch fühlte sie etwas in sich, das sie von allen unterschied; sie fühlte sich edler und besser durch die vergangene Leidenschaft. Auch empfand sie schaudernd das junge Leben in sich, täglich mehr, täglich erschreckender, gleichwohl war es so märchenhaft und unglaubwürdig, dies zu tragen, daß die Seele so stark wurde und sich aufrichtete, als sei sie selbst etwas Körperliches.

Es ging zur Höhe, wo die Feste stand. Männer und Weiber waren ausgestiegen und schleppten sich zu Fuß. Die Kärrner, die für schweres Geld gemietet worden waren, weil die meisten jüdischen jungen Leute nicht mit Pferden zu hantieren verstanden, und die an der nächsten Grenze durch andere abgelöst werden mußten, machten bissige und feindselige Bemerkungen. Viele Frauen trugen ihre Kinder auf dem Rücken, in Tücher eingehüllt. Langsam und mühevoll ging es hinan. Das Geschrei der Fuhrleute erfüllte die Luft, die Zigeuner heulten durcheinander, daß es rings widerhallte wie in einem Kessel, und als einmal eine Wildsau über den Weg rannte, kreischten die furchtsamen Weiber durchdringend auf, auch Männer wurden blaß und starrten fassungslos vor sich hin. In halber Höhe begannen die Steinbrüche, die nach dem großen Frieden von Nürnberger Bürgern gekauft und ausgebeutet worden waren. Jetzt galt es, Gestrüpp und überhängende Äste aus dem Wege zu räumen, und man mußte vorsichtig sein, damit kein Rad dem Abgrund eines Bruches zu nahe kam. Drunten lagerte schwarzes Wasser und schien brunnentief zu sein. Der Regen bildete einige Ringe, und der Himmel spiegelte sich darin mit düsterer Stirn. Schutt, Geröll und unbehauene Steine lagen umher; allenthalben gab es Löcher und tückische Schluchten, Heidekraut und Brennessel wuchsen an den Hängen. Die Brüche glichen zerstörten Häusern von Riesen und hatten etwas frisch Verlassenes, daß man oft aus einem Abgrund den ungeheuern Leib des Bewohners auftauchen zu sehen glaubte.

Es war Abend. Dicke Pfützen von Regenwasser standen in den Höhlungen des Weges, die Räder fuhren hinein, und das Wasser spritzte hoch auf. Erstaunlich war es, daß noch keiner an eine Rückkehr dachte, da doch nur Peinigungen und Mühsale zu erwarten standen. Sie blickten unerschüttert in die mysteriösen Weiten, und es war eine dumpfe Ergebung, die sie hinauswandeln hieß, verstummt vor dem unhörbaren Gebot eines Hüters in der Ferne. Wühlten Zweifel in ihrer Seele? Waren sie zu müde, mit ihren Zweifeln sich abzufinden? Zu stoisch oder zu sklavisch, den Willen der Idee zu brechen? Zu feige, um sich bloßzustellen durch Ahnungen? Ein geduldiger Fatalismus war über sie gekommen. Als es finster wurde, erhob sich ein ungestümer Sturm. Die Stämme erzitterten, die Pechfackeln verlöschten.

Auf einmal, es mochte um die sechste Nachmittagsstunde sein, erschallten von vier Seiten im Dickicht des Waldes gleichzeitig Trompetensignale. Der ganze Wagenzug hielt fast mit einem Ruck still. Ein furchtbares Schweigen, eine wahre Totenstille, entstand im Nu. Alle wußten, was nun kommen würde. Da oder dort, in einer Lücke des Gehölzes erschien ein Reiter in der Tracht der nürnbergischen Bürgersoldaten, beleuchtet von Fackeln, die sie am Bug des Pferdes befestigt hatten. Mit höhnischem Lächeln betrachteten sie den erstarrten Zug der Auswanderer; sie verachteten die kriegerische Aufgabe, die ihnen zuteil geworden war. Die Stimme des jungen Wagenseil erschallte: «Zu den Waffen, zu den Waffen!» Ein heiserer Schrei, erstickt durch die Erkenntnis der Hoffnungslosigkeit und des Fehltritts. Da krachte donnernd eine Flinte; der greise Rabbi Elieser sank, ohne einen Laut von sich zu geben, ins schwammige Erdreich, und sein altes Blut floß ungehemmt dahin und mischte sich mit dem Regen. Jetzt wurden die Gemüter aufgerüttelt. Viele waren plötzlich wie betrunken. Sie stürzten zu den Wagen, packten, was sie gerade fanden: ein Küchengerät, einen Strick, eine Latte, einen Eisenstab, einen Besen, eine Flasche, ein altes Türschloß, Lenkriemen für die Pferde, Steine, Stücke und Baumäste, das alles sollte Schutz geben gegen die Waffen geübter Landsknechte. Nur zehn oder zwölf hatten Flinten aufzufinden vermocht, aber da sie nicht mit der Hantierung vertraut waren, ergriffen sie sie vorn am Lauf und schwangen die Kolben drohend in der Luft. Doch schon knallten die Nürnberger von allen Seiten ihre Gewehre los, und ein Knabe und zwei Frauen folgten dem Elieser in den Tod.

Die Weiber begannen ein herzzerreißendes Weinen; ihr Wehklagen muß tief in den Schoß der Erde gedrungen sein, denn noch heute hört man es zur Nachtzeit dort in den Wäldern. Die Zigeuner allein verstanden zu schießen, aber sie hatten kein Ziel, denn die Pferde der Angreifer waren überaus unruhig und sprangen gequält von Baum zu Baum, während sie im Fackelfeuer ihre eigenen Schatten vor sich tanzen sahen. Viele alte Männer hockten mit fanatisch glänzenden Augen im Wagen, wo sich die Bundeslade befand, küßten die Schrift mit bebenden Lippen, beteten und sangen Psalmen. Die Kinder verkrochen sich unter die Räder, betäubt vor Schreck. Einer der Angreifer schrie auf seinem bockenden Gaul etwas von Ergeben und Umkehren, aber seine Worte verhallten, worauf er Befehl zu neuem Feuern gab. Nun mußten Boruchs Klöß und Wolf Bieresel an den Tod glauben und fielen hin und streckten sich aus. Mit ihren lächerlichen Waffen liefen die Juden auf ihre grausamen Feinde zu und fürchteten weder Sterben noch Wunden. Sie sahen nicht mehr, hörten nicht mehr, sie schrien hebräische Worte, und ihre wunderliche Kleidung gab ihnen etwas Gespensterhaftes. Ein Teil stürzte zu Boden über Knorren und Wurzeln, denn das Erdreich war glatt und schlüpfrig, die nassen Zweige schlugen ihnen ins Gesicht, und dann lagen sie da und wälzten sich in konvulsivischen Zuckungen. Nichts mehr schien zu helfen, eine blutige Nacht schien im Nahen zu sein, da gellte plötzlich eine wie toll kreischende Stimme: «Feuer! Der Wald brennt!» Und: «Der Wald brennt! Der Wald brennt!» lief es weiter in der Kette. Die Tannenstämme am zweiten Steinbruch waren wie von innen erleuchtet, in der Tiefe des Forstes stieg ein breiter Lichtkegel empor, ruhig und blendend. Die Luft war durchdrungen vom Purpur der Flammen, die nassen Blätter glänzten, das nasse Moos flimmerte. Schlängelnde Flammen spiegelten sich jäh im nachtschwarzen Moorwasser. Aufsteigend und aufsteigend wie aus einem unerschöpflichen Schlund vermehrte sich die Kraft der Feuersbrunst. Das feuchte Holz prasselte und knatterte, die Flammen leckten gierig von Baum zu Baum, angetrieben durch den sausenden Sturm, der von den Feldern herauffegte. Es wurde drückend heiß; als ob sie aus den Wolken hervorgetreten wären, erschienen die Ruinen der Schwedenfeste zwischen den Feuern. Schrei auf Schrei erschallte, Schreie gräßlicher Angst, wie sie der Wald niemals vorher und niemals nachher vernommen hat. Die Gäule der Landsknechte heulten mit Tönen, die stundenweit ins Land dringen, und rannten unaufhaltsam den Abhang hinunter durch Gestrüpp und über Felsen. Ein junger Reiter, der Sohn des Nürnberger Stadtschreibers, blieb mit seinen langen Haaren an einem Ast hängen, während das tolle Roß weitersauste zur Tiefe. Hilflos, mit stets schwächer werdenden Rufen hing er wie ein Absalom und mußte die Flammen heranschleichen sehen, die ihn beleckten bei lebendigem Leib. Unter den Juden war die Verwirrung so groß geworden, daß viele geradewegs in das Feuer hineinflüchten wollten; die mit Pferden bespannten Wagen rollten hinter den entsetzt fliehenden Tieren davon und wurden halb zerschmettert; schmerzliches Stöhnen drang aus allen Ecken, und die Zigeuner machten sich den Wirrwarr zunutze und stahlen, was ihnen unter die Faust kam. In der größten Ratlosigkeit erschien Zacharias Naar. Er stellte sich vor die Fliehenden, erhob die Arme und vermochte ihren Lauf zu hemmen. Er führte sie so sicher durch die Flammen, als ob ihm diese aus Ehrfurcht den Weg frei gäben, und alle folgten ihm wie Lämmer dem Hirten, und ruhig zogen die Fuhrleute die Wagen nach.

Im Wagen des Maier Knöcker lag ein neugeborenes Wesen auf der bloßen Diele. Rahel, durch die Häufung von Schrecknissen erschüttert, war mit einer Frühgeburt niedergekommen. Sie lag regungslos auf nacktem Stroh, während draußen der große Tumult wie Laute aus einer fernen

Welt zu ihr kam. Sie hörte, wie die beiden Ochsen vor dem Gefährt angstvoll blökten; ein feiner Lichtschein, der stärker und stärker wurde, fiel in den Raum, aber auch das vermehrte ihr Wohlbehagen. Es war ihr, als stünde der Geliebte neben ihrem Lager und streichle sie, und sie sah einen alten, gepreßten Lederdeckel vor sich schweben, den sie oft in seiner Wohnung gesehen hatte und der etwas Fremdes und Liebliches, etwas Märchenhaftes an sich hatte. Thomas Peter hatte sie oft zum Heiland bekehren wollen, aber was war ihr der Heiland und was war ihr selbst der Gott ihrer Väter neben der Liebe, die sie empfunden! In ihr sang und klang es stolz von alten Liedern mit einem süßen, hallenden Kehrreim, da der Abend im Mai kommt und die Blüten zart umhaucht und die stille Nacht von Erwartung schwer ist.

Holpernd rollte der Wagen gleich den andern unter der Leitung von Zacharias Naar ins Tal. Wortlos kniete Maier Knöcker vor dem Neugeborenen und achtete nicht das durchdringende Quietschen des Wurms. Er war völlig zusammengebogen, der Nathan, und schien nur noch ein Haufen von Kleidern. Er hatte die Fäuste geballt wie zum Schlag, und bisweilen zitterte er am ganzen Körper. Das Wesen, das vor ihm sich wand, war ein Knabe. Sonst vermochte er nichts zu denken. In seinem Innern war ein Loch, und um ihn herum war es kalt und finster. Ihm gegenüber saß sein Weib. Sie hatte Hilfe geleistet bei der Geburt. Sie war durch nichts bewegt worden. Es schien, als könne sie durch nichts mehr in der Welt überrascht werden, nicht durch Reichtum und Kleinodien, nicht durch Schmerzen und die Wandlungen des blinden Schicksals.

Die Bauern standen auf den Feldern und sahen hinauf in die brennende Höhe und in den glühenden Himmel. Scheu wichen sie zurück vor den Juden, die sich langsam zu sammeln begannen. Aus allen Richtungen kamen die Verstreuten und fanden sich mit Freudenrufen ein. Für die

Nacht wurde ein Lager bereitet; die Zigeuner, deren Hilfe jetzt nötig gewesen wäre, waren spurlos verschwunden. Zacharias Naar stand sinnend an einem Ginsterstrauch und lächelte trüb seinem Werk zu, dem brennenden Wald.

Noch in der Nacht kam eine große Menge von Bauern, mit Sensen, Beilen und Knüppeln bewaffnet, und sie konnten nur mit Mühe und unter großen Opfern an Gold und Silber auf friedlichem Weg zum Abzug bestimmt werden. Am Mittag des nächsten Tages wollte man aufbrechen und den Marsch beschleunigen, um den Feindseligkeiten der Nürnberger zu entgehen und sich zum Weiterzug in den Schutz der Markgrafen von Onolzbach zu begeben. Der Morgen sollte der Bestattung der Toten gewidmet werden. Das Kind des Wolf Batsch und die Frau des Samuel Ermreuther waren in der Eile im Wald liegengeblieben, und ihre Leichen waren verbrannt. Die Familie des Elieser war die ganze Nacht an der Leiche des Greises gesessen, während die Frauen an den Sterbekleidern nähten. Auch in den andern Wagen, in denen es Verstorbene gab, blieb das Licht brennen zu den aufrichtigen Tränen der Trauernden. Oft klang der Schrei des Wildes aus der Höhe des Waldes herab, wo sich das Feuer beruhigt hatte; über der Ruine lag eine Rauchkrone, und die noch glimmenden Stämme leuchteten herrlich in die weite Ebene hinein.

Der Morgen kam. Die Gräber waren rasch gegraben, denn das geschieht bei den Juden mit Hingebung, weil sie alles für ein gutes Werk ansehen, was für einen Verstorbenen geschieht. Die Weiber mußten in der Behausung bleiben, sie durften nicht mitgehen bei Begräbnissen, außer den nächsten Blutsverwandtinnen, und denen durfte sich während dieser Zeit kein Mann nähern, weil es hieß, der Engel des Todes tanze mit dem bloßen Schwert vor den Weibern her. Bevor der Körper in den Sarg gebettet wurde, begoß man ihn dreimal mit Wasser, und ein alter Chronist sagt schon, daß dies etwas anderes bedeute als eine äußerliche Reinigung. Feierlich erklingen dazu die Worte des Propheten: Ich will rein Wasser über euch sprengen, daß ihr rein werdet von eurer Unreinigkeit, und von all euren Götzen will ich euch reinigen. Und als die Begießung geschehen, faßte der Chassan den Körper bei der großen Zehe an und kündigte ihn der Gesellschaft der Menschen völlig auf. Dann wurde der Leichnam mit weißen Kleidern angetan, sein Haupt wurde mit dem Gebetstuch bedeckt, und so wurde er in den Sarg gelegt. Und weil die Juden alle Erde außer der Erde Kanaans für unrein achten, so bedeckten sie die Augen des Toten mit einer weißen Erde, die aus dem Heiligen Land sein soll, und auf die Erde legten sie zerbrochene Scherben von Töpfen. Dann wurde der Sarg zum Grab getragen, und es war üblich, ihn auf diesem Weg dreimal niederzusetzen. Und jeder Freund warf drei Schaufeln Erde in das Grab, und der nächste Blutsverwandte zerriß seine Kleider. Der Totengräber nahm dabei sein Messer und schnitt oben einen Riß in das Kleid dieses Leidtragenden, der dann den Riß mit der Hand vollendete. Die Sonne brach hervor aus den Nebeln, und leuchtend lag das Land. Langsam schritten die Leidtragenden zurück, wuschen dreimal ihre Hände, weil sie sich mit dem Tod verunreinigt haben, und rissen dreimal Gras aus, um es rückwärts hinter sich zu werfen.

Die Zurückkehrenden wurden mit der Nachricht empfangen, daß Maier Knöcker, der Nathan, in Wahnsinn verfallen sei. Der Eindruck dieser Kunde war nicht tief, um so weniger, als Zacharias Naar vor dem Aufbruch in Worten von eindringlicher Kraft den Mut und die Zuversicht schwellte wie der Sturm das schlaffe Segel. Sie vergaßen Not und Mühen wieder und weihten sich von neuem dem Glauben an die große Zukunft, an die Macht und Unumstößlichkeit des lang Gehofften, lang Entbehrten. In solchen Stunden des Vertrauens wirkte jede Herbstzeitlose, die kümmerlich aus den Feldern grüßte, als ein Freudezeichen, jeder Sonnenstrahl hatte etwas Liebenswürdiges und Ergreifendes. Der eine Mensch macht den andern gut und froh; es ist ein stummes Zureden unter ihnen, ein wortloses Sichbestärken. Es ist, als ob das Unglück sie nun geweiht hätte zum Dienst des Glücks.

Mit gutem Mut zogen also die Juden im Schein der Herbstsonne ins Tal der Rednitz hinunter. Drei Wagen – die des Obadja Änsel, des Hutzel Davidla, des Simon Fränkel – waren schon früher aufgebrochen und bildeten die Vorhut. Sie fuhren nicht mehr so langsam wie am vorhergehenden Tag. Die weißen Wagendecken leuchteten freundlich in der Landschaft, der Wald stand in seinem matten Grün wie eine niedere Wand am Horizont, der Himmel war klar und lichtbegossen, und die Helligkeit strömte verschwenderisch über die Gefilde. Weit drüben lag die alte Kadozburg und auf der andern Seite, kaum noch als zarter Umriß erkennbar, das Kaiserschloß von Nürnberg.

Da sah der Hauptzug, wie die Vorhut im Gelände stillehielt. Maier Lambden hielt die Hand über die Augen und sagte, er sehe eine Anzahl fremder Wagen, die aus einem Gehölz herausgefahren kämen. Jetzt stiegen mehrere auf die Kutschböcke und sahen aufmerksam hinaus. Den meisten schlug das Herz in der Brust; sie fürchteten einen neuen Überfall. Der junge Wagenseil, der vortreffliche Augen hatte, sagte, es seien Leute in fremdländischer Kleidung, aber er hielte sie für Juden. Dann sagte er, Obadja Änsel ginge den Vordersten der unbekannten Karawane entgegen. Dann sahen alle, wie sie sich trafen und wie sie kurze Zeit miteinander redeten. Und dann sahen sie, wie der Obadja Änsel die Arme ausbreitete wie ein Ertrinkender und hinfiel wie ein Stock. Und dann liefen zwei nach und redeten ebenfalls und schienen in Weinen auszubrechen und gebärdeten sich wie Verrückte. Zirle stand und schaute unablässig in die Ferne, wo diese Bilder spielten, und plötzlich stieß sie einen markerschütternden Schrei aus, als ob sie alles durch die Lüfte vernommen hätte, und sank vom Wagen herab. Die vordersten Wagen kehrten um, kehrten zurück, und in kurzer Zeit hatte sich ein tötender Bann von wildem Schmerz um die vorher so wanderungslustigen Menschen gelegt.

Sabbatai Zewi war zum Islam übergetreten.

Der Prophet, der seine Zeit beunruhigt hatte wie eine seltene Himmelserscheinung, hat bei Zeitgenossen und Nachwelt nur den Schatten des Geheimnisvollen hinterlassen. Wenn nicht seine außerordentliche Schönheit die Welt trunken gemacht, so war es doch der Zauber seines Geistes, die Größe seiner Seele oder das Hinreißende seiner Worte. Oder wäre es nichts dergleichen gewesen? Es gibt Stimmen aus jener Zeit, die ihn dem Teufel gleich erachten oder einem schlechten Schauspieler oder einem Würfelspieler oder einem Lüsternen oder einem Scharlatan. Aber wer kann den Beweggrund seiner Handlungen kennen? Die Geschichte, wie ein leichtgläubiges Frauenzimmer, läßt sich betören von der Fabel und von der Fama, und das ist gut, denn wie sollte der Nachgeborene die Fülle erdrückender Wahrheit ertragen, die sie ihm sonst nicht vorenthalten könnte?

Der fremde Zug, der den Weg der Fürther Juden so jäh gehemmt hatte, war ein kleiner Teil der Wiener Juden, die um diese Zeit von Kaiser Leopold des Landes verwiesen worden waren. Die Verzweiflung der Juden war groß. Es war, wie wenn ein hoffnungsvoller Sohn plötzlich hinstirbt, auf den man alles gesetzt, von dem man alles erwartet und der nun geht. Doch es war schlimmer. Es war mehr als der Tod, schrecklicher als der Tod, etwas, das die ganze Haltlosigkeit des Lebens in einem grellen Blitz zeigte. Die Juden sind ein starkes und störrisches Volk; doch sind sie nur groß, wenn ein wenig Gelingen bei ihnen wohnt, und sie sind nicht lange groß, denn sie brechen leicht in dem Erstaunen über ihre eigne Größe. Auch Sabbatai Zewi war ein Jude, vielleicht das klarste Bild des Juden, ein Stück Judenschicksal.

Viele zogen wieder nach Fürth zurück. Einige Familien der österreichischen Vertriebenen, die große Not litten und furchtbare Entbehrungen hinter sich hatten, siedelten sich nebst einigen jungen Leuten aus Fürth in dem stillen Tale an. Bei ihnen blieb Thelsela, das Weib des blödsinnigen Maier Nathan, mit ihrer Tochter und ihrem Enkel, der der Stammvater jenes denkwürdigen Menschen wurde, von dem in den folgenden Blättern die Rede ist. Die Thelsela war zu müde geworden, nach der stiefmütterlichen Heimat zurückzukehren, an der Seite der Christen zu leben und stets durch den Ort, wo sie gelitten, an die Reihe ihrer Leiden erinnert zu werden. Sie verkaufte ihr Haus und baute dort drüben ein neues. Sie wollte nichts mehr vom Leben; sie trug ihre Tage knechtisch und trug still.

Jener Ort, der mit Erlaubnis des freundlichen Herrn von Onolzbach gegründet wurde, hieß zuerst Zionsdorf, welcher Name dann durch die einwandernden Christen in Zirndorf umgewandelt wurde. Er gedieh, die Felder um ihn herum waren fruchtbar und gern bereit, die anvertraute Saat zehnfach zurückzugeben.

Zacharias Naar und Zirle blieben für immer verschwunden. Ihr Leben verlor sich in eine Folge von Sagen, und schließlich wurden auch ihre Taten sagenhaft. Geschlecht auf Geschlecht erstand und verblühte, und eine neue Zeit kam. Und das Kommende war immer größer, freier und vollendeter als das Vergangene, und der Jude, anfänglich nur Knecht, wert genug, den Fußtritt des übelgelaunten Herrn zu empfangen, tat seine Augen auf und erspähte die Schwächen und erriet die Geheimnisse dieses Herrn. Da griff er alsbald mit seinen Händen hinein in die Maschinerie der Völker und ihrer Gerichte und ihrer Kriege, und oft verrichtete er ungesehen kaiserliche Dinge, wenn die Monarchen schliefen und die Minister schwach waren. Sabbatai wurde ein Moslem, und manche sagen: zum Schein. Der Jude wurde ein Kulturmensch, und manche sagen: zum Schein. Manche sagen, der Verderber und der Verführer sitze in ihm und er verstünde die Bühne dieser Welt besser als ihre Erbauer. Dies ist sicher: ein Schauspieler oder ein wahrer Mensch; der Schönheit fähig und doch häßlich; lüstern und asketisch, ein Scharlatan oder ein Würfelspieler, ein Fanatiker oder ein feiger Sklave, alles das ist der Jude. Hat ihn die Zeit dazu gemacht, die Geschichte, der Schmerz oder der Erfolg? Gott allein weiß es. Vor den Blicken tut sich ein unermeßliches Bild auf, denn das Wesen eines Volkes ist wie das Wesen einer einzelnen Person: sein Charakter ist sein Schicksal.

Donna Johanna von Castilien

Die Infantin Johanna wurde geboren beim Sterbensgeschrei von mehr als hundert Ketzern, die in derselben Stunde den Feuertod erlitten und unter demselben Fenster, hinter dem die Königin Isabella in Wehen lag.

Des Kindes Haut zeigte eine bernsteingelbe Farbe, und seine Augen waren groß, tief, still und düster. Außerdem hatte es unter der Brust ein Mal in Form eines liegenden Kreuzes, von sonderbaren helleren Linien umgeben, die züngelnden Flammen glichen. Am Hof entstand später das Gerücht, daß die Infantin den Anblick des Feuers nicht ertragen könne.

Nicht wie andere Kinder hatte sie Freude an Spiel und Tand, und bei festlichen Gelegenheiten verbarg sie sich und suchte die Einsamkeit. Sie lernte spät sprechen und galt bei allen, die sich auf den menschlichen Geist verstehen, alsbald für blöde. Ihren Eltern brachte sie wenig Liebe entgegen, auch sah man sie niemals mit wahrer Inbrunst beten, doch immer, wenn die Nacht kam, wurde sie noch scheuer als sonst, und im Schlaf schrie sie wie ein Teufel aus peinigenden Träumen auf.

Der König, dem das Kind ein ängstlicher und trübsinniger Anblick war, suchte sie mehr und mehr aus seinen Augen zu entfernen, und als sie elf Jahre zählte, schickte er sie ins Kloster Santa Maria de las Huelgas bei Burgos; sein Entschluß hiezu wurde durch den Vorfall mit dem englischen Windspiel bekräftigt.

Johanna besaß nämlich ein englisches Windspiel von edler Rasse; sie hing mit großer Liebe an dem Tier, es mußte des Nachts neben ihrem Bette schlafen, sie gab ihm selbst zu fressen und führte es selbst in die Gärten. Das Tier war auch seinerseits der jungen Herrin treu ergeben. Eines Nachts geschah es, daß sich Johanna aus dem Schlaf erhob; es war ein Gewitter, und in dunkler Furcht schritt sie zum Fenster. Das Windspiel aber, mochte es nun durch Donner und Blitz erschreckt und erregt sein oder ein Traum seinen Instinkt getrübt haben, knurrte plötzlich und biß Johanna ins Bein. Die Wunde war ungefährlich, doch Johanna, obwohl sie das Tier noch ebenso zärtlich liebte, hatte beschlossen, es müsse sterben, und nichts konnte sie von ihrem Vorsatz abbringen. Sie wußte sich ein Dolchmesser zu verschaffen, lockte den Hund in einen abgelegenen Teil des Gartens und schnitt ihm dort, während er zu ihren Füßen lag, ruhig und schnell die Kehle durch.

Diese Tat wurde bekannt und erzeugte teils Verwunderung, teils mehrte sie das stille Grauen vor der Infantin. Sie hatte auch eine Art, Menschen anzublicken, daß die Betreffenden am liebsten Reißaus genommen hätten, sich jedenfalls aber heimlich bekreuzten.

Das traurige Land um Burgos, seine kahlen Hügel, die nur, wenn die Sonne unterging, in einem Bad aus Purpur wie ungeheure Rubine funkelten; die düstere Stadt mit ihren krummen Gassen, den hohen getürmten Häusern, den alten Palästen mit halbverfallenen Schwibbögen, vergitterten Torwegen und kleinen Fenstern; dazu die Abgeschiedenheit des Klosters selbst, dies alles war dazu angetan, Schleier auf Schleier um das Gemüt der Infantin zu weben. Nur ihre Augen strahlten aus der Dämmerung der

Seele wie der Widerschein zweier Sterne aus dem Wasser eines tiefen Brunnens.

Als sie an den Hof zurückkehrte, hieß es, daß sie sich auf die magischen Künste verstehe. Einige sagten offen, daß sie mit Spiegeldeutern, Menschenmachern und Rosenkreuzern zu tun habe, daß sie aus kochendem Wasser weissagen könne und daß sie von einem dänischen Schwarzkünstler gelernt habe, Mumien wieder zu beleben. Sicherlich verstand sie sich auf den Ringgang der Planeten um die Sonne, und eines Tages erzählte der Greffier, der es wiederum vom Turmwart wußte, daß sie oft um Mitternacht regungslos auf dem Balkon liege und in den gestirnten Himmel blicke. Auch befanden sich in ihrem Schlafgemach ein Astrolabium und die Marmormaske eines hellenischen Gottes.

Um diese Zeit zog einmal der Hof nach Toledo, wo in der Karwoche eine Reihe von Ketzergerichten abgehalten wurde. Vom Schaugerüst aus erblickte Johanna ein schwangeres Weib am Pfahl. Durch die Heftigkeit der Flammen sprang das Kind aus der Mutter Leibe, doch nach einer kurzen Beratung der Priester schleuderte man es als eine Ketzerbrut wieder ins Feuer. Niemals vergaß Johanna den tierisch-jammervollen Schrei der Mutter. Ihr in eine weite Ferne, gleichsam auf ein fernes Licht gerichteter Blick suchte nach einem Pfad zu diesem Licht; die Erwartung besiegte die Erfahrung.

Kaum hatte sie das siebzehnte Lebensjahr vollendet, als sich von vielen Ländern und Thronen her Bewerber um ihre Hand meldeten, denn diese Hand verfügte über die Reiche Castilien und Aragon, welche ihr elterliches Erbe bildeten. Was den König betrifft, so hatte er nur einen ins Auge gefaßt: Philipp von Österreich, des römischen Kaisers Sohn. Aber der Kaiser war anfangs nicht zum höchsten von dem Plan erbaut, seinen einzigen Sohn der Spanierin zu vermählen.

Es war eine Hatz von Intrigen, und wurde in der Sache endlos viel Papier verschrieben, und Boten reisten hin und her zwischen dem Connetable und dem Hofmarschall. Viele Stimmen erhoben sich dawider, der Prinz selber verhielt sich schwankend; da hatte einer unter den Spaniern den Einfall, die Schönheit der Infantin durch eine poetische Floskel zu beleuchten, und er schrieb über sie an den Hof zu Wien: Johannas Haut sei so fein, daß man den roten Wein, den sie trinke, ihr durch den Hals gleiten sehen könne. Die Metapher wurde von den einen belächelt, von den andern für bare Münze genommen, doch wurde Philipp neugierig nach einem solchen Weibe.

Endlich waren die Verträge feierlich besiegelt und beschworen, und mit einem großen Gefolge von edlen Herren, worunter sich auch sein Spezial, der Pfalzgraf Friedrich, befand, zog der achtzehnjährige Philipp über Savoyen und Südfrankreich nach dem ehrwürdigen Burgos, wo er zu Beginn des Herbstes ankam. Er trug beim Einzug ein weißes Kleid von offner weißer Seide und ritt auf einem weißen Pferd. In der engen Straße beim Tor stolperte das Pferd und fiel auf die Knie; darin sahen viele ein Ereignis von übler Vorbedeutung.

Beim ersten Anblick ihres zukünftigen Gemahls blieb Johanna, alles Zeremoniell vergessend, bleich und kühl wie ein steinernes Bild inmitten ihrer Frauen stehen. Sie rührte sich nicht, bis Madame de la Marche sich ihr näherte und mit einer dringlich zugeflüsterten Mahnung der erschrekkenden Starrheit ein Ende machte. Gegen den befremdeten Prinzen wurde die Ausrede erfunden, die Infantin habe den Tag über in einem finstern Gemach in Gebetsandacht verweilt und sei durch den reichen Kerzen- und Fackelschein geblendet gewesen; außerdem habe die Schönheit Don Philipps sie gewiß der Sprache und des Ausdrucks schuldiger Höflichkeit beraubt.

Philipp, nicht gewohnt, in den Mienen anderer Menschen zu lesen, legte dem Vorfall keine Wichtigkeit bei, auch nahmen die Vergnügungen einer ununterbrochenen Geselligkeit seine Gedanken völlig ein. Am Tag vor der Hochzeit ward er unter einem köstlichen Baldachin durch sieben Triumphbögen in die Kathedrale geleitet und verrichtete dort seine Andacht. Es war schon in der dritten Stunde der Nacht, als er mit der Infantin im geschmückten Saal des Schlosses zusammenkam, darnach folgte der päpstliche Legat, der sie ehelich verband, und der Erzbischof von Toledo hielt die Messe. Als sie ihre Sünden gebeichtet, so erzählt ein namenloser Chronist, haben sie das hochwürdige Sakrament empfangen und nach dem Segen des Kardinals heilig und christlich Hochzeit gehalten.

Aber als die Nacht verstrichen war, sah man den Herzog bleich und wild aus dem Gemach stürzen, während die Infantin von ihren Frauen ohnmächtig aufgefunden wurde. Es hieß alsbald, doch nur im geheimen wurden solche Stimmen laut, daß Johanna sich der Hingabe an ihren Gatten weigere.

Das Gebot der Kirche drang nicht in Johannas Seele; das priesterliche Wort war ihr nicht viel mehr als eine auf die Mauer gemalte Formel. Ihr Körper lebte, er wurde befehligt vom Blut, und das Blut ward entzündet von der Sehnsucht. Der in die weite Ferne gerichtete Blick war des Pfades noch ungewiß, welcher zum Licht führte.

Unter dem Meeresspiegel, unberührt von Stürmen, für Menschen nicht erreichbar, wächst ein Zauberkraut, das den Tod besiegt. So wuchs in Johannas einsamem Gemüt ein Bild von Liebe: eine Blume, die den Tod besiegt. Sie konnte nicht geraubt werden, sie konnte nur langsam bis an die Oberfläche des Lebens wachsen. Völlig vom Zweck entblößt, in Erwartung und Zuversicht so gesammelt, daß es wie Himmelsflammen Geist und Leib durchdrang, der Vision unterworfen, von der Speise des Traums genährt,

Wort, Wunsch und Hoffnung musikalisch füllend, so empfand sie Liebe.

Schnell wird Tugend zum Wahn und Wahn zur Krankheit; und wieder ist das Edelste an den Geschöpfen nicht ohne einen Hauch von Krankheit. In einem aragonischen Tal gab es ein Weib, die seit Jahr und Tag auf einem Stein saß, um den Heiland zu erwarten, und die weinend das Gesicht verbarg, wenn einer vorbeiging, der eben nur Mensch war. Dieser war es bestimmt, ihr Herz an ein Etwas zu binden, was nicht aus Erde gemacht ist, und sie webte hin in geheimnisvoller Glut.

Johannas Unschuld hatte sich bewahrt beim Anblick der tückischen Leidenschaften, die ihr Vaterland mit Blut düngten. Sie hatte sich im Frost der Lieblosigkeit wie ein winterliches Kleid um das Herz geschmiegt. Johanna hatte vieles gesehen, was den Schlummer ihrer Jugend zerrissen hatte, und es war Zwang von außen, der ihr das Schicksal an den Lauf der Sterne zu knüpfen befahl. Auch war es eine Zeit, vor der der Nachdenkliche in Bangnis geraten konnte: der Ozean gebar neue Länder, Ost und West gaben unerhörte Mysterien preis, das Wort Christi starb hin, als wäre es nie gewesen, über das Firmament schauerte wie ein Fieber der Gedanke der Unendlichkeit.

Sie träumte von einem Antlitz, das im Schmerz die Züge großer Liebe annahm, wie der glühende Stahl sich unter dem Hammer biegt; von einem Auge, nicht getrübt, sondern verklärt durch das Verlangen; von einer Gebärde, vertrauenswürdiger als Eide; von einem Laut aus dem innersten Innern des Herzens; von einer Gewalt, die sie ergriff und trug, Niedriges zerstampfte, Häßliches unsichtbar machte. Ihre Sinne waren geschärft für Blick, Gebärde, Laut; für den Schmerz, den die Gelegenheit erzeugt, und für den, der das Dasein verdunkelt; für die aus Qual und Lust geborenen Versprechungen, welche die Züge der Redlichkeit heucheln, und für diejenigen, die von Gott selbst geheiligt werden und wie ewige Säulen den Bau der Seele tragen.

Oft war ihr, als risse sie eine ungeheure Faust vom Boden empor und hielte sie so zwischen Himmel und Erde, daß sie nicht fallen konnte, jedoch fortwährend zu fallen fürchten mußte. Sie schien hoch über allen zu schweben und verging vor Angst, tief unter alle hinabzufallen. Es kam vor, daß sie nächtelang auf den Knien lag und für Philipp betete; aber nicht wie das Weib für den Gatten betet; Philipp stand schattenblaß vor ihrem innern Auge, fast wie ein Gespenst, noch ohne feste Gestalt, wie etwas aus weiten Fernen, was auf einer schwanken Brücke ging oder auf lautlosem Wasser glitt. Sie wünschte, daß Philipp kommen, daß er werden, daß er leben möge.

Sie hatte so viel Finsternis in sich, daß ihr die Nacht bisweilen wie ein leuchtender Nebel erschien. Dann schoben sich alle Dinge auf einfachste Linien zusammen, alles wurde Gesicht, Steine atmeten, tote Räume redeten. Wie unfaßlich und überwältigend war es dann, auf dieses Wesen zu warten, das da wurde, aus dem Wirrsal der Kreaturen emporstieg, zugleich kristall- und pflanzenhaft. Sie selbst spürte sich wie eine Blume, ihr Menschenleib löste sich ab, und sie schaute in ihr eigenes Antlitz, das welk und schlafend schien.

Es liegt den geringen Naturen nahe, daß sie, an das Los einer größeren gekettet, nicht an Schicksalsvollzug glauben wollen, sondern die Flucht ergreifen und zu den niedrigen Neigungen eilen, die ihnen die Herrschaft in ihrem Eigenkreise sichern.

So auch Philipp. Den Spott seiner Leute fürchtend, bemühte er sich, der alte zu sein, sich selbst zu überbieten, und gab acht, daß die Sache, die insgeheim seine Ehre benagte, nicht durch die Mäuler geschleift werde. Wurde nach und nach seine Hoffnung geringer, die Infantin zur Vernunft zu bringen, so verbarg er doch so gut als möglich die wachsende Ungeduld. Er dachte an Gewalt; dies hatte gute Weile, es brachte zuviel Lärm mit sich, außerdem durfte er die Meinung des Volkes nicht mißachten, dem er noch ein Fremdling war.

Zuviel Kopfzerbrechen. Diesem Jüngling war es nicht gegeben, am Menschen Schwierigkeiten zu entdecken. Er suchte Zerstreuungen und trieb es unverhohlen mit der hübschen Anna Sterel, der Gattin eines schwäbischen Edelmannes. Seine Phantasie malte ihm das Bild einer eifersüchtigen Infantin, die sich so, schlau erdacht, in den eignen Stricken fing. Nächtlicherweise ging er mit dem Freund, dem Pfalzgrafen Friedrich, auf Abenteuer. Sie verkleideten sich und trieben allerhand Unfug.

Der Pfalzgraf war ein Held, eine Leuchte des Rittertums, deutscher Herr, aber ganz nach dem neuen spanischen Schnitt, voller Galanterien, voller Schulden. Er war auch musikalisch und schlug den Herrn von Moncada, der behauptet hatte, die Musik mache weibisch, beim Turnier so darnieder, daß er taub wurde. Als Reiter hatte er nicht seinesgleichen; es war sprichwörtlich zu sagen: Er reitet wie der Pfalzgraf. Dieser Bramarbas brach in ein höllisches Gelächter aus, als ihm Herr Hughes von Melun, der die Kunde von Frau von Molembais besaß, vorsichtig zuflüsterte, wie es um Philipp und Johanna stand. Er rasselte von Kopf bis zu den Füßen, er rasselte mit Kette, Schwert und Augen, als er erwiderte: «Gemach, gemach! Der Herzog wird wohl wissen, wie man ein störrisches Frauenzimmer traktiert. Es ist nicht lange her, daß der muntere Philipp zu jedem Nachtessen ein warmes Weiberherz verspeist hat.»

Nun mußte der Pfalzgraf im Frühjahr nach Deutschland zurückkehren. Philipp war traurig wie einer, der beim Wein sitzt und dem plötzlich der Wind Becher und Flasche davonträgt. Er verlor die Sicherheit und begann mißtrauisch und mit verhaltener Wut auf das Wispern zu horchen, in dem sich Herren und Diener gefielen, wenn er vorüberging.

Das Gerede war nicht mehr zu dämmen. Ein Hoffräulein hatte das Geheimnis dem Granvella anvertraut, der hinterbrachte es dem König nach Madrid. Der König war außer sich und schickte seinen Kanzler zu Philipp, die Königin ihre erste Dame zu Johanna. Scheidung und Kerker wurden der Infantin in Aussicht gestellt; wo heilige Satzungen verletzt würden, dürfe der König das eigene Geschlecht nicht schonen. Im August mußte Don Philipp nach Italien ziehen, und der König befahl der Infantin, sich nach Medina del Campo zu begeben. Sie wurde dort gleich einer Gefangenen gehalten, ein fanatischer Dominikaner, durch ihre Ruhe getäuscht, glaubte mit wilden Predigten ihr Gewissen schrecken zu sollen und krächzte ihr wie ein böser Rabe dreimal täglich das Register der höllischen Strafen vor.

Nach seiner Heimkehr ließ Philipp die Infantin zu sich kommen und versprach ihr aus freien Stücken, sie vor allen Verfolgungen zu schützen. Einige meinten, Furcht vor ihren Zauberkünsten hätte ihn dazu bewogen. Andere sagten, ihre Schönheit habe plötzlich seine Begierde erregt, und aus List habe er sie bestimmt, sich vorerst zum Schein zu fügen.

Indes brachten giftige Zungen sein Blut in Aufruhr, und ihn wurmte der düstere Spott in allen Gesichtern. Dem versteckten Spaniertum war seine aufrichtige Jugend nicht gewachsen. Wie eitel ihre Blicke, wie verräterisch ihr Händedruck, und der Ton ihrer Rede so süß, daß man Honig auf der Zunge zu spüren glaubte. Eingesponnen von wirbelnd-schwüler Luft, des öfteren schlaflos liegend, von Gier und Groll gewürgt, ließ sich Philipp von seinem ungelenkten Trieb zu einer Handlung niederträchtiger Art hinreißen.

Er verabredete sich mit den beiden Kämmerlingen, Herrn von Fyennes und Herrn Florys von Ysselstein. An einem Abend drangen sie zu später Stunde durch einen geheimen Gang und, indem sie eine verschlossene Tür erbrachen, in das Schlafgemach Johannas. Mit dem gezückten Schwert stellte sich der Herzog vor das Bett und forderte die Infantin auf, sein rechtmäßig leibliches Weib zu werden; sträube sie sich aber, so müsse sie den Tod erleiden.

Die schöngeflächten Wangen von fahlem Glanz übergossen, richtete sich die Infantin auf und bedeutete den beiden Edelleuten, das Zimmer zu verlassen. Diese dachten nicht anders, als ihrem Herrn geschehe der Willen, und gehorchten. Darauf entkleidete sich Johanna, band ein schwarzes Tuch über die Augen und sagte: «So könnt Ihr mich nehmen, sehend nicht, so könnt Ihr Euren Wunsch befriedigen und zugleich Eure Drohung wahr machen. Gott sei mir gnädig.»

Philipp, eben noch toll und heiß, stand eine Weile nachdenklich. Dann fing er an zu zittern, und zitternd, mit scheu gesenkten Blicken, verließ er den Raum. Von Stund an war er verwandelt. Im Palast verbreiteten sich Sorge und Befremden. Nur für Johanna begann sich sein Körper langsam aus dem Chaos der Ungestalten zu lösen.

Anfangs lag er noch der Jagd und dem Ballspiel ob, erschien auch noch regelmäßig bei der Tafel. Dann schloß er sich ab. Seine Hautfarbe ward grau, sein Auge trüb und krank, sein Gang gebückt. Don Diego Gotor, der Leibarzt, sagte, daß ein Fieber in seinen Knochen wühle. Es schien, als wäre er nicht mehr imstande, ein vernünftiges Gespräch zu führen; jede Aufmunterung nahm er ohne Anteil hin.

Er gab die notwendigen Befehle schriftlich und sprach nur mit Donna Gregoria, Johannas einziger Vertrauten, die täglich zu ihm kam.

Es ist Zauberei, sagten die Hofleute. Wenn Diego Gotor

aus dem Zimmer des Herzogs trat, umringten sie ihn neugierig. Das Greisengesicht Don Diegos, das durch ein dauerndes Wechselspiel von tausend Falten und Fältchen Ähnlichkeit mit einem stürmischen Wolkenhimmel hatte, war traurig und ratlos. In einem Leben von siebzig Jahren hatte Diego Gotor das Gemüt der Menschen mit derselben Begierde erforscht, mit welcher der unscheinbare Wurm das Innere der Erde durchhöhlt.

Er sagte: «Im Morgenland erfuhr ich, daß Jünglinge, denen der Gegenstand ihrer Liebe sich entzog, in ein Leiden verfielen gleich dem unseres Herzogs. Ein solcher Mensch lag wie im Starrkrampf da, schwebte zwischen Schlaf und Tod, und sein Geist hatte nicht mehr die Kraft, den Körper zu regieren. Konnte sein Begehren nicht gestillt werden, so siechte er allmählich hin und mußte sterben, oder es brauchte viele Jahre und dauernde Entfernung von der geliebten Person, bis er wieder unter Menschen wandeln konnte, der Freude freilich beraubt. So geschieht es, wie gesagt, im Morgenland, wo das Blut von dicker und schwarzer Beschaffenheit ist. Doch versicherte mich ein gelehrter Mann, daß, wie der Blitz nur in die höchsten Bäume schlägt, bloß Auserwählte von solchem Unheil betroffen werden können und daß gemeine Fleischeslust damit nicht mehr verwandt ist als das Küchenfeuer mit dem Blitz.»

Die Ritter fluchten der Infantin. Wie kann Johanna einem Jammer ruhig zusehen, dessen Ursache sie selber ist, ließen sie sich vernehmen; wie erträgt sie es vor ihrem Gewissen, den herrlichen Mann so sich verzehren zu lassen, als wäre sie stumm, taub, blind und lahm.

Bald fing Philipp an, Trank und Speise von sich zu weisen, versagte sich dem Gebet, und sonst heilsame Mixturen übten keine Wirkung. Seine Augen erloschen, die Hand schloß sich nicht mehr zum Druck beim Gruß.

Des Nachts richtete er sich auf und streckte die Arme

aus, als wolle er ein Luftbild umschlingen. Die heiße Lippe lallte einen zärtlichen Laut. Wenn er in den Spiegel sah, so erblickte er nicht sein eigenes Antlitz, und bisweilen küßte er in der Verblendung den eigenen Mund.

Die Infantin trat oft an Philipps Lager, sie erhaschte seinen Blick und hielt ihn fest, sie grub gleichsam das Innere seines Auges auf. Die blauen Sterne schwammen auf der milchigen Iris in einer Art von Wahnsinn langsam von Eck zu Eck. Das korngelbe Haar klebte naß auf der steilen Stirn. Der schmale Körper, auf der Seite liegend, glich einem gespannten Bogen. Donna Johanna schüttelte den Kopf; noch schritt Philipp auf lautlosem Wasser in trüber Ferne.

Aber ihre Sehnsucht wurde so groß, daß es, als wäre die Erfüllung schon geschehen, wie ein Strom der Verzücktheit durch ihre Brust floß. Sie sah den blauen Himmel besät mit smaragdenen Blumen, und die myrten- und lorbeerbeladene silberne Erde hob sich schwellend dem Firmament entgegen. Oft eilte sie in der Dämmerung durch die Galerien in die Gärten, so schnell, daß Donna Gregoria kaum zu folgen vermochte. Begegnete ihr jemand auf diesem Weg, so blieb sie stehen und schaute ihn an, streng und wild. «Wer ist der Mann?» fragte sie ihre Begleiterin mit ihrer wunderlich flötenden oder gurrenden Stimme. Und Donna Gregoria erwiderte etwa: «Es ist einer von Don Philipps Freunden.» Doch Johanna hörte die Antwort nicht mehr; sie war schon weitergeschritten; die gelben dünnen Lider, von zahllosen blauen Äderchen übersponnen, schienen die vollflammenden Augen zu begraben, der Kopf senkte sich nach vorn, von ihrer Schulter wehte der Abendwind den Schleier herab, und der entblößte Nacken leuchtete wie das Holz eines frischgeschälten jungen Baumes.

Da geschah es, daß Herr von Carancy und Herr von Aymeries übereinkamen, dem König neuerdings von allem Bericht zu erstatten und dringend zu fordern, daß die Infantin in ernste Rechenschaft gezogen würde, deren Verhalten sie als eine Frucht und einen Beweis der teuflischen Schwarzkunst ansahen. Sie versicherten sich des Einverständnisses der übrigen Granden und Räte, und Herr von Carancy sollte den Wortführer machen. An einem Freitag zu Anfang September ritten sie mit ihren Leuten gen Valladolid, in welcher Stadt der König damals gerade Hof hielt. Am Hoflager angelangt, ließen sie sich melden, und Herr von Carancy trug mit zornverhaltener Beredsamkeit vor, was im Palast von Burgos die Gemüter verfinsterte.

Der König wurde vor Ingrimm totenbleich. Schon lange hegte er der schmählichen Angelegenheit wegen gerechte Besorgnis. Es wurde ein Haftbefehl ausgefertigt, demzufolge Johanna auf das feste Schloß Portillo in Ketzergewahrsam zu bringen sei. Der Kommandant von Burgos habe zweihundert Mann unter den Befehl des Herrn von Carancy zu stellen; mit ihnen und in Begleitung des Ober-Alguazils, damit den Waffen auch das Gesetz zur Seite stehe, solle dieser in den Palast dringen und die Infantin fortführen.

Die zwei Herren waren zufrieden; Ketzergewahrsam hieß soviel als unter Foltern langsam sterben. Sie kehrten ehestens nach Burgos zurück und handelten ohne Verzug. Der Stadtkommandant, sehr betroffen über den königlichen Befehl, wagte nicht zu widersprechen, trotzdem er eigentlich nur dem Herzog zu gehorchen hatte. Er sandte aber im geheimen Botschaft an den Haushofmeister im Schloß, um die Leute der Infantin vorzubereiten und zu warnen.

Als das Abendläuten von den Türmen der Kathedrale klang, forderte Herr von Carancy mit seinen Bewaffneten im Namen des Königs Einlaß in den Palast, ließ sämtliche Tore besetzen, postierte einen Teil der Leute in den Gängen und auf den Treppen und schritt, von seinem Genossen und dem Oberrichter gefolgt, nach den Gemächern der

Infantin. Madame de Bevres, die ihm entgegentrat, antwortete auf seine rauhen und herrischen Worte mit Ruhe, daß sich Donna Johanna im Bade befinde.

Herr von Carancy war mißtrauisch, mußte sich aber zu warten entschließen. Da jedoch beinahe eine halbe Stunde verfloß, ohne daß weder die Herzogin noch eine ihrer Damen sich zeigte, übermannten ihn Argwohn und Ungeduld, er öffnete die nächste Türe, die in ein leeres Zimmer führte, durchschritt diesen Raum und gelangte zu einer zweiten Türe, die er gewalttätig aufwarf.

Die Infantin saß vor einem Porphyrtisch, auf dem ein goldner Leuchter mit fünf brennenden Kerzen stand. Sie saß in einem Stuhl mit hoher Lehne, doch nicht hingelehnt; ihr Oberkörper war seltsam steif aufgerichtet, und diese Steifheit wurde vermehrt durch die regungslos niederhängenden Arme. Sie trug ein kastanienbraunes Kleid, das man für ein Mönchsgewand hätte halten können, wäre nicht die zartgelbe Stickerei am Saum und an den Ärmeln gewesen.

Hinter ihr stand Donna Gregoria und kämmte der Herrin das Haar. Donna Gregoria war klein, schlank, gelenkig, spitzgesichtig. Sie hatte etwas von einer Äffin und etwas von einer Schwalbe. Liebkosend hielt sie das bläuliche Haar in der Linken und lauschte dem knisternden Geräusch, das ihr Kamm hervorbrachte.

Auch der Alguazil und andere Herren waren inzwischen herbeigekommen und starrten nicht ohne Scheu über die Schwelle. Von gegenüber, aus offenen, halberleuchteten Räumen eilten Kammerfrauen herzu und blieben mit gefalteten Händen stehen. Donna Gregoria hörte auf zu kämmen und schaute über die Schulter hinweg hochmütig fragend auf Herrn von Carancy, dem die Sprache versagte und der rückwärts griff nach dem Pergament in den Händen des Richters. Donna Johanna erhob sich; sie war weder erstaunt noch erzürnt. Es war, als lausche sie auf den verworrenen Lärm, der von draußen hereinschallte, und ihre gelben dünnen Lider bewegten sich kaum, als sie fragte: «Was hat Seine Herrlichkeit der König über mich verfügt? Denn nur in seinem Namen kann vielleicht ein solcher Überfall sich rechtfertigen.»

Herr von Carancy zuckte zusammen, und über seine Haut rann ein Schauder. Doch antwortete er, was er antworten mußte.

Bei dem Worte «Ketzerhaft» stieß Donna Gregoria einen gellenden Schrei aus. Die Infantin machte eine abwehrende Bewegung. Ihre Stirn schien beinahe unsichtbar zu werden unter der sinkenden Wolke des Kummers. Ihr Gesicht lag wie ein Stein im Bett des schwarzaufgelösten Haares. «Ich bin bereit», sagte sie mit einem verlorenen Lächeln, denn der Wille zu leiden umflutete sie wie Wollust.

Donna Gregoria ergriff den Leuchter und wollte damit, planlos, sinnlos, der Herrin vorauseilen. Die fünf brennenden Lichter, im Zugwind wehend und hoch emporgehalten, erschienen Johanna auf einmal als untrügliche Verheißung, so daß, was nun folgte, ihrem atemlosen Erwarten schön wie ein tiefes, sattes Ruhen war, und indem sie es lebte, spürte sie es schon als Erinnerung, dankbar und müde.

Besorgt über die Wirkung, die Johannas Gefangennahme auf Philipp haben würde, hatte Don Diego Gotor dem Herzog in kurzer Frist von dem, was im Werke war, Mitteilung gemacht. Zwischen seinem letzten Wort und der Sekunde, die ihn nun Aug in Aug mit der Infantin sah, war nicht soviel Zeit verflossen, als man braucht, um bis fünfzig zu zählen. Der Herzog strauchelte keuchend herein. Sein Auge, das den Eindruck von etwas Morschem, Faulendem machte, haftete auf nichts, auf keinem. Er sank vor Donna Johanna auf die Knie, und als sie ein wenig zurückwich, sank er noch weiter hin, platt an die Erde. Wie er lag, fing er an zu weinen. Alle dachten, nun sei es zu Ende mit ihm, und starrten bestürzt einander an.

Die Infantin hatte die Fingerspitzen beider Hände zusammengepreßt. Ihr Haupt fiel auf den gedehnten Hals nach rückwärts. Sie lauschte beseligt dem Weinen, das wie Flügelrauschen zu ihr emporwirbelte. Jetzt sah sie Philipp, jetzt war er da, er lebte. Mit jähem Ruck beugte sie sich herab und drückte sanft die Hand auf sein Haar. Philipp schwieg, schaute auf, ihre Blicke verschmolzen, es hob ihn wie von selbst, er umfaßte mit den Armen ihre Schenkel und trug sie, kurz und heiser aufjubelnd, durch einen purpurnen Nebel von Glück hindurch.

Johanna lachte lautlos in die Luft hinein, und es war ihr, als ginge es über Mauern, die vor Philipps Schritt zerbarsten, über Wälder, deren Finsternis wie Glas zersprang, und über das Meer, das wie flüssiges Morgenrot schäumte.

Die ganze Nacht hindurch war das Schloß von heiterster Ausgelassenheit erfüllt, auch in der Stadt herrschte alsbald festliches Wesen. Die vornehme Familie der Stuniga ließ auf offener Straße eine Zechtafel für das Volk errichten.

Fahrende Sänger und Liederdichter flochten nun in ihre oft rezitierten Strophen gern einen Vers ein zum Preis der innigen Liebe zwischen Philipp und Johanna von Castilien.

Aber der Hof zu Burgos wurde allmählich eine Stätte des Schweigens. Den Pagen, Rittern und Edelfrauen ging der Stoff zu schwatzen aus. Ein vereinzeltes Lanzenstechen half auch nur über ein paar Tage hinweg. Die Herren saßen oft betrübter da als nach verlorenen Schlachten, und manche erbaten den Abschied, um nach Rom, Madrid oder Flandern zu ziehen.

Kamen die spöttischen Granden zusammen, so hieß es: Was macht Philipp? Schläft er noch? Und es wurde erwidert: Wenn der Dürstende trinkt, so spricht er nicht.

Der Herzog zeigte sich selten öffentlich. Sobald die Ratsgeschäfte erledigt waren, bei denen er ein ernst-wohlwollendes Betragen an den Tag legte, zog er sich wieder in seine Gemächer zurück. War eine Jagd angesagt, so ließ er die Geladenen oftmals allein ziehen oder entfernte sich von der Gesellschaft, wenn es gerade am lustigsten war, und ritt davon. Dann berichteten Hirten, daß sie ihn in einem einsamen Tal angetroffen hätten, wo das Pferd sich selbst überlassen an einem Abhang graste, indes Philipp ruhvoll auf der Erde lag und den Blick in die Wolken sandte.

Einige ließen schüchtern verlauten, er sei eben im Bann gewisser Zauberkünste. Doch mit Bestimmtheit wußte man nur, daß Johanna ihm italienische Gedichte vorlas, auch die Berichte der Seefahrer über die indischen Länder und die neuen Traktate über den Sternenhimmel, die in Deutschland gedruckt wurden. Das Gerede blieb haltlos; zudem war der Herzog nach wie vor ein eifriger Kirchengänger, und bei den geistlichen Umzügen zeigte er solche Andacht, daß es ergreifend war, in sein helles Jünglingsgesicht zu schauen.

Es kam aber die Zeit, wo in diesem Gesicht bisweilen eine rasche Angst aufzuckte. Da wurde dann die glattgespannte Stirn schlaff und warf eine ermüdete Falte. Doch mußte Philipp allein sein, um den Mut zu finden, diesem Ziehen außerhalb der Haut nachzugeben. Etwa wenn er in der Dämmerung am Fenster stand und über die Baumwipfel hinwegspähte, in deren Ästen der Frühling prickelte. Auch geschah es vor dem Einschlafen in der Nacht, daß ein Seufzer über seine Lippen eilte.

Vor dem Traum flog sein Geist an die fernen Ufer der Donau. Dort war das Leben viel leichter; es schien, als könne man dort mit plötzlich unbelasteter Schulter wandeln.

Philipp sehnte sich nach einem Spiel. Nicht nach ritterlichem Spiel; er hatte häufig Lust, sich mit Landsknechten an einen schmutzigen Kneipentisch zu hocken und mit ihnen Karten zu spielen. Es reizte ihn, an ihren rohen Scherzen teilzunehmen, für sich allein trieb er Rede und Widerrede, vergnügte sich innerlich an einer unflätigen Wendung und kicherte, wenn er den Beifall der eingebildeten Hörer erworben zu haben glaubte.

Ja, er trug Begierde nach etwas Gemeinem, Lüsternem, Schmutzigem und Verruchtem. Diese Begierde wuchs, da er sie vor der Welt und sich selbst mit Sorgfalt zu verbergen trachtete.

Nach längerem Beisammensein mit Johanna fielen ihm vor Erschöpfung die Augen zu, und er sah aus, als schlafe er im Gehen und im Stehen. Denn sie spannte seine Seele, sie dehnte seine Seele über alles Vermögen. Wenn sie sprach oder schwieg, war es gleich schwer, immer gegenwärtig zu sein. Ihr Schweigen war wie ein Marmorblock, den er auf seinen Händen tragen sollte. Hände, Arme und der ganze Leib gerieten durch das Gewicht des Blocks nach und nach ins Zittern, und die Kraft versagte. Sie ahnte nichts davon, die mit aufgereckter Inbrunst ihm zur Seite ging, beständig trunken von derselben dünnen Luft.

Hier war ein geheimnisvoller Kreis, in dem zu schreiten die Nerven bis zum Klingen auseinanderzerrte. Ihn zu verlassen schien bedenklich, denn jenseits war vielleicht der Tod. Philipp fürchtete sich vor seinem Weib.

Einst gedachte er der nächtlichen Streiche, die er verkleidet in Gesellschaft des Pfalzgrafen verübt. Er verkleidete sich ebenso, und als es Nacht war, trieb er sich in den Gassen herum, mischte sich in die Händel zwischen ein paar französischen Buschkleppern, brach einem schwarzen Hund, der ihm bellend an die Schulter sprang, mit einem Griff das Genick, fand eine Schenke voll schwäbischer Söldner, denen er so viel Wein auftischen ließ, daß sie schließlich allesamt wie tot auf der Erde lagen, und gelangte beim Morgengrauen unerkannt wieder ins Schloß. Es war ein Auf- und Ausatmen.

Eine Woche vor Johannas Niederkunft kam der Connetable mit einer vertraulichen Botschaft des Königs. Er gab dem Herzog zu verstehen, wie große Bedenken er habe, das Kind in den Händen einer Frau zu lassen, die nach dem Zeugnis aller Urteilsfähigen der gesunden Vernunft entbehre. Wenn auch neuerdings das Unwesen sich gemildert habe, so bestehe doch keine Sicherheit, schon der nächste Tag könne den Geist der Infantin wieder verdunkeln. Der Herzog möge besserer Einsicht Gehör schenken und das Kind aus dem dämonischen Bereich entfernen; der Hof von Madrid erklärte sich bereits, die Erziehung zu übernehmen.

Philipp sträubte sich zuerst, gab aber bald nach. Es kam ein Mädchen zur Welt, das am siebenten Tag seines Alters der mütterlichen Hut entwendet wurde. Als die Infantin sich aus ihrem Bett erhob, konnte ihr der Sachverhalt nicht verheimlicht werden. Man stellte aber alles so dar, als ob ein Beweis der gnädigen Gesinnung des Königs vorliege.

Johanna hörte ruhig zu. Sie verlangte den Herzog zu sprechen. Es wurde ihr bedeutet, Don Philipp habe in dringenden Geschäften verreisen müssen.

In Wirklichkeit hielt sich Philipp auf einem Schloß in Aragon versteckt, bis er annehmen durfte, Johanna habe sich dem Unvermeidlichen ergeben. Er hatte ein paar gesellige Kumpane mit sich genommen, darunter den Ritter Franz von Kastilalt, einen Abenteurer und Possenreißer. Dieser wurde sein unzertrennlicher Trabant; auf die Gunst des Herzogs bauend, verübte er mancherlei Untaten und wurde der Schrecken friedlicher Bürger. Er war ein so gewaltiger Fresser, daß ihn einst der Graf von Aranda um Gottes willen ersuchte, sein Gebiet zu verlassen, weil er und seine Leute eine Hungersnot herbeiführen könnten.

Dem Herzog wurde die Stadt zu eng, und von Castilien

sprach er als von einer Provinz des Teufels. Verhaßt wurde ihm sein Haus, verhaßt der Himmel, der es bedeckte. Schien die Sonne, so beklagte er sich über ihre Glut, fiel Regen, so meinte er höhnisch, ein Land, das Wasser gebäre statt Wein, müsse man fliehen. Und er floh. Als die Unruhen in Flandern ausbrachen, begab er sich übers Meer nach Antwerpen, dort blieb er aber auch nicht lange, sondern zog den Rhein hinauf nach der fröhlichen Stadt Köln und zu seinem getreuen Pfalzgrafen. Dann hetzte es ihn weiter, er suchte die Heimat auf und verließ sie wieder, enttäuscht, beklommen und grundlos erbittert. Die Herren am kaiserlichen Hof wunderten sich über die unverträgliche Natur des Prinzen und seine hitzige Art; denn Philipp war ehedem sanft gewesen.

Im ersten Monat des neuen Jahrhunderts, als die Kometen Unheil ankündeten und die schwarze Pest aus Asiens Wüsten hauchte, machte sich Don Philipp abermals auf und zog nach der niederländischen Stadt Gent. Wie er nur noch eine Stunde von den Mauern entfernt war, kamen ihm der Audiencier und Meister Jakob von Goudebault entgegen und teilten ihm mit, daß Donna Johanna, hochschwangeren Leibes, seiner im Schloß harre. Sie war wenige Tage zuvor von Spanien eingetroffen, voll Sehnsucht nach dem Gemahl.

Don Philipp klopfte das Herz. In den sieben Monaten seiner Abwesenheit hatte er Johanna gleichsam aus seinem Innern verloren. Er wußte nicht mehr, wie sie aussah, wie sie sprach; er erinnerte sich nicht mehr an die Farbe ihrer Augen und an die Form ihrer Schultern; ihre Stimme klang ihm nicht mehr im Ohr, seine Gedanken hatten sich ihrer entwöhnt. Geblieben war nur die zunehmende Bangigkeit, wenn er sich vorstellte, eines Tages wieder Angesicht in Angesicht mit ihr sein zu sollen.

Er hatte ihren Namen durch die Länder geschleppt; nichts weiter als ihren Namen. Sie mit Leib und Geist in der Stadt Gent zu wissen, überraschte und erschreckte ihn. Er verzögerte den Einzug auf alle Weise, so daß seine Leute nicht wußten, was sie davon denken sollten.

Dennoch durchflammte ihn gleichzeitig die äußerste Ungeduld und suchte ihn zu bereden, daß die alte Leidenschaft wieder erstanden sei.

Als er Johannas Lippen auf den seinen spürte, starrte er offenen Auges und stockenden Atems auf ihre bernsteingelben Lider, die sich tief herabgesenkt hatten wie in einem Schlaf der Liebe. Ihm war, als müsse er mit einem Messer die beiden zitternden Hautkugeln durchritzen, um Sonnenlicht durch diese Behälter der Finsternis zu gießen.

Das große Gent gab dem Herzog zu Ehren ein Fest. Um Mitternacht, als Tanz und Lustbarkeit im besten Zuge waren, fühlte sich die Infantin sehr unwohl. Ehe man sie hinwegführen konnte, gebar sie im dichten Kreis ihrer Damen ein Kind. Es war ein Knabe, und er wurde Carlos genannt. Die Herzogin Margarete nahm ihn in Obsorge. Diesmal kam der Entschluß, das Kind in der flandrischen Stadt zu lassen, von Philipp selbst.

Als man das Schiff zur Rückkehr nach Burgos betrat, war die Infantin noch des Glaubens, ihr Knabe sei mit an Bord. Erst auf hohem Meer erfuhr sie, daß dem nicht so war. Mit einem langen Schrei stürzte sie aufs Verdeck, um sich in die Wellen zu werfen, um zurückzuschwimmen und das Kind zu holen. Ein Matrose packte sie noch am Arm. Bewußtlos fiel sie hin.

Dieses Kind hatte sie mit dem Wissen einer Mutter im Schoß getragen. Die lange Trennung von Philipp hatte ihr Gefühl zur Tiefe gedrängt. Der höfisch gemessene Stil ihrer Briefe an ihn war die Schanze, hinter der sie die Zukkungen und Tränen ihrer einsamen Leidenschaft verbarg. Auf das unsichtbare, jedoch so nahe, ja mit ihr selbst verschmolzene Geschöpf bürdete sie die Schönheit und den

Reichtum der Erde, wie man das Bild der Mutter Gottes mit Rosen und Kostbarkeiten behängt. Sie hatte den Strahl seines Auges aus der Dämmerung des Nochnichtseins aufgefangen, sie hatte es schon ganz im Besitz und es mit verzückten Armen über sich und über Philipp hinausgehoben, um es Gott näher zu bringen. Mit entzündeter Phantasie hatte sie seine Seele erschaffen. Sie hatte seinen Geist aus Träumen gemeißelt, und ihre Liebe, bisher körperlos verschwebend, hatte ein Gefäß erhalten, atmende, zeugende Gegenwart.

Durch den neuerlichen Raub sah sie sich ausgestoßen aus der Welt und aus sich selbst. In frierender Blöße war sie schamloser Neugier preisgegeben. Sie erschien sich entkräftet und zweigeteilt. Sie verlor die seltsam umschleierte Sicherheit von Rede, Schritt und Haltung, bewahrte aber doch ihre Ruhe. Wie ehemals formte sich alles zur geduldigen Erwartung, doch war es nicht mehr die Erwartung vor dem Anbruch des Tages, sondern diejenige vor dem Kommen der Nacht.

Es träumte ihr, daß sie zwei Teller sah, die wie zwei gefallene Monde anzuschauen waren. Auf jedem der beiden Teller lag ein Herz, auf dem einen das ihre, auf dem andern Philipps Herz. Ihr Herz war scharlachfarben, von den Seiten rann Blut und quoll über die bläulich leuchtende Schale. Philipps Herz war blaß und schleimig; es erinnerte an jene Quallen, die das Meer bisweilen an den Strand spült. Da trat eine Gestalt heran, packte Johannas Herz und warf es empor. Es stieg aber kaum über Baumeshöhe und fiel schwer zurück. Dann schleuderte dieselbe Hand Philipps Herz empor, und dies flog leicht wie eine Rakete bis in die Wolken und kam nicht mehr zum Vorschein.

Fürchterlich zu denken, daß sie die unreife Frucht gepflückt haben sollte und daß Süßes plötzlich bitter geworden war. «Öffne deine Hände!» gebot sie Philipp nach einer Gewitternacht, die sie zusammen auf der Burg bei Il-

Es ereignete sich nun, daß eine schöne Portugiesin an den Hof zu Burgos kam, deren Name Benigna von Latiloe war. Sie wohnte im Hause Don Inigos de Stuniga, dort sah sie auch den Herzog zum erstenmal, und sie geriet in solche Liebe zu ihm, daß alle, die zugegen waren, es sogleich merkten. Philipp jedoch verhielt sich kühl, trotzdem die Dame von bezaubernder Anmut war und auch einigen Geist besaß. Bei späteren Begegnungen wich er um so weniger von seinem höflichen, aber gemessenen Betragen ab, als ihm der Eifer Donna Benignas lästig zu werden begann und ihre Nachstellung den Stoff des öffentlichen Geredes bildete. Wäre sie geschickt und kokett genug gewesen, seine Eroberungslust zu reizen, so wäre sie vielleicht Gunstfräulein geworden, denn andere, die sich nicht solcher Gaben rühmen konnten wie sie, wurden dieses Vorzugs leicht zuteil; ihr schlug es fehl. Die Aufrichtigkeit ihrer Leidenschaft war zu groß.

Das Unheil wollte es, daß der Ritter Franz von Kastilalt, der noch immer der unzertrennliche Begleiter Don Philipps war, sich mit ebensolcher Heftigkeit in die schöne Portugiesin verliebte wie diese in den Herzog. Er fand aber kein Gehör, und seine ungestümen Bemühungen machten ihn bloß zum Gegenstand des Abscheus für das Fräulein. Als er sah, daß ein Glück, welches Philipp gleichgültig verschmähte, ihm verwehrt sein sollte, wurde er von tödlichem Haß erfüllt, nicht nur gegen Donna Benigna, sondern auch gegen seinen Herrn, und seiner tückischen Gemütsart entsprechend, sann er darauf, an beiden sich zu rächen. Häufig war er Helfer und Anstifter bei den Liebesabenteuern Philipps gewesen. Er wußte, daß dieser mit ängstlicher Sorgsamkeit darüber wachte, sein Treiben vor Donna Johanna geheimzuhalten, und nur auf Schleichwegen den leichtsinnigen Neigungen frönte. Wie alle war auch Ritter Kastilalt davon überzeugt, daß die Infantin mit unsichtbaren Mächten im Bündnis sei, und er beschloß, den Herzog und Donna Benigna bei Johanna zu verraten, als ob sie in verbotener Beziehung ständen. Zu diesem Zweck wußte er sich die Briefe anzueignen, welche die Portugiesin fast täglich an Philipp sandte, und wählte diejenigen aus, deren hingebender und zärtlicher Ton wohl darauf schließen lassen konnte, daß die Anklage des Ritters auf Wahrheit beruhe.

Er ließ sich bei der Infantin melden, gab sich ein demütigergebenes Ansehen, als ob ihm auf der Welt nichts im Sinn läge als das Wohl der Herzogin und als ob ihn sein Gewissen der Ruhe beraubt und ihn endlich gezwungen habe, sich der Last des Verschweigens zu entledigen. Darnach brachte er das Gespinst ans Licht, das er in seinem schwarzen Innern gewoben, gab die Briefe Donna Benignas zum Beleg und ging wieder, seiner Sache keineswegs versichert, denn die Infantin hatte ihn mit unbewegter Miene angehört und kein einziges Wort gesprochen. Ehe noch der Stein seinem Auge entschwunden war, den er so ränkevoll den Abhang hinuntergerollt, nisteten sich schon Angst und Reue bei ihm ein.

Als der Ritter fort war, preßte Donna Johanna ihre beiden Hände gegen die Brust, schritt zu dem hohen Spiegel, der zwischen zwei Halbsäulen aus gelbem Marmor hing, und betrachtete mit großer Aufmerksamkeit ihr Gesicht. Im Zimmer befand sich niemand als Donna Gregoria, und diese verfolgte das Tun ihrer Herrin bang und lautlos.

Endlich rief Johanna, ohne sich zu rühren, mit klarer Stimme in den Spiegel hinein: «Gregoria!» – «Was befehlt Ihr, edle Donna?» antwortete diese zitternd. – «Er muß sterben, Gregoria», sagte die Infantin. Donna Gregoria schwieg. «Hörst du, Gregoria, er muß sterben», wiederholte Johanna, und das letzte Wort erstickte in einem schnelleren Atemzug, während die Hände, wie leblos geworden, von der Brust heruntersanken. Und Donna Gregoria hauchte kaum vernehmlich: «Ja, edle Donna.» Dann näherte sie sich der Infantin, fiel auf die Knie und lehnte die eiskalte Stirn gegen Johannas starre Hand. Johanna beugte sich herab, weit, mit Anstrengung beugte sie sich nieder und flüsterte ins Ohr der Dienerin.

Es lebte ein Verwandter von Donna Gregoria am Hof, ein Edelknabe namens Morales, und dieser war Donna Gregoria mit Leib und Seele zugetan. Sie sprach mit ihm noch am selben Abend und sagte ihm, er könne an einem Bach bei Murcia gewisse Kräuter finden, und fertigte ihm auch eine Liste von den Kräutern an. Morales reiste fort, sammelte die Kräuter und ritt damit nach Molina in Aragon zu einem Apotheker, den er kannte. In seiner Wohnung destillierte der Apotheker den Saft aus den Kräutern, und zum Beweis, wie furchtbar das entstandene Gift sei, gab er einen Tropfen davon einem Hahn ein, der sogleich verendete.

Einige Tage darauf gab der Herzog in einem Haus bei Burgos, welches Cordon genannt wurde und damals dem Grafen Punon-Rostro gehörte, mehreren Granden des Landes ein Essen. Die Ordnung für die Mahlzeit war diese: Sobald man von der Mittelhalle ins Haus trat, fand man im ersten Saal zwei Schenktische, einen für die Speisen und einen für den Wein. Links davon war der Speisesaal, dessen Fenster aufs freie Feld gingen. Zwischen beiden Räumen war ein enger Durchgang. Während getafelt wurde, verstand Morales es so einzurichten, daß, sooft Don Philipp zu trinken verlangte, kein anderer als er ihm den Wein brachte. Dreimal reichte er ihm den Becher; vor dem drittenmal schüttete er in jenem dunklen Korridor heimlich und schnell das Gift hinein. Es war ungefähr so viel, als eine Nußschale gefüllt hätte.

Wenige Minuten darauf fühlte sich der Herzog krank. Er ging hinaus, indes die Herren ahnungslos sitzen blieben, um zu spielen. Eine halbe Stunde nachher rief sie der Haushofmeister in großem Schrecken, denn Philipp lag bereits im Fieber. Er wurde eilends nach der Stadt geschafft, es ward aber späte Nacht, ehe sie ankamen und die Ärzte erschienen. Gleich hernach verstarb er unter gräßlichen Schmerzen.

Don Gotor begab sich zur Infantin. Er glaubte sie noch schlafend und weckte die Diener und Kammerfrauen. Da erschien Donna Gregoria und führte ihn schweigend in einen Saal, wo Johanna vor einem Kohlenbecken saß. Mit einem Gesicht, starr und fahl wie Eisen, berichtete der Arzt in sonderbar gemessener Form den Tod seines Herrn. Das Auge der Infantin wandte sich langsam der regungslosen Gestalt des Greises zu, dessen Blick furchtlos und brennend dem ihren begegnete. Doch wie der Schwamm von einer Faust wurden Johannas Züge von Ekstase zusammengepreßt, es zog ein Freudenschimmer darüber hin, und die Beine, der ganze Leib streckten sich wie im Bade.

Der Leichnam war begraben. Böses Gerede schwirrte über der Gruft und erstickte wieder in abergläubischer Furcht. Als einst mehrere Edelleute auf dem Hauptplatze standen und ungescheut die Vermutung aussprachen, daß Philipp durch Mörderhand umgekommen sei, erschütterte ein Erdbeben die Stadt, die Fenster des Rathauses zerbrachen, und die erschreckt Flüchtenden sahen die Türme der Kirchen wanken. Der Herr von Mingoval, hochbetrauter Oberstallmeister, wollte währenddem die Infantin mit fliegenden Haaren auf dem Dach des Palastes bemerkt haben, wo sie einen weißen Zauberstab schwang.

Es fiel auf, daß Donna Gregoria ihren Abschied nahm und sich auf einen Ruhesitz bei Barcelona begab. Der Ritter Franz von Kastilalt floh übers Gebirge und nahm Dienste beim König von Frankreich. Der Edelknabe Morales wurde nächtlicherweile von einem betrunkenen Söldner erstochen. Donna Benigna kehrte in ihre Heimat zurück und nahm den Schleier.

Die Infantin lebte in hohen Gemächern voll gläserner Luft. Ihre Frauen mieden sie, die Diener jeglicher Art fürchteten sie. Es war später Herbst, der Sturmwind rüttelte an den Mauern des Schlosses. Welche Unruhe in Johannas Herz! Trat jemand unerwartet vor sie hin, so erschrak sie, und ihr angstvoll fragendes Auge zeigte den matten Glanz der Schlaflosen. Bisweilen war ihr Gesicht in rätselhafter Zärtlichkeit wie gegen eine unsichtbare Gestalt gerichtet, und die Hand krümmte sich gleich einem dürren Blatt, das sich zusammenrollt, bevor es Winter wird.

Bei der Tafel saß sie still und in sich gekehrt und berührte selten eine Schüssel. Einmal lief ein Sonnenstrahl, durch eine Kristallvase zerteilt, als siebenfarbige Brücke durch den Raum, bis er ihre Hand erreichte und, dem Flügel eines Insektes ähnlich, geheimnisvoll auf und ab zitterte. Da sprang sie empor und schluchzte laut. Ihr war wie einem, der ein schönes Bild von der Wand gerissen hat; nun strömt Finsternis und Grauen von der Stelle aus, die vorher so freundlich geschmückt war.

In Philipps Zimmern konnte sie ein wenig Frieden finden, trotzdem alle Gegenstände zu fragen schienen: Wo ist Philipp? Sie erwiderte in ihrem Innern, um sich und die Dinge zu besänftigen: Er ist verreist, er kommt wieder. Und sie behängte sich manchmal für die Stunde seiner Wiederkunft mit Edelsteinen und schönen Kleidern. Als einst Frau von Dutselle fragte: «Warum schmückt Ihr Euch wie zum Balle, Fürstin, derweil Ihr doch Trauer um Don Philipp tragen solltet?», da erwiderte sie mit dem Aufseufzen eines von Träumen gequälten Kindes: «Ich schmücke mich, weil ich auf Philipp warte.»

Sie schmückte auch sein Zimmer mit Blumen und legte einen Teppich über die Schwelle. Aus den Truhen holte sie seine Waffenkleider und küßte die goldenen Ketten, Armspangen und Fingerringe. In seinem Bett spürte sie mit ihrer flachen Hand die Wärme seines Körpers, und an seinem Tisch saß sie an demselben Platz, wo er gesessen. Dabei erstaunte sie, daß alles so war, wie es war, daß die Sonne schien, daß es Abend werden konnte und wieder Morgen.

Es war an einem Novembertag, als sie einige von den Dienern rief und an ihrer Spitze durch das nördliche Tor gegen Millaflores ritt. In der Kartause zu Millaflores lag Herzog Philipp begraben. Die erschrockenen Mönche mußten das Tor aufsperren, sodann ließ sie den Stein vom Gruftgewölbe nehmen und den Sarg herausheben und öffnen. Alle waren gerührt beim Anblick der wohlerhaltenen Züge ihres Herrn. Das Gesicht schien länger, die Züge ernster.

Ein düsteres Lächeln bewegte den Mund der Infantin. Der Pater Guardian meinte später, sie habe gelächelt, weil der Teufel sie, wie er deutlich wahrgenommen, am Ohr gekitzelt habe. Johanna gebot allen, sich zu entfernen, unwidersprechlicher als das Wort war ihr Blick, und als sie allein war, kniete sie hin, kreuzte die Hände hoch über der Brust, so daß die Daumen schier den Hals umschlossen, und fing an zu beten. Doch unversehens und während ihre Lippen noch mit Gott verkehrten, verlor sie die Demut aus der Brust, es war, wie wenn ein Opfer plötzlich von unheiligen Fingern entwendet würde, das Gebet verwandelte sich zur Forderung, und die Arme streckten sich aus, nicht um zu erflehen, sondern um zu empfangen, die Stirne leuchtete wie von Bereitschaft, der Leib zitterte und bebte gleichwie in den Wehen der Geburt, und Atem, Gebärde, Pulsschlag, alles schrie: Gib mir Philipp wieder!

Darauf schien ein Hauch durch die Luft der Kapelle zu gleiten, und Johanna spürte, daß ein süßes Jasagen die Wölbung erfüllte. Sie sprang empor. Sie rief die Leute. Des Einspruchs der Mönche nicht achtend, ließ sie den balsamierten Leichnam auf eine Bahre heben. Sie wurde ganz Antrieb, peitschte die Träger förmlich vorwärts und blieb unbewegt und blickte nicht zurück, da jene schauderten, weil die Mönche unter dem Tor standen und wehklagten. Es wurde Nacht, der Boden war aufgeweicht, sie verloren den Weg; Johanna hieß die Männer rasten und schickte einen Diener voraus, um Fackeln zu holen. Im Regen ging sie ruhlos hin und her, das Kleid emporgerafft, den Schritt von qualvoller Ungeduld bald bekämpft, bald befeuert, und als endlich eine Fackelflamme in der sturmdurchwühlten Dunkelheit aufloderte, schrie sie jubelnd, so daß die am Gehölz lautlos wartenden Begleiter erbleichten.

Im Palast angelangt, bekleidete sie den Körper Philipps mit einem prachtvollen Gewand aus Silberschuppen, ließ ihn in einen gläsernen Sarg legen, der oben und an der Seite zu öffnen war, und ließ den Sarg in ihrem Schlafgemach neben dem Bett aufstellen. Unverwandten Auges betrachtete sie die edel hingegossene Gestalt, an der sich jede Form im geheimen von selbst vollendet zu haben schien. Es war kein Jüngling mehr, sondern ein Mann und ein König.

Kein weibliches Geschöpf durfte den Raum betreten, auf den Gängen und in den Nebengemächern durfte keine Stimme laut werden. Johanna war es, als sei vor allem die große Stille auch von außen erforderlich, die in Philipps Antlitz so tief innen wohnte, sei notwendig, damit sie in diese Stille eintauchen könne, wach und lauschend, um ihre Ursache und ihr Wesen zu ergründen, in einem begnadeten Augenblick das ungeheure Rätsel zu lösen und dann den Funken in der triumphierenden Hand zu halten, der das Auge wieder mit Leben zu speisen vermochte. Und so beugte sie sich immer wieder über den Leichnam, wie sich der Habgierige über einen Schacht beugt, worin rote Klumpen Goldes funkeln, angeschmiedet und verwachsen an die gewaltige Erde.

Schon am zweiten Tag erschien der Bischof und befahl der Infantin, die Leiche wieder zu bestatten. Johanna weigerte sich dessen und wies endlich, rasend vor Angst, daß man sie des toten Gemahls berauben könne, den Kirchenherrn aus dem Palast. Die Folge war, daß die Dominikaner den Pöbel aufregten und verlauten ließen, der unbegrabene Leichnam mache das Glück vom Lande abspenstig, der Wein müsse verderben und die Ernte mißraten. Indes die Räte beratschlagten, wie man der Gefahr steuern könne, die das Land bedrohte, erschien vor der Infantin ein wunderlicher Mönch, der Bruder Alonso de Jesu Maria, der viele Jahre in einer Einöde der Estremadura nur seinen göttlichen Visionen gelebt hatte und für einen Propheten galt.

Eines Tages erschallte großer Lärm aus der Vorhalle, und als die Herzogin zornig und befremdet heraustrat, schwiegen alle bis auf einen halbnackten bleichen Fremdling, der sich in Anrufungen und Verwünschungen erging, weil Diener und Wachen ihm den Eintritt verwehrten. Dies war der Bruder Alonso, ein noch junger, bartloser Mensch, verwüstet durch Askese, hager wie ein Pfahl, beredt wie ein Trunkener, feurig wie ein Verliebter. Diesem armseligsten der Geschöpfe lieh Johanna das Ohr, so vielleicht zum erstenmal dem Zuspruch eines andern untertan.

Er begann damit, daß er der Infantin von einem König erzählte, welcher nach der Zeit von sieben Jahren aus dem Tod wieder zum Leben aufgestanden sei. Auch mit Philipp werde ein Gleiches geschehen, wenn die keusche Liebe Johannas und ihr unerschütterlicher Wille jeden eigenen Schmerz vergesse, keine selbstische Luft mehr begehre, sondern einzig dem Gedanken der Wiedererweckung hingegeben sei. Dies daure sieben Jahre; denn sieben sei die heilige Zahl der Bibel. In sieben Jahren erneure sich das Feuer der Sterne und des Mondes; nach sieben Jahren zerschelle immer wieder dieselbe Woge am Strand; nach sieben Jahren grüne der Baum des Lebens, und siebenfach geteilt sei seine Wurzel.

Als sie solches vernahm, kniete die Infantin nieder, beugte das Haupt tief vor dem Bruder Alonso und berührte mit den Lippen den Saum seines Kleides. Sie bewirtete den Mönch und beschenkte ihn, aber sie redete nicht mit ihm, und allmählich wurde dem Heiligen beklommen zumut in ihrer Nähe, und er machte sich unter einem schicklichen Vorwand davon. Johanna sah ihn ohne Teilnahme scheiden. Sie empfand das Leben der Lebendigen nicht mehr; dem eigenen Körper entfremdet, begriff sie auch von den Menschen nichts als die Gestalt und ein schattenhaft-spielendes Hin und Her, alles Licht der Welt sammelte sich am Sarge Philipps, und je weiter der Fuß sich davon entfernte, je finsterer wurde der Raum. Doch wenn sie an der Seite des Toten kauerte, um wieder wie einst seinen Blick zu erhaschen, sein Auge aufzugraben suchte und ihn doch fester hielt als ehedem, wo er auf lautlosem Wasser durch Nebel glitt, da sehnte sie sich nach einem Zeugnis seiner Gegenwart, nach irgendeinem Laut aus dem Innern dieser starren Hülle, und sie verfiel auf einen absonderlichen Einfall.

Es lebte in Burgos ein brabantischer Uhrmacher mit Namen Symon Longin, ein Mann von großer Geschicklichkeit in seinem Fach. Don Philipp, der viel Vergnügen an Uhren gehabt und manche müßige Stunde damit verkürzt hatte, ein feingefügtes Werk behutsam auseinanderzulegen, hatte den Meister in hoher Schätzung gehalten. Die Infantin ließ ihn kommen und erteilte ihm einen Auftrag, der Herrn Symon sehr in Verlegenheit setzte und ihm viel Kopfzerbrechen machte. Er sollte nämlich ein Werk anfertigen, das man in die Brust des Leichnams schließen könne und das den Schlag eines lebendigen Herzens nachzuahmen vermöchte. Nach einigem Besinnen versprach Symon Longin, sein Bestes zu tun, und die Infantin stellte ihm eine Belohnung von zweitausend Dublonen in Aussicht.

Nach Verlauf zweier Wochen brachte der Meister das

kunstreiche Pendelwerk. Der Rücken der Leiche wurde aufgeschnitten und der Mechanismus in die linke Seite der Brust geschoben. Unter der Schulter war ein Stift mit einer Drehscheibe angebracht, vermittelst deren das Werk wieder in Gang zu setzen war, wenn es nach vierundzwanzig Stunden ablief. Als Johanna zum erstenmal ihr Ohr auf das Kleid des Toten legte und den wundersam dumpfen Schlag vernahm, schloß sie die Augen, als lausche sie der Musik von Engelchören. Die halbe Nacht lang lag sie und horchte; die linke Hand hielt sie ans eigene Herz gepreßt und hatte ein seliges Gefühl des Gleichklangs, wenn dessen natürliches Pochen mit jenem künstlichen in denselben Pausen erfolgte.

Die Sache sprach sich herum und steigerte das Entsetzen vor der Infantin immer mehr. Sie mußte darauf sinnen, dem allgemeinen Drängen zu entfliehen, und sagte denen, die sie um Bestattung des Leichnams bestürmten, sie wolle den Körper des Herzogs nach seiner Heimat bringen und ihn im Dome von Sankt Stephan beisetzen. Damit waren Philipps Landsleute einverstanden, und sie schufen eine kleine Partei zugunsten der Herrin. Johanna hielt Auswahl unter den Dienern, und wenige, die treu, aber viele, die habsüchtig waren, denn sie achtete des Geldes nicht, boten sich aus freien Stücken an, mitzuziehen, wohin sie wolle. Auch warb sie an hundert Söldner zu hohem Lohn und ließ Pferde und Maultiere herbeischaffen.

So gerüstet, begab sie sich auf die Reise. Es war wie eine Wettfahrt mit der Zeit, oder als wolle sie die Zeit zu größerer Eile reizen. Der Worte des Mönchs blieb sie eingedenk zu jeder Stunde.

Am Tag der heiligen Katharina, vor Anbruch der Nacht, verließ die Infantin Burgos, zog bis in die aragonischen Berge, kam am Morgen bei heftigem Unwetter vor das Schloß Armedilla, und schon in der nächsten Nacht ging es weiter: nach Olmedo, nach Escalona und San Francisco, von Dorf zu Dorf über die unwirtlichen Hochtäler nach Norden.

Vier Maultiere trugen den Sarg, vierundzwanzig Männer mit Fackeln in den Händen ritten ihm zur Seite. Schrecklich war das Aussehen dieser Männer, ihre Gesichter waren kohlschwarz vom Flammenruß. An vielen Orten verkrochen sich die Menschen beim Anblick des schauerlichen Zuges. Auch unter Johannas eigenen Leuten verbreitete sich eine düster-ahnungsvolle Stimmung, und einige ergriffen heimlich die Flucht. Andere sagten, sie wollten eine Stadt beschauen, gingen und kehrten nicht wieder.

Vor dem Sarge ritt ein Fahnenträger mit einem schwarzen, für die Augen durchlöcherten Tuch vor dem Gesicht. Auf der Fahne brannte in goldnen Buchstaben das Wort *Nondum*, noch nicht.

Bei Tag gewährten die Hütten der Bauern, die Häuser der Herren Rast und Aufenthalt. Johanna bevorzugte die Orte in der Ebene, wo ihr Blick die Fernen fassen konnte, ehe sie sich zu kurzem Schlaf neben Philipp bettete. Sie liebte nicht Blumen in ihrer Nähe, aus Furcht, daß dann ein flüchtiges Vergessen ihre Sinne kraftloser machen könnte. Sie gab kein Ziel an, denn so erschien es ihr, als ob Philipp Richtung und Weg befehle. Nach Osten, Westen oder Norden zu ziehen galt ihr gleich, wenn nur die Tage hinabflossen zur Zukunft. Während die Welt an ihr verschlossenes Ohr vergebens pochte, sammelte sie in ihrer Brust Leben. Der Tote war gereinigt von aller Schuld, sie selbst hatte für ihn die Verantwortungen des Daseins übernommen. Im voraus schmückte sie sein Auge mit jener Glut, mit welcher er ihr danken würde für die Freiheit und Leichtigkeit seiner Seele. Einst hatte sie Ungeheures gewollt, ihr anmaßender Traum hatte von ihm verlangt, daß er einem Gott gleich sei; jetzt wollte sie nichts weiter als einen Menschen, und sie schmachtete um den leersten seiner Blicke und die knabenhafteste seiner Gebärden, so wie er einmal um sie geschmachtet hatte auf dem Krankenlager der Sinnenliebe. Der blaue Himmel war ihr nichts, sie mußte erst die Bläue von Philipps Auge darin sehen, der süße Duft burgundischer Gärten nichts, außer er schien Hauch aus seinem Munde, kein Schmerz war außer dem seinen um das frühverlorene Leben, kein Ding war betrachtenswert außer dem erstarrten Leichenantlitz.

Unter ihren Begleitern war ein Mann, der ihr tief im Herzen ergeben war. Er hieß Jan Dalaunes und war ein ehemaliger Falkner, dem bei einer Jagd ein Auge ausgeschossen worden. Seitdem hatte er sich der Dichtkunst gewidmet, wobei ihn seine melancholische Gemütsart unterstützte, und er schrieb auch Stücke geistlichen Inhalts. Er wußte von Johannas ehern umschlossenen Mienen die Müdigkeit abzulesen, die sie sich selbst verhehlte, und er wurde zum kühnen Redner, wenn es galt, die immer rege Widerspenstigkeit der Söldner zu besänftigen. Das nächtlich lautlose Wandern mit einer Leiche, in deren Brust das Räderwerk den Schlag des Lebens nachahmte, verdüsterte den Geist der Leute. Kam es doch vor, daß rauhe, kriegsgewohnte Bursche von Krämpfen befallen wurden, wenn mitternächtiger Sturm die Bäume bog, oder daß sie schrien wie Besessene, wenn das Irrlicht übers Moor tanzte und der Mond grünliche Schleier auf den Felsen spann. Sie atmeten auf, sowie der erste Morgenschein den Osten färbte, und als sie nach Monaten ins flandrische Gebiet kamen, verließen sie den Dienst der Infantin.

Jan Dalaunes überredete die Herrin, in der Stadt Gent zu verweilen. Er trug dabei in seinem stillen Sinn die Hoffnung, daß sie nach ihrem Sohn Carlos Verlangen haben würde und durch seinen Anblick von der unergründlichen Schwermut geheilt zu werden vermöchte. Doch seine Rechnung ging fehl. Als der Graf von Eroy, der ihr Wohnung in seinem Palast angeboten hatte, vor ihr erschien und sie fragte, ob sie den jungen Prinzen zu sehen begehre, da zuckte es auf in Johannas Gesicht, wie wenn eine Fackel durch einen finstern Raum fällt. Dann aber entgegnete sie kopfschüttelnd und mit kaltem Ausdruck, sie wolle Don Carlos nicht sehen. Die Worte des Mönchs erhoben sich wie Wächter in ihrem Innern, wenngleich sie ihrer nur als Formel gegen die feindlich andringende Welt bedurfte.

Sie schloß sich in ihre Gemächer ein, um nichts zu sehen als ihren Toten, nichts zu hören als das täuschungsvolle Klopfen des Uhrwerks. Ja, zwischen Täuschung und Vision lag sie in einem Krampf, der halb Schmerz und halb Lust war. Sie mußte Weib sein, um Philipp zu lieben, Mann, um ihn noch einmal zu zeugen, und Mutter, um ihn noch einmal zu gebären. Sie mußte in diesem fertigen Leib Kindheit und Jugend wiedererschaffen, das erwachende Auge mit allen Erinnerungen füllen, nichts von dem vergessen, was solch ein königliches Leben hält und trägt; daher mußte sie auch er selbst werden, damit Einheit entstehe zwischen dem Philipp von einst und dem der Zukunft und, wie alle Schuld, auch der grauenvolle Zustand des Nichtseins ausgelöscht werde aus seinem Geist. Dies zu vollbringen, still, allein, den Menschen unverständlich, ja scheinbar auch Gott zuwiderhandelnd, forderte übermenschliche Anspannung und mußte das Blut in unaufhörlichem Fieberlauf durch die Adern treiben.

Frühling, Sommer und Herbst verflossen zum zweitenmal. In dieser Zeit war der junge König Karl sehr krank gewesen. Einst war er nämlich des Nachts aufgeweckt worden, um eine angekommene Depesche von geringer Wichtigkeit zu lesen. Sein Gouverneur, der ihn nach römischen Grundsätzen erzog, hielt unerbittlich darauf, daß er sich trotz seiner großen Jugend an die Geschäfte gewöhne. Als der Knabe durch einen dunklen Korridor in ein Zimmer gelangte, in welchem nur eine matte Ampel brannte, hielt er still, da er sich verirrt zu haben glaubte, und belauschte, ohne zu wollen, das Gespräch zweier Diener, die in einer Nische kauerten.

«Wißt Ihr denn, daß die spanische Königin hier ist?» fragte der eine, schläfrig gähnend. Und der andere erwiderte: «So? Ist die hier? Ich wußt es nicht.» Darauf der erste: «Es ist die Mutter unsres jungen Herrn. Ein schlechtes Weib.» Und wieder der andre: «Warum lebt sie nicht beim Sohn?» – «Das böse Gewissen ist schuld», flüsterte der erste, «hat sie doch ihren Herrn und Gemahl mit Gift vergeben.»

Ein leiser Schrei unterbrach die Erschreckenden. Der Knabe war zu Boden gestürzt. Er mußte fortgetragen werden und lag lange darnieder.

Viele Wochen später gab der Graf von Eroy ein großes Maskenfest, welches drei Tage währte. Die Musik und das Lachen der Gäste tönte bis in die Zimmer der Infantin. Als Jan Dalaunes vor seiner Herrin erschien, entsetzte er sich, denn so durchwühlt und erregt hatte er sie niemals gesehen. Sie raste durch den Raum, immer querüber von Ecke zu Ecke, und hielt die Hände gegen die Ohren gepreßt. Offenbar war das Spiel der Flöten und Geigen daran schuld. Der Falkner ging hinaus, beriet mit dem Castilianer Antonio Vacca, was zu tun sei, dann kehrten beide zurück, und Jan Dalaunes schlug der Infantin vor, ihm in den Luxemburger Palast zu folgen, der nur wenige Straßen entfernt lag. Johanna, qualvoll bedrängt, hatte nicht übel Lust, zu willfahren. Doch näherte sie sich zuerst der Leiche Philipps, beugte sich nieder, umschlang den Toten, wisperte in sein Ohr, küßte die wächserne Stirn, lächelte beschwichtigend wie eine Mutter, wenn sie den Säugling verlassen muß, wandte sich endlich mit fahlglänzenden Augen zu den beiden Männern und sagte heiteren Tons: «Er fängt schon an zu träumen.»

Dann ging sie, tief in sich gekehrt. Und so, nach innen webend, schritt sie im Luxemburger Palast über einen von

Dämmerlicht erfüllten Flur, als plötzlich der Castilianer vor der offenen Türe eines Saals stehenblieb und lächelnd den Arm ausstreckte. Vor einem länglichen Tisch stand ein feister Mann im Samthabit und mit weißer Halskrause, und neben ihm, ein Buch in der Hand, saß ein Knabe von etwa zehn Jahren.

Donna Johanna hob langsam die schweren Augenlider und starrte hinein. Durch die Marienglasscheiben der schmalgebogenen Fenster fiel ein gelblicher Perlenschein in den stillen Raum. «Wer ist der Knabe?» fragte Johanna beklommen. Antonio Vacca antwortete mit demselben diensteifrigen Lächeln: «Es ist Euer Sohn Karl, edle Donna, und der würdige Herr Cernio ist mit ihm, der beste Grammatikus weit und breit. Ich selbst habe die Ehre, Seine Hoheit in den Rechtswissenschaften zu belehren.»

Flüsternd trat der Castilianer an den Tisch. Der Knabe erhob sich und schritt gravitätisch zur Schwelle. Dann stand er vor seiner Mutter: regungslos, schmalen Antlitzes, bleich, schweigend und schwermütig.

Ein Laut drängte sich auf Johannas Lippen. Ihr war, als seien Brust und Leib mit Feuer angefüllt. Schon wollte sie reden, da gedachte sie noch zu rechter Zeit der Worte des Mönchs: zu vergessen jeden eigenen Schmerz und jede eigene Lust.

Stumm und kühl nickte sie dem Knaben zu, wandte sich ab und ging weiter. Mit tief gesenktem Haupt folgte ihr der treue Falkner Jan Dalaunes.

Drei Tage später verließ Donna Johanna die flandrische Stadt und zog mit neugeworbenen Söldnern den Rhein hinauf gegen Köln und Mainz und über Franken an die Donau und weiter, wochen- und monatelang, Sommer und Winter hindurch, manchmal bei Tage und öfter bei Nacht. Da und dort nahm sie Aufenthalt; in Regensburg blieb sie acht Monate, in Landshut sechs, in Augsburg fünf. An den

Hof des Kaisers zu gehen, wagte sie nicht. Die Schlösser der Edelleute gaben ihr gute Unterkunft, denn es war bekannt, daß sie mit königlichen Geschenken lohnte. Zu Memmingen ließ sie eine Kapelle erbauen und in Ulm eine ganze Kirche. Es war ihr trostreich, in diesem Land der vielen Flüsse, der Berge und der schönen Seen zu weilen; oft schien ihr ein Stück von Philipps Seele in der milden Luft zu ruhen, und wenn der Frühling kam, mußte sie sich mit doppelter Kraft verschließen, um nicht teilzunehmen an dem holden Erwachen der Natur.

Sie mied Plätze, wo das Volk in Freudigkeit zusammenströmte, und wenn sich ein Kindergesicht unschuldig-froh ihr zuwandte, schloß sie die Augen. Deswegen liebte sie auch am meisten, des Nachts zu reisen, weil da Dinge und Menschen erstarben und die Flammen der Fackeln wie Opferfeuer hinausstrahlten über den Sarg ihres Herrn Liebsten. Empfindungslos gegen Sturm und Regen, weder Mühsal noch Entbehrung scheuend, so trieb sie die Zeit vor sich her wie einen lahmen Hund.

Jahr auf Jahr floß vorüber, Johanna zählte sie nicht im Kalender, sondern maß sie an ihrer Hoffnung. Doch mit der Zeit ist es wunderlich beschaffen: Sie hat ein Zeugnis der Wahrheit in sich, das selbst den umschlossensten Sinnen nicht verborgen bleiben kann. Johanna zog einem Bild entgegen, und je mehr sie sich ihm zu nähern gedachte, je mehr schrumpfte es zusammen, und von all den vergeudeten Flammen des Herzens wurde sie nicht reicher, ja ihr Herz glich endlich der blassen Qualle, die das Meer an den Strand spült, und frierend stand sie da, als die letzten Fetzen ihrer Armut von der zuckenden Schulter sanken. Philipp! Wer war Philipp? Der bloße Name schien zu verfließen, und gab es noch einen Mann auf Erden, der so hieß, so war er sicherlich nur der Schatten seiner selbst. Und obwohl sie das leblose Abbild von Philipps Leib täglich vor sich ruhen sah, verlor sie die Erinnerung an ihn und wußte nicht mehr, wie er aussah und wie er sprach, wußte nichts mehr von der Farbe seiner Augen und der Form seiner Hände, und es ward ihr bang und banger, als sie so seinen Namen durch die Länder schleppte, nichts weiter als seinen Namen. Die Finsternis in ihr verlor gleichsam ihre Grenzen, überdeckte Himmel, Erde und Wasser, erfüllte die Schöpfung mit eisiger, bodenloser Trauer.

In den rhätischen Gebirgen erkrankte Jan Dalaunes und blieb in einem Dorf zurück. Erst im Savoyischen holte der ergebene Mann die Herrin wieder ein und kam gerade recht, um die Söldner und Diener zu ermutigen und anzufeuern, als sie sich weigerten, am Abend über einen verschneiten Paß zu wandern.

Es war ein schauriges Unwetter, als sie die Höhen erreichten. Die Vordersten verloren den Weg und sanken tief in den Schnee. Einige blieben ermattet liegen, schliefen ein und erfroren. Die Fackeln verlöschten, und zum Glück entdeckte der vorauseilende Jan Dalaunes die Hütte eines Hirten. Da fanden die Zuflucht, die sich noch retten konnten; der Sarg blieb draußen und wurde vom Schnee zugeweht.

Noch in der Nacht erwachte Jan Dalaunes, tastete sich zur Tür des vom schlechten Atem der Schläfer erfüllten Raums und trat hinaus. Angst um die Herrin hatte seinen Schlummer verscheucht.

Der Himmel war klar, und die Sterne funkelten in erhabener Pracht und Ruhe. Über einem fernen Schneefeld herauf bog sich die Milchstraße über das dunkelblaue Gewölbe wie erstarrter Rauch. Zwischen zwei mächtigen Felszacken glitzerte grünlich das Eis, gähnten ungeheure Spalten. Bisweilen kam ein schneidend kalter Windstoß und wirbelte den Schnee zu dünnen leuchtenden Säulen empor. Es herrschte ein Schweigen, welches den Atem stocken ließ.

Im unsicheren Licht gewahrte Jan Dalaunes die Herrin. Sie saß auf einem niedrigen Holzblock, hatte die Arme um die Knie geschlungen und starrte mit gefrorenem Blick in die gewaltige Stille. Sie schien die Kälte nicht zu spüren. Eine Pferdedecke umhüllte ihre Schultern.

«Ihr müsset krank werden, edle Donna», sagte Jan Dalaunes, indem er sich näherte. Die Infantin antwortete nicht.

Der Falkner ging ins Haus zurück und klaubte Späne und Reisig zusammen. Dann kam er wieder und machte auf einer schneefreien Stelle Feuer an. Das Mitleiden mit der Herrin würgte ihm die Kehle, und während er immer neues Holz in die aufprasselnden Flammen warf, war sein bärtiges Gesicht vom Kummer förmlich verwüstet. Es drängten sich Worte auf seine Lippen: Verse, die er einmal gehört oder gelesen oder geträumt.

«Was sprecht Ihr da?» hörte er auf einmal die dunkle Stimme der Herrin. Ihr Gesicht hatte sich auf der schneebewehten Decke fremd und düster wie das Antlitz einer Sphinx ihm zugedreht. Er schüttelte befangen den Kopf und kniete vor dem Feuer hin. Nach einer Weile kehrten die seltsamen Worte traumhaft wallend wieder.

Wo des Nebels Silberbogen
über eine Gletscherwand
groß und feierlich gezogen,
dort liegt meiner Sehnsucht Land.

Sah ich eisige Gestalten,
schaudernd im gefrornen Strahl,
grünkristallne Kerzen halten,
tanzen in dem weißen Saal.

Sah ich eine, die beklommen
nur des Mantels Saum bewegt,
und ihr Herz vom Tisch genommen,
der den ganzen Himmel trägt.

Wie im Schlaf hält sie die schwere
Purpurkugel sanft empor,
und es öffnet sich die Sphäre,
Gottes Arm streckt sich hervor.

Er empfängt des Lebens Schale,
jene aber steht beglückt,
schaut hinunter zu dem Tale,
wo ein Knabe Blumen pflückt.

Lautlos wälzte sich eine bläuliche Wolke von Schneestaub heran und entfernte sich wieder.

Da sank Johannas Haupt etwas vorneüber. Wie um es zu halten, schlug sie die Hände vors Gesicht, und gleichzeitig brach sie in ein furchtbares Weinen aus. Es klang wie der dumpfe Schlag eines Hammers gegen eine hohle Wand. Unwiderstehlich hatte sie der Schmerz um das eigene Leben, um die eigene vernichtete Seele ergriffen. Es war, als sei ihr Herz bis jetzt durch einen künstlichen Mechanismus in Gang erhalten worden, der nun zu versagen drohte.

Sie fühlte die Kraft der Erinnerung völlig aus ihrer Seele entschwinden, sie spürte nur sich selbst, nur den eigenen unermeßlichen Jammer, es ergriff sie wie Flammen eines Scheiterhaufens, sie schrie und schlug um sich, und als eine Wahnsinnige wurde sie von ihren Leuten zu Tal gebracht.

Der zertrümmerte Sarg mit dem sehr entstellten Leichnam ward erst viele Wochen später in einem Schneeloch aufgefunden, wo er hinabgestürzt war. Der Herzog von Savoyen ließ die sterblichen Reste des Fürsten nach Burgos schaffen. In einer Gruft der Kirche San Andrea fand endlich Philipps Körper seine irdische Ruhe.

Zwischen den Städten Palencia und Valladolid lag in unfruchtbarer Ebene das öde Schloß Tordesillas. In einem

Turm dieses Schlosses lebte die wahnsinnige Infantin. Der Turm war rings von Wasser umgeben; die Zugbrücke war stets emporgezogen. Auf dem Wasser schwammen Schwäne.

Längst war Johanna Königin von Spanien, freilich nur dem Namen nach. Doch wurden in ihrem Namen alle Regierungshandlungen ausgeübt und die Dekrete gesiegelt. Aber diese Königin herrschte in Wirklichkeit bloß über ein Reich von Katzen. Der treue Jan Dalaunes war Majordom von Tordesillas. Täglich fuhr er auf einem Boot hinüber und sah zu, wenn die Herrin mit den Katzen spielte, als ob es ihre Kinder wären. Jedes der Tiere trug ein buntes Bändchen um den Hals, und jedes hatte seinen Namen und seine Würde.

Gleichmäßig flossen die Jahre an Donna Johanna vorüber wie Wasser an einer steinernen Mauer. Lange, viele Jahre. Sie alle fanden die edle Frau versunken in ein Spiel, ja nur in den kargen Abglanz eines Spiels, in stumpfer Unwissenheit von sich selbst, in niemals erleuchtetem Frieden.

Draußen in der Welt hatte sich mancherlei begeben. Der Knabe Carlos war zum Mann geworden, und die Fürsten hatten ihn zum römischen Kaiser gewählt. Er führte Kriege gegen die Ketzer und warf sie zu Boden. Er war stark in der Tat und stark im Wort. Sein ganzes Leben war ein Krieg: voller Blut, voller List. Heißdrängender Ehrgeiz lockte ihn von Enttäuschung zu Enttäuschung. Sein wahres Gesicht trug er verborgen hinter vielen andern Gesichtern. Er hatte viele Gesichter gegen die Menschen, aber sein Gesicht vor Gott war immer dasselbe: schwermütig und krank.

Einst war er ausgezogen mit einem weißgeschliffenen Schild, auf welchem das Wort strahlte: *Nondum*, noch nicht. Nachdem die Jahre verflossen waren und er alle Macht in Händen hielt, die einem Menschen gewährt sein kann, da sagte sein müder Verzicht: nicht mehr. Er war ein so gewaltiger Fürst, daß er zwei Weltkugeln im Wappen führen durfte, und seine Leute nannten ihn bloß «den Herrn». Nichtsdestoweniger schien ihm die Ruhe eines Klosters über alles begehrenswert.

Als er fünfzig Jahre alt war, reiste er nach Santander und zog über Burgos nach Tordesillas.

Eines Tages im Herbst rasselte die Brücke über den Wassergraben, und ein ansehnlicher Zug glänzender Herren betrat den halbverfallenen Hof. Der Kaiser allein ging hinauf.

Ungeachtet des sonnigen Tages herrschte im Zimmer Dämmerung; die beklemmende Luft roch nach Weihrauch und Räucheressenzen. Inmitten des Raums stand Johannas Bett, und auf der morschen Damastdecke lagen Katzen: weiß und schwarz, alt und jung; andere hockten auf dem Sims, andere in einem Winkel oder auf Stühlen.

Donna Johanna hatte sich erhoben. Ihr schmales, fast runzelloses Gesicht mit dem hochgeschwungenen Munde erschien wie aus Holz geschnitzt. Neugierig blickte sie auf die schmächtige Gestalt im schwarzen Barett und mit dem roten, bis auf die Knie reichenden Spaniermantel; verwundert sah sie dies totenblasse, kalte, müde Angesicht.

Mit gravitätischem Schritt näherte sich der Kaiser, und indem er sich auf ein Knie niederließ, zitterte die Unterlippe ein wenig, und er murmelte: «Euren Segen, Mutter.»

Donna Johanna duckte sich, und als sie die feindurchäderten Lider in krankhafter Erregung noch weiter öffnete, war es, als fasse ihr Blick, als halte ihre Wimper noch einmal den ganzen Ernst und die Furchtbarkeit des längst verschwundenen Lebens fest.

Die Zugbrücke rasselte hinauf, und an der Spitze seiner Herren ritt der Kaiser schweigend der untergehenden Sonne zu.

Da verließ auch Donna Johanna ihr Gemach, zum erstenmal seit langen Jahren. Wie schlafend stieg sie die Turmtreppe empor, bis sie zu einem runden Fensterchen gelangte, das freien Ausblick über die Ebene gab. Hier stand sie und verfolgte mit dem Blick den glänzenden Reiterzug. Als der Horizont, im goldnen Lila schwimmend, das farbige Bild einzusaugen drohte, stieg sie eine Treppe höher. Sie gewahrte noch ein paar funkelnde Lanzenspitzen, und ihre dünnen Lippen flüsterten: «Der Kaiser, der Kaiser.»

Es dunkelte, und sie stieg herab. Ihr Herz verschnürte sich bang, und mit dem letzten Funken des vergehenden Bewußtseins seufzte sie einem ungetrösteten Tod entgegen.

Geronimo de Aguilar

Zur Zeit, als das Auftauchen unbekannter Welten die Geister des alten Europa bewegte, lebte in Spanien ein verarmter Edelmann namens Geronimo de Aguilar, ein ruheloser Charakter, der, seit die Taten des Christoph Columbus und anderer Helden von sich reden gemacht, nur den einzigen Willen hatte, es jenen Männern gleichzutun. Aber da war guter Rat teuer. Als Matrose oder Soldat oder selbst als untergeordneter Offizier auf einem Schiff zu dienen, erlaubte Geronimos Stolz nicht, und um die Leitung auch nur der kleinsten Expedition zu bekommen, mußte man entweder Geld oder mächtige Gönner haben. So blieb nichts übrig, als sich in Geduld zu fassen, obgleich Geronimo sich mit Recht sagte, daß jede Stunde kostbar sei und jeder verstrichene Tag ihn einer unwiederbringlichen Möglichkeit beraube. Er brachte seine schlaflosen Nächte über alten Folianten und neuen Landkarten zu, halb rasend vor ohnmächtiger Ruhmsucht und Tatbegier, und von morgens bis abends beschwatzte er Freunde und Bekannte, saß in den Vorzimmern hoher und höchster Herren, reichte Bittschriften und gelehrte Auseinandersetzungen ein, und mit jeder fehlgeschlagenen Hoffnung wurde er rabiater, mit jeder lässigen Vertröstung um so leidenschaftlicher besessen.

«Beim Herzen Marias», sagte er, «was der Glückspilz Columbus erreicht hat, ist noch nichts, und wenn man mich gewähren läßt, will ich zeigen, daß es nichts ist; ich will euch die Atlantis der Alten wiederfinden, will Länder erobern, in denen es mehr Gold gibt als bei uns Pflastersteine, und bringe eure Schiffe so mit Schätzen beladen zurück, daß ihr den Kindern Kleinodien zum spielen geben könnt, wie sie jetzt im königlichen Tresor bewacht werden. Aber säumt nicht länger, denn die Zeit ist trächtig.»

Derlei glühende Reden führte er häufig, bei denen seine schwarzen Augen brannten, als ob der ganze Mensch mit Feuer angefüllt sei. Viele hielten ihn natürlich für einen Prahler, andere glaubten ihn vom Teufel behext, aber es gab auch Leute, die der Meinung Ausdruck gaben, daß es den Versuch wohl lohnen könnte, ihn übers Meer zu schikken, und daß ein Mann, der die Kraft zu großen Geschäften in sich spüre, nicht mit der Bescheidenheit eines Schulmeisters davon zu sprechen nötig habe. Eines Tages ließ ihn der Graf Callinjos, ein ehemaliger Kämmerer, der vom Hof verbannt war, ein reicher Herr und Sonderling, zu sich kommen, und indem er auf einen mit Goldstücken bedeckten Tisch hinwies, sagte er: «Hier sind zehntausend Pesetas. Ich habe, Sennor de Aguilar, von Ihren Plänen und Absichten vernommen und bin gewillt, diese Summe zu opfern. Rüsten Sie damit die Brigantine Elena aus, die mein Eigentum ist und im Hafen von Cadix vor Anker liegt. Ich gebe Ihnen eine Frist von drei Jahren. Höre ich bis dahin nichts von Ihnen, so erachte ich Schiff, Geld und Mannschaft für verloren. Kommen Sie aber unverrichteterdinge zurück, so sind Sie durch den Verlauf des Unternehmens nicht nur als lächerlicher Rodomont entlarvt, sondern ich werde auch Mittel finden, Sie für Ihren Übermut und Dünkel zu bestrafen.»

Bei jedem andern Anlaß hätte eine solche Sprache Geronimos Blut in Wallung versetzt; in diesem Augenblick empfand er nur überschwengliche Freude; er nahm stumm die Hand des Grafen, beugte sich nieder und drückte sie an seine Lippen. Und so redselig, aufgelöst, hitzig und wild man Geronimo bisher gesehen hatte, so schweigsam, kalt, gesammelt und maßvoll zeigte er sich jetzt. Bei der Bemannung und Befrachtung des Schiffes wußte er zu nutzen, was seine Vorgänger durch Erfolge wie Mißlingen ihn gelehrt, und in allem bewies er so viel Vernunft und Tüchtigkeit, daß des verwunderten Lobes über ihn kein Ende war. Zu Anfang des Herbstes waren die Vorbereitungen beendet, und an einem klaren Oktobermorgen lichtete die Brigantine die Anker und stach in See, begleitet von den Zurufen des am Hafen versammelten Volks. Geronimo stand am Heck des Schiffes, und er zuckte auf wie eine Flamme, als ihm das Vaterland den letzten Gruß schickte. Er ließ kein Herz zurück, kein Gut, keinen Freund, nicht einmal einen Hund. Er war allein, er wußte es, und er bedauerte es nicht. Eingesponnen in seine berauschenden Visionen, hatte er seit langem nichts mehr übrig für Beziehungen zärtlicher Art.

Die Brigg lief trefflich vor dem Wind, und mit wachsender Erwartung lenkten alle den Blick nach dem geheimnisvollen Westen. Selbst die rohen Matrosen spürten einen abergläubischen Schauder, als jene Sterne niedriger stiegen und dann verschwanden, mit denen sie seit ihrer Kindheit vertraut waren, und sie wurden durch den Anblick des neuen Himmels, seiner unbekannten Bilder und phosphoreszierenden Wolken lebhaft an die Gefahren ermahnt, denen sie entgegengingen. Nur Geronimo dachte lediglich an den Ruhm, der seiner wartete, und ein wahrer Midas des Traums, verwandelte er in Gold, was in den Bereich seiner Ahnungen und Hoffnungen kam, denn er wußte, daß die Reichtümer, die er gewann, das einzige Mittel zum Ruhm und die sicherste Bürgschaft dafür waren. Es befand sich ein Mönch auf dem Schiff, der schon zum zweitenmal die

Fahrt über den Ozean machte und auf der Insel Hispaniola gewesen war, um im Auftrag seines Ordens für das Christentum zu wirken. Er erzählte oft und mit trauriger Miene, wie grausam die Spanier in jenen paradiesischen Ländern gehaust, wie schnöde sie das Vertrauen der unschuldigen Eingeborenen hintergangen und in nimmersatter Habgier blühende Gegenden verwüstet hätten. Was könne das Wort des Heilands fruchten, wo Verrat, Mord und Plünderung die Religion der Bekehrungseifrigen als verabscheuenswerte Heuchelei erscheinen lassen?

Geronimo hörte gleichgültig zu. Wurde aber der Name des Columbus oder einer der ihm folgenden kühnen Seefahrer genannt, so ballte sich seine Faust, und Blässe überzog das lange Oval seines Gesichts. Denn diese Namen hatten eine selbstverständliche Leichtigkeit des Klanges und der Bildung, während sein eigener Name leblos tönte und völlig an die leibhafte Erscheinung gebunden war.

Nun erhob sich in der sechsten Woche ein gewaltiger Sturm, der viele Tage lang anhielt und das Schiff aus seinem Kurs weit nach Nordwesten trieb. Die Mastbäume hatten gekappt werden müssen, das Steuer war zerbrochen, hilflos schwankte das Fahrzeug in der Strömung unbefahrener Meere. Als eines Morgens ein Matrose den lang ersehnten Landmelderuf ausstieß, glaubten sie sich schon gerettet, doch blickten sie voll Bangigkeit gegen die Küste, da sie nicht wußten, wo sie sich befanden und welches Los ihnen dort bevorstand. Näher kommend gewahrten sie eine Schrecken einflößende Brandung, und ehe sie noch beraten konnten, wie das drohende Verderben abzuwenden sei, stieß das Schiff gegen eine Felsenklippe. Der Rumpf füllte sich schnell mit Wasser, die meisten Leute wurden in der ersten Verwirrung von den Wogen gepackt und fortgespült, andere büßten das Leben ein bei der Bemühung, ein Boot klarzumachen, und binnen kurzer Frist war die Brigg samt ihrer Mannschaft vom Meer verschlungen.

Vielleicht ist es der ungewöhnliche Lebens- und Tatenwille, gegen den selbst die Elemente machtlos sind, der solche Männer wie Geronimo aus Gefahren rettet, die alle Schwächeren rings um sie vernichten. Er wurde von einer riesigen Welle durch einen Kanal zwischen den Riffen geschleudert und ans Land gespült. Als er aus einer tiefen Bewußtlosigkeit erwachte, sah er sich von seltsam gekleideten Menschen umgeben. Einer gab ihm aus einem kupfernen Gefäß zu trinken, ein anderer half ihm, sich aufzurichten, und sie führten ihn zu einem großen Dorf. Durch Gebärden erkundigten sie sich nach seiner Herkunft; er deutete nach Osten. Es traten feierlich schreitende Personen auf ihn zu, die Priester sein mußten, und mit Blumen und kostbaren Stoffen geschmückte, die er für Häuptlinge halten durfte. In melodischen Lauten sprachen sie ihn an. Er antwortete in der Zunge seiner Heimat, mit ausdrucksvollen Gesten bald zum Himmel, bald auf das Meer, bald auf seine abgerissenen Gewänder weisend. Am andern Tag wurde er in eine Stadt gebracht, deren prächtige Straßen und Märkte, Gärten, Paläste, Basteien und Treppentürme sein Staunen erweckten. Er ward vor den Thron eines jungen Fürsten oder Kaziken geleitet, der einen weiß und blauen, mit Smaragden besäten Mantel und an den Füßen goldverzierte Halbschuhe trug. Mit Freundlichkeit sah er sich von diesem begrüßt und mit kindlich anmutiger Neugier betrachtet. Was er vom Leben und Treiben des Volkes wahrnahm, gab ihm die Vorstellung gesitteter Zustände, des Reichtums und der Schönheit. Man ließ ihn verstehen, daß man ihn nicht als einen Gefangenen, sondern als einen Gast zu behandeln wünsche, und führte ihn in ein neben dem Palast des Kaziken gelegenes Haus, wo er wohnen sollte.

Geronimo wußte natürlich nicht, daß er sich in dem ungeheuren Reich der Azteken befand, von dem jede Provinz, auch die, an deren Küste er Schiffbruch gelitten, ein Königreich für sich bildete, denn keines Europäers Fuß hatte vor ihm dieses Land betreten. Auch wußte er kaum, unter welchem Himmelsstrich er war, und bisweilen hatte er das Gefühl, auf einen andern Stern versetzt zu sein. Alles war ihm neu und fremd, die Luft, die er atmete, und das Kleid, das sie ihm geschenkt hatten, jeder Baum und jedes Tier, jedes Auge, das auf ihm verweilte, jeder Laut, den er vernahm. Ganz zu schweigen von der tiefen Einsamkeit, der er sich preisgegeben sah, der Einsamkeit eines denkenden Menschen, so schien es ihm, unter Barbaren, zehrte die Qual an seinem Gemüt, durch unüberbrückbare Meere von der Heimat getrennt zu sein. Er umfing all das märchenhafte Leben und Weben mit der Gier des Eroberers, beschaute das Wunderland mit den Sinnen und Blicken von drüben, mit der selbstsüchtigen Genugtuung des zurückkehrenden Siegers. Für ihn allein war es nichts, ein Traum, ein Spottbild. Obschon er am Ziel war, trug ihm dies keine Früchte, und die Welt, die er gefunden, war so lang eine Chimäre, bis er seinen Landsleuten und seinem Kaiser davon Nachricht geben konnte. Er hielt sich für den rechtmäßigen Eigentümer von allem, was er ringsum sah, Volk und Fürst betrachtete er insgeheim als seine Sklaven, und das heimtückische Schicksal, im Besitz unermeßlicher Schätze tatenlos den Verlauf der köstlichen Zeit abwarten zu sollen, versetzte ihn in solche Verzweiflung, daß er sich ganze Nächte lang in ohnmächtiger Wut auf seinem Lager wälzte und Gebete zum Himmel schickte, die mehr Lästerungen als fromme Worte enthielten.

Bald nahm er wahr, daß unter den Eingeborenen ein Streit über seine Person herrschte. Bei aller Freundlichkeit, die man ihm erwies, sah er sich doch ohne Unterlaß belauert, und jeder Schritt, den er tat, wurde sorgsam überwacht. Aufmerksam, wie er war, und scharfsinnig geworden durch die Not, lernte er manches von der Sprache des Volks verstehen; ein paar Jünglinge, die zu seiner Bedienung bestellt waren, erleichterten ihm dies, und eines Tages entdeckte er, daß wunderliche Dinge am Werk waren und ein Verhängnis über ihm schwebte.

Es gab nämlich bei den Mexikanern eine altüberlieferte Weissagung, derzufolge ein Sohn der Sonne, ein Gott oder Halbgott also, dereinst von Osten kommen würde, um das Reich zu unterwerfen. Nun waren bei der Ankunft Geronimos viele aus dem Stamm des Glaubens gewesen, dieser Fremdling sei die lang verkündete Erscheinung. Daher hatte er in manchen Mienen eine Furcht und scheue Demut bemerkt, die ihm mehr zu denken gegeben hätten, wenn ihn sein eigenes Unglück weniger beschäftigt hätte. Nur die Priester bekämpften die Meinung über den Schiffbrüchigen mit Heftigkeit, und ihr vornehmster Gegengrund war, daß der Sonnensohn in jedem Falle glänzender und feierlicher aufgetreten wäre als dieser hilflos Verlassene. Es wurde eingewandt, dies möge eine List des Göttlichen sein, um sie in Sicherheit zu wiegen, aber die Priester beharrten bei ihrer Ansicht, Geronimo sei der Angehörige eines unbekannten Volkes, von ausgezeichneter Bildung freilich und schönen Leibes, von dem man jedoch Verrat befürchten müsse, von dessen Stammesbrüdern Gefahr drohe, und sie forderten, daß der Mann geopfert und sein Herz auf dem Jaspisblock zu Ehren des Kriegsgottes verbrannt werde.

Der Fürst und seine Edlen widersetzten sich schon im Gefühl verpflichtender Gastfreundschaft dem Ratschluß ihrer Priester, und der Streit währte so lang, bis der Kazike eine Anzahl von denen, die in seinem Machtbezirk Rang und Stimme hatten, zu sich rief und folgendermaßen sprach: «Wir wollen über den Fremdling nicht mit Ungerechtigkeit richten. Ist er von göttlicher Herkunft, so muß er auch imstande sein, uns ein Zeichen seiner Göttlichkeit zu geben. Was aber, denkt ihr, zeugt am meisten für die Eigenschaften eines Gottes? Ich denke, die Kraft ist es, womit er dem gegenüber unempfindlich bleibt, was uns Menschliche alle unterwirft, die Liebe zum Weib, die Verführung der Sinne. Prüfen wir ihn; fällt er in der Versuchung, so sollen die Priester recht behalten, bewährt er sich, so laßt ihn friedlich bei uns wohnen.»

Mit dieser Rede des sanften und klugen Fürsten erklärten sich alle einverstanden, und sie waren überzeugt, daß er sein Vorhaben aufs verständigste ausführen würde. Geronimo, obgleich er nicht erfahren konnte, was man mit ihm anstellen wollte, ahnte, wie gesagt, ein Unheil, und seine Schlauheit gab ihm ein, an den Kaziken ein Verlangen zu richten, um aus der Antwort irgendeinen Hinweis zu erhalten. Er warf sich also dem Fürsten zu Füßen und bat in den spärlichen Worten, deren er mächtig war, ein Schiff bauen zu dürfen. Er wußte, daß dies fast unmöglich war, da die Mexikaner nicht die geringste Kunde vom Schiffsbauwesen hatten, obwohl sie mit ihren unvollkommenen Werkzeugen aus Obsidian und Feuerstein in anderer Weise wahre Wunder zustande brachten. Aber in seiner gesteigerten Ungeduld und Pein dachte Geronimo doch bisweilen daran, mit einem, wenn auch noch so gebrechlichen Boot eine der neuspanischen Inseln zu erreichen.

«Wozu willst du ein Schiff haben, Malinche?» fragte der Fürst heiter und vertraut. Malinche war der Schmeichelname, den die Mexikaner für den düstern Fremdling erfunden hatten und den sie späterhin, freilich oft flehend und bekümmert, den spanischen Heerführern gegenüber gebrauchten. – «Um in meine Heimat zu fahren», antwortete Geronimo. – «Ein solches Schiff können wir nicht machen, das dich so weit trägt», sagte der junge Herrscher. – «Befiehl nur deinen Zimmerleuten, daß sie tun, was ich sie lehre, und das Schiff wird gebaut werden», gab Geronimo, bleich vor Erregung, zu verstehen. – «Vielleicht, wenn der Mond sich erneut», entgegnete der Fürst rätselvoll und mit seiner mädchenhaften Liebenswürdigkeit, «heute nicht, aber vielleicht, wenn der Mond sich erneut.»

Daraus entnahm Geronimo von ungefähr die Frist, die ihm verstattet war, denn der Mond stand jetzt in seinem Anfang. Er bereitete sich zu unablässiger Wachsamkeit vor, aber wer weiß, wie es ihm trotzdem ergangen wäre, wenn er nicht eines Tages, als er mit zweien der ihn bewachenden Diener durch die Gärten des Königs ging, einen Knaben aus den Klauen eines Puma errettet hätte. Das Tier war ausgebrochen und hatte den Knaben, der schon aus vielen Wunden blutete, überfallen. Mutig stürzte Geronimo hinzu, ermunterte seine Begleiter, ihre Waffen zu gebrauchen, und vertrieb den Puma durch sein Geschrei. Am andern Tag kam der Vater des Knaben, ein alter und sehr kostbar gekleideter Mann, in sein Haus, dankte ihm bewegt, sah ihn tief und lange an, neigte sich plötzlich zu seinem Ohr und flüsterte: «Wenn du ein Weib berührst, Fremdling, bist du verloren.» Nachdem der Greis den also gewarnten Geronimo verlassen hatte, gab er sich selbst den Tod, weil er das Bewußtsein nicht ertragen konnte, seinen Fürsten verraten zu haben. Einige Tage später kam ein Abgesandter des Kaziken und fragte den Geronimo im Namen seines Herrn, ob er sich nicht mit einer von den Töchtern des Landes verbinden wollte. Geronimo machte eine tiefe Verbeugung, und als Antwort schüttelte er nur ernst und verneinend den Kopf. Wenige Stunden hernach stellte sich ein zweiter Sendbote ein und verkündete, das schönste und reichste Mädchen, edelgeboren und von reinen Sitten, begehre, von ihm zum Weib genommen zu werden; der Fürst werde sicherlich erzürnt sein, wenn er diese Ehre ausschlage. Durch die offenbare Absichtlichkeit und Beharrlichkeit doppelt zur Vorsicht gemahnt, wiederholte Geronimo seine Weigerung in gleicher Form.

Als er in der nächsten Nacht vom Schlaf erwachte, war er nicht wenig erstaunt, sich in einem andern Raum zu finden, als der war, worin er sich zur Ruhe begeben. Es war ein von oben matt erhellter Saal, voll von einer bläulichen Dämmerung. Der Fußboden und die Wände waren von einem Teppich lebendiger Blumen bedeckt. Der Geruch, den diese Blumen ausströmten, hatte die eigentümliche Folge für Geronimo, daß er seine Gedanken lähmte und zugleich eine fieberische Begehrlichkeit in ihm aufregte. Die Mexikaner besaßen eine der Magie verwandte Kunst in der Vermischung der Blumendüfte, und sie brachten damit Wirkungen hervor, die sonst nur von Giften und narkotischen Getränken erzeugt werden. Auch liebten sie die Blumen über alles, und sie veranstalteten besondere Blumenfeste, wo Männer, Weiber und Kinder, mit Blumen geschmückt, in Prozessionen durch die Landschaft zogen.

Geronimo erblickte sechzehn Jünglinge, die durch das geweitete Portal schritten und sich ihm näherten. Sie trugen schöne Gegenstände in den Händen: goldgewirkte Stoffe, goldgestickte Schuhe, Waffen, die reich verziert waren, ein Gefäß voll farbiger Edelsteine, ein anderes, das mit Perlen gefüllt war, ferner wunderbare Figürchen aus Achat und aus Silber, eine goldene indianische Ähre, von breiten silbernen Blättern umgeben, und die beiden letzten stellten einen Springbrunnen vor ihn hin, der einen funkelnden Goldstrahl emporwarf, während Tiere und kleine Vögel, ebenfalls aus Gold, an seinem Rand saßen. In atemlosem Staunen betrachtete Geronimo diese Dinge, und als ihm der älteste der Schätzebringer bedeutete, daß alles ihm gehöre, sagte er sich, daß man mit solchen Herrlichkeiten eine ganze spanische Provinz reich machen könne. Dennoch verzog er keine Miene; er hielt die geballten Fäuste auf der Brust und spürte ahnungsvoll die verborgene Gefahr. Nach einer Weile erhob er die Augen und sah an der Längswand des Raumes zwölf junge Mädchen mit ebenholzschwarzen Haaren; je zu dreien gesellt, kauerten sie auf dem Boden, und ihre Hände waren in flinker Arbeit geschäftig; dabei lächelten sie, als ob ihr Tun nur auf eine Täuschung ziele. Es waren drei Korbflechterinnen, drei Kranzwinderinnen, drei Stoffwirkerinnen und drei Perlenputzerinnen. Bisweilen stand eine auf und tanzte lautlos umher, entblößte die olivenfarbene Brust, und die andern schauten mit falschem, lockendem Lächeln zu. Dann sangen sie im Chor beinahe flüsternd eine dumpfe Melodie, bei der sie im Wechsel den Namen Tochrua gellend und sehnsüchtig hinausschrien. Plötzlich schwiegen sie, die ganze Schar kauerte sich dicht zusammen und kroch wie ein einziger Körper zu seinem Lager her, und sie streckten schmeichlerisch die Arme aus, und zwölf Lippenpaare öffneten sich in einer sinnlichen Weise, und die Leiber schienen sich den Gewändern wie einer neblig trüben Flüssigkeit zu entwinden, das Fleisch leuchtete in sattem Karmin und strömte einen rosenartigen Geruch aus, und sie girrten wie die Tauben und drängten sich immer enger aneinander und fingen leise zu lachen an, als ob sie gekitzelt würden, und ihre Hände berührten ihn wie weiche kleine Tiere, da schloß er die Augen, wandte sich ab und wühlte das Gesicht in die Kissen. So wollte er bleiben, was auch kommen mochte, und da es nun ruhig ward, verfiel er in Schlaf. Als der Morgen kam, lag er wieder im Gemach seines Hauses. Er fühlte sich matt und zerschlagen und suchte der Schwäche dadurch Herr zu werden, daß er seine Gedanken hartnäckig über den Ozean in die Heimat schickte.

In der folgenden Nacht erwachte er abermals in jenem Blumensaal. Er begriff nicht, wie es zuging, und vermutete, daß sie ihm betäubende Mittel in die Speisen oder ins Wasser mischten. Während die Blumenwände gestern hauptsächlich aus blauen und weißen Blüten bestanden hatten, waren es heute dunkelrote, aus denen wie Augen vereinzelte gelbe Dolden blickten. Er vernahm ein Geräusch, ähnlich fernem Trommelwirbel, dann erschallten die hellen Klänge eines Beckens, dann aufregende Lustschreie, dann ein Gelächter, dann ein gezogener Flötenton, alles in der Finsternis, denn das Dämmerlicht von oben war erloschen. Geronimo grübelte, wie er es anstellen könnte, sich zu schützen, da wurde es hell, und fünf zierliche Mädchen traten an sein Lager. Jedes trug einen Smaragd von märchenhafter Größe und unvergleichlichem Glanz. Der erste Smaragd hatte die Form einer Schnecke, der zweite die eines Horns, der dritte stellte einen Fisch mit goldenen Augen dar, der vierte war höchst kunstvoll zu einem Reif verarbeitet, der fünfte und schönste bildete eine Schale mit goldenen Füßen. Diese fünf Edelsteine boten sie ihm kniend dar und sagten mit Zikadenstimmen: «Das schenkt dir Tochrua, und das, und das, und das, und das.» Jetzt schritt durch ihren Kreis eine in purpurne Schleier gehüllte Frauengestalt. «Tochrua!» riefen ihr die Mädchen zu, und sie grüßte die Knienden mit einer bezaubernden Stimme voll Metall und an den Endungen der Worte austönend wie in einem Schluchzen. Um den Hals und um die Brüste hatte sie Perlenketten geschlungen, die durch den Flor schimmerten, und sie kam nahe heran und sagte zu Geronimo: «Malinche, nimm mich zu dir.» Geronimo verstand es wohl, aber er antwortete nicht, auch regte er sich nicht. Sie breitete die Arme aus, und die Mädchen zogen ihr liebkosend den Schleier vom Haupt, da gewahrte Geronimo, daß sie schön war wie ein Wunder, rot wie Zedernholz die Haut, die Augen schwermütig flehend, der Mund wie ein aufgeschnittener Pfirsich. «Malinche, nimm mich zu dir», sagte sie und immer wieder, in immer neuer Musik der Stimme.

Geronimo kehrte sich erbleichend hinweg, doch jetzt drang dumpfer Gesang von allen Seiten, von unten, von oben an sein Ohr. Er suchte sich abzulenken mit Bildern, die ihm seine Wünsche vorgaukelten, mit den Bildern seiner Heimkehr und seines endlichen Triumphes, aber vergeblich kämpfte der gebundene Wille gegen das Blutfieber.

Das wieder abnehmende Licht des Raumes zeigte ihm Tochrua als einen Schatten, jede ihrer langsamen Gebärden erweckte eine quälende Neugier in ihm, und fast verlor er unter den rätselhaften Lauten, die aus der Dunkelheit drangen, Erinnerung und Besinnung. Der Morgen fand ihn auf seinem gewöhnlichen Lager erschöpft, beunruhigt und traurig. Faul schlich der Tag dahin, niemand besuchte ihn, schweigend eilten die Diener durch das Haus, Markt- und Straßenlärm erstickten auf der Schwelle, stets glaubte er Tochruas Augen auf sich geheftet, und ein Verlangen, das von Angst begleitet war, brannte unstillbar in seiner Brust. Als es Abend wurde, kam ein weißhaariger, magerer und finsterer Priester in sein Gemach, starrte ihm eine Weile forschend ins Gesicht und sagte: «Merk auf, Fremdling! Tochrua muß sterben, wenn du sie verschmähst.» Damit entfernte er sich und überließ Geronimo seiner Bestürzung.

In der folgenden und in der zweitfolgenden Nacht geschah nichts. Geronimo wurde dessen nicht froh, er erkannte die tiefe List darin, und seine Ohnmacht verurteilte ihn zur Geduld. In der dritten Nacht erwachte er unter einer hochgewölbten Kuppel, und sein erster Blick fiel auf ein Liebespaar, das ganz oben zu schweben schien und sich umschlungen hielt. Die Kuppel stand auf Säulen in einem von blauen Flämmchen geisterhaft erleuchteten Garten, von dem man nur schwarze Laubmauern sah, und im Laub drinnen kauerten weiße stille Vögel, während auf den Wegen kupferfarbene Schlangen krochen oder auch stille dalagen. Geronimo gewahrte eine Frauenschulter, ein herauf- und hinabtauchendes Gesicht, das gleichsam mitten aus einer Verzückung geflohen war, dann nackte flüchtige Körper, die vorüberwirbelten wie Fackeln. Nichts mehr als dies, und es war eine stundenlang dauernde Pein. Seine Adern glühten, eine seltsame Vergessenheit überfiel ihn, er wünschte, daß Tochrua käme, rings um sein Lager häuften unsichtbare Hände Reichtümer über Reichtümer, die Luft war voll von Seufzern, aus der Tiefe streckten sich zahllose Arme nach ihm, Tänzerinnen schwebten mit schwalbenhaftem Zwitschern vorbei, Jünglinge huschten um die lautlos sich Ergebenden, und die Ungreifbarkeit und schwüle Hast des ganzen Treibens versetzte Geronimo in feurigen Schrecken. Es fruchtete nicht, daß er die Lider zudrückte, er spürte die Gestalten durch die Haut, er atmete den verführenden Dunst, ihre Tritte raschelten, ihre Gewänder knisterten, auch ertönten karge Saiteninstrumente, seine Fantasie kam der Wirklichkeit zuvor, er zitterte vor Grauen und Begier, und so schaute er denn.

Da war ein Kranz zuckender Figuren, Haupt an Haupt, Lende an Lende, ungenügendes Licht machte sie wesenloser, und auf einmal erschien vor den hold Zurückweichenden Tochrua gewandlos und marmorhaft. Geronimo richtete sich empor; es war, als ob nichts mehr ihn verhindern könne, die herrliche Gestalt an sich zu reißen, doch wunderlich, ihr Antlitz war ernst und betrübt; ein aufrichtiges Gefühl und edle Teilnahme war in ihren Mienen und verkündeten dem erlahmenden Geronimo das nicht abwendbare Verhängnis: Tod für ihn, wenn er sie nahm, Tod für sie, wenn er sie ließ. Da wurde er in letztem Zusammenraffen der Gefahr inne, schlug die Hände vors Gesicht, sank aufs Lager zurück und verblieb regungslos. Als die Nacht zu Ende ging und er noch einmal mit erleichtertem Sinn zu schauen sich entschloß, wandelte ein Zug von Mädchen und Knaben in weißen Gewändern, weiße Blumen in den Haaren, durch den Raum. Nicht zu mißkennen, daß es ein Trauergeleite war, auch sangen sie eine Weise, die einem Totenlied ähnelte, und klagende Stimmen riefen: «O Malinche! O Malinche!»

Der unglückliche Geronimo sah sich dem Grenzenlosen preisgegeben, und der aufgereizte Zustand seines Innern verwandelte sich in eisige Erstarrung, als sie in der nächsten Nacht, diesmal hatten sie ihn in seinem Haus gelassen, den Leichnam der schönen Tochrua hereintrugen. Ein Sklave hielt auf einer Schüssel aus blauem Stein Tochruas Herz, das noch zu schlagen schien, und frisch leuchtete das Blut auf dem glänzenden Mineral. Kaum gespürte Tränen flossen über Geronimos Wangen, und es war ihm, als ob alle Triebe seines leidenschaftlichen Willens plötzlich gebrochen wären. Jede Wollust schwand aus seiner Brust, auch die Wollust des Ehrgeizes, und er empfand Gleichgültigkeit gegen alles, was ihm bisher erstrebenswert geschienen. Es kam ihm vor, als sei er nur ein Ding, fern vom Leben und vom Tod. Es wurde ihm bewußt, daß er durch die vergangenen Tage und Jahre wie ein Mensch ohne Seele gerast war und daß er nichts auf der Welt besessen, weil er nichts auf der Welt geliebt. Und welche Künste sie von nun ab ersannen, ob ihre biegsamen Körper durch den duftenden Opalschatten des Gemachs schwammen wie Fische in lauer Flut, ob sie lautlos oder singend ihre elfenhaft lockenden Tänze ausführten, es erregte mitnichten seine Begierde, weil der Tod sich in das beziehungsvolle Spiel gemengt und auch deshalb, weil sie alle so lieblich waren, Männer und Frauen, und das reine Wohlgefallen den Brand der Sinne auslöschte.

In einer Nacht weckten ihn Jünglinge und führten ihn ins Freie. Alsbald stand er am Fuß eines Treppenturmes, dessen breit ansteigende Stufen sich erst im dunklen Äther zu verlieren schienen. Geronimo stieg hinan, und wie er so die balsamische Nacht mit sich in die Höhe trug und sein befreites Auge weitum schweifen ließ, da hatte er das Gefühl, von einer schweren Krankheit genesen zu sein, und das berückende Schauspiel, das sich ihm bot, verwandelte vollends sein Herz.

Nun müßt ihr euch eine mexikanische Nacht vorstellen: einen Himmel von überwältigender Sternenpracht, den Horizont beglüht vom Feuer der Vulkane, in geahnter

Nähe das Meer, Palmen, aus der Dunkelheit strebend, den blaugrünen Schimmer des Kaktusgestrüpps, Feuerfliegen und Feuerkäfer durch die Zweige des Mangodickichts schwirrend, aus den Wäldern die Stimmen kreischender Vögel, das heisere Kläffen des Tukans, den Schrei des Baumpanthers und von den Tiefen des Selvas Töne kommend, die selbst den Eingeborenen fremdartig klingen. Als ihm auf der Plattform des Turmes vor einem Tempel zwei Priester entgegentraten und sich vor ihm, zum Zeichen, daß er die Probe bestanden, zur Erde beugten, da war es unumstößlicher Beschluß in Geronimo, nichts zu unternehmen, was den Europäern Kunde von diesem Land geben konnte.

Wer durfte ihn zur Rechenschaft fordern? In der Heimat mußte man glauben, daß ihn das Meer verschlungen habe, und Jahrzehnte, Jahrhunderte mochte es dauern, so dachte er, bis ein anderer Seefahrer an diese Küste verschlagen wurde. Wie sonderbar! Einer entdeckt ein neues Land und faßt den Plan, seine Entdeckung zu verheimlichen, als ob es sich um einen Gegenstand handle, den man im Schrank verschließen kann. Geronimo glich einem Mann, der, zur Ehe mit einer ungeliebten Frau gezwungen, plötzlich Vorzüge des Geistes und des Körpers an ihr findet, die ihn veranlassen, eine geheimnisvolle Abgeschiedenheit mit ihr aufzusuchen, um sein unerwartetes Glück eifersüchtig zu verbergen. Nun liebte er diese blühende Erde, diesen indigoblauen Himmel mit einer nie gekannten Inbrunst; er liebte die Berge, die aus gelbem Marmor gebaut schienen, die undurchdringlichen Urwälder, den Bananenbaum, den Heuschreckenbaum, den Armadill, das Jaguarrohr, das über vierzig Fuß hoch wächst, und die Lianen, die ihre Ranken von Wipfel zu Wipfel schlingen. Die Unschuld der Eingeborenen rührte ihn um so tiefer, wenn er sie mit der Lasterhaftigkeit seiner Landsleute verglich, ihr anmutiges Schreiten, ihre Freundlichkeit und all das

Triebhafte, das zwischen Tier und Engel ist, mit der stolzen Verdrossenheit und zweckbeladenen Schwere, die er in der Heimat gewohnt war zu sehen. Er erinnerte sich der Unbill, die er von Jugend auf in einem durch Neid, Ohnmacht und Haß verschlungenen Gewebe der Existenzen hatte ertragen müssen; und daß er dorthin hatte zurückkehren wollen, wo eine wunderlose Zeit und Natur ihre Geschöpfe aus Krampf und Fieber zeugte und zu unbeseeltem Halbleben verdammte, dünkte ihn kaum noch begreiflich.

Der Fürst und seine Edlen, die nun die göttliche Art des Fremdlings nicht mehr bezweifelten, überhäuften ihn mit Geschenken, und Geronimo hinwiederum zeigte sich durch sinnreiche Ratschläge und allerlei Unterweisungen des Rufes würdig, den er als eine ungewöhnliche Erscheinung unter ihnen genoß. So vergingen Monate und Jahre, in denen Geronimo fast jedes Andenken an sein früheres Leben austilgte, als eines Tages das Gerücht eintraf, es seien an einem fernen Punkt der Küste viele große Schiffe gelandet, und Männer mit feuerspeienden Waffen, auf grauenhaften Untieren sitzend, zögen der Hauptstadt des Kaisers zu. Geronimo erschrak, und eine tiefe Traurigkeit bemächtigte sich seiner. Er beschwor den Kaziken, ein Heer auszurüsten und die Eindringlinge zu bekämpfen. «Ich danke dir für deinen Rat, Malinche», sagte der Fürst, «aber nun künde uns doch, ob diese Fremden deine Brüder, ob sie gleichfalls Söhne der Sonne sind und was es für Tiere sein mögen, mit denen sie verwachsen scheinen.»

Den Mexikanern waren nämlich die Pferde unbekannt, und besonders die Reiter darauf erregten ihr Entsetzen. Geronimo beruhigte sie nach Kräften, aber es war ihm klar bewußt, daß sie allesamt Verlorene waren, diese lieblichen, ängstlichen und abergläubischen Kinder, die bis jetzt in einer Verborgenheit gewohnt, welche der Gartenheimat des Menschengeschlechts glich. Acht Tage später überschritt er mit dem Heer des Kaziken den Gebirgshochpaß, der sie noch von dem Tal trennte, in dem die Spanier lagerten. Inzwischen hatte der Anführer der kleinen spanischen Schar, Don Fernando Cortez, von einigen Mexikanern, die seine Bundesgenossen waren, die Nachricht erhalten, daß einer seiner Landsleute bei dem Kaziken weilte, ob als ein Gefangener oder als Gast konnte er der Mitteilung nicht entnehmen. Er sandte Botschaft und ließ dem Fürsten ein Lösegeld bieten. Da sagte Geronimo zu seinen Freunden, sie möchten ihn ziehen lassen, er wolle die Spanier in ihre Gewalt geben. Im spanischen Lager angelangt, wurde er vor das Zelt des Fernando Cortez gebracht, und dieser selbst trat auf ihn zu, ein mächtig anzuschauender Mann, blond von Haar und Bart und mit Augen, in denen jeder begegnende Blick zerbrach. Geronimo war erschüttert, sich wieder bei den Seinen zu finden, und der Anblick der stolzen und trotzigen Erscheinung ihm gegenüber benahm ihm den Mut. Er wußte nicht, wie ihm geschah, plötzlich beugte er sich in seinem mexikanischen Kleid nieder und begrüßte seinen Landsmann so, wie es die mit ihm gekommenen Eingeborenen taten, indem er mit der Hand den Erdboden und darnach die Stirn berührte. Hierauf wandte er sich ab und weinte. Cortez umarmte ihn huldvoll, viele von den Rittern sprachen ihm kameradschaftlich zu, aber was sein eigentliches Herzleid ausmachte, konnten sie natürlich nicht wissen; für einen Zwiespalt wie den in seiner Brust gab es keine Heilung mehr.

Da er die Muttersprache fast vergessen hatte, vermochte er seine merkwürdigen Erlebnisse anfangs nur stockend zu berichten. Um nicht das Ziel des Neides zu werden, schenkte er den neuen Gefährten vieles von seinen mitgebrachten Reichtümern, indessen stachelte er damit doch nur ihre Habsucht an, auch Cortez sagte sich wohl: Wo Datteln verschenkt werden, sind die Palmen nicht weit. Deshalb lieh er den Einflüsterungen Geronimos ein williges Ohr und zog mit seiner Mannschaft über das Gebirge.

Nun war er nebst allem andern ein Meister des listigen Wortes und der umgarnenden Rede, und während er erwog, wie er das Heer des Kaziken, das ihm den Weg nach der Hauptstadt verlegte, unschädlich machen könnte, wußte er unter der Maske des Wohlwollens für den jungen Fürsten Geronimo dahin zu beschwatzen, daß dieser sich bereit erklärte, den Kaziken bei Zusicherung freien Geleites und ehrenvollen Empfangs in das spanische Lager zu führen. Geronimo ließ sich täuschen. Er schmeichelte sich mit der Hoffnung, daß Cortez, wenn er die Feinde in ihrer Übermacht erblickte, der Vernunft gehorchen und umkehren würde und daß ihm selbst die Verschuldung eines Blutbades und mörderischen Anschlags am Ende erspart blieb. So ging er also zu den Mexikanern, und seinem beteuernden Zuspruch, wobei er die eigene Person als Geisel anbot, gelang es, den zögernden Fürsten von der Gefahrlosigkeit und Nützlichkeit eines solchen Schrittes zu überzeugen. Kaum jedoch war der Fürst bei den Spaniern, so enthüllte sich der Betrug. Sein Zelt wurde mit Wachen umgeben, und niemand durfte ihm nahen außer Cortez und Geronimo, der bei den Gesprächen als Dolmetscher dienen mußte. Aufs äußerste bestürzt, konnte sich Geronimo nicht entschließen, an so viel Heimtücke zu glauben, auch versicherte ihm Cortez immer wieder, daß es nur eine einschüchternde Maßregel sei, um die Barbaren im Zaum zu halten. In der Tat wagten die Mexikaner nichts zu unternehmen, solange ihr Herr in der Gewalt des Spaniers war.

Eines Abends zu später Stunde ging Geronimo heimlich in das Zelt des Kaziken, den er wie einen Bruder liebte. Der junge Fürst kauerte auf dem Boden; seit zwei Tagen aß und sprach er nicht mehr, und als ihn Geronimo ermuntern wollte, schaute er ihn nur kummervoll an wie ein Reh, wenn der Winter kommt. «Rede doch, Malinche, deinem Gebieter zu, daß er mir die Freiheit gibt», sagte er endlich, «ich will ihm alle Schätze meines Palastes dafür ausliefern.» Trotz der vorgerückten Stunde suchte Geronimo noch den Befehlshaber auf und fand ihn zu seinem Erstaunen völlig geharnischt und zur Schlacht gerüstet. Er teilte ihm die Worte des Gefangenen mit und flehte dringlich, Cortez möge den Fürsten entlassen. «Eine solche Bitte ist ein Verrat an Ihrem Vaterland, Don Aguilar», erwiderte Cortez hart. Da schwieg Geronimo betroffen. Verräter hier, Verräter dort; kein Ausweg. So war er denn verloren und verdammt. Zum zweiten Mal ging er in das Zelt des Kaziken und warf sich vor ihm nieder. Der unglückliche Fürst wußte nun genug. «Sieh, Malinche», sagte er sanft und düster, indem er sein Kleid auftat und seine nackte Haut sehen ließ, «ich bin doch nur ein Mensch, was könntet ihr billig verlangen, ihr Göttlichen, von uns, die wir bloß Menschen sind?»

In diesem Augenblick erscholl die spanische Schlachttrompete; Geronimo eilte hinaus, schon waren die Ritter hingestürmt gegen das aztekische Lager. Auf eine nächtliche Überrumpelung nicht gefaßt und durch das Schnauben, Wiehern und Galoppieren der Pferde in den ungeheuersten Schrecken versetzt, flohen die Mexikaner ordnungslos und wurden von den Verfolgern zu Tausenden niedergemacht. Als Geronimo zur Walstatt kam, war alles schon entschieden, und die Ritter sammelten auf, was sie an Gold und Kleinodien erraffen konnten. Die Erde troff von Blut, die Leichen der Erschlagenen waren nur so ineinandergewühlt, und Geronimo, von einem leidenschaftlichen Gram überwältigt, verwünschte sich und sein ganzes Leben. Als er aber ins spanische Lager zurückkehrte und das Zelt des gefangenen Fürsten betrat, da lag dieser tot auf einem Teppich hingebreitet; ein langer Dolch hatte sein Herz durchbohrt.

Cortez stellte sich sehr erzürnt über diese Tat, doch Geronimo durchschaute die Heuchelei, und vor Schmerz zitternd, warf er ihm einen Blick zu, vor dem sich selbst dieser Eherne verfärbte. Er fing an, dem Geronimo zu mißtrauen, und hätte ihn gern aus seiner Nähe entfernt. Nun erfuhr Geronimo, daß Cortez den Plan hegte, Leute nach Westen zu senden, die in möglichster Heimlichkeit und Stille das Land durchziehen sollten, um das Ufer des jenseitigen Meeres zu suchen, von dem ihm dunkle Kunde geworden war. Geronimo machte sich erbötig, die schwierige Aufgabe durchzuführen, Cortez ging mit Freuden auf seinen Vorschlag ein und bestimmte drei Söldner zu seiner Begleitung. Am Tag vor seiner Abreise verteilte Geronimo alles, was er noch an Schätzen besaß, unter seine Kameraden. Einem gewissen Pedro de Alvarez aber, einem ritterlichen Mann, vertraute er einen Edelstein im Wert von mehr als zwanzigtausend Pesetas an und sprach: «Wenn Ihr nach Spanien kommt, so gebt dies Kleinod dem Grafen Callinjos in Cordova. Sagt ihm, daß er keinen Undankbaren gewählt hat. Sagt ihm, daß ich kein Verräter bin, wie unser Führer argwöhnt. Sagt ihm, daß ich dieses wunderbare Land als erster Spanier betreten habe, aber daß ich auf den Ruhm verzichte, der eine solche Tat sonst krönt. Ja, ich verachte den Ruhm, da er nichts weiter ist als die Einbildung und Qual eines lieblosen Herzens.»

Diese Botschaft gelangte nicht an ihr Ziel. Don Alvarez fand in den Kämpfen der sogenannten traurigen Nacht den Tod, und der Graf Callinjos lag längst unter der Erde. Indessen zog Geronimo mit seinen Begleitern unverdrossen durch das Land nach Westen, über Bäche, Flüsse und Gebirge. Sie wanderten nur des Nachts und schliefen bei Tag an schwer zugänglichen Orten. Geronimo war stets schweigsam, und die Soldaten begannen ihn dieser Schweigsamkeit wegen und weil er auf keinen ihrer rohen Scherze, keine ihrer Prahlereien und Lügen einging, zu hassen, so wie sie ihrerseits ihm so tief verächtlich wurden, daß er sich weit fort von ihnen wünschte. Ihre Gesichter, Worte und Gebärden erweckten ihm Ekel und Widerwillen, die andachtslose, augenlose Art, wie sie durch die zauberischen Gegenden schritten, umdüsterte sein Gemüt. Als sie nun nach vielen Wochen an die Küste eines neuen, ungeheuren Meeres kamen, da faßte Geronimo einen seltsamen Entschluß, den er mit großer Vorsicht ausführte. Gegen Abend, als seine Gefährten noch schliefen, stand er heimlich auf, ging ans Meeresufer, wo eine Siedlung von Fischern war, löste ein Kanu los, belud es mit einem wassergefüllten Kürbis und einem Säckchen voll Datteln, stieg hinein, schlug das brandende Wasser kräftig mit den Rudern und fuhr hinaus.

Als die drei Spanier erwachten, sahen sie, daß er fort war. Während sie sich noch verwunderten, gewahrte einer das Boot, das höchstens eine Meile entfernt war und auf den von der untergehenden Sonne geröteten Wellen tanzte. Sie eilten an den Rand des Wassers und riefen, so laut sie konnten. «Geronimo», riefen sie wohl ein dutzendmal, «Geronimo!» Er hörte nicht und antwortete nicht. Bald wurde es dunkel, und sie fragten einander mürrisch und bestürzt: «Was mag das sein? Wohin mag er steuern?»

Ja, wohin mochte er steuern? Nach einem andern unentdeckten Land? Nach einer glücklichen Insel? Oder nur ziellos in die Nacht und ins Unbekannte? Er fuhr gegen Westen, der Sonne nach, ganz allein auf dem einsamen Ozean. Wie lange und wie weit er gefahren ist, das weiß niemand.

Sturreganz

Die Bedrängnis

Es gab in der Zeit zwischen dem Siebenjährigen und dem bayrischen Erbfolge- oder Kartoffel-Krieg einen souveränen deutschen Herrn, der nach einer etwa zwanzigjährigen Regierung die nicht eben geringe, aber immerhin noch erträgliche Schuldenlast, die er von seinem Vorfahr übernommen, derart in die Höhe gebracht hatte (während sonst alles jämmerlich bergab ging), daß ihm schließlich kein ruhiger Tag und keine freundliche Stunde mehr beschieden war.

Dieser unglückselige Fürst war der Markgraf Alexander von Ansbach und Bayreuth, aus uraltem Geschlecht, wie man weiß, in der Blüte des Mannesalters, stattlich, gesund, in kinderloser Ehe vermählt mit einer Koburgerin, einem beklagenswerten Weib nebenbei, und Geliebter der ebenso großartigen als kostspieligen Damen Lady Craven und Mademoiselle Hyppolite Clairon.

Sachverständige sind der Meinung, daß vier Millionen siebenmalhunderttausend Taler für jene Zeit eine gewaltige Summe vorstellten, und bis zu dieser furchteinflößenden Ziffer war das Schuldenthermometer nach und nach gestiegen. Das lawinenhafte Anschwellen zu stauen, sahen auch die geriebensten Köpfe keinen Weg, und alle Arten von Finanzoperationen bewiesen bloß, daß der Hydra immer neue Köpfe wuchsen. Zu dem einfachen Mittel, den Haus- und Hofhalt zu beschränken und in der Verwaltung zu sparen, hätte nur ein Ignorant raten können, der nicht in Betracht zog, daß die Verschwender und Bankrottierer sich dadurch über Wasser halten, daß sie ihre Schulden mit ihren Schulden zahlen und daß ein glänzendes Firmenschild die Dummen und Gierigen noch anlockt, auch wenn der Kassenschrank so leer ist wie ein Bethaus um Mitternacht.

Wer hätte es auch wagen dürfen und wem wäre es in den Sinn gekommen, einem von seiner göttlichen Erwähltheit und seinen geheiligten Machtbefugnissen durchdrungenen Dynasten zu einer Verminderung des Etats und bescheidenerer Führung zuzureden? Das wäre vermessenstes Rebellentum gewesen, beispiellos und strafwürdig. Wie dem wracken Schiff der irdischen Regierung zu helfen sei, das ausfindig zu machen, mußte man in Demut der himmlischen Regierung überlassen und hatte nur dafür zu sorgen, daß der Untertan ohne aufzumucken seine Pflicht tue und seine Steuern entrichte.

Die Kanzlei- und Geheimen Räte grübelten und meditierten daher vergeblich über den heiklen Punkt. Worauf war zu verzichten? Was hätte abgeschafft werden sollen? Der Markgraf war leidenschaftlicher Jäger. Namentlich stand die ansbachische Falknerei von alters her in hohem Ansehen, und für die standesgemäße und sonach äußerst zu respektierende Passion des Fürsten wurden besoldet: ein Obristfalkenmeister, zwei Falkenjunker, ein Falkenpage, ein Falkensekretär, ein Falkenkanzellist, ein Reihermeister, ein Krähenmeister, ein Milanenmeister, vier Meisterknechte, vierzehn Falkonierknechte, zwei Reiherwärter und siebzehn Falkenjungen. Diese waren notwendig, man sage nichts; jeder hatte sein Amt, seine Obliegenheiten, seine Sporteln, seine zu Recht bestehenden Zulagen, und auf

Abzug oder Wandlung zu dringen hieß sich verdienter Ungnade aussetzen. Keine Möglichkeit.

Dann war da der Hof mit einhundertfünf Kammerherren, zwanzig Hofjunkern, zwanzig Kammerjunkern, zwölf unbetitelten Kammerdienern und fünf betitelten; mit hundertzwölf Husaren, denen ein Generalleutnant vorstand, zweihundert Gardes du Corps, denen ebenfalls ein Generalleutnant vorstand, einem Generalmajor, Generaladjutanten, Obristen, Obristleutnant, von den Kapitänen und niedrigen Chargen zu schweigen, und außerdem noch fünfhundert Mann Infanterie, junge, hübsche, gut exerzierte, wohl angezogene Leute, für die sogar am obern Tor eine eigene Kaserne gebaut war. Sollte man sie für entbehrlich erklären? Soldaten entbehrlich, Alpha und Omega der Repräsentation, der Ligitimität, der Hoch- und Ebenbürtigkeit, der diplomatischen und politischen Aktionsfreiheit? Es wäre Landesverrat gewesen, Frevel am Ehrwürdigsten, Gefährdung des Staates, Entfesselung dämonischer Kräfte, die im Dunkeln schliefen.

Dann war da das Theater mit Komödianten und Komödiantinnen, Sängern und Sängerinnen, Tänzern und Tänzerinnen, mit Musikdirektor, Kapellmeister, Konzertmeister, Aufwärtern, Logenschließern, Inspektoren, Zettelanklebern. Dann war da der Tiergarten, der allerdings an exotischen Bestien bloß zwei altersschwache Affen, ein melancholisches Känguruh und ein lahmgeschossenes Zebra beherbergte, sonst aber an Seltsamkeiten einen Hirsch mit zusammengewachsenen Geweihenden, eine Sau mit fünf Beinen und eine Natter mit zwei Schwänzen aufwies; ferner die Stuterei mit fünfhundert Pferden, die Ställe mit gehauenen Steinen ausgelegt, Krippen und Geräte aus Metall, blitzblank alles, wie kaum eine menschliche Behausung im Lande.

Nicht eine Uniform, nicht ein Roß, kein Türhüter, kein Koch, kein Gärtner, kein Läufer, kein Kutscher war zu missen. Das Zeremoniell forderte einen jeden zu seiner Zeit, die allerhöchste Notdurft mußte zu jeder Frist des Geringsten versichert sein. Für jeden waren Wohnung, Kleidung, Nahrung und die seinem Rang angemessenen Diäten zu beschaffen. Die Einkünfte des Landes reichten nicht hin; die bei Nürnberger und Frankfurter Juden aufgenommenen Darlehen reichten nicht hin. Anleihegesuche bei benachbarten, befreundeten, verschwägerten Herren hatten keinen Erfolg mehr. Den Rechnungsräten stand der Verstand still. Sie wurden von Gläubigern bedrängt. Es kamen Sendschreiben von Advokaten, Wucherern, Lieferanten; Mahnungen der Gemeinden um zugesagte Unterstützung, Invalidengelder, Beamtengehälter. Die Bürgermeister wurden vorstellig. Die Landgendarmen liefen auf Stiefeln ohne Sohlen. Schäden an öffentlichen Gebäuden konnten nicht behoben werden. Das im Umlauf befindliche Münzgeld wurde in beängstigender Weise spärlich. Die markgräfliche Auszahlungskanzlei blieb den größten Teil der Woche über geschlossen; nur am Montag- und Donnerstagvormittag sah man einige besorgt aussehende Funktionäre verstohlen hinter den eisernen Fenstergittern huschen.

Von den verantwortlichen Würdenträgern getraute sich nur selten einer, dem Markgrafen ungeschminkten Bericht zu geben. Sie schickten ihre Akten, sie schickten ihre Listen: verzweifelte Gegenüberstellungen von Soll und Haben. Der Markgraf saß davor und studierte sie. Er seufzte und hatte ein gewichtiges Kopfnicken; oder die Stirnadern schwollen, und in seiner Kehle entstand ein grimmiges Gurgeln, wie wenn ein Vulkan unterirdisch grollt. Bisweilen ließ er den Hofrat Schlemmerbach holen und beehrte ihn mit dem Anblick eines hochfürstlichen Wutanfalls. Schlemmerbach nagte bleich an seiner Lippe und wartete, bis ihm der obligate Fußtritt verabreicht wurde, eine gnädige Vertraulichkeit, die aber weder ihm noch dem Lande aus der Klemme half.

Der Markgraf sagte, er sei von Einfaltspinseln und Lotterbuben umgeben. Er war kein Menschenhasser, im Gegenteil; er huldigte in seinen Ideen der damals üblichen Philanthropie, die ihm nicht erlaubt hätte, von der Menschheit im allgemeinen anders als in Ausdrücken der Andacht und Rührung zu sprechen, doch was die einzelnen betraf, die Alltäglichen, das klebrige Gewürm, den Soundso und Soundso, den Justizamtmann und den Hofjuwelier, den Kommerzdirektor und den Leibmedikus, den Superintendenten und den Kreiskommissarius, mit denen war es ein Elend und ein Unsegen, und wenn sie ihm bloß vor Augen kamen, verzog sich schon ekelnd sein Mund.

Es mußte Rat geschaffen werden. Unnütz, von nicht entdeckten Goldbergwerken zu träumen, von Wünschelruten und vom Stein der Weisen. Unnütz, mit verfinstertem Gemüt durch die hohen Säle zu schreiten. Unnütz das Denken und Murren, die Drangsal mußte ein Ende haben. Seht zu, ihr Schranzen und Schleppenhalter!

Was zur Abhilfe geschah

Es wurde zunächst unter lärmenden Verkündigungen das genuesische Lotto eingeführt. Bewährtes Schröpfmittel anderswo, hier versagte es. Erstens war die allgemeine Verarmung zu weit fortgeschritten, zweitens war das Mißtrauen zu groß. Kam hinzu, daß der Hauptprämieneinnehmer eines Tages mit dem Monatserlös, einer erheblichen Summe, auf Nimmerwiedersehen verschwand.

Sonach ward im Staatsrat beschlossen, die Grafschaft Sayn-Altenkirchen zu verpachten. Dem Pächter sollte verstattet werden, ein Stück des dazugehörigen Westerwaldes zu schlagen. Nach umständlichen Verhandlungen wurde das Projekt durchgeführt. Fünfzigtausend rheinische Gulden: eine Maus im Magen eines Mastodonts.

Hierauf wurde veräußert: das Gut Ringstetten im Tauberkreis; Schloß Billingen bei Weißenburg samt Gärten, Äckern, Wiesen; ein halbes Dutzend Höfe im Mainkreis; das Fischereiprivileg in der Rezat; das Jagdrecht im Altmühlgrund: Brocken, um einen gähnenden Schlund zu stopfen.

Herr Stein zu Altenstein, Hofmarschall, riet untertänigst zur Verauktionierung einiger der wertvollen Gemälde im Schloß. Besaß man doch die Medea des Vanloo; bewundertes Meisterwerk. Den blutigen Dolch in der Hand, den Blick voll Wut und Verzweiflung, mit dem feuerspeienden Ungeheuer hinter dem von Drachen gezogenen Wagen, hing sie im Schlafzimmer des Markgrafen, seltsames Ergötzen für die hohe Siesta, entschuldbar vielleicht durch eine gewisse Ähnlichkeit zwischen dieser Medea und der zu allen Tageszeiten tragisch gestimmten Mademoiselle Clairon, von Schmeichlern ausfindig und zum Gegenstand scharmanter Huldigungen gemacht. Man besaß schöne Stücke von Salvatore Rosa und den berühmten Zentauren aus Bronze, Geschenk des weiland Königs von Polen.

Zu diesem Vorschlag schüttelte der Markgraf finster den Kopf. Abgesehen davon, daß man Kunstwerke nicht ohne Schmälerung des fürstlichen Ansehens unter den Hammer bringen konnte, waren es Embleme, farbige Tapeten des auserlesenen Daseins, Bestätigung sublimer Führung, Ahnengut. Herr Stein zu Altenstein wurde bei den Einladungen zum nächsten Galadiner übergangen.

Minder glimpfliche Behandlung erfuhr der Rat des Herrn von Seckendorf, Landoberjägermeisters; er deutete an, wenn Ihre Gnaden Lady Craven sich großmütig bereit fände, einen Teil ihres kostbaren, aus dem markgräflichen Schatz ihr zugewandten Schmucks für das Wohl des Staates zu opfern, könne man davon erklecklichen Zufluß in den leeren Säckel erhoffen. Trauriges Gefasel; der Markgraf brauste auf. Herr von Bibra, Obristhofmeister, und

Marchese Pescanelli, die Günstlinge der Lady, konnten ihre Entrüstung nicht unterdrücken. Der Landoberjägermeister wurde für sechs Monate vom Hof verbannt.

Nun schritt man in der Verzweiflung dazu, neue Abgaben auszuschreiben. Den Mut zu Einwänden hatte niemand, obwohl es klar am Tage lag, daß das Volk schon die alten nicht mehr tragen konnte; ohnehin stockte die Arbeit; wollte der Landmann leben, nur kärglich leben, so mußte er jeden Fleck des Bodens nutzen, in aufreibender Fron der ermatteten Erde ihr Letztes abringen; Salz, Zukker, Gewürz, alles fremde Produkt, alle einheimische Hervorbringung, mobiles und immobiles Eigentum waren über das Erdenkliche und Vernünftige hinaus besteuert und belastet. Die blutpresserische Daumenschraube tat schließlich auch nur die Wirkung, daß die Amtsschreiber für den Verbrauch von Tinte und Papier und die Gerichtsvollzieher für ihre Henkergänge mehr aufrechneten, als mancher Gewerbetreibende von Rechts wegen zu zahlen hatte.

In dieser Not wurde der Marchese Pescanelli zum Retter.

Fragt nicht nach Wiege und Heimat des Mannes. Sie waren unerforschlich. Lästermäuler und Neidlinge nannten ihn einen dunklen Quidam, in die Welt gesetzt von einem noch dunkleren und geadelt vom Heiligen Geist. Doch hatte er die Strahlen der Gunstsonne auf sich zu lenken gewußt, und das Mittel hierzu war so simpel wie erprobt: Er war niemals anderer Meinung als irgendein im Rang über ihm Stehender, und den ununterbrochenen Feuereifer der Zustimmung und Bekräftigung gegen die Allvermögenden kann man sich daher leicht vorstellen. Er war der Jasager des Markgrafen, er war der Jasager der Lady; er hatte einen ganzen Schwanz von unbedeutenderen Jasagern um sich gebildet und war sozusagen deren ermächtigte Zunge. Als Anerkennung für verschwiegene Dienste hatte ihm der Markgraf die oberste Leitung des Balletts übertragen, ein seinen Talenten angemessenes Amt, in welchem er durch die ingeniösesten Reformen den Beifall seines Herrn erwarb. So hatte er unter anderm eine Drill- und Zuchtanstalt für Tanzelevinnen begründet, eine durchtriebene Sache. Es wurden darin elternlose junge Mädchen und solche, deren sich die Erzeuger gegen das Versprechen dauernder Versorgung entledigen wollten, bis zum kindlichen Alter herab aufgenommen und für das spätere Vergnügen des Fürsten erzogen. Nicht bloß für das Vergnügen seiner Augen. Der weitblickende Marchese sagte sich, daß auch die bezauberndsten ausländischen Favoritinnen mit den Jahren Rost ansetzen und daß eine billige Venus aus Wunsiedel oder Gunzenhausen einer anspruchsvollen und runzlig werdenden aus Großbritannien am Ende vorzuziehen sei.

Eines Morgens ließ sich der Marchese beim Markgrafen zur Audienz melden, und nachdem er vor den Herrn beschieden war, sprach er in heiterer Bescheidenheit ungefähr wie folgt. Der Sorgenalp quäle den Erlauchten allzu sichtlich; die erhabene Stirn sei umschattet, das Herz des treuen Dieners bewegt. Seine Gnaden verkaufe Schlösser, Wälder, Flüsse, Land, Jahrhunderterbe, um den väterlichen Pflichten gegen ihre Völker zu genügen; sie werde keinerlei Dank dafür ernten. Weshalb wolle Seine Gnaden nicht Menschen verkaufen? Schlösser, Wälder, Flüsse, Land seien unersetzlich; unwiederbringlich Mühlen, Sägewerke, Fischteiche, Steinbrüche. Menschen hingegen gebe es im Überfluß; wäre es nicht an dem, so hätte Seine Gnaden mindere Mühe und Last; sie vermehrten sich ohne Zutun, was man von keinem andern Besitz behaupten könne, und je geringer das Volk, je reichlicher der Zuwachs. Worauf er Seine Gnaden in aller Submission bringen wolle, und zwar unter Hinweis auf das gleichgerichtete Unternehmen Seiner herzoglichen Gnaden von Hessen, sei dies: England in seinem Kampf wider das aufständische Amerika brauche Soldaten, fahnde nach Soldaten und zahle für jeglichen Mann vier- bis sechshundert Gulden. Es koste Seine Gnaden nur ein Wort, und dero unwürdige Kreatur mache sich erbötig, als leichten Gewinn aus dem Geschäft Monat um Monat hunderttausend Taler auf den Tisch des Finanzeinnehmers zu legen. Er schloß mit dem Satz: «So lange es demnach Untertanen in Ihren Staaten gibt, sehe ich nicht ein, wie es Geldverlegenheiten geben sollte.»

Der Markgraf hörte die Rede des Trefflichen in gedankenvollem Schweigen an. Seine Überlegungen waren schon einmal denselben Weg gegangen; sie hatten jedoch eine halb abergläubische, halb empfindsame Scheu nicht zu besiegen vermocht. Er geriet in Verwirrung. Aberglauben, schimpfliches Überbleibsel barbarischer Läufte, hatte in dieser aufgeklärten Epoche keinen Raum; man streifte ihn ab wie einen schmutzigen Handschuh. Ernstere Skrupel bereitete hingegen das Dogma von der Menschenwürde, auf das man eingeschworen war, Gegenstand profunder Gespräche und philosophischer Lektüre. Man schwärmte für den Helden Lafayette, für die Befreiung der Kolonien vom tyrannischen Joch des englischen Krämers; war es würdig, war es human, war es fürstlich, dem Büttel und Pfeffersack die Waffe zu liefern, mit der er seine Macht befestigte?

Der schlaue Marchese erriet die Bedenken und kannte die Schwächlichkeit ihrer Stützen. Darin erwies er sich als Südländer von Geblüt, daß er den verhehlten wie den geäußerten Gegenargumenten mit unerschrockener Rabulistik zu Leibe ging. Er maß das gesprochene Wort am heimlichen Wunsch, und hätte er es nicht zustande gebracht, diesen über jenes triumphieren zu lassen, so wäre er eben nicht der geübte Jasager gewesen, der er war. Jasager, auch Neinsager; es ist im Wesen das nämliche; wie der Herr befiehlt; man stellt sich an den Kreuzweg und zeigt nach links, wenn man genau erforscht hat, daß das Verlangen des Herrn nach links geht; mag er auch flau und zaghaft sich noch so oft nach rechts wenden; er wird folgen, denn er will folgen.

Zudem: das Wasser stieg bis an den Hals; das gebotene Hilfsmittel widerstritt weder dem Rang, noch enthielt es eine Gefahr, noch war es, wie der einsichtige Ratgeber dargelegt hatte, ohne Vorbild in deutschen Landen. Der Markgraf zögerte an diesem Tage noch; er zögerte auch am zweiten und dritten; er ließ sich in lange Disputationen mit dem Marchese ein, nannte ihn unmutig einen häßlichen Verführer und schien zu grollen. Pescanelli war über alle Maßen betrübt, verschwor seinen Vorwitz und seine überkühne Dienstbeflissenheit und wollte, um die Verantwortung nicht allein tragen zu müssen, andere Stimmen gehört wissen, unparteiische Stimmen, vernünftige, besonnene und unverdächtige. Es wurden also die kleinen Jasager gerufen, die Neben-Jasager, der Schwanz: Herr von Bibra, Herr von Schlemmerbach, Herr von Menzingen, Herr Trechsel von Teufstetten, Herr von Freudenberg, Herr von Pirkensee. Von diesen Stimmen wurde der Markgraf eines Bessern belehrt und submissest überstimmt. Er gab seine Einwilligung, fügte aber hoheitsvoll hinzu, daß er mit der Affäre nichts zu tun haben, keine Klagen, keine Beschwerden, keine Berichte entgegennehmen wolle und es den ausübenden Amtsorganen anheimgebe, nach ihrem eigenen Ermessen zu schalten.

Die Jasager verbeugten sich tief.

Wenige Tage später begann die Treibjagd auf alle Sorten von Männern, die Waffen zu tragen fähig waren und durch deren Abfangung und Verschickung man nichts aufs Spiel setzte. An Bürgersöhne, Bauernsöhne und zünftige Handwerker wagten sich die mit Menschenraub beauftragten Sendlinge vorerst nicht. Sie machten Beute unter den Obdachlosen, den Vaganten und mit dem Felleisen über die Landstraße Wandernden; sie griffen auf: beschäftigungsuchende Gesellen, des Bettels überwiesene Fremdlinge oder solche, in denen man Bettler argwöhnte, allerlei fahrendes Volk, Zigeuner, Scholaren, Jahrmarktskünstler; jeden, der bei Holz- und Wildfrevel betroffen wurde, die notorischen Trunkenbolde, junge Studenten ohne Anhang, Musikanten, die in den Dörfern zum Tanz aufspielten; sie durchstöberten die Gefängnisse, die Fronfesten, die Irrenhäuser, die Spitäler, die Garküchen. Als das Geschäft in die Hochblüte kam und die Behörden erst ein, dann beide Augen zudrückten, wurden sie frecher, drangen nächtlicherweile in die Wohnungen und stahlen Personen, die als Freigut geeignet schienen und von bezahlten Angebern denunziert worden waren. So wurden junge Leute aus ihren Berufen gerissen, junge Ehemänner von der Seite ihrer Frauen, halbwüchsige Burschen aus dem Familienkreis; auch Männer in gesicherter Lebensstellung verschwanden da und dort, nachdem man sie durch gefälschte Briefe und Botschaften an heimliche Orte gelockt hatte. Keiner von ihnen sah Haus und Heimat wieder, von keinem kam ein Zeichen, sie waren wie vom Erdboden verschluckt.

Der Jammer im Lande, anfangs schüchtern, wurde laut und lauter. Die Kanzleien wurden von Petitionen und Klageschriften überschwemmt. Aus den Gemeinden pilgerten Menschen in die Residenz, um vom Landesherrn Gerechtigkeit zu verlangen oder nur für die ihnen widerfahrene schwere Unbill ein gnädig geneigtes Ohr zu finden. Niemand wurde durchs Tor des Schlosses gelassen. Die Gardes du Corps standen wie eine eiserne Mauer. Da sammelten sie sich auf dem Platz, verweilten vom Morgen bis zum Abend oder hockten unter den Kastanienbäumen der Promenade, und Weiber mit geflickten Kopftüchern und kotbespritzten Röcken flennten erbärmlich. Das Murren unter den Bürgern der Stadt wurde im Keim erstickt. Patrouillen zogen Stunde für Stunde durch die Gassen. Müßiggänger, die sich nicht ausweisen konnten, wurden eingelocht, um auf den sichern Weg verschickt zu werden. Angst lähmte die Gemüter.

Der Markgraf, blind und taub, wie er sich vorgenommen, verbrachte die meiste Zeit in schützender Ferne auf seinem Jagdschloß Triesdorf. Zuweilen befahl er die Akteure und Aktricen sowie das Opernpersonal hinaus, widmete sich dem geliebten Weidwerk, spielte mit Lady Craven und dem inzwischen zum Oberstkämmerer erhobenen Marchese Tricktrack oder Piquet.

Denn die Versprechungen des Marchese hatten sich erfüllt. In den Kassen stieg die Talerflut bis an den Rand. Das Gold läutete, köstliche Ohrenspeise, wie die Domglokken von Bamberg. Es läutete den Müden in den Schlaf, es läutete den Gestärkten aus dem Schlummer, es läutete zur Schäferstunde, es läutete zur reichbesetzten Tafel. Unvergleichliches Behagen, ohne Pein und Beklommenheit genießen zu dürfen, was zum Genusse sich bot. Woher der Segen kam, das brauchte nicht gewußt zu werden. Das lang erstrebte Glück dünkte dem Herrschergeist, da es erreicht war, Pflicht des Schicksals, auf seinem guten Recht erwachsen, und so selbstverständlich erschien ihm der Reichtum, so sehr vergaß er das einstige Sträuben gegen seine Quelle, daß er in großen Zorn geriet, als ihm eines Tages Herr von Schlemmerbach, dem nur wohl war, wenn er Unheil künden konnte, mitteilte, daß unter den dingfest gemachten Rekruten immer häufiger Fluchtversuche und Entweichungen stattfänden, wodurch der Fiskus empfindlich geschädigt wurde. Der Markgraf erklärte, den nächsten Transport wolle er in eigener Person an der Spitze seiner Leibkompanie bis Stefft am Main begleiten und Zeuge und Wächter bei der Überführung auf das Schiff sein. Das werde die Kerle hinlänglich in Respekt setzen.

Die Jasager lächelten entzückt.

Unter den markgräflichen Komödianten war ein gewisser Ludwig Taube, ehedem jugendlicher Liebhaber, mit den Jahren für das Fach unbrauchbar geworden und, nach Aussage der Kenner wie des Direktors, wegen mangelnden oder versiegten Talentes in keinem andern zu verwenden. So wurde er im kernigsten Alter, er war Mitte der Dreißig, außer Tätigkeit und Wirkung gesetzt, und daß man ihn nicht entließ, hatte er nur einem mit Vergeßlichkeit gemischten Mitleid zu verdanken. Er wurde übersehen, weil er sich so wenig wie möglich bemerklich machte, und man zahlte ihm die bettelhafte Gage weiter, damit er, ohnehin in kümmerlichsten Umständen lebend, mit den Seinen nicht völlig im Elend verkomme. Ein paarmal hatte er um Verwendung in komischen Rollen gebeten, für die er seiner Meinung nach «ein besonderes Faible und expressives Penchant» hege, wie es in der betreffenden Bittschrift hieß; aber mit dieser überheblichen Forderung war er schroff abgewiesen worden, da das komische Fach «zur Zufriedenheit des hohen Adels und günstigen Publici» vertreten sei. Die Kollegen lachten ihn aus, und der bestallte Komiker ging seitdem nie ohne verachtungsvollen Blick an ihm vorüber. «Was so ein Hungerleider unverschämt ist», sagte er, der auch nicht an Lukulls Tisch gemästet war.

Taube lebte mit einem Frauenzimmer im gemeinsamen Haushalt, das älter als er und in glücklichen Zeiten Koloratursängerin am herzoglichen Hof zu Stuttgart gewesen sein sollte. Das war lange her; nun war sie häßlich, verrunzelt, vom Leben gebrochen und getraute sich nur des Abends aus ihrem Loch von Behausung, da sie bloß erbärmliche Fetzen zum Anziehen besaß. Sie hatten einander nicht geheiratet, um die Kosten der Eheschließung zu ersparen; da sie zum Komödiantenpack gehörten, wurde dessen nicht groß geachtet, aber trotzdem der Pfarrer ihren

Bund nicht gesegnet hatte und trotz ihrer von Tag zu Tag wachsenden Armut herrschte das beste Einvernehmen zwischen ihnen, und weder Nachbarn noch die Bekannten wußten zu sagen, daß sie je Zank und Streit gehabt hätten. Drei Kinder waren ihnen gestorben; das vierte, drei Jahre alt, war ein Mädchen und hieß Rebekka, gerufen Beckchen. Das Kind war der Stolz und die Freude von beiden, wenn sie auch um seine Zukunft große Sorge hatten und die demnächst wieder zu erwartende Vergrößerung der Familie die Gedanken darüber nicht heiterer machte.

Da geschah es, daß Ludwig Taube eines Morgens vor der Probe infolge eines Fehltritts vom Schnürboden herabstürzte, sich die Schulter verrenkte und das Nasenbein zerbrach. Man brachte ihn ins Krankenhaus, und dort zeigte es sich, daß auch sein Geist gelitten haben mußte, denn er redete allerlei ungereimtes Zeug, halb prahlerisch, halb aufsässig, und verlangte einmal um Mitternacht, man solle ihm auf der Stelle potage à la Richelieu bringen und gehackten Rinderbraten mit Weinbrühe. Als er notdürftig geheilt war, holte ihn sein Weib ab, führte den düster vor sich hin Starrenden nach Hause und kochte ihm eine Kartoffelsuppe. Vier Tage lag er stumm und bleich auf dem Strohsack, der Jammer sah ihm aus den Augen, denn daß man ihn nun als halben Krüppel auf die Straße setzen werde, war mit Sicherheit zu erwarten. Bitter sagte er zu seiner kleinen Tochter, die darüber verwundert die zartgebogenen Brauen rundete: «Beckchen, es ist am gescheitesten, wir schnüren dir dein Ränzel, und du marschierst ins Paradies; mit deinem gegenwärtigen Sündenregister wird dies noch glücken, später ist's unweigerlich die Hölle.» Florine, seine traurige Gesponsin, verwies ihm die Worte, aber auch sie horchte immerfort ängstlich nach der Tür und glaubte den Amtsboten mit dem Entlassungsdekret bereits unterwegs. Auch war die schwere Stunde ihres Leibes nah.

In der nächsten Nacht klopfte es am Tor; alsbald traten

drei Männer in die Stube und forderten Ludwig Taube auf, ihnen zu folgen. Erklärungen waren überflüssig. Was solcher Versuch zu bedeuten hatte, wußte jedes Kind. Florine brach in Geschrei aus. Beckchen stand mit offenem Mund, und die braunen Augen glänzten erschrocken. Taube sagte: «Ich gehe nicht; wollt ihr mich haben, so müßt ihr mich mit Gewalt nehmen.» Das setzte die Leute nicht in Verlegenheit; des schwächlichen Männchens war leicht Herr zu werden. Sie holten Stricke heraus und banden ihm die Hände. Ludwig Taube lachte schallend. «Ich wollte eine Rinderbrust haben, und ihr verhelft mir vielleicht zu einer fetten Büffelkeule; auch gut; gesotten oder gebraten, Fleisch ist Fleisch.» Florine lehnte an der Mauer und breitete die Arme aus wie eine Gekreuzigte; Beckchen fing an zu weinen. «Ruhig, Beckchen», herrschte sie Taube an, «spar dir die Tränen auf den fünften Akt, jetzt ist noch nicht mal der zweite. Geh in den Oberstock und sag der Madam Heberlein, daß sie die Hebamme ruft, deine Mutter will dir heut nacht noch Gesellschaft geben. Also, ihr Leute, auf in die Ferne», wandte er sich gegen die Häscher, und die führten ihn am Strick durchs Zimmer wie einen Hammel. Er lachte abermals, warf Florine eine Kußhand zu und rief: «Addio, cara mia, auf ein seliges Sterben.» Die Häscher grüßten und sagten: «Das ist wenigstens mal ein Lustiger.»

Er wurde in das Schrannenhaus verbracht, wo sich noch viele befanden, hundert oder mehr, und warten mußten, bis die festgesetzte Zahl der jeweilig zu Verschickenden erreicht war. Das dauerte immerhin noch drei Wochen, und in dieser Zeit erfuhr er, daß Florine am fünften Tag ihres Kindbetts gestorben sei und das Neugeborene gleich danach. «Man sollte nicht glauben, was so ein hundsarmer Teufel für ein guter Prophet sein kann, wenn's ihm an den Kragen geht», sagte er mit verbissenen Zähnen, blieb bis zum Abend in eine Ecke gekauert und erkundigte sich dann bei seinen Gefährten, ob sie nicht ihre Groschen zu einem solennen Leichenschmaus zusammenlegen wollen. Da er zu wissen begehrte, was mit Beckchen geschehen sei, denn das Schicksal des über alle Maßen von ihm geliebten Kindes beunruhigte ihn im Innersten seines Gemüts, überredete er einen Sergeanten mit guten Worten dazu, daß er Nachricht einziehe, und der teilte ihm dann auch mit, das Mädchen sei im Pescanellischen Aufzuchtsinstitut untergebracht worden. Da wurde er weiß wie eine Kalkwand, und nach langem Schweigen, währenddessen ihm der kühle Schweiß auf die Stirn getreten war, sagte er, es sei doch wunderbar, daß man hierzulande schon den Säuglingen das Menuett und den Pas de deux beibringe; wo einem von früh auf die Grazie in die Knochen gehämmert würde, könne es nicht schiefgehen. «Ich habe ihr gut geraten mit dem Paradies», fügte er salbungsvoll wie ein Pfaffe hinzu.

Es war nämlich offenes Geheimnis, daß die Pescanellischen Zöglinge einer höchst grausamen Behandlung ausgesetzt waren. Von Zeit zu Zeit verbreitete sich immer wieder das Gerücht, daß so ein Wesen elend verdorben und gestorben und in aller Stille verscharrt worden sei.

Der Transport, mit dem Ludwig Taube gehen sollte, war ebender, dem der Markgraf sein Geleit verheißen hatte. Vierhundertsechzig Leute; in barem Geld ausgedrückt an zweimalhundertfünfzigtausend Gulden; das war schon der Mühe wert, das Roß zu besteigen und zwanzig Meilen weit zu reiten. Bereits beim Abmarsch von der Schranne fielen Widersetzlichkeiten vor. Da wurde eine große Anzahl wie die Schlachttiere geknebelt und auf Leiterwagen gepackt. Der Markgraf war mit seiner Pracht- und Leibkompanie nach Stefft vorausgeritten. Als der lange Zug der Rekruten und Fuhrwerke angekommen war, postierte er sich mit der gespannten Büchse und in seine Wildschur gehüllt an der Schiffstreppe und sah mit strengen Blicken zu, wie die kostbare, aber schmutzige und häßliche Menschenfracht verladen wurde. Als die meisten schon sicher verstaut waren, entriß sich einer von den letzten, die aufs Deck geschleppt wurden, blitzschnell den Armen der Wächter und Soldaten, rannte mit geballten Fäusten und furchteinflößenden Mienen geradewegs auf den Markgrafen zu, brüllte dumpf, mehr gegen den Himmel empor als gegen den entsetzt zurückweichenden Fürsten, kehrte sich mit gräßlichem Kopfschütteln plötzlich ab, da er sich ohne Zweifel darüber klar wurde, daß die geheiligte Person vor ihm stand, eilte ans Schiffsgeländer und sprang, ehe es jemand hindern konnte, mit einem Aufschrei in den Strom. Das Wasser war jedoch an jener Stelle weder tief noch reißend, und so war es ein paar Schifferknechten, die ihm schleunigst nachsprangen, ein leichtes, ihn wieder aus den Fluten zu ziehen.

Der Markgraf war Zeuge, wie sie den triefenden Körper an Bord brachten. Er sah das fahle, hohle, todähnliche Gesicht mit dem zerbrochenen Nasenbein und erkundigte sich, wer der Mensch sei. Er hieße Taube, wurde geantwortet, und sei Komödiant im Dienste Seiner Gnaden gewesen, ehe ihn das Los getroffen, für die Glorie Englands ins Feld zu ziehen. Eigentlich hätte der Mensch für das crimen majestatis erschossen werden müssen, doch im Hinblick auf den damit unvermeidlichen Entgang des Heuergeldes wurde er zur Prügelstrafe und dreitägigem Liegen im Block verdammt, nachdem er sich von seinem verzweifelten Bad erholt haben würde.

Der Markgraf sah auch die andern Gesichter, die scheuen, bösen, kranken, müden, vorwurfsvollen, wuterfüllten, stumpfen. Er hängte die Flinte mit dem Riemen über die Schulter, stieg schweigend über die Treppe ans Ufer zurück, bestieg sein Roß und ritt mit düsterer Stirne heimwärts. Er hatte das bittere Gefühl eines Mannes, dessen redliche Absichten verkannt werden und der Undank erntet, wo er nur das Glück der andern im Auge hat.

Als er am nächsten Abend durch das Tor in seine Hauptstadt einritt, warf sich ein Haufe flehender Weiber vor die Beine seines Pferdes hin. Die Gardehusaren mußten sie erst mit Gewalt auseinandertreiben, so dicht lagen sie auf dem Weg in ihrem Unrat und so frech waren sie entschlossen, sich Gehör zu verschaffen. Da brach die Bitterkeit des Markgrafen in helle Entrüstung aus, und er rief, wenn man so mit ihm umgehe und sein herzliches Wohlmeinen derart für nichts achte, so wolle er sich um dieses liederliche und mißratene Volk in Zukunft überhaupt nicht mehr kümmern. «Sie werden bald an sich gewahren», fügte er grollend hinzu, «daß ich meine Hand von ihnen abziehe.»

Hierzu konnte er sich nicht entschließen, aber was sich daraus weiter ergab, war auch nicht erfreulich.

Chronica

Übellaunigkeit war die Uranlage der Natur des Markgrafen. Er war der Sohn eines übellaunigen Vaters, einer übellaunigen Mutter und eines übellaunigen Landes. Mit dieser Übellaunigkeit verband sich die tiefe Überzeugung von seiner Unentbehrlichkeit im Gefüge der Welt und daß er ausersehen sei, seine sämtlichen Untertanen auf den Gipfel irdischen Glücks zu führen, ja daß sich in seiner Person allein schon der ihnen gemäße Glückszustand inkarniert habe.

Er liebte seine Untertanen, aber er liebte sie übellaunig. Er erfüllte nach bestem Vermögen seine Regentenpflichten, aber in Übellaune. Er hatte seine Jugend genossen, aber in Übellaune. Er las mit heißem Bemühen die Enzyklopädisten und machte sich die Ideen Rousseaus, Grimms und Diderots zu eigen, aber in Übellaune. Er glaubte an eine hohe Bestimmung des Menschengeschlechts, aber in

Übellaune. Er hielt auf Leckerbissen, verzehrte sie aber in Übellaune. Er hatte Sinn für Kunst und schöne Dinge, aber wenn er sie betrachtete, war es in Übellaune.

Wenn er sich manchmal des Morgens von seinem Lager erhob, dachte er: Ei, heute ist mir wohl, die Sonne scheint, es wird ein guter Tag. Stand er dann vertikal auf seinen zwei Beinen, so war die Übellaune da. Verlor er im Spiel, so verursachte es ihm Übellaune wegen des Verlustes; gewann er, so verursachte es ihm Übellaune wegen der vergeudeten Zeit. Erlegte er einen Rehbock, so war er übelgelaunt, weil es kein Hirsch war; warf eine Zuchtstute prächtige Fohlen, so war er übelgelaunt, weil ein Stallbursch die Krätze bekam.

Weniger ihm selbst war es in den letzten Jahren gelungen, den angeborenen Hang zu bemeistern, als vielmehr der Lady Craven. Freilich hatte sie erst die tragische Heroine, Fräulein Clairon, aus dem Feld schlagen müssen, was keine leichte Arbeit war, denn die kothurnbekleidete Französin, von der sie behauptete, daß sie auch mit ihrer Kammerzofe in Alexandrinern rede und daß ihre Nachthaube sogar die Würde einer goldpapiernen Krone haben mußte, war hartnäckig und verliebt. Neben ihr war der Markgraf, der schöne Mann, stark- und schlankgliedrig, mit feurigen Augen und einer fränkischen Habichtsnase, so steif und feierlich geworden wie ein Rabe, und er hielt das Lachen für eine verpönte und unanständige Vernachlässigung der Gesichtsmuskeln. Lady Craven hatte ihn mit Aufgebot ihres ganzen Witzes und ansteckenden Kaskadengelächters bekehrt. Aber kann man einen ins Wasser fallenden Stein davon bekehren, auf den Grund zu sinken? Man kann ihn eine Weile halten, dann krampft sich der Arm; schließlich folgt er seinem Gesetz. Die Lady klagte, in Deutschland vergehe einem das Lachen, und sie wolle den Tag nicht abwarten, wo man sie zwingen werde zu weinen.

Sie hatte ihr Ziel; es zu verbergen, hatte sie wenig Grund. Sie träumte von der Markgrafenkrone und der Legitimität, deren sie sich als Lord Berkeleys Tochter wohl würdig fand. Die Markgräfin war kinderlos; das ihr anhaftende Körpergebrechen, das sie seit ihrem dreizehnten Jahre plötzlichen Anfällen aussetzte, hatte sie zur Ehe untauglich gemacht. Nun war sie krank, hielt sich im entlegensten Zimmer des Schlosses wie in einer Höhle verkrochen und spielte mit ihren zwei Hofdamen unablässig das einfältige Kartenspiel Grabüge. Auf ihr Ableben durfte gerechnet werden; dann erst konnte Lady Cravens Zeit beginnen. Dann wollte sie in diesem Nebel- und Ginsterland Feste feiern, wie sie nie zuvor gesehen worden; fort dann mit dem Barackengerümpel um das Schloß, Augenhohn, worin feiste dumme deutsche Bürger maulwurfhaft hausten, ihr bittres Bier soffen, ihre Kinder zeugten, ihre Fladen buken und ihre Wäsche wuschen; Paläste sollten da entstehen, und niemand in ihrer Nähe sollte die verhaßte Sprache reden, die sich höchstens für die Zungen von Fuhrknechten und Spittelweibern eignete und klang, wie wenn man mit Stöcken an eine morsche Tür trommelt.

Indessen aber gingen die Jahre hin; der feuchte Flor auf den Wangen büßte den Schimmer ein; verwünschte zarte Rillen zerstörten das Email der Stirn; Lippenlächeln starb oft hinter den Zähnen schon, die Königin von Frankreich kam mit einem zweiten Kind nieder; das Konklave wählte einen neuen Papst; verkündigte Kometen erschienen am Firmament; Perlen in den Gehängen wurden krank; Menschen, mit denen man im Hydepark geritten, starben; Hunde, die man geliebkost, verendeten; Briefe, die man einst feurig durchflogen, vergilbten: Zeit, Zeit, Zeit; Ungeduld, Ungeduld, Ungeduld; die Sanduhr lief, kehr sie um; das Pendel schwang, zieh das Uhrwerk auf; Schäferstunden wurden fade, Spiegel blind. Goldleisten bräunten, in Schränken pochte der Wurm, die Stadt wurde immer leichnamähnlicher, das Land immer grauer und der Herr über alldem immer übellauniger.

Pflichtschuldiger Besuch bei der Markgräfin; sie spielt Grabüge; sie lebt, sie lebt: Wozu noch? Wie lange noch? Man empfängt den preußischen Ambassadeur; der arme Krüppel hat das Podagra und erzählt Anekdoten, in denen eine kümmerliche Pointe schwimmt wie ein einzelnes Fettauge auf einer Wassersuppe. Freifrau von Hornberg läßt sich zur Visite melden; sie hat einen Schmerbauch, das Gehirn eines Kolibris und schnattert von Heidenmissionen und Kaffeekränzchen. Pastor Nebenius bittet kniefällig um Annahme des Protektorats über den Verein zur Hebung des Glaubens; Staatsrat Regenauer medisiert geistlos über adlige Affären. Es wimmeln Heiducken, Fouriere, Kammerlakaien, Hofoffizianten, Schloßverwalter, Sekretäre, Minister; Worte plätschern, Gesichter glotzen, Hände sind geschäftig; Dinge, Dinge, Dinge; Zeit, Zeit, Zeit; und der Herr versunken in das Studium, wie dem Jammer der Menschheit zu steuern sei.

Um der kinnladenerstarrenden Langeweile abendlicher Assembleen zu entfliehen, schützte sie bisweilen Migräne vor und zog sich in ihre Gemächer zurück, um sich von ihrer Dame, Frau von la Roche, vorlesen zu lassen. Doch die erhabensten wie die pikantesten Schriftsteller aller Nationen halfen ihr über die rasende Ungeduld nicht mehr hinweg. Da hatte Herr von Künsperg, einer der Jasager vom jüngsten Jahrgang, den Einfall, aus Chroniken und überlieferten Niederschriften Skandalosa der beiden markgräflichen Häuser für sie zusammenzustellen und ins Französische zu übersetzen, und es tauchten kuriose Geschichten auf, die das farblose Faltentuch der Vergangenheit frech auseinanderrissen und ein Etwas darboten, das die Mitte hielt zwischen Fastnachtsschwank und Totentanz.

Es erschien das Scheuersubjekt, das der Markgraf Carl Wilhelm, der Vater Alexanders, aus dem Schmutzwinkel der Küche auf sein hochfürstliches Lager gehoben hatte. Darüber schlugen die verschwägerten Häuser Lärm; der Kaiser sandte an Seine Liebden eine zur Mäßigung mahnende Epistel, und das Scheuersubjekt mauste die im Tresor verwahrten Kostbarkeiten, stieß wohledle Damen vor den Kopf, führte den Herrn an der Nase herum, brachte für ihre Bastardbrut erstaunliche Summen beiseite und wußte sich schließlich auch noch die Freiherrnkrone zu erschleichen.

Lady Craven kicherte.

Da war die Geschichte mit dem Juden Ischerlein und dem roten Adlerorden in Brillanten, den der kleine Markgraf dem großen König von England überschickte, um ihn auszuzeichnen. Als nun lange Zeit verfloß und der Markgraf vom König keiner Antwort gewürdigt wurde, befahl dieser, die Sache zu untersuchen, und es ergab sich, daß Ischerlein, der Juwelier, falsche Diamanten verwendet hatte. Der Markgraf ließ den Juden holen und sodann den Scharfrichter. Der Jude wurde an einen Stuhl gebunden, und als er den Henker kommen sah, sprang er auf mitsamt dem Stuhl, rannte unter dem brüllenden Gelächter des Markgrafen um den langen Tisch herum, der im Saale stand, immer mit dem angebundenen Stuhl, der Scharfrichter hinter ihm drein, bis ihm der auf Befehl des Herrn über den Tisch hinweg den Kopf abhackte.

Die Lady schauderte.

Sie erfuhr von der Markgräfin Sophie, die, so schön sie war, eine noch schönere Tochter hatte. Eben deren Schönheit erregte ihren Neid und ihre Eifersucht dermaßen, daß sie einem Junker Wobeser viertausend Dukaten versprach, wenn es ihm gelänge, die Prinzessin zu entehren. Das junge Mädchen begegnete ihm aber mit solcher Geringschätzung, daß schon die Versuche, sich ihr zu nähern, fehlschlugen. Da versteckte er sich mit Hilfe der Mutter im Schlafzimmer der Tochter; die Dienerschaft war bestochen, die Markgräfin sperrte die Kammer von außen zu, und so setzte er sich trotz Bitten, Tränen und wildem Sträuben in den Besitz des schönen Mädchens. Nachher floh der Unhold; die Prinzessin, halb im Wahnsinn, gebar Zwillinge, zwei Wesen, schwarz im Gesicht wie Tinte; die Markgräfin machte die Schande der Tochter öffentlich bekannt, so daß der Prinz von Culmbach von der Bewerbung um sie sogleich abließ; die unseligen Kinder endeten durch Mord, und die Prinzessin verweinte ihr ferneres Leben auf der Plassenburg in Gefängnishaft.

Die Lady sagte leise vor sich hin: «Kri-Kri», wie ein Vogel, der hungrig und traurig ist. Sie hatte oft diesen Laut, der aus Verwunderung und Ekel gemischt war. Träumerisch schaute sie in den Kamin, wo das Buchenholz verbrannte, dann gebot sie der Dame la Roche, nachzusehen, ob es noch regne. Ja, es regnete, und über der Stadt lag Ruhe wie schwarzes Blei. Dann wünschte die Dame la Roche mit Hofknicks gute Nacht; dann knackten die Dielen, und es raschelte in den Mauern, dann kam, wenn die Stunde noch weiter vorgerückt war, der Markgraf. Man hätte denken sollen, er sei von der Liebe hergetrieben, und so war es auch im Grunde; doch warb er nicht, lächelte nicht, redete nicht, sondern wartete griesgrämig und verdrossen, daß man den Tribut seiner Liebe entgegennahm.

Die Lady lehnte den kleinen Kopf an seine mächtige Schulter und sagte leise vor sich hin: «Kri-Kri.»

Maßregeln eines Philanthropen

Der Markgraf dekretierte: Geht es den Leuten schlecht, so mögen sie sich demgemäß halten. Leiden alle Mangel, so soll niemand überflüssig Geld ausgeben. Es ist verboten, Schulden zu machen. Den Weibern ist verboten, Schmuck zu tragen sowie bunte oder auffallende Gewänder. Die Bürgermadams und Jungfern haben sich der größten Sittsamkeit zu befleißigen. Kein Frauenzimmer darf mit einem Mannsbild im Konkubinat leben. Außereheliche Verhältnisse werden scharf geahndet. Sämtliche Bierhäuser und öffentliche Lokale werden nach Anbruch der Dunkelheit geschlossen. Es sollen keine Musikbanden aufspielen, keine Schmausereien stattfinden, keine solennen Kindtaufen und Hochzeiten, keine Illuminationen, keine gemeinen Belustigungen und private nur mit ausdrücklicher Bewilligung der Polizei. Es soll niemand auf der Straße Schabernack treiben; es sollen die Kinder zu einem ernsthaften Benehmen verhalten werden; es sollen keine Fahnen ausgehängt werden. Sichtbarer Müßiggang ist verboten. Es soll jeder Mensch zu jeder Frist eingedenk sein, daß Armut im Lande herrscht, wie ja glaubwürdig und allerwegen versichert wird, daß die Geschäfte stocken, daß die Handwerker keinen Verdienst haben und in den Gemütern die Unzufriedenheit nistet. Daher hat niemand die Befugnis, durch herausfordernden oder unterschiedenen Wandel neue Unzufriedenheit zu säen.

Die Folge dieser wohldurchdachten Beschlüsse war, daß der Markgraf sich mit seiner Person und seinem Hofhalt zur Beispielgebung verbunden hielt.

Es unterblieben die Jagdfeste, die Tanzunterhaltungen, die Gartenfeste, die Karnevalsaufzüge, die prunkvollen Diners und Abendessen. Die Empfangssäle wurden gesperrt, die venezianischen Kristallüster in graue Tücher gehüllt, Sessel und Sofas mit ebensolchen Bahrtüchern versehen. Dem Theater war verstattet, einmal in der Woche ein Trauerspiel, einmal eine Opera seria aufzuführen. Die Toiletten der Damen unterlagen strenger Vorschrift. Den Herren wurde dunkle Kleidung befohlen.

In den Korridoren und Antichambres hörte man nur noch Wispern und Raunen. Die Beamten und Lakaien gingen auf Zehen. Kein Mensch lächelte mehr, und zu lachen hätte als eine ganz unfaßliche Vermessenheit gegolten. Je sauertöpfischer sich einer gab, je bessere Aussicht auf Gnaden hatte er. Das Schloß machte bei Tag den Eindruck eines Klosters, bei Nacht den eines Mausoleums. Sogar die Pferde ließen die Köpfe hängen, und die Hunde schlichen mit eingezogenem Schwanz.

Und wer da hoffte, daß es bald wieder anders werden würde, daß es nur eine vorübergehende Grille des Markgrafen sei und er eines Tages zu seinen früheren Gewohnheiten zurückkehren würde, der täuschte sich. Hier brachen alle Einflüsse, auch die von sonst geschätzten Personen, auch die der Liebe, und man stieß auf unempfindliche Hartnäckigkeit.

Und wer da glaubte, daß die freud- und festlosen Jahre, die nun kamen, eine Verminderung des Budgets bewirkten, der täuschte sich gleichfalls. Das Geld floß in ebenso viele Taschen, nur auf heimlicheren und dunkleren Wegen; es waren ebenso viele Mäuler zu stopfen, ebenso viele Ämtersitzer zu befriedigen, und ebenso viele Köche verdarben den Brei. Dies erregte sowohl Erstaunen als auch Unwillen beim Markgrafen, wenn er Nachfrage hielt. Aber Nachfrage hielt er selten, denn er spürte, daß das der einzige Punkt war, wo seine Macht ein Ende hatte und die Kreaturen stärker waren als er. Er begnügte sich mit den Verordnungen; er begnügte sich mit der Wahrnehmung, daß das Volk draußen stille wurde, so still wie ein Kalb mit gebundenen Füßen; er las Akten, gab Unterschriften, ging auf die Jagd, hatte die Stirne voller Falten, äußerte seine Wünsche nur durch Brummen, sein Mißfallen durch Brummen, sein Einverständnis durch Brummen, seinen Hunger durch Brummen, seine Sattheit durch Brummen.

Die Markgräfin spielte Grabüge, Sommer und Winter; die Leibhusaren bezogen die Schloßwache, Sommer und Winter; die Jasager hatten schweren Stand, denn es war nicht mehr viel da, wozu sie ja sagen konnten; die Lady Craven biß Löcher in ihre Spitzentaschentücher, rieb mit ihren winzigen Füßchen die Teppiche wund, hatte Hitze, hatte Frost, hatte Wut, hatte böse Träume, hatte Fluchtgedanken und machte von Zeit zu Zeit mit ersticktem Lachen oder Weinen ihr Kri-Kri wie ein kleiner Vogel, der krank und hungrig ist.

Die Bürger und ihre Stadt

Du kommst in diese Stadt; du fährst durch das mittlere Tor ein und siehst, daß es eine freundlich gebaute Stadt ist; jedenfalls will sie dich nicht unfreundlich begrüßen. Die Straßen sind unregelmäßig gewunden, von ungleicher Breite; die Häuser, viele mit geschnitzten Balkenköpfen und gotischen Jahreszahlen, bilden eine Reihe von Zwergen und Riesen; auf den Plätzen stehen Bauernwagen, ohne Pferde und Fuhrmann; die Steige sind von Kindern belagert; aus allen Fenstern sehen dich Menschen an; vor den Haustüren stehen schwatzende, rauchende, gaffende Leute, du blickst tief in halbfinstere Stuben; die Seifensieder haben ihre Talglichte, die Weißgerber ihre Felle auf langen Stangen straßenwärts zum Trocknen aufgehängt; der Böttcher und der Grobschmied arbeiten vor der Türe; das Vieh wird ein und aus getrieben; Schweine grunzen, Hühner gackern, Tauben gurren, Katzen blinzeln verschlafen, Säuglinge schreien.

Es weiß der Pfragner, wann der Bäcker seine Stiefeln sohlen läßt; es weiß die Frau Apothekerin, was die Frau Stadtphysikus zu Mittag kocht; es weiß die Jungfer Rettich, um wieviel Uhr der Magister Brunnenwasser vorüberpromenieren wird, um einen Blick der Jungfer Hesekiel zu erhaschen; es weiß der Kannenwirt, daß es bei Oberbaurats knapp zugeht; es weiß der Altgesell beim Strumpfwirker am Rathaus, daß sich die Schreinerseheleute, die hinterm Zollamt wohnen, beständig in den Haaren liegen. Jeder weiß von jedem alles. Sie können nichts voreinander verbergen. Kein Wort, kein Gedanke, kein Atemzug bleibt geheim. Jeder ist eines jeden Spion. Es ist ein nahes, dichtes, verwickeltes Gewebe von Leben, eins gegen das andere gerissen, eins vom andern bestimmt und gefärbt; Mauer-an-Mauer-, Schwelle-an-Schwelle-Sein. Es ist eine kahle, dumpfe, niedrige, deutsche Welt, in der der Einsamste noch den Nachbar über sich, neben sich, unter sich hat. Der Nachbar belauert das eheliche und das jungfräuliche Bett, er wacht über die Ehre des Hauses, er dringt in die Träume, auf ihm beruht der Kredit, das Geschäft, die öffentliche Meinung, die Sicherheit der Person und des Besitzes. Der Nachbar erscheint zur Taufe, zur Hochzeit und zum Begräbnis; er schreit Alarm bei Diebsgefahr und hetzt, wenn der gute Name zerzaust wird. Er zählt, wieviel Flaschen Wein im Keller sind, wieviel Säcke Mehl auf dem Speicher, wieviel Ellen Leinwand im Spind, wieviel Silberlöffel in der Truhe. Ohne den Nachbar kann keiner leben, keiner hassen, keiner krank sein, keiner genesen. Der Nachbar ist der Freund, der Feind, der Wohltäter, der Verleumder, der Kunde, der Konkurrent, der Warner, der Rater, die Zuflucht, die Drohung, der Dämon, der Teufel und der einzige Trost.

Sie hatten niemals Grund gehabt, ihrem Dasein Loblieder zu singen in Ansbach; seit Jahrhunderten nicht. Eisern lag die Faust der Fürsten auf ihnen, seit Menschen denken konnten. Ihr Tag war Mühsal, ihre Nacht Alpdruck gewesen. Durch die langen Geschlechterketten preßte der Herr von Gottes Gnaden dem Ärmsten noch den letzten Heller aus der Tasche und den letzten Tropfen Schweiß aus dem Leibe. Und all der Schweiß des Landes verwandelte sich in den Marställen in Gäule, in den Hof- und Kammerkanzleien in Pfründen, Sinekuren und Sporteln, in den Schlössern in vergoldete Sessel und auf den Hälsen der Gunstdamen in Edelsteinketten.

Aber so schwer die Halfter auch zu tragen war, sie hatten doch Augen- und Ohrenweide dafür gehabt. Sie hatten vor dem Schloßtor stehen und zu strahlend erleuchteten Fenstern hinaufblicken dürfen. Sie hatten sechsspännige Karossen mit betreßten Lakaien und bunten Wappen offenen Maules bestaunen dürfen. Es war, von der Hofküche her, Duft von nie geschmeckten Speisen durch die Gassen gezogen, an dem sich mancher Hungerleider wonnevoll erlabte, und er dachte sich: Es ist trotzdem eine schöne Welt, in der so was zu riechen ist. Es hatte Schaugepränge gegeben, Auffahrten, Paraden, Kavalkaden, Feuerwerke, Tombolas, feierliche Kirchgänge, und sie hatten Spalier bilden dürfen. Es war etwas zu gaffen, zu bereden, zu erwarten gewesen. Sie hatten das Gefühl gehabt, daß die Herrschaften wenigstens in Glück und Reichtum schwammen dafür, daß sie schwitzten und sich plagten.

Aber seit ihnen der Markgraf Alexander nicht nur die Wege zum Wohlstand verrammelte, nicht nur, schlimmer als seine Vorfahren, sie mit Hilfe von Steuern und Zöllen um die Früchte ihres Fleißes betrog und bestahl, nicht nur ihre Söhne, Brüder und Gatten als Kanonenfutter außer Landes verschacherte, sondern auch noch dazu das farbige Licht hatte auslöschen lassen, das über ihrem Elend leuchtete, versank das Gemeinwesen nach und nach in eine graue Flut von bitterer, stummer, nüchterner Hoffnungslosigkeit. War jenes Licht auch der Scheiterhaufen gewesen, auf dem ihr Hab und Gut verbrannte, das Feuer hatte doch ergötzlichen Schein geworfen, es hatte einen irgendwie warm gemacht, und wenn die Kinder neugierig wurden und etwas von der Welt zu schauen begehrten, konnte man sie hinführen, auf den Arm heben und sagen: Seht, wie fein es brennt.

Demgegenüber spielte, was ihnen selbst an Vergnüglichkeiten entzogen wurde, die geringere Rolle. Für ihre Vergnügungen hätten sie ja zahlen gemußt, diese aber waren umsonst. Der Herr samt der Obrigkeit hatten gut verbieten: Wer sollte vom Distelstrauch Himbeeren naschen? Sie hatten Lust und Lustbarkeit schon vorher verlernt, der Erlässe hätte es kaum bedurft. Nun, um so besser, wenn die Versuchung fehlt, sagten sie in ihrer fränkischen Geduld und Selbsthärte, hockten hinterm Ofen und schoben die Finger zwischen die Knie.

Nach vier Jahren glich die Stadt einem abgestandenen Haufen Betrübnis. Wie das Sumpfwasser inmitten einer Landschaft sumpfige Dünste aushaucht, so entströmte der fürstlichen Person im Schlosse, dem Mittelpunkt des gemeinen und öffentlichen Wesens, Übellaunigkeit. Übellaunigkeit drang in die Stuben, Übellaunigkeit regierte das Verhältnis zwischen Eheleuten, Geschwistern, Verwandten, Fremden; der Herr war mürrisch gegen den Knecht, der Knecht gegen den Herrn, die Frau gegen alles Gesinde, das Gesinde gegen die Frau, die Eltern gegen die Kinder, die Kinder gegen die Eltern, der Amtmann gegen die Beklagten, der Gefängniswärter gegen die Häftlinge, der Wirt gegen die Gäste, der Kaufmann gegen die Käufer, der Meister gegen den Lehrling, der Postillon gegen die Passagiere, die Polizei gegen die Bürger, die Bürger gegen die Bauern, sämtliche Menschen gegeneinander, gegen den Himmel und gegen das Schicksal. Sie klagten nicht, sie seufzten nicht, sie fluchten nicht, sie maulten nicht, sie murrten. Sie konnten sich auf nichts freuen, sie konnten über nichts lachen, sie standen mürrisch auf und legten sich mürrisch zu Bett. Mürrisch verrichteten sie ihre Geschäfte, mürrisch zündeten sie ihre Lichter an, mürrisch saßen sie bei Tisch, mürrisch betrachteten sie das Wetter, mürrisch zeugten sie ihre Nachkommenschaft. Mürrisch und in der Stille gingen die Verbrecher ihre heimlichen Pfade, mürrisch predigte der Pastor von der Kanzel, und mürrisch wurde schließlich sogar das berühmte Schalksgesicht des Mondes über dieser Stadt von Mürrischen.

So lagen die Dinge, als Sturreganz kam.

Jahrmarkt

Eines Tages erschien auf der Stadtpolizei ein Mann, fremdländisch von Wesen und seltsam gekleidet. Er trug lange Schnabelschuhe, schwarzseidene Strümpfe, schwarzsamtene Pluderhosen, schwarzes Jabot mit schwarzen Knöpfen, schwarze Halsbinde und eine schwarze Kopfbedeckung in Form eines Zuckerhutes mit steifem flachem Rand. Dieser Mann, obwohl er sich nur als wandernder Schauspieler legitimierte, flößte durch eine Sicherheit und Würde der Haltung, wie sie nur weitgereiste Leute zu haben pflegen, einen gewissen Respekt ein, und da er dringliche Empfehlungen der Erzbischöfe von Köln und Trier sowie des Herzogs von Nassau vorwies, konnte sein Ansinnen nicht gut abschlägig beschieden werden, zumal er sich bereit erklärte, jede geforderte Gebühr zu entrichten und eine Kaution von fünfzig Talern zu erlegen. Er schien sich auch sonst in nichts weniger als ärmlichen Umständen zu befinden, da er im ersten Gasthof der Stadt Quartier genommen hatte und mit zwei Dienern reiste, die zugleich sein Hilfspersonal waren.

Das Ersuchen ging dahin, daß man ihm erlaube, während des Jahrmarkts in einem fliegenden Theater, das er zu dem Behuf erbauen wollte, Vorstellungen zu geben. Auf die Frage, von welcher Art die Vorstellungen seien, entgegnete er: von komischer Art, doch sagte er dies wie einer, den tiefer Kummer bedrückt, in solchem Grabeston und mit solcher Leichenbittermiene, daß der Polizeigewaltige, der noch nicht zu den ganz Abgestorbenen gehörte, sich eines säuerlichen Grinsens nicht erwehren konnte und zu der Überlegung gelangte, das Wagnis könne allzugroß nicht sein; leichtfertige oder im Sinn der Verordnungen sonstwie unstatthafte Wirkungen seien von dem Melancholikus nicht zu gewärtigen. Auch hatte, seit die strengen Vorschriften ergangen waren und jedem Bewerber Schwierigkeiten gemacht wurden, der Zuzug von Gauklern, Zauberkünstlern, Quacksalbern, Schlangentötern und ähnlichem Volk zum herbstlichen Jahrmarkt fast völlig aufgehört; deshalb glaubte man diesmal milder verfahren zu dürfen und gewährte die erbetene Bewilligung.

Drei Tage später schon erhob sich in der Budengasse hinter dem Hofgarten, etwas zurückgerückt gegen die Stände der Käser, Lebküchner, Heringsbrater und übrigen Händler, eine gefällig aussehende Bretterbude, die etwa zweihundert Menschen fassen mochte, an deren Giebel auf roter Leinwand mit riesigen schwarzen Lettern das Wort «Sturreganz» prangte.

Die Leute gingen vorbei, sahen hinauf, kehrten um, blieben stehen, murmelten das Wort vor sich hin, wiegten die Köpfe und fragten einander: Was ist das, Sturreganz? Ist's ein Ding, oder ist's ein Mensch? Ihre verdrossene und apathische Neugier erhielt einige Aufklärung durch den Zettel, der alsbald an einem Pfosten aufgehängt wurde und auf dem einige mißtrauisch Herzudrängende folgendes lasen: «Einem hochlöblichen hiesigen Publico sowie einem hohen Adel diene zur geneigten Kenntnis, daß der weitberühmte, bis über die Grenzen des bekannten Erdkreises hinaus geschätzte Sturreganz, Liebling mächtiger Potentaten, Leib- und Kammerartist Seiner Hoheit des Herzogs von Nassau und des Grafen von Bentheim, Freund der Götter und Schrecken der finstern Geister, sich heute abend um sechs Uhr zum erstenmal die Ehre geben wird, in seiner unerreichten Darstellung als Teufel Asmodei aufzutreten und sich dero Gunst und Augenmerk zu rekommandieren.

Zahlreiches und pünktliches Erscheinen ist erwünscht. Erster Platz drei Groschen, zweiter Platz zwei Groschen, dritter Platz ein Groschen.»

Man rümpfte ungläubig und abschätzig die Nase, hielt es für Prahlerei und Unfug und ging weiter. Gegen sechs Uhr abends, als noch die Lichter in den Verkaufsbuden brannten, eine lange Zeile von Kerzen in farbigen Papierhüllen oder bunten Glasgehäusen, trieben sich ein paar Menschen vor dem Brettertheater herum, unentschlossen, argwöhnisch, die Münzen in den Lederbörsen zählend und abermals zählend und zwischen den Fingern reibend, vorsichtig um sich schauend, schamhaft den Schatten suchend, und schließlich waren es im ganzen vielleicht dreißig oder fünfunddreißig Personen, die sich der Kassa näherten, ihre Groschen hinlegten und hinter dem scharlachroten Vorhang verschwanden. Das war alles; dann blieb der Platz vor dem Theater verödet.

Es geschah jedoch, daß etwa um halb sieben Uhr der Dichter Uz vorüberging, der beim Justizkollegium angestellt war und um diese Zeit sich auf dem Nachhauseweg befand. Er war ein würdiger Greis und als Poet eine Zierde der Stadt, die sich freilich keinen Pfifferling um ihn scherte. In angestrengtes Sinnen verloren, denn er dachte gerade über ein verwickelt gereimtes Madrigal nach, wollte er eben die Gasse vor der Theaterbude überqueren, als seine Aufmerksamkeit durch eine Reihe von wunderlichen Geräuschen abgelenkt wurde. Zuerst klang es wie das Gemecker vieler Ziegen; von dem unterschieden sich dann brüllende und quietschende Töne; dann kam eine Salve, als ob Kieselsteine auf ein Schindeldach regneten. Staunenswürdig; es war Gelächter! Es war hohes, sonores, dumpfes, breites, keuchendes, schmetterndes, von Sekunde zu Sekunde anwachsendes herzhaftes Gelächter! Mitten in der Stadt Ansbach, abends um dreiviertel sieben: Gelächter. Gelächter vieler Menschen. Unerhört. Der Gedanke blieb im Hirn stecken. Das lyrische Gleichnis zerfiel. Das Madrigal zerstob seifenblasenhaft.

Gelächter!

Man sah es geradezu vor Augen, wie sie sich bogen da drinnen; wie die Hälfte sich blähten gleich Blasebälgen; wie die Mäuler zu Schlünden wurden mit bleckenden Zähnen. Es war etwas Außerordentliches, etwas völlig Neues, seit Jahren Unbekanntes, und es mußte ergründet werden. Der Dichter, zögernd noch immer, trat an den Kassaverschlag, in dem ein betrübter Jüngling kauerte, entrichtete, nicht leichten Herzens, den Einlaßgroschen, und der rote Vorhang entzog seine hagere Figur dem Nebel des Oktoberabends.

Als dieser Elegiker und sorgenbeschwerte Mann eine Stunde danach mit den andern drei Dutzend Menschen das Theater verließ, war er vor Lachen in Schweiß gebadet gleich den andern. Es gluckste noch nachschütternd in seiner Kehle. Er rang nach Atem. Die Seiten schmerzten, der Magen kollerte, der Gaumen war wund.

Niemals hatte er dergleichen erlebt, es nie für möglich gehalten. Die Frage entstand: Wer war Sturreganz? Ohne Zweifel ein Phänomen; ein Unikum; ein Weltwunder. Man mußte Uz sein und sich so viel gegrämt haben im Leben, so viel Bitterkeit gefressen, so viel Ungerechtigkeit und Schläge des Geschicks erlitten haben, um das zu begreifen.

Wer war Sturreganz? Wo kam er her? Wer hatte je von ihm vernommen?

Völlig aus dem Gleichgewicht geraten, suchte Uz am selben Abend noch Bekannte auf, Imhofs und den Sanitätsrat Merklein. Er redete, berichtete, war aufgeregt, befeuert, außer sich, verstieg sich zu einem Enthusiasmus der Ausdrucksweise, der in befremdendem Gegensatz zu seiner gewöhnlichen kargen Gemessenheit stand. Er zitierte Worte; er ahmte, so gut er es vermochte, Bewegungen nach, schilderte die Mimik, die Haltung, die Gangart, die Stimme des überwältigenden Komödianten, nannte ihn volksmäßig und erhaben, mysteriös und für ein Kind verständlich und erzeugte schließlich in allen, die ihn anhörten, eine unbezwingliche Neugier und Ungeduld, den Mann ebenfalls zu sehen.

Jeder einzelne unter den Theaterbesuchern dieses Abends verbreitete die Kunde auf seine Weise. Jeder einzelne, bis zum Handlungsreisenden und Diurnisten herab, gebärdete sich auf seine Weise toll. Die Folge war, daß sich am nächsten Abend lange vor Beginn der Vorstellung eine beträchtliche Menge vor der unscheinbaren Bude angesammelt hatte und der betrübte Jüngling alle Hände voll zu tun bekam. Nachdem die Leute eingelassen waren und der rote Vorhang sich herabgesenkt hatte, blieben noch etwelche außen stehen, die zwei oder drei Groschen doch nicht dransetzen wollten oder hofften, sie könnten auch so, wenn sie nur die Ohren recht spitzten, etwas zu hören kriegen. Ihnen gesellten sich dann die Budenbesitzer zu, neidisch über die guten Einnahmen des Fremdlings, ferner eine Anzahl Gassenjungen, Herumstreicher, Mägde aus den benachbarten Häusern; die buntmaskierten Kerzen beleuchteten ihre lauschenden Mienen, und alle die bösen und ärmlichen oder mißgünstigen oder vermagerten Gesichter, blaß und unfroh eins neben dem andern, verwandelten sich schon bei dem ersten Lachsturm, der aus der Bude schallte, recht sonderbar; es war, wie wenn man Weizen unter eine Hühnerschar wirft, wobei sie sämtlich die Köpfe zusammenstecken und picken. So pickten auch die das Lachen auf, wie gefräßige Hühner. Sie vernahmen nichts als das immerfort anschwellende Gelächter; erst wie Gewehrgeknatter, dann wie Trommelgewirbel; dann eine Kanonade; dann Stille; abermals eine Kanonade; jauchzendes Weibergequietsch; Händeklatschen; wütenderes Händeklatschen; Johlen; ein unnennbares Gebrüll plötzlich; es schien, als müßten sie sich den Bauch halten, als fürchteten sie zu platzen. Und die Zaungäste spitzten die Lippen, feixten, stellten sich, obschon es ja zwecklos war, auf die Zehen; ein paar lachten sogar laut mit. Es strömten beständig neue herzu, sie schlichen näher, beugten sich vor, knipsten mit den Fingern und schlugen einander auf die Schulter, wenn wieder das Donnergepolter der beglückten Kehlen drinnen losging; endlich löste sich bald der, bald der aus den Reihen, schob seine Münze auf das Kassabrett und beeilte sich, hinter den Vorhang zu kommen.

Am dritten Abend wurde bereits um die Plätze gerauft. Drei Polizeimänner, berufen die Ordnung zu wahren, sahen ihre Machtlosigkeit ein. Man schickte um die Schloßwache. Die Leute stießen und drängten sich dermaßen, daß der Beginn der Vorstellung um eine halbe Stunde verschoben werden mußte. Auch Notabilitäten hatten sich schon aufgemacht, um Sturreganz zu sehen. Für sie waren besondere Plätze reserviert sowie eine besondere Eingangspforte. Sie erschienen, und sie mußten zugeben, daß die Fama weder gelogen noch übertrieben hatte. Es gab keinen Einwand vor diesem Allesniederwerfenden, keine zimperlichen Bedenken, sie wurden gepackt und in den kochenden Krater des Gelächters gerissen. Sie sprachen von nichts anderm als von ihm, sie kicherten in ihren vier Wänden noch, sie verkündeten das Ungewöhnliche unter ihren Freunden, aus den Gütern der Umgegend fuhren Familien in die Stadt, um Sturreganz zu sehen, und mußten oft tagelang warten, bis sie Zutritt fanden.

Denn der Andrang steigerte sich mit jeder Vorstellung. Es gab Leute, die keine einzige versäumen wollten und sich schon frühmorgens vor dem Theaterchen postierten. Sie ließen die Arbeit liegen, sie kümmerten sich nicht um ihre Angelegenheiten, und sie hätten die Hälfte ihrer Ersparnisse geopfert, wenn sie nicht anders als um diesen Preis zu Sturreganz hätten gelangen können. Schneider, Barbiere, Goldschläger, Maurer, Amtsschreiber, Köche, Küchenjungen, Viehhüter, Hökerinnen, Krämerinnen, Ladenmamsells waren darin eines Sinnes mit Lehrern, Richtern, Doktoren, Gymnasiasten, Fräuleins und Edeldamen. Es ereigneten sich Szenen, wo einer Hauptmannsgattin beim Streit um den Einlaß der Chignon vom Kopf gezerrt wurde oder einer ehrbaren Jungfer der Rock vom Leibe. Die Obrigkeit streckte die Waffen, da durch ihr Einschreiten immer die eine oder andere hochgestellte oder beamtete Person kompromittiert wurde. Sie ließ Sturreganz weiterspielen, auch als nach einer Woche der Jahrmarkt zu Ende und die Frist abgelaufen war, und zwar ebenfalls auf die Fürsprache hochgestellter und beamteter Personen.

Was soll daraus werden? fragten vorsorgliche Lenker des Gemeinwesens. Es bestand Gefahr, daß die ganze Stadt auf diese Weise zum Narrenhaus wurde.

Unterm Mond

In der Tat war schon nach Verlauf jener Woche eine bemerkenswerte Wandlung geschehen.

Gesittete Bürger standen bei hellichtem Tag mit verblasenem Schmunzeln vor ihrer Haustür. Sehr würdige Männer, von denen Gravität durchaus unzertrennlich war, bohrten unversehens das Kinn in ihre Vatermörder und gluckerten wahnsinnsartig vor sich hin. Eingefleischte Hagestolze gebärdeten sich auffallend munter. Bärbeißige Familienväter begannen mitten in der Mahlzeit loszuprusten, wenn ihnen die Erinnerung ein Sturreganzsches Wort, eine seiner unwiderstehlichen Maulverrenkungen auffrischte. Zanksüchtige Weiber zeigten sich zahm beim bloßen Zurückdenken etwa an das zwerchfellerschütternde Gespräch, das er mit einer als böse Sieben verkleideten, blöd glotzenden Marionette geführt. Philosophisch gestimmte Geister wankten in ernsthaften Überzeugungen, und unverbesserliche Schwarzseher sahen sich ohne Groll um die Geltung bewährter Maximen betrogen. Die Nörgler hörten auf zu nörgeln, Neidhämmel hatten ein umgängliches Wesen, Übelredner hielten die Zunge im Zaum, schlechter Geschäftsgang war für eine Weile vergessen, Streit vergessen, Widrigkeit vergessen, und wen der alte Jammer wieder zu zwicken drohte, der holte sich bei Sturreganz die heilende Mixtur.

Der Sonntagabend, an dem Sturreganz das alte Possenspiel «Der unsterbliche Esel» aufführte, er hatte sich hierzu mehrere Komödianten von auswärts verschrieben, da den markgräflichen die Mitwirkung nicht verstattet wurde, trieb die Woge zunächst empor. Während der Szene, wo er als gefoppter Hahnrei den Liebhabern seines Weibes die Leviten liest und jedem einzelnen ein endloses Sündenregister vorhält, fielen Menschen im Zuschauerraum vor Lachen buchstäblich von den Bänken herunter, wälzten sich auf dem Boden und schlugen mit Armen und Beinen um sich. Wohlerzogene Frauen stießen wahre Tierschreie aus, Matronen gluckste und schluchzten, vertrocknete alte Männer wieherten und wischten sich die Tränen von den Backen, Füße trampelten, Hände erhoben sich gegen die Bühne, um den Mitleidlosen zu beschwören, daß man nicht weiterkönne, daß man nur noch jappte; es war ein Gebell, Gekreisch, Gewimmer, Gestöhn, Gebrüll, Geseufz und Gekeuch wie in einer Folterkammer, und als der Vorhang fiel und die Leute das Theater verließen, sahen sie zunächst entkräftet und schlottrig aus, obgleich ihnen im Innern wohl und glückselig zumute war.

Hunderte hatten gewartet, die in die vollgepfropfte Bude nicht hatten kommen können, und hatten, wie es nun schon üblich geworden war, ihr Labsal beim Anhören des Lachorkans gefunden. Sie zogen mit den andern heimwärts und ließen sich erzählen, schwelgten in deren Nachgenuß, schmiedeten Pläne, wie morgen ein Platz zu gewinnen war.

Den Tag über hatte die Sonne warm geschienen, und der Abend war südlich mild. An Schlaf war nicht zu denken. Sie blieben vor den Haustüren stehen, Schlüssel wurden ins Schloß gesteckt und wieder herausgezogen, niemand wollte das tagbeschließende Wort sagen, niemand hatte Lust, in die muffigen Stuben zu kriechen, sie gingen weiter, wählten die Hauptgasse zur nächtlichen Promenade, und diese war alsbald so bevölkert wie an Marktvormittagen.

Fenster oben und Fenster unten wurden geöffnet. Die Frau Hofsekretärin beugte sich so weit über das Sims, daß ihr prächtig entwickelter Busen keine Heimlichkeit mehr blieb. Die Frau Landrätin hatte eben, Hemd über dem Kopf, die verborgenen Partien ihres Körpers nach Flöhen abgesucht; als sie das Gemurmel und Gekicher vernahm, kleidete sie sich wieder an. Rufe schallten straßauf, straßunter, Fragen, Begrüßungen, zerstückelte Berichte; ja, da hättet ihr dabeisein sollen; freilich, das war mal eine sonderliche Sache, so was hat keiner noch erlebt. Junge Burschen erhoben sich auf die Zehen und lugten abenteuersüchtig durch einen Rolladenspalt. Der Herr Rentamtmann winkte aus einem Erker dem Herrn Regimentszahlmeister; der Oberjäger Fritsch warf aus dem dritten Stock eine Nürnberger Zeitung auf die Gasse, worin lang und breit über Sturreganz geschrieben war und daß er im vorigen Jahr am Rhein das ganze Volk in Taumel versetzt habe. Man riß einander das Blatt aus den Händen; schließlich erwischte es ein Student, stieg unter einer Öllaterne auf einen Prellstein und las es mit schallender Stimme salbungsvoll vor. Sturreganz; das bloße Wort behexte. Eine junge Magd wollte durch ein erdgeschössiges Fenster ins Freie kommen; sie verlor beim Herausklettern den Halt, fiel mit dem Kopf voran aufs Pflaster und machte aus ihren gehüteten Schätzen ein öffentliches Schauspiel. Im lüsternen Schatten standen Magister Brunnenwasser und

Jungfer Hesekiel; geschwind und lustig entflohen andere durch verschwiegene Türen. Der Mond kam über die Dächer und wunderte sich.

Dann geschah es, daß die Metzgerin Frühwald und der Sattlermeister Simson Arlacher aus ihrem Haus einen langen Tisch mitten auf die Gasse trugen. Kinder und Gesinde brachten Stühle, Leuchter, Krüge und Pokale; die Krüge füllten sie mit Bier, die Pokale mit Wein. Vorübergehende wurden aufgefordert, Platz zu nehmen, und hierzu bedurfte es vieler Bitten nicht. Das Beispiel fand fröhliche Nachahmung. Eine Viertelstunde später stand die ganze Gassenzeile entlang Tisch an Tisch, Leuchter an Leuchter, und in den Leuchtern wurden zur höheren Festlichkeit die Kerzen angezündet, trotzdem der Mond recht hell schien. Aber das gab gute Wirkung; die Straße mit den barocken Häuserfassaden war wie ein großer Saal. Und es stand Krug an Krug, Pokal an Pokal; und Männer und Frauen, Jünglinge und Mädchen, Meister und Gesellen, Kaufherren, Handwerker, Beamte, einer saß neben dem andern in langer Doppelzeile.

Aufgeschlossen waren die Gesichter, in den Mienen mit einem Willen zum andern, einem Hinstreben zum andern, mit Lippen, die lächelten, lachten, Ungesagtes zu sagen begehrten. Vom Tisch bei der Schranne sprang ein Lied auf; ein zweites folgte; der Zunftvorsteher Sittig hatte sein schönstes Silber aus dem Haus gebracht und wies es mit Kennerstolz; einer ließ Taler klingend über den Tisch rollen, als hätte er keine Ursache mehr, seinen Reichtum zu verbergen; einer erzählte von Wanderfahrten; einer umarmte sein Weib und schmatzte die Kreischende ab; einer rief: «Von heut ab soll es anders werden mit unserm Leben!» Große Körbe mit Äpfeln wurden herumgeboten; ein zwölfjähriger Junge leerte vom zweiten Stock einen Sack Nüsse auf die Gasse, daß das Geknatter eine Weile alles übertönte; eine Laute spielte da, eine Flöte oder Mundharmonika dort; Verabredungen wurden getroffen, Erinnerungen ausgetauscht, gebrochene Freundschaften erneuert, alte Feindseligkeit vergessen; das waren dieselben Bürger nicht mehr, die mürrisch und polizeifromm die Tore schlossen, eh der Wächter den ersten Rundgang antrat; das war dieselbe Stadt nicht mehr, die zu schlafen pflegte in der Nacht, bei Sternen- und bei Regenhimmel.

Waren sie sich selber schon Wunder genug, so sollten sie doch noch unerwartet Wunderbares erleben. Wer seine Gleise verläßt, dem lohnen es die Augen. Unter der Zipfelmütze waren ihnen nicht einmal Träume solcher Art gekommen.

Es trat aus dem engen Adlergäßchen plötzlich ein Mann, der ein sieben- oder achtjähriges Kind auf den Armen trug. Dieser Mann war völlig schwarz gekleidet; Strümpfe, Pantalons, Rock, Halsbinde, der ungewöhnliche kegelförmige Hut, alles schwarz. Er schien nur Augen zu haben für das Kind, das er trug; er sah nichts von dem nächtlichen Fest der Gasse, nicht die tafelnden Bürger, nicht ihre Lichter, nicht ihre Neugier; das Kind lag mit dem Köpfchen an seiner Schulter und streichelte bisweilen mit furchtsamem Lächeln seine Wange, fast nur, als wolle es sich überzeugen, daß das wirklich ein lebendiger Mensch sei, der es auf den Armen hielt, und so zärtlich hielt, so sorgsam, so sanft, so stark; bisweilen aber beugte es sich vor und zur Seite und blickte auf das Pflaster hinunter; und siehe, was war das? Ein Bild, seltsam und unglaubhaft, gruselig und erstaunlich: Mäuse liefen da; ein ganzer Zug von Mäusen; unzählbar; Hunderte und aber Hunderte liefen hinter dem Schwarzgekleideten her, umraschelten seine Füße, und das Mädchen lachte still zu ihnen hinab. Als die Frauen dies gewahrten, stießen sie Schreckensschreie aus; die Männer erhoben sich von den Stühlen und Bänken und starrten dumm-entsetzt; Kinder beugten sich über die Tische, deuteten aufgeregt, ein paar Hunde schlugen an, und währenddessen ging der Mann vorbei, die Straße hinauf, verloren in den Anblick des Kindes, und die Hunderte und aber Hunderte von Mäusen, dicht aneinandergedrängt, lautlos, zauberisch, wie mit Fäden an seine Füße gebunden, folgten ihm und verschwanden mit ihm, als er an der oberen Ecke zum Schloßplatz einbog.

Auf die Vermutung, daß der Mann Sturreganz sein könne, geriet keiner. Er zeigte sich nie; tagsüber hielt er sich in seinem Gasthofzimmer auf und ließ niemand vor sich. Auch Zudringliche von Stand, die sich ein Recht auf persönliche Bekanntschaft anmaßten, wurden abgewiesen. Man erzählte sich, daß er eines Morgens den Sanitätsrat Merklein aufgesucht und ihn um ärztlichen Rat gefragt habe, was gegen das quälende Gemütsleiden zu tun sei, an dem er seit Jahr und Tag laboriere. Der Sanitätsrat, der einen fremden Kaufherrn oder Gelehrten vor sich zu haben glaubte, sagte, er könne ihm ein vortreffliches Mittel empfehlen, er möge doch eine Vorstellung von Sturreganz besuchen, davor halte die hartnäckigste Verdüsterung nicht stand. Da habe der Patient schwermütig geantwortet: So ist mir nicht zu helfen, denn Sturreganz bin ich selber.

Sie wußten nicht, wie er aussah, und seine Leibhaftigkeit außerhalb der Bude, in der er ihnen seine Kunst zum besten gab, hatte bereits etwas Sagenhaftes. In dieser Nacht erfuhren es noch viele, die ihre Wißbegier und die Erregung über den Mäusegang nicht unterdrücken konnten. Während die älteren, abgekühlt und ein wenig durchschauert von dem Gesehenen, die Gegenstände der improvisierten Lustbarkeit hinwegräumten und sich in die Häuser zurückzogen, über die auf der einen Seite ein samtiger Schattenmantel, auf der andern ein gelbfließendes Gewebe von Mondlicht fiel, machte sich eine jugendliche Schar auf, um dem Manne nachzueilen. Sie sahen, daß er am Tor des Gasthofs Zum Stern läutete, daß aber der Knecht, der ihm öffnete, zurückprallte und das Tor wieder zuschlug, als er die Mäuseflut gewahrte, daß er zum zweiten Mal und ungestümer läutete, daß dann der Wirt kam, ihm den Einlaß gleichfalls verweigerte, daß die Stadtwache sich einmengte, und als sie an Ort und Stelle waren, liefen schon von allen Seiten Leute herzu.

Fingerling

Daß Beckchen Taube mit drei Jahren in das Pescanellische Institut kam, ist schon bekannt. Madam Heberlein hatte sie eines Tages kurz entschlossen hingeführt, weil sich niemand ihrer annehmen wollte. Bankert und Komödiantenkind: beides war zuviel.

Der Verwalter schüttelte den Kopf. In so frühem Alter hatte man noch keine im Haus gehabt. So zart und gebrechlich überdies, die verdarb einem ja, wenn man sie anfaßte. Mochte sie immerhin versprechen, eine niedliche Person zu werden, darüber verhandeln ließ sich erst in ein paar Jahren. Dann müsse das arme Balg auf der Gasse krepieren oder auf den Schindanger geschafft werden, erklärte Madam Heberlein, da es ja ein Waisenasyl oder sonstige Versorgung in der Stadt nicht gebe; sie selber sei mit sechsen gesegnet und habe Not, die Mäuler zu füttern. Möge sie tun, was ihr beliebe, war die Antwort; das Institut sei seit neuestem ohnehin auf schmale Bezüge gesetzt und könne bei fortdauernder Kalamität leicht aufgelöst werden.

Selbst Eingeweihte munkelten mehr, als sie wußten, daß der Name Tanzschule längst nur noch das unverfängliche Aushängeschild war; die eigentlichen Ziele wurden mit Umsicht und Vorsicht vor den Augen der Welt verschleiert. Es hatte sich ergeben, daß der Marchese sich das Beispiel seines Herrn insofern zunutze gemacht hatte, als er den von ihm erkannten Wert von Menschenware nach seiner Weise in klingende Münze umsetzte. Er hatte den Ehrgeiz nicht mehr, die heranwachsenden und zum Liebesdienst tauglichen Rekrutinnen für unbestimmte Zeit und ungewissen Zweck aufzusparen, sondern verlegte sich darauf, sie bei günstiger Gelegenheit zu verschachern. Allerdings konnte der Handel nicht so in großem Maßstab betrieben werden wie der des Markgrafen, war auch nicht gleicherweise geschützt durch die Machtvollkommenheit des unumschränkten und unverletzlichen Gebieters; somit waren die einzuschlagenden Wege dunkle Wege. Aber war am gehegten Spalier eine Frucht reif geworden und gelang es, sie am richtigen Ort in die richtigen Hände zu spielen, so war der Profit beträchtlich, und die verschwiegenen Helfer wurden gut bezahlt. Was wollt ihr, Fleisch ist Fleisch; ob es Gott wohlgefälliger war, wenn man es dazu zwang und dressierte, unter Kartätschenhagel eine Festung zu stürmen oder den Großmogul und den Khan in der Walachei zu vergnügen, konnte erörtert werden, Gewissensbisse verursachte es nicht.

Was die Früchte und das Reifwerden betraf, war die gärtnerische Obsorge gering. In der Hauptsache verließ man sich auf die gütige Mutter Natur, die damals bei den Menschen einen gewaltigen Stein im Brett hatte. Die sich verheißend entwickelten, wurden betreut und nach Kräften geschont. Doch man lebte nicht in Toskana, sondern unter einem rauhen Himmel ohne aphrodisische Gaben. Solche, bei denen nur auf kärglichen Ertrag zu rechnen war, mußten nähen, sticken, flicken, scheuern, Körbe flechten, Glasperlen fädeln und Flachs verspinnen. Zweimal zwei Stunden wöchentlich kam Maître Herbois, der Tanzlehrer, und wendete redliche Mühe auf, damit das Firmenschild nicht ganz zur Lüge werde. Auch hier waren die Talente spärlich; das markgräfliche Ballettkorps hatte bis jetzt keine nennenswerte Bereicherung erfahren. Der Marchese sagte, die Frauen in diesem Land kämen mit Mammutfüßen auf die Welt.

Es fügte sich, daß Madam Heberlein, als sie das Haus

verlassen wollte, ein Gespräch mit der Pförtnerin anknüpfte und dieser ihr Leid klagte oder des Kindes Leid, das sie an der Hand nach sich zog. Zuweilen fällt ein Strahl des Erbarmens in die verfinstertsten Seelen; die Pförtnerin musterte Beckchen mit günstigen Augen; die rosigen Wangen und der offene Blick des Kindes gefielen ihr; sie sagte, wenn ihr der Verwalter die Kostzulage bewillige und ihr Mann nichts dawider habe, wolle sie das Wurm bei sich behalten. Der Verwalter erklärte sich nach langem Bitten bereit, der Mann maulte und gab sich schließlich zufrieden, und Beckchen hatte eine Zuflucht. Die Pförtnerin war ein verlottertes Frauenzimmer und lebte mit dem Trunkenbold von Mann in kinderloser Ehe. Die gutmütige, vielleicht auch nach einem so jungen Wesen sehnsüchtige Regung, die sie bestimmt hatte, Beckchen aufzunehmen, verflüchtigte sich bald, und das Kind ward nichts weiter als ein Stück Hausrat, das man von einem Winkel in den andern schiebt und vergißt.

Es schlief in einem dunklen Verschlag zwischen Treppe und Keller. Es war immer schmutzig, immer hungrig und immer allein. Manchmal putzte es sich am Brunnentrog das Gesicht, manchmal schlich es in die Küche und las einen Brocken auf oder kratzte eine Schüssel aus, aber Gesellschaft war nicht zu finden; das Haus unterlag strenger Absperrung; der Altersunterschied auch gegen die jüngsten Pensionärinnen war zu erheblich, auch stand Beckchen in der Rangordnung der Geschöpfe tiefer noch als selbst die letzte.

Beckchen lernte schwer sprechen, dafür lernte es, sich in verlassene Ecken zu schmiegen und sich vor den groben Gliedmaßen und plumpen Schritten der Erwachsenen eidechsenflink in Sicherheit zu bringen. Eidechse, das war das Gleichnis für ihr Sein, ihre Gestalt und ihr Tun. Wie die Eidechse hatte sie ihre Schlupflöcher und Verstecke. Der gelenkigste Knabe hätte dorthin nicht dringen können, wo sie mit ihrem winzigen Körper mühelos sich barg. Zwischen Balken und Brettern, so dicht sie standen, war immer noch Raum für sie; in einem zerfallenen Regenfaß, in einer Mauerbresche, hinter einem Schrank, in der schmalsten Dachluke und unterm Herd, wo Holz geschichtet war. Sie vermochte sich in einer Weise unscheinbar zu machen, daß die Leute, ohne sie zu gewahren, vorbeigingen, wenn sie auf dem Treppenabsatz oder neben der Torschwelle kauerte, und richtete einer das Wort an sie oder wollte sie anrühren, so war sie entschlüpft, eh er es recht wußte.

Der Trunkenbold starb, die Pförtnerin verzog ins Schwäbische, eine neue kam, und nun kümmerte sich überhaupt keine Seele mehr um Beckchen. Die Küchenmagd stellte ihr eine Schüssel mit Brotsuppe aufs Anricht, und Stücke Brot trug sie in der Tasche herum und knabberte daran, wenn sie der Hunger überkam. Fiel ihr das Kleidchen in Fetzen vom Leibe, so war es wieder die taubstumme Magd, die einen andern Fetzen beschaffte, zusammengestückelten Abfall und Wegwurf, der dann ein paar Monate die Blöße verhüllte und vor der schlimmsten Kälte schützte. Die stumme Magd war der einzige Mensch, mit dem Beckchen redete, und aus der Bemühung heraus fand sie die Worte und gewann neue Worte, sonst hörte sie nur, was aus Türen und Fenstern drang, was an Schall und Schrei durch die Gasse lief, was hinter den Wänden murmelte, klagte und schalt.

Aber sie liebte es, zu sprechen. Da niemand mit ihr plauderte, plauderte sie mit sich selbst. Auf der obersten Stiege, wo Spinnweben das Geländer überzogen, war sie schon weit von Menschen fort und hielt ihre Selbstgespräche, in denen es sich um Gelüste handelte, Gelüste nach gutem Essen und schönen Kleidern und nach einem Bett, wie sie es bei der Verwalterin gesehen. Erwägung, wie es wäre, wenn das und das geschähe, das Haus umstürzte, die Sonne verlöschte, Spinnen fliegen und Steine gehen könnten, dumpfe Vorstellungen von Wandlung der Dinge, Zauberei in den Dingen. Vater und Mutter hatte sie vergessen; von dieser war nur Erinnerung an ein weißes Gesicht im Sarg verblieben; von jenem etwas unendlich Fernes und Gestaltloses in einer Region, wo es keine Namen mehr gab.

Das mit den Mäusen begann, als sie fünf Jahre alt war. Da lag sie einmal krank in ihrem Verschlag, der ein wenig Licht von der Seite erhielt und am Abend sogar durch ein Öllämpchen neben der Stiege. Aber auch in der Dunkelheit konnten ihre Augen alles sehen; die Nadel in der Dielenritze hätten sie entdeckt. Es geschah, daß eine Maus an ihr Lager kam, hin und her trippelte, stehenblieb, sie mit den schwarzen Perlchen von Augen beguckte, den Schwanz ringelte, sich auf das Hinterteil setzte und im ganzen sich merkwürdig vernünftig betrug. Nach einer Weile erschien eine zweite und wieder nach einer Weile eine dritte. Beckchen freute sich der lebendigen Kreaturen, doch hütete sie sich, die Freude durch heftige Bewegung zu zeigen; beim vorsichtigsten Laut aus ihrem Munde flüchteten sie schon. Aber dann kehrten sie zurück; Beckchen streute ihnen Brotkrumen hin; das flößte Vertrauen ein; es kam eine vierte, eine fünfte, und die erste wurde nun so kühn, daß sie den Teller erklomm, der noch von Mittag dastand, und den Suppenrest aufleckte.

Von da ab stellte sich Beziehung her und wurde dauernd und fortwirkend, als sei eine magische Kraft in dem Kind, als bekräftige sich dadurch ihre Entfernung von den Menschen. Wenn sie sich niederlegte, schlüpften die Mäuse aus den Spalten, zuerst sechs, acht, zehn, dann ein Dutzend und mehr. Sie wußte einen dünnen, gedehnten, pfeifenden Ton, auf den sie hörten, der sie sicher und zutraulich machte. Sobald sie das Kribbeln, Trippeln und Rascheln vernahm, lächelte sie, und wenn die glitzernden Augen ringsum auftauchten und wie zwergenhafte Irrlichter hin und her huschten, legte sie sich platt auf den Bauch und sah stille zu. Kam der Schlaf, so schloß sie ruhig die Augen, und wenn sie erwachte, brauchte sie nur zu pfeifen, und schon zwängten sie sich aus den Löchern.

Allmählich wurde es so, daß an allen einsamen Orten, wo sie sich niederließ, Mäuse um sie waren. Es ist nicht nur die Möglichkeit, sondern auch die Tatsache solcher Verhältnisse verbürgt, so selten sie auch in Erscheinung treten. Die Sage weist darauf hin, und unter den vielfachen Kräften, die in Menschenseelen versenkt sind, ist diese die geheimnisvollste bei weitem nicht. Es gab im Odenwald eine Pächterin, die die Vögel in der Luft zu sich rufen konnte und alles Getier, das sich im Forst verborgen hält, auch das scheueste, Rehe, Füchse, Marder und Wiesel, und es wird von einem Jüngling im Elsaß erzählt, daß er eine unerklärliche Anziehung auf Fische übte, die ihm in unabsehbaren Scharen folgten, wenn er über den Rhein schwamm. Da ist ein Ruf im Blut und schlummernde Erinnerung an das Eins-sein aller Urnatur, die gebietet: du sollst nicht wissen, du sollst nicht vergleichen, und du sollst dich nicht sondern. Beckchen gewahrte mit Lust, daß ihre Anhängerzahl sich von Monat zu Monat vermehrte. Abgesandte aus dem Innern der Erde, Wesen, mit denen sie Zwiesprache halten konnte und über die sie Macht gewann. Die Menschen, unter denen sie fast unbemerkt und ungesehen lebte, erlangten keine Kenntnis von alldem, sonst wäre ihres Bleibens im Hause wohl nicht länger gewesen; jeder nahende Schritt, jede Stimme, jedes verdächtige Geräusch verscheuchte die Tiere, und wenn sich dann jemand von den Riesen zeigte, sah er das Kind, die kleine schmutzstarrende Kreatur mit den beständig rosigen Wangen, in einer Ecke kauern, im Hof, im Flur, in einem ausgeräumten Saal, und eigen vor sich hin lächeln, benommen, heimlich, listig lächeln. Hätte sie ihren Pfiff ertönen lassen, so wären die Mäuse trotzdem gekommen, das wußte sie, sie hatte es einmal erprobt, als sie eines Nachmittags in der Dämmerung von einigen Pensionärinnen im Tanzsaal überrascht worden war. Die großen Mädchen umstanden verwundert das winzige schmutzige Geschöpf mit dem feinen, zarten Gesicht, den leuchtenden schwarzen Augen und entzückend feingebogenen Brauen. Da hatte Beckchen nicht zu widerstehen vermocht und hatte den kaum hörbaren Pfiff ausgestoßen, und die Mäuse waren hervorgekrochen, zwanzig, dreißig auf einmal; aber kaum waren jene der ersten ansichtig geworden, als sie laut kreischend davonliefen.

Der Zwischenfall war in Vergessenheit geraten, und es kam niemand darauf, in Beckchen die Urheberin zu suchen, als die Mäuse nach und nach erschreckend überhand nahmen und zur richtigen Plage wurden. Man streute Gift, stellte Fallen, brachte Katzen ins Haus, räucherte und schwefelte die Löcher aus, vermörtelte die Ritzen; alles umsonst. Keine Kammer war mehr sicher, die Vorräte wurden angenagt, das Holz der Schränke durchbissen, Betten, Kleider, Schuhe zeigten Spuren der Verheerung, und der Zöglinge bemächtigte sich solche Angst, daß manche schlaflos wurden, ein verstörtes Wesen hatten und mit Fluchtgedanken umgingen. Auch den Aufsichtsbeamten, dem Verwalter, dem Maître Herbois und gelegentlichen Besuchern war es bänglich, wenn sie in der Dunkelheit und später sogar bei hellichtem Tag auf die wimmelnden Nager geradezu mit Füßen traten, und die Panik erreichte den Höhepunkt, als eines Nachts einer der hoffnungsvollsten Pfleglinge, eine fünfzehnjährige Brünette namens Margarete Kern, in Krämpfe verfiel, weil ihr die Mäuse im Schlaf über Gesicht und Brust gelaufen waren. Die Krämpfe wiederholten sich Nacht für Nacht, wuchsen an Heftigkeit und führten schließlich den Tod des Mädchens herbei.

Dies geschah in der Zeit, als Sturreganz schon in der Stadt war. Der Marchese kehrte eben von einer Reise zurück; er war außer sich, als ihm Bericht erstattet wurde, und befahl strengste Untersuchung und tätige Abhilfe. Es wurde vorgeschlagen, ein anderes Asyl für das Institut ausfindig zu machen, denn die Mädchen weigerten sich, im Dunkeln zu bleiben, wollten nicht mehr zu Bett, wurden bleich, schreckhaft und aufgeregt. Der Leichnam der jungen Margarete lag noch im Haus; das Gerücht von dem Vorfall hatte sich verbreitet und gab zu schlimmem Gerede Anlaß. Pescanelli mußte auf der Hut sein, er hatte nicht mehr viel aufs Spiel zu setzen, die markgräfliche Gunst hatte während der letzten Jahre, wo die Trübsal am Hof zu höheren Ehren kam als Munterkeit und Witz, bedenklich abgenommen; die unbedeutendste Ursache konnte der lukrativen Herrlichkeit ein Ende bereiten, darum galt es, das unangenehme Geschehnis um jeden Preis zu vertuschen, und der Verwalter erhielt den Befehl, daß die Tote in der Nacht und unter Vermeidung jeglichen Aufsehens begraben werde. Trotzdem drangen unbestimmte Nachrichten ins Schloß; es schien, daß dem Markgrafen auch sonst allerlei Abträgliches über das Institut zu Ohren gekommen war; Pescanelli, wie die meisten Abenteurer dieser Art, Feigling durch und durch und um das, was er erschlichen und erstohlen hatte, beständig zitternd, grübelte darüber nach, wie er das drohende Unwetter von sich abwenden konnte, und als er von Sturreganz und dem beispiellosen Tumult hörte, den der zugereiste Komödiant unter der Bürgerschaft verursachte, war sein Plan so gut wie fertig.

Indessen erhielt der Verwalter des Instituts am Nachmittag vor dem Begräbnis der Margarete Kern eine seltsame Botschaft oder Aufforderung. Von einem Diener, der aus dem Stern-Gasthof kam, wurde ihm ein Schreiben übergeben, in dem er trocken und kategorisch ersucht wurde, ein Kind namens Beckchen Taube, acht Jahre alt, seit seinem dritten Lebensjahr im Institut ohne eingeholte Zustimmung des Vaters untergebracht, zur selben Stunde auszuliefern. Der Brief war unterschrieben: Sturreganz im Auftrag und in Vertretung des Vaters. Beigelegt war eine mit Ludwig Taube unterzeichnete Vollmacht des Vaters.

Der Verwalter sagte, es täte ihm leid, eine Beckchen Taube befinde sich nicht in der Anstalt; man möge dies melden. Der Bote erklärte darauf, er dürfe unverrichteterdinge nicht zurückkehren, sein Herr habe ihm bedeutet, wenn er von der Komödie nach Hause komme, müsse er das Kind vorfinden, sonst geschehe Unheil. Nun geriet der Verwalter in Zorn, wiederholte seine Erklärung und fügte hinzu, selbst wenn die Genannte im Hause wäre, sei er keineswegs befugt, sie freizulassen, und ohne höhere Bewilligung enthalte er sich auch jeder weiteren Auskunft. Der Wortwechsel fand im Flur statt, als der Sarg mit der toten Margarete Kern über die Stiege heruntergeschafft wurde. Weinende Mädchen folgten, das Gesicht mit den Händen bedeckend, und eine beugte sich laut schluchzend über das Geländer. Da erschrak der Abgesandte von Sturreganz und dachte in seinem Sinn, es müsse einen schwerwiegenden und furchtbaren Grund haben, daß die amtliche Person sogar die Anwesenheit des Kindes Beckchen Taube leugne, und es könne nicht anders sein, als daß der Sarg die Erklärung dafür biete. Die Verlegenheit und das Erbleichen des Verwalters, dem dieser Zeuge des Sargtransports höchst unerwünscht war, schienen den Argwohn zu bestätigen, aber viel Muße zu schauen und zu fragen hatte er nicht mehr, da ihn der ärgerliche Majordom ohne Umstände vor die Türe schob und hinter ihm den Schlüssel zudrehte.

Der Verwalter hatte nicht gelogen. Er wußte nichts von Beckchen Taube, und niemand im Haus kannte den Namen. Beckchen führte den Namen längst nicht mehr, unter dem sie einst jene Pförtnerin aufgenommen hatte; der Name war vergessen worden, und von Beckchen zuallererst. Seit der Trennung von den Eltern hatte sie ihn nicht mehr gehört, und die Leute im Haus, wenn sie von ihr redeten oder sie riefen, nannten sie Fingerling. Irgend jemand hatte eines Tages den Namen für sie erfunden, vielleicht ihrer winzigen Gestalt wegen, und wenn man von ihr verlangte, daß sie Wasser tragen oder Scheite schichten oder Feuer zünden oder Asche auf den Kehrichthaufen werfen sollte, was häufig vorkam, hieß es: Fingerling, tu das, Fingerling, tu jenes.

So blieb ihr der Name Fingerling und löschte jeden andern Namen aus.

Die beiden

Sturreganz hatte es nicht wagen wollen, das Kind früher anzufordern, als bis der Ruf gewichtig wurde durch Leistung und Ansehen. Er hatte es vermieden, sich an die Behörde zu wenden, weil er ihre Schliche, ihre Faulheit und ihre Abhängigkeit kannte. Er war von Anfang an auf Kampf gefaßt gewesen, denn er hatte von der Mißhandlung und Verhöhnung alles Rechtes eingefleischte Erfahrung. Fest stand für ihn, daß er das Ziel zu erreichen habe, das allein ihn in diese Stadt geführt, das allein ihm vorgeschwebt in all den Jahren der Wanderschaft.

Dahinter lag viel an Schicksal. Flucht und Not und Verfolgung; Leibesnot und Geistesnot; Verfinsterung aller Dinge; Verlust alles Glaubens an Menschen und Menschheit, an Zukunft und göttliche Gerechtigkeit. An dem Tage, wo es ihm gelungen war, vor der Einschiffung im holländischen Hafen einer Sklaverei zu entrinnen, die im bloßen Gedanken schon seine Brust zu einem Sammelpunkt von Haß, Gram, Abscheu, Trotz und Verzweiflung machte, denn niemand hatte einen höheren, stolzeren, leidenschaftlicheren Begriff von Freiheit als er, an dem Tag hatte er nicht nur seinen Namen verwandelt, sondern auch sein Inneres. Das Weiche, Empfindliche, Empfängliche, Schwärmende, Sinnende, auch im Selbstspott noch Glänzende, das Zarte, Gläubige, Schwankende, Seelenhafte war abgetan, und der Mensch innen hatte einen eisernen Panzer gegen den Menschen außen, so wie der Mensch außen wieder gegen die Welt. Taube wußte nichts von Sturreganz, Sturreganz wußte nichts von Taube oder nahm ihn nicht an; der eine lebte da, der andere lebte dort, der eine zimmerte das neue Leben, der andere tilgte das alte in sich aus.

Bis auf eine ferne Gestalt. Bis auf ein Kind, das großerstaunte Augen hatte, fein- und langgeschwungene Brauen und die Figur einer porzellanenen Puppe. Im Hinblick auf dieses allen beiden zugehörige Wesen schlossen Taube und Sturreganz einen Bund und bauten einen Mittlerweg, wo sie sich trafen und verständigten. Sie nannten es in ihren Beschlüssen und düstern Träumen das Menschlein oder die Gefangene von Ansbach oder das markgräfliche Unterpfand. Es durfte nie vergessen werden, nicht einen Augenblick; mahnte Taube nicht, so mahnte Sturreganz; es war wie ein kostbares Juwel, das zur Einlösung bereit lag und für das man Kapital zusammenscharren mußte, es war der Anreiz, die Lockung zu Taten, der ununterbrochene Trieb zur Entfaltung. Es war das, worin sich alle sonst verschwendete, verworfene, verirrte, entschmückte, beleidigte Liebe vereinigt hatte. Insiegel des Wirkens und des Geschehens. Taube gab die Richtung an, Sturreganz ging den Weg; Taube stand am Kompaß, Sturreganz führte das Steuer; Taube war der heimliche, feurige, ungeduldige Regent, Sturreganz der stumme, harte, arbeitsame Verrichter. Vierzehn Monate lag Sturreganz nach seiner Flucht in der Hütte eines Nordseefischers krank; länger als zwei Jahre rang er in den Ländern der rheinischen Fürsten um Brot, um Dienst, um Stellung und Ruf; da bewährte sich Taubes glühender Geist dem Verdunkelten und Erbitterten gegenüber, seine Gabe der Erfindung und Überredung, sein schlauer, tiefer Wille. Und in der Frage, die einzig von Wichtigkeit war, faßte Sturreganz unbedingtes Vertrauen zu ihm. In allem andern erwies er sich unzugänglich und von dürrem Eigensinn, fand sogar die Doppelheit der Existenz nicht selten lästig.

Es gibt ein Etwas im Gefühl eines Vaters, das ins Ewige deutet und bei dem es um Schöpfung und den Schicksalsweg der Geschlechter geht. Es beschließt die Verantwortung in sich und die Rechtfertigung; Bestätigung vor dem nie schweigenden Frager nach dem Warum allen Tuns; Verschwisterungsangst, Wurzelangst, Gipfelangst, Hinlangen nach dem in jedem armen Ich vergrabenen Stück Unsterblichkeit.

Und es gibt ein Gebot des Bluts im Vater, namentlich der Tochter gegenüber, das ist erdhafter. Da sucht er die Gestalt seiner Frühlings- und Spätlingsträume wieder, die nie gefundene; da will er herrschen durch die Liebe und lieben durch die Macht. Da ist Besitz, unumschränkter und durch die Natur verbriefter, da besitzt er einen Menschen und in ihm sich selbst, den, der wird, an ihm, der vergeht und der in einem geheiligten Kreis seine Sinne aufhören macht zu dürsten.

Das weist die Richtung, in der jeder von den beiden ging, Sturreganz und Taube.

Höflichkeit wird Grausen

Der Diener beschloß, das Ende der Vorstellung abzuwarten, um Sturreganz den Bescheid des Institutsverwalters zu überbringen, da er mit gutem Grund die Wirkung seiner Botschaft wie der zu berichtenden Wahrnehmung fürchtete. Er ging in die Theaterbude, und als das Stück beendigt war, trat er vor seinen Herrn, entschuldigte sein langes Ausbleiben mit geschickt ersonnenen Vorwänden und erzählte dann, was er gehört und erfahren. Sturreganz sah ihn unverwandt an. Seine Augen waren sonderbar; sie glichen zwei leeren Löchern im Kopf und hatten weder Glanz noch Ausdruck. Er möge ihn begleiten, sagte er zu dem Mann, verließ mit ihm das Theater durch das Bühnenpförtchen und schlug den Weg nach dem Institut ein, der ihm wohlbekannt war.

Angelangt, stiegen sie ein paar zertretene Steintreppen empor, und Sturreganz rüttelte an einem verrosteten Glokkenzug. Es schallte aber keine Glocke. Er pochte ans Tor. Es öffnete niemand, es rührte sich niemand. Da vernahmen sie Lärm und dumpfe Stimmen von einer andern Seite des Hauses. Sie lauschten, schlichen an der Mauer entlang, zwängten sich durch die morsch auseinanderfallenden Bretter eines Zauns, kamen um eine Ecke und sahen vier Männer vor sich, von denen zwei Windlichter trugen und zwei andere mit Aufbietung aller Vorsicht den Sarg, der dem Diener solche Besorgnis eingeflößt, aus einer schmalen Tür schoben. Dies gewahren und hinzuspringen war für Sturreganz eins. Die jähe Verwandlung, die mit ihm vorging und aus dem altmodisch gekleideten, gravitätisch schreitenden Mann einen Tiger machte, erstaunte seinen Begleiter dermaßen, daß er den Kopf verlor und sinnlos um Hilfe zu rufen begann.

«Den Sarg öffnen!» befahl Sturreganz, aber da die Männer regungslos verharrten, beugte er sich selbst nieder, zerrte mit kraftvoller Faust den Deckel herunter, der nicht vernietet und nicht angenagelt war, riß einem der Lampenträger das Windlicht aus der Hand, hielt es gegen die Leiche im Sarg und trat, wie aus der Raserei erwachend, schweratmend zurück. Das tote Mädchen, mit einem Kranz von Grashalmen im Haar, sah sehr schön aus. Einige Menschen hatten sich unterdes zur Tür gedrängt, das Verwalterehepaar, die Pförtnerin, die taubstumme Magd, der im Haus anwesende Sekretär des Marchese, zwei oder drei Zöglinge, und unter ihnen auch der kleine, schmierige, verschlafen aussehende Fingerling, Beckchen Taube.

Sturreganz hatte den Blick gesenkt, nun hob er ihn wieder, sah die Leute der Reihe nach an, sah das Mädchen an, das sich an den Pfosten geschmiegt hatte, leuchtete ihm mit der Lampe ins Gesicht, streckte die Linke mit gespreizten Fingern gegen sie und sagte leise, unsicher, gequält, zärtlich nur das Wort: «Beckchen.»

Mochte sein, daß ein Strahl der Erinnerung Sinn und Herz des Kindes traf; mochte sein, daß der Ton, die Stimme, die Gebärde ihr eine unüberhörbare Mitteilung zutrug; sie regte sich, ihr Auge regte sich und antwortete; ihre Lippen regten sich und lächelten; sie schmiegte sich noch dichter an den Pfosten und wandte doch das Haupt; ihre winzigen weißen Zähne, ihre winzigen braunen Hände, ihre winzigen kotumkrusteten Füße wirkten jedes für sich und wie losgelöst im flackrigen Licht; Sturreganz reichte irgendeinem die Lampe, hob das Kind auf den Arm, flüsterte ihm Verworrenes zu, und Beckchen schaute ernsthaft denkend vor sich hin. Dem Begriff blieb nichts zu fassen, nur der Ahnung; verschollener Laut, Wirrwarr von Längstentschwundenem; zum erstenmal fühlte sie sich an einen Menschenkörper gedrückt, zum erstenmal aufgehoben und genommen. Vater, klang es; rätselhaftes Wort. Sie blickte zu der taubstummen Magd hinüber und fing auf einmal herzlich zu lachen an, und dann, in der überquellenden Freude, stieß sie den dünnen, rufenden Pfiff aus, und keine halbe Minute verfloß, da kamen sie schon aus ihren Ritzen und Löchern, aus den Gängen und Höhlen, die Mäuse, die jahrelangen winzigen Freunde, die Gespielen, die Vertrauten. Mit lockerem Schwenken des Arms winkte sie hinab wie zum Gruß oder zum Dank; die Tiere schienen zu spüren, daß es Trennung und Abschied galt, es entstand Aufruhr unter ihnen, und als sich Sturreganz mit dem Kind auf dem Arm zum Gehen wandte, liefen sie wie unter der Gewalt einer Zauberbeschwörung in grauen Scharen hinter ihm her.

Der Menschen, die es sahen, der Sargträger, des Gesindes, der Anstaltsbeamten, der Zöglinge, bemächtigte sich abergläubisches Entsetzen, um so mehr, als sie nun erkannten, wer an der Mäuseplage schuld war. Nach und nach wich die Erstarrung von ihnen; es war strafwürdiger Frevel geschehen; der Raub des Kindes war Frevel, das Öffnen des Sarges war noch schwererer Frevel; die Pförtnerin schrie nach der Polizei, der Verwalter schickte einen Mann auf die Wache, und da er durch den Brief, den er am Nachmittag erhalten, den Namen des Eindringlings erriet, setzte er dem Sekretär des Marchese den Sachverhalt aufgeregt auseinander. Sturreganz' Diener, der halb von Furcht bezwungen, halb in Sorge wegen der Folge des Unternehmens seines Herrn zurückgeblieben war, suchte die Gemüter zu beschwichtigen, doch versicherte man sich seiner Person, und als der Wachkommandant mit drei Gendarmen erschien, wurde er sogleich in scharfes Verhör gezogen. Daß der Übeltäter zu verhaften sei, war nicht zweifelhaft, und nachdem sie sich über die Natur des Verbrechens hinlänglich informiert hatte, begab sich die Polizeimacht, den Helfershelfer des Räubers und Sargfrevlers in ihre Mitte nehmend, zum Stern-Gasthof.

Dort hatte das Erscheinen Sturreganz' mit dem Mäusezug hinter sich ebensolches Entsetzen hervorgerufen wie vor dem Institut und in der Gasse der pokulierenden Bürger, aber als dann von allen Seiten Menschen herbeiströmten und lärmender Stimmentumult entstand, hatten sich die Tiere ängstlich verlaufen. Es dauerte nicht lange, bis die Polizisten auf den Plan traten, und unter neugierigem Andrängen, Rufen und Fragen der Leute brachten sie Sturreganz in das Stadtgefängnis, das nicht weit entfernt war. Er ließ alles willig mit sich geschehen, nur als man ihm das Kind wegnehmen wollte, verweigerte er die Herausgabe, und zwar in einer so entschlossenen, furchteinflößenden, ja großartigen Manier, daß dem Kommandanten Bedenken gegen anzuwendende Brachialgewalt aufstiegen und er sich darein fügte, ihm das Mädchen vorläufig zu lassen. Kaum hatte Sturreganz den Gefängnisraum betreten, als Beckchen in seinen Armen entschlief; er wollte sie nicht auf die Pritsche legen, sondern behielt sie die ganze Nacht über im Arm, sich kaum getrauend, eine Bewegung zu machen, und als das erste Frühlicht durch das vergitterte Fenster schien, erquickte er sich an dem sorglos süßen Lächeln auf ihrem Mund.

Die Kunde, Sturreganz befinde sich in Polizeigewahrsam, durchlief wie Brandgerücht die Stadt, und einer der ersten, der davon erfuhr, auf dienstlichem Wege und genügend verläßlich durch die unmittelbare Zeugenschaft seines Sekretärs bei den nächtlichen Ereignissen, war Marchese Pescanelli. Er war höchst unangenehm berührt. Die öffentliche Aufmerksamkeit auf sein Institut gerichtet zu wissen, verursachte ihm die peinlichsten Empfindungen; sodann war es gerade dieser Komödiant, den er zur Befestigung seiner gefährdeten Stellung hatte benutzen wollen. Wenn es gelang, einen solchen genialen Spaßmacher, als welcher ihm Sturreganz von Kennern geschildert worden, in die Umgebung des Markgrafen zu bringen, ihm vielleicht eine Art Hofnarrenposten zu verschaffen, war man vielleicht gerettet, denn es stand zu vermuten, daß sich die morose Strenge der Lebensauffassung, die sich der Allvermögende zu eigen gemacht, und die tierische Verstocktheit der Gemüter um ihn wirksam beeinflussen und verändern ließe. Wo in aller Welt konnte ein besserer Mittler gefunden werden? Um diesem Ziel näher zu kommen, war es notwendig, daß sich Sturreganz in einer Paraderolle bei Hof zeige, und hierzu wieder mußte man der Polizei ihre Beute aus dem Rachen reißen und die Torheit maskieren, deren sich der Inhaftierte schuldig gemacht; kein schwieriges Unterfangen in einer Stadt, deren Bürger daran gewöhnt waren, daß berechtigtes Interesse der Justiz ihren Spruch ablistete oder schnöd durchkreuzte.

Um aber den Hauptteil seines Plans ins Werk zu setzen, bedurfte der Marchese Lady Cravens Hilfe. Er säumte nicht und ließ sich bei ihr melden. Sie empfing ihn gnädig. Mit äußerster Geschmeidigkeit brachte er sein Anliegen vor. Ihn treibe die Sorge um das geistige und leibliche Wohl des geliebten Herrn; beklagenswert dünke ihn die Abkehr von den Elementen der Lebensfreude und theatralischen Zerstreuung, die einem Fürsten so heilsam sei wie die unerschütterliche Pflichttreue für den Untertan respektabel, ja zur Adoration zwingend. Demnach und in Anbetracht der schicklichen Gelegenheit gebe er zu erwägen, und so weiter; das Projekt wurde eröffnet.

Seine Tiraden langweilten die Lady bis zum Gähnen. Was er von Sturreganz sagte, erregte ihre Teilnahme. Sie hatte von ihm gehört. Sie wünschte ihn zu sehen. Freilich, was für ein abscheulicher Name; was für ein häßliches deutsches Gepolter von einem Namen. Der Marchese bemerkte bescheiden, man habe ihn belehrt, der Name sei die Verballhornung eines italienischen; in Wahrheit hieße der Mann Storregammato; auch sei er im Umgang des Französischen vollkommen mächtig, habe er sich sagen lassen, da er stets bei großen Herren gedient. Lady Craven überlegte und versprach ihre Unterstützung, doch müsse man vorsichtig verfahren, meinte sie, der Markgraf liebe es nicht, überrumpelt und vor faits accomplis gestellt zu werden; und nur wenn man des guten Ausgangs sicher sein dürfe, biete sie die Hand zu der verwegenen Intrige. Man möge ihr diesen Storregammato bringen.

Erste Folge dieses Gesprächs: Sturreganz' Entlassung aus dem Polizeigewahrsam.

Zweite Folge: Besuch Pescanellis bei Sturreganz im Gasthof Zum Stern. Der Marchese, Hofkavalier vom Scheitel bis zur Sohle, war gekommen, um Gunst zu spenden. Er ließ sich lässig auf einen Stuhl fallen, warf Bein über Bein, zog die Handschuhe von den beringten, schneeweißen Fingern, schlenkerte sie spielend in der einen Hand, dann in der andern, redete in einem hohen, singenden, larmoyanten, etwas ermüdeten, etwas verächtlichen Ton, hüstelte, zog die Lorgnette, setzte sie flüchtig an die Augen und wurde allgemach über irgendein unbestimmtes Etwas an seinem Zuhörer und Gegenüber unruhig.

Was war das für ein Mann mit zwei lichtlosen braunen Steinen im Kopf statt der Augen, einer schiefen Nase und einem Gesicht, das ebensogut das eines Siebzigjährigen wie eines Vierzigjährigen sein konnte? Und das schwarze Habit, die feierliche Miene? Doch das alles war es nicht, was den Marchese stutzig machte, sondern die Höflichkeit des Menschen war es, undurchdringliche, glatte, gleichmäßige, penetrante und abgefeimte Höflichkeit, wie ihm nie eine ähnliche untergekommen, bei Untergebenen nicht, bei Gleichgestellten nicht. Höflich lauschte er, höflich erklärte er sich mit den Vorschlägen einverstanden, höflich entwikkelte er sein Programm, höflich nannte er sein Honorar; nichts zu tadeln, nichts zu bemäkeln. Dennoch war sie wie beständiger heimlicher Hohn, diese Höflichkeit; es war etwas verborgen hinter ihr, wie wenn ein tückischer Kobold hinter einem schwarzen Vorhang kichert und grinst; sie durchstrich sich selbst, karikierte sich selbst und war dabei an keiner Stelle und in keinem Wort nur im geringsten angreifbar. Der Marchese empfahl sich ziemlich hastig, nachdem die Präsentation bei Lady Craven für den andern Mittag vereinbart war.

Dritte Folge: Sturreganz, bei Lady Craven durch Pescanelli zur Audienz eingeführt. Es dauerte diese Audienz über Erwarten lange, denn sie nahm in ihrem Verlauf eine eigentümliche Form an. Form eines Verhörs, einer Umzingelung durch hinterhältige Fragen, einer niederträchtigen Hetzjagd, wobei der Veranstalter, der Umzingler, der Fragensteller Sturreganz war, der Marchese das mit kaltem Schweiß bedeckte Opfer und Lady Craven die mehr und mehr erstaunte, mehr und mehr erblassende Zeugin. Nachdem die zur höfischen Veranstaltung unerläßlichen Vorbesprechungen erledigt waren – Lady Craven hatte vom Markgrafen gestern noch auf delikate Art die Erlaubnis zu einer abendlichen Aufführung im großen Tanzsaal erwirkt und ihn auf eine sublime Überraschung vorbereitet –, erschöpfte sich Sturreganz in einer höflichen Danksagung gegen die Lady und fügte hinzu, einen nicht unerheblichen Teil der Erkenntlichkeit für die erwiesene Gnade sei er auch dem Herrn Marchese schuldig. Er wandte sich an ihn. Er erkundigte sich, wie der Herr Marchese die Nacht verbracht habe und ob es verstattet sei, ihm ein tiefempfundenes Beileid mit dem Trauerfall auszudrücken, der sich unter seinen Schützlingen ereignet habe. Pescanelli biß sich auf die Lippen und wünschte das demütig vorgetragene Mitgefühl zu allen Teufeln. Lady Craven sah ihn neugierig an, aber Sturreganz hatte schon wieder das Wort ergriffen und beglückwünschte noch im selben Atem fast den Marchese zu der unendlich segensreichen Wirksamkeit im Dienste Terpsichores. In seiner Schwärze und mit der ganzen gefrorenen, unanzweifelbaren, gespensterhaften Höflichkeit, die dem Marchese von Sekunde zu Sekunde mehr zur Grimasse wurde, aus der er den Kern, den Sinn, die Absicht nicht herausfand, trat er näher vor Pescanelli hin und fragte mit dringlicher Wißbegier, ob sich die exemplarischen Einrichtungen der Anstalt bewährt hätten, deren Ruhm über Europa verbreitet sei; kehrte sich gegen Lady Craven und bat sie mit einer tiefen Verbeugung um Nachsicht für sein spezielles Interesse, aber er handle im Auftrag eines Höheren, der das Unternehmen schon lange mit verwundertem Auge betrachtete. Der Marchese gewann die Haltung wieder und glaubte an die Einfalt und die höflichen Argumente des Menschen; geschmeichelt leckte er seine Lippen, zur Antwort bereit, doch Sturreganz, in verehrungsvollem Eifer, ließ ihn nicht dazu gelangen, und nun kam Schauerliches. Ihm leuchte vor allem als nicht genug zu preisendes Edukationsmittel die klösterliche Zucht ein, sagte Sturreganz, und seine Höflichkeit verstieg sich zu einem entzückten Augenaufschlag; die Kunst fordere Enthaltung, und er billige es durchaus, daß die jungen Pfleglinge der Anstalt hungern müßten, daß sie in schmierigen und geflickten Fetzen gekleidet gingen, daß sie ununterbrochene Arbeitsfron zu leisten hätten, daß die Öfen in ihren Stuben zerfallen, die Kamine verstopft, die Fenster in Scherben zersplittert seien; daß sie im Winter frören, im Sommer in Gestank und Unrat versänken und daß sie in jeder Weise wie zur härtesten Buße verdammte Strafgefangene gehalten seien; ja, es leuchte ihm über alle Maßen ein, er habe auch gegen jedermann, der anderer Meinung gewesen, aufs Nachdrücklichste eine solche Disziplin verfochten; gewiß entspringe sie der hohen Erkenntnis des Herrn Marchese; oder nicht? O gewiß; dem außerordentlichen Einblick gewiß in das Wesen der Kunst, die das Ideal in unerreichbare Fernen rücke, der bewundernswerten und von allen Koryphäen und Fachautoritäten gutgeheißenen Absicht, die gemeine, boshafte, schmerzliche Wirklichkeit auf jede mögliche Weise noch gemeiner, boshafter, schmerzlicher zu gestalten, sogar sie bis auf einen schlechthin unerträglichen Grad herabzudrücken, um in den verzweifelten und gequälten Herzen die Flamme der Sehnsucht um so reiner zu entzünden, den begnadeten Traum, die Ekstasen des Verlangens, dic Gewalt der Leidenschaft, mithin den klaffenden Widerspruch zwischen unterer und oberer Region gleichsam auf dem Weg einer geistreichen Allopathie fruchtbar zu machen. Das nenne er eine menschliche Aufgabe an der tiefsten Wurzel fassen, und ein solches Beginnen in den Augen der blöden Welt als vorbildlich hinzustellen, sei ihm Pflicht und Bedürfnis. Nein, der Herr Marchese möge ihm nicht widersprechen, Bescheidenheit sei hier nicht am Platze; wenn er eine Bitte wagen dürfe, sei es die, ihm gnädigst nähere Daten zu geben: erstlich, wie man mit dem pädagogischen Ergebnis im allgemeinen zufrieden sei, und dann, er holte Atem, und seine Stimme flötete förmlich vor Ehrerbietung, indes dem Marchese zumut war, als würde er langsam geröstet, dann habe ihm sein hoher Gönner sich zu unterrichten befohlen, wie der Verkauf der mannbar gewordenen und leiblich wohlgediehenen Zöglinge auf den Geist des Instituts wirke. Dies erscheine ihm nämlich als der am grandiosesten erdachte Erziehungs- und Lebenseingriff; seine Durchführung lasse auf antike Charakterkraft schließen und befinde sich in angenehmem Gegensatz zu der heutzutage üblichen Empfindsamkeit. Empfindsamkeit sei ein vulgäres Element und ein fortschrittfeindliches; hier aber sehe er zu seiner Freude die richtige Anschauung bis zur letzten Konsequenz durchgeführt, daß Tanz und Eros verschwisterte Genien seien; man könne den nüchternen und plumpen Deutschen gar kein großmütigeres Geschenk machen, als es der Herr Marchese damit getan habe.

Eine devote Reverenz beendigte die Rede.

Pescanelli wußte nicht, wohin den Blick wenden. Seine großen fleischigen Ohren waren rot wie Mohnblüten, seine Lippen kreideweiß. Lady Craven sah ihn an, sah ihn unablässig an, entgeistert, fröstelnd, stumm. Sturreganz aber sah die großen, fleischigen Ohren des Marchese an, höflich, dienstwillig, stumm. Lady Craven mußte das Kopfnicken wiederholen, durch das er sich als entlassen zu betrachten hatte. Abermalige tiefe Reverenz vor der Dame, Verbeugung vor dem Marchese, und mit steinern höflichem Gesicht verließ er rückwärts schreitend den Raum.

«Ein Schwätzer und Schalksnarr», knirschte der zermalmte Jasager, «man müßte ihn in den Kerker werfen oder des Landes verweisen.» Er lachte gezwungen.

«Der Mann wird am Sonntagabend vor uns agieren, Marchese», sagte Lady Craven mit kalter Hoheit, wandte sich und ging. In ihrem Boudoir dann stürzte sie vor einem Sessel in die Knie, brach in einen kindlichen Tränenstrom aus und schluchzte in ein seidenes Kissen hinein: «So soll ich also verkommen in einem Land, wo die Scapins und Harlekine noch unheimlicher sind als die Schurken, die sie entlarven.»

Zwist

Der Tag des Spektakels ließ sich insofern unerfreulich an, als er unter dem Zeichen markgräflicher Vapeurs stand. Die Vapeurs des Fürsten waren gefürchtet, da sie seine Mißlaune zu Wutausbrüchen steigerten. Sturreganz hatte also von vornherein ein schwer verrückbares Hindernis zu besiegen.

Gegen fünf Uhr noch schickte der Markgraf Botschaft, er könne an der Veranstaltung nicht teilnehmen, wodurch alles in Frage gestellt war und sich unter den Hofleuten Bestürzung und Ratlosigkeit verbreitete.

Lady Craven, entschlossen, ihn umzustimmen, hatte eine heftige Auseinandersetzung mit ihm. Sie merkte gleich, daß Pescanelli im trüben gefischt und die Vorstellung zu hintertreiben versucht hatte, denn der Markgraf sagte, es gehe gegen Würde und Anstand, daß er sich einen Spaßmacher anhören solle, habe er sich doch derartige leichtfertige Eskapaden hoch und teuer verschworen. Die Lady ärgerte sich, daß ihr die Überraschung durch den Schleicher Pescanelli verdorben war, und sie ärgerte sich über die Sprache ihres Geliebten. Den Marchese zu vernichten, sparte sie sich auf; seine Stunde sollte bald schlagen; sie war die Frau nicht, die schmutzige Betrüger in ihrer Nähe duldete. Wichtiger war jetzt, daß sie sich die Zügel nicht aus der Hand winden ließ und nicht der Anmaßung eines aufgequollenen Despoten unterlag.

Erhobenen Hauptes stand sie vor ihm und fragte, was er

fürchte. Etwa daß der Frost in seinen Adern taue? Daß sich in seine weltfeindlichen Gedanken ein Strahl des Lichts mische? Daß die vergebliche Grübelei über die menschlichen Mißstände aufhöre, ihm eine schlechte Verdauung zu machen? Wolle er die deutsche Gründlichkeit so weit treiben wie die alberne Person im Märchen, die im Keller greint, weil ein Balken von der Decke fallen und sie erschlagen könnte? Dann ziehe sie es vor, ihre Koffer zu packen und gastlichere Himmelsstriche aufzusuchen, wo mit dem traurigen Überrest von Jugend noch etwas anzufangen sei.

Der Markgraf blickte erschrocken und finster vor sich hin.

«Lieber mit einem Tamburin durch die Straßen ziehen als noch länger in einem Palast die Leibeigene eines Henkers aller harmlosen Freuden sein!» rief sie aus. «Lieber einem generösen Verschwender und Avanturier zum Opfer fallen als auf Lebenszeit verurteilt sein, vor den Falten auf der Stirn eines Hypochonders zu zittern, der mit seinem Golde spart, mit seiner Liebe spart, mit sich selber spart und mit dem Genius der Menschheit, von dem ich nur so viel weiß, daß er mich langweilt und mir Kopfschmerz verursacht, wenn ich seinen Namen höre, am Zahlbrett sitzt und ihm glaubt vorrechnen zu müssen, wieviel er von diesen teuren Sachen verausgaben darf, ohne in Schulden zu geraten. Lassen Sie die Lorbeern Ihres Vetters von Württemberg nicht schlafen, der mit dem philosophischen Bauern Kleinjogg Arm in Arm im Schinznacher Bade spazierenging? Genug der Krämerwirtschaft. Genug der Seelenpharmazie. Liegt Ihnen das Tugendkloster, in dem Sie in verhängnisvollem Wahn zu leben sich einbilden, mehr am Herzen als das Glück Ihrer Mätresse, so berufen Sie einen Herrnhuter Heiligen und geben Sie Lady Craven den Abschied.»

Der Markgraf blickte immer erschrockener und immer finsterer.

Lady Craven näherte sich ihm, schmiegte den Kopf an seinen Arm und sah lächelnd zu ihm empor. «Nachtgedanken», flüsterte sie, «Nadelstiche aus bösen Träumen. Lassen Sie uns die Dinge in Ruhe erwägen. Sie haben Untertanen verkauft, das war vielleicht der Rat eines Nichtswürdigen, wir werden über ihn noch sprechen. Weshalb gehen Sie nicht einen Schritt weiter: Verkaufen Sie doch das ganze Land, wie es steht und läuft. Das ist der Rat einer Freundin. Die Markgräfin, so versichert der Leibarzt, hat nur noch ein halbes Jahr zu leben, dann ist es Zeit, diesen Mühlstein vom Halse zu streifen. Bieten Sie es feil. Überlassen Sie es dem, der die meisten Dukaten bietet. Es wird ein hitziger Wettbewerb, glauben Sie mir. Der Vorteil liegt auf der Hand. Sie tauschen ein glückseliges Alter für ein betrübtes ein, und ich, ich würde mein jubelndstes Lied in die Luft schmettern.»

Lachend schritt sie zum Spinett, das in diesem Raum stand, schob einige dort zur Schau liegende frivole Stiche beiseite, öffnete den Deckel und begann mit wenig geschulter, aber wohllautender Stimme zu singen: «Le Roi, dimanche, dit à Laverdy, le Roi, dimanche, dit à Laverdy: Va-t-en, lundi!»

Der Markgraf verharrte unbeweglich, mit großen Augen. Welch ein Einfall, welch eine Zumutung: das Land verkaufen; die von Gott verliehene Krone zum Gegenstand eines Schachers machen! Wie kühn, wie verderbt, wie unsinnig. Und doch, wie plausibel im Grunde. Ledig werden der Gewissensbürde, ledig der Verantwortung, ledig der Belästigung, ledig der peinigenden Bilder von dem Treiben der unbekannten, feindlichen, wachsamen, eifersüchtigen, häßlichen Menge da unten, Volk geheißen. Wie verwegen, wie frevelhaft, wie strafwürdig; und doch, wie verführerisch im Grunde!

Das Wort war in gelockerten Boden gefallen, die Lady wußte es. Es würde keimen, es würde Frucht tragen, der

Tag der Erlösung kam; und sie sang: «La Roi, dimanche, dit à Laverdy: Va-t-en, lundi!»

Daß er bei der theatralischen Vorführung nicht fehlen werde, versprach der Markgraf ausdrücklich. Der Kammerherr vom Dienst teilte ihm den Titel des Stückes mit. Es hieß: Baron Gemperlein auf Reisen.

Die Ohren des Herrn Marchese

Eingeladen waren alle gräflichen und freiherrlichen Familien der Residenz; die Hofkavaliere und hohen Beamten mit ihren Damen; die Gesandten und die Fremden von Distinktion, die in der Stadt anwesend waren, und einige auserwählte einzelne, darunter der Dichter Uz.

Um sieben Uhr begann die Wagenauffahrt. Der Anfang der Vorstellung war für acht Uhr bestimmt. Der große Saal war strahlend hell erleuchtet, und das auf dem Platz angesammelte Volk hatte die endliche Befriedigung: Kerzenglanz, galonierte Läufer, karmesinbrüstige Lakaien, Fanfarenton; man hatte es lange entbehrt, die Seele schmolz.

Über die Estrade fiel ein kostbarer Vorhang aus golddurchwirktem Damast. Von solchen, die zum ersten Male da waren, wurde das schöne Deckengemälde von Carlino bewundert, allegorische Gestaltungen der Musik, der Architektur, der Malerei und ein Bacchantenfest in den vier Eckfeldern, in der Mitte die lebensgetreue Figur des Markgrafen, Venus und Amor auf dem Schoß.

Um acht mit dem Glockenschlag erschien der Markgraf, ernst, umwölkt, majestätisch, die Begrüßung der Gäste gemessen erwidernd. Er führte Lady Craven; hinter dem Paar trotteten Herr von Seckendorf, Herr von Schlemmerbach, Herr von Teufstetten und Marchese Pescanelli. Als die hohen Herrschaften Platz genommen hatten, entstand feierliche Stille, und der Vorhang schlug auseinander.

Baron Gemperlein, von einem überlangen, überdürren Menschen gespielt, war ein saurer Herr, gichtbrüchig, asthmatisch, kurzsichtig, argwöhnisch, schwarzgallig, der auf Reisen zu gehen beschließt, erstens um die ihm verhaßten Gesichter seiner erbgierigen Verwandten nicht mehr sehen zu müssen, zweitens um in den Abwechslungen der großen Welt Heilung für seine Stockblütigkeit zu finden. Den Hauptteil seiner Reiseausstattung bilden Mixturen, Salben, Tränkchen, Latwerge, Pflaster, Klistierspritzen, medizinische Folianten, Brillen, Wärmflaschen, und als Diener nimmt er den Balthasar Schnack auf, welche Rolle Sturreganz spielte; einen flinken, vifen, verschlagenen, lügnerischen, alle Sprachen durcheinanderwelschenden, naschhaften, neugierigen, frechen Burschen, der es allmählich so weit bringt, daß Baron Gemperlein in heulende Verzweiflung gerät, sich seiner nicht mehr erwehren kann und ihn kniefällig und um Gottes willen anfleht, ihn seinem Schicksal zu überlassen.

Dem Inhalt nach harmloser Schwank, wurde dieses Stück durch das Spiel von Sturreganz zu etwas höchst Ungewöhnlichem. Katarakt von Witz; presto furioso der Narrheit; Hexensabbat von Irrtümern, komischen Mißverständnissen, unerwarteten Wendungen, bizarren Verwicklungen; das wuchs und schwoll an von Replik zu Replik, von Szene zu Szene und war voller Extempores, impertinenter Anspielungen, voller Bewegung, Laune, Schwung, Grazie und Geist. Scine Gestalt erst: der Leinenkittel mit Riesenknöpfen und unter dem Bauch geschnallten Gürtel; die beredten Hände, die unablässigen Zuckungen des Gesichts, das Verrenken der Glieder, die diabolische Geschwindigkeit der Zunge, das geschäftige Hinundherrennen, das diebische Augenblinzeln, die unverschämte Verschmitztheit, die verstellte Unschuld, die kupplerische List, all dies war vollkommen unwiderstehlich und von ursprünglichster Natur.

Die vornehme Zuhörerschaft ließ sich anfangs an beifälligem Lächeln genügen. Sodann begannen Damen zu kichern. Als er im ersten Nachtquartier mit sämtlichen Medikamenten beladen an das Bett des Herrn keucht, ihm alles auf einmal applizieren will und dabei in schwindelndem Tempo Sprüche zur Weltweisheit von sich gibt, vergaß das Auditorium seine Würde und die Rücksicht auf den Fürsten und platzte los. Von da an war kein Halten mehr. Bei der Szene, wo er, um Gemperleins Sinne aufzuheitern, ihm die drei erlesensten Schönheiten der Stadt vorführt, triste Schlampen in Wirklichkeit, mit ungeheurer Suada ihre Vorzüge preist und im stillen seine eigenen Glossen dazu macht, gebärdeten sich die Wohledlen und Unnahbaren um nichts anders als das geringe Publikum in der Bretterbude. Es warf sie nieder. Es schwemmte die Erinnerung an ihren Stand, ihre Orden, ihre Bürden einfach weg. Genau wie beim geringen Volk blähten sich die Hälse, schluckerte es in den Kehlen, schütterten die Wänste, schlotterten die Kinnladen, tränten die Augen. Genauso bäumten sie sich, wieherten, brüllten, kreischten, tobten sie, aber was sie ermutigte und jede Scheu brach, war alsbald die wunderbare Wahrnehmung, daß auch der Markgraf nicht vom Sturm verschont blieb. Was man seit Jahren nicht erlebt: er lachte. Sein Mund war offen, seine Zähne blitzten, die erlauchte Gestalt bebte. Umsonst hatte er versucht, zu widerstreben, die Stirn zu runzeln, sich auf Zeichen gnädiger Akklamation zu beschränken; der Dämon da oben war stärker, die Schranken brachen nieder, ohnmächtig gab er sich preis, die Erhabenheit preis und platzte los, immer heftiger, immer wehrloser, und griff mit den Händen um sich, da ihn das Lachen zu ersticken drohte.

Als das Stück mit einem grotesken Sprung Balthasar Schnacks zum Fenster hinaus endigte, wand sich die ganze Gesellschaft wie ausgeblutet von ihren Krämpfen, und das Chaos schriller, gellender, dumpfer, würgender Lach- und Stöhnlaute beschwichtigte sich kaum. Der Markgraf erhob sich schwankend von seinem Sitz; er war blaurot im Gesicht, klatschte matt in die Hände und stammelte: «Er soll sich eine Gnade ausbitten; sogleich; der Mann soll sich eine Gnade ausbitten.» Lady Craven, das Taschentuch vor den Mund gepreßt und die Augen trocknend, denn sie hatte geweint, auch sie, und atmete wie eine Läuferin, warf Herrn von Schlemmerbach einen Blick zu, der stürzte hinter die Bühne, man wartete einen Augenblick, plötzlich teilte sich der Vorhang wieder, Balthasar Schnack steckte den Kopf durch, verbeugte sich grinsend, ohne daß man den Körper sah, vor dem Markgrafen und der Lady, dienerte nach allen Seiten, kletterte ein Stück am Vorhang empor, hüllte sich in ihn und ließ wieder nur den Kopf sehen, zappelte mit den Beinen wie ein Affe, verzog das Gesicht zu einem frenetisch-gaminhaften Ausdruck und rief mitten in den Saal hinein, schlickernd, lachend, mit infernalischer Frechheit: «Wenn Ihrer Gnaden Großmut mir eine Gnade erweisen will, so schenken Sie mir die Ohren des Herrn Marchese! Die abgeschnittenen Ohren des Herrn Marchese, damit sich mein Hauskater daran erlabe. Nicht auf einer goldenen Schale wie das Haupt des Johannes, eine zinnerne genügt, eine irdene genügt. Aber die Ohren des Herrn Marchese für meinen Kater! Untertänigsten Dank im voraus! Les oreilles du marchese Pescanelli! Milles mercis! Geruhsame Nacht!»

Es war unerhört, grausig-lustig, monströs-komisch. Ein Tuscheln ging durch die Reihen. Viele standen erstarrt. Viele blickten in die Richtung, wo sich der Marchese befand. Er lehnte bleich an einer Mauer.

Noch ein Grinsen von Sturreganz, ein Dienern, ein Hanswurstgelächter, und er verschwand.

In derselben Nacht noch wurde Pescanelli nach Wilsburg, der ansbachischen Bastille, verbracht.

Es fügte sich, daß in der Kutsche der Extrapost, mit welcher drei Tage später Sturreganz und Beckchen gegen Crailsheim zu fuhren, auch der Dichter und Justizrat Uz saß, den eine Dienstreise an die württembergische Grenze führte. Sie waren die einzigen Fahrgäste; Uz, des Zusammentreffens froh, hatte sich kurz nach dem Verlassen der Poststation Sturreganz vorgestellt, Sturreganz hatte dies mit der gleichen Höflichkeit erwidert, aber die Unterhaltung kam nur langsam in Fluß; der Schauspieler, schwarz gekleidet wie immer, brütete zumeist finster vor sich hin, und nur wenn er sich an das Kind wandte, das er in einem Winkel des Wagens auf Kissen gebettet hatte und von Zeit zu Zeit befragte oder mit einer seltsam schüchternen Liebkosung anrührte, belebte sich seine steinerne Miene, und den bitter geschlossenen Mund verschönte ein zärtlich-zartes Lächeln. Beckchen trug schöne neue Schuhe und Strümpfe und einen Mantel aus dunkelblauem Samt und Knöpfen aus Perlmutter, in dem ihre winzige Gestalt noch winziger wirkte. Unter dem Häubchen sah das sauber gewaschene, rosige Gesicht blumenhaft verträumt hervor, und die herrlich schwarzen Augen unter den langhin geschwungenen Brauen schienen sich nicht satt sehen zu können an der Welt und dem beglückend Neuen, das Tag um Tag ihnen schenkte.

Es war um die fünfte Nachmittagsstunde; der Himmel, nur zum Teil bewölkt, war in der westlichen Tiefe gerötet, gegen den Zenit mäßigten sich die Farben vom schweren Scharlach bis zum grünlichen Blau, und Grün und Blau und Gelb und Purpur spiegelten sich in langgestreckten Weihern, die von keinem Fältchen gekräuselt waren. Das fränkische Land lag in ausruhendem Frieden; kaum ein Luftzug wehte über die sanften Hügel; die Wiesen gilbten herbstlich, die Kronen der Tannenwälder umzogen den Horizont mit einem schwarzen Band.

Es müsse doch ein beseligendes Gefühl sein, unterbrach der Justizrat ein lastend langes Schweigen, wenn man durch die begnadete Kunst des Wortes Menschen so aus allen Schanzen und Befestigungen reißen könne; es sei mit nichts sonst zu vergleichen als mit dem Triumph des Eroberers, ja des Sklavenbefreiers, gehoben noch durch die Genugtuung, daß es der Geist sei, der solches bewirkte, und nicht das Schwert. Denn die tiefen und wichtigen Verwandlungen, die moralischen Revolutionen führe nur der Geist herbei.

Sturreganz warf einen halb verwunderten, halb mitleidigen Blick in das treuherzig-gütige Gesicht seines Gegenüber. Dann sagte er widerstrebend, nicht dem Mann widerstrebend, sondern der eigenen Rede: «Es hat nichts damit auf sich.»

«Wie, es hat nichts damit auf sich? Wie verstehen Sie das?» fragte Uz erstaunt.

«Es ist zu nichts nütze, meine ich. Es ist Blendwerk. Es gibt auf der Welt zwei bis drei Dutzend Personen, angenehme Schwärmer, die sich einbilden, Kunst sei etwas wie ein Arkanum, ein geheimnisvolles Elixier, und man könne den Beelzebub aus jedem Leibe jagen, wenn man es verabreichte. Sonderbare Illusion. Sie nehmen's an, sie nehmen's hin, sie klatschen Beifall und winden in günstiger Laune dem Liebling einen Kranz; der Beelzebub bleibt drinnen. Kinderei, was anderes zu glauben.»

«Das ist eine furchtbare Skepsis», sagte Uz traurig, «gerade von Ihnen muß ich solche Worte hören, der sich auf einen weithin sichtbaren Gipfel gestellt hat, wo die tragische Muse und die heitere sich die Hände reichen. Ich bekenne offen, daß mich bei Ihren Darbietungen, sooft ich das Glück hatte, Zuschauer sein zu dürfen, die Erschütterung über das uns Menschen beschiedene Los ebenso heftig überfiel, wie ich die göttliche Gelöstheit empfand, die erhabene Freiheit, die eine unmittelbare Ausstrahlung

Ihres humoristischen Genies ist. Hier ist der Punkt, wo sich ganz Unsagbares in der Seele ereignet. Die Tiefe wird lichter, die Höhe mysteriöser. Die Furien vermählen sich mit den unbegreiflichen Wesen, die wir im Äther ahnen. Alles wird Sphäre, alles wird Fülle; Satz und Gegensatz finden sich wie Mond und Sonne, unerreichbar fern eins vom andern und doch jedes zum andern bestimmt, jedes ans andere genietet. Ich habe manches von den Gesetzen des Schicksals begriffen oder doch in mir als Erkenntnis keimen gefühlt, das mir verborgen war, ehe ich Sie sah. Und ich bin wohl nicht der einzige. Daher sage ich: ein Mann, dem diese Zaubermacht verliehen ist, muß wissen, was es mit ihr für eine Bewandtnis hat und was ihm die Menschheit schuldet. Wüßte er es nicht, so wäre auch in mir selbst Gefühl und Ahnung Lüge.»

Ein kränkliches Lächeln bewegte Sturreganz' Lippen. «Sie äußern sich mit sehr viel Freundlichkeit», sagte er, «und was meine Person betrifft, kann ich Ihnen nur erwidern: es kostet zu viel. Es kostet Blut, es kostet Leben, es kostet Herz, es kostet alles, die irdische Seligkeit und die himmlische dazu. Was aber die Menschheit betrifft, wie Sie das Ding zu nennen belieben, so glaube ich nicht an sie, so ist sie mir nichts, so gibt sie mir nichts, und jeder Tag überzeugt mich aufs neue davon, daß es eher möglich wäre, den Kaukasus auf meinen Schultern an den Rhein zu tragen, als durch das, was ich bin und tue, nur einen einzigen Schurken von der allergeringsten seiner Schurkereien abzuhalten. Was ist's also? Wozu die Lobpreisung? Kann ich einem Mörder den Dolch aus der Faust schmeicheln, das Gift der Verleumder entgiften, die Augen der Habgierigen sanft machen, den Sinn der Blutdürstigen fromm, die Dummköpfe mit Vernunft begaben, den Verrätern Treue einimpfen, den Hungernden Brot verschaffen, den vom Unrecht Vergewaltigten ihr Recht? Und wenn die Welt ins Elend und Verderben rollt, kann ich in ihre Achsen greifen? Was ist's also? Groß? Was hat es denn auf sich mit eurer berühmten Kunst? Eine Fata Morgana mehr in der Wüste unsrer Verzweiflung; ein Irrwisch mehr im Sumpf unsrer Weglosigkeit.»

«Aber Sie können es nicht hindern, daß wir Sie lieben und verehren, wir zwei bis drei Dutzend wenigstens», sagte Uz halb erschreckt, halb begütigend. Sturreganz schüttelte unwillig den Kopf.

Der Abend dämmerte schon. Nach einer Weile suchte Uz das Gespräch durch die schüchterne Frage wieder in Gang zu bringen, ob Sturreganz an eine Entwicklung der deutschen Komödie über die etwa von Stranitzky-Bernardon geschaffenen Typen und Figuren hinaus zu einem höheren Stil glaube, an eine Form ebenbürtig der von Goldoni oder Molière. Es scheine ihm leider so zu liegen, daß man als Deutscher dieser Hoffnung zu entsagen habe. Es sei kein gültiges Element da, auch kein tragendes, und wo immer eine Gestalt keimen wolle, verliere sie sich zu früh an eine Idee. Ruhelos werde der Deutsche zwischen Himmel und Erde auf und nieder gerissen, ruhelos auch zwischen Osten und Westen. Es wolle sich kein Wesen bilden, alles Geschaffene verkrieche sich, aller Kern faule in der Schale, und der Bruder werde am Bruder zuschanden. Er seufzte.

Sturreganz hatte sinnend zugehört, dann sagte er mit schwerer Stimme: «Deutsch ... das ist etwas sehr Fernes. Sehr weit ist es, sehr, sehr weit. Deutsch sein, das ist, wie wenn man in einem wilden, wirren Traum läge. Es hat keine Grenzen, und es hat keinen Leib. Es ist wie Wasser in der Finsternis, rinnt und rinnt, und keiner weiß, wohin, spricht und spricht, und keiner weiß, was.»

Er beugte sich zu dem Kind nieder, dem die Augen müde zugefallen waren, und flüsterte mit einem Ausdruck mütterlicher Liebe, der den greisen Dichter ergriff: «Dormi, mia bella, dormi!»

Da war es schon Nacht.

Der Aufruhr um den Junker Ernst

I

An einem Aprilnachmittag im dritten Jahr seiner Regierung erhielt der Bischof Philipp Adolph von Würzburg durch einen reitenden Boten die Meldung, daß seine Schwägerin, die Freifrau Theodata von Ehrenberg, am Ostersonntag auf Schloß Ehrenberg eingetroffen sei.

Eine unerwartete Botschaft; die Freifrau war acht Jahre lang beinahe verschollen gewesen. Ihr Gemahl, der Bruder des Bischofs, Chambellan gentilhomme am kaiserlichen Hof in Prag, war im Todesjahr des Kaisers Mathias beim Zweikampf mit einem Baron Wrbna verblieben und hatte nichts hinterlassen als eine Börse mit Dukaten, die man in seiner Tasche fand, außerdem Schulden über Schulden, zu deren Tilgung Philipp Adolph, damals noch Abt zu Rimpar und Domkapitular von Würzburg, angerufen wurde. Er wollte aber nicht zahlen; sein Geiz war noch größer als der Zorn gegen die leichtfertige Lebensführung des Bruders und der Schwägerin.

Die Freifrau, die sich nicht anders zu helfen wußte, schickte ihren sechsjährigen Sohn Ernst mit seiner Aja, der tauben Lenette, und dem Magister Onno Molitor auf den fränkischen Stammsitz der Familie, das am Rande des

Spessarts gelegene Ehrenberger Schloß, und empfahl ihn der Obsorge des reichen Prälaten und leiblichen Oheims. Der zog saure Mienen, mußte sich aber trotz seines Ärgers in das Übel finden, da er es für seine Christenpflicht erkannte, sich des verlassenen Neffen anzunehmen. Das geschah in der Art, daß er dem Wirtschafter Wallork, dem schon seit dreißig Jahren die Verwaltung des Schlosses samt Pflege des Viehs und Einbringung der Zehnten oblag, mageres Vieh und einer notleidenden Bauernschaft mühselig erpreßter Zehnter übrigens, daß er dem also monatlich fünf Gulden rheinisch aus seiner Schatulle überweisen und dem Magister Molitor, der ihm an jedem Neujahrstag über die Fortschritte des Neffen, namentlich im Hinblick auf seine Erziehung zum rechtgläubigen Christen, mündlichen Bericht erstatten mußte, fünfzehn Gulden rheinisch als jährliches Gehalt durch den Bruder Säckelmeister auszahlen ließ. Auf Ehrenberg selbst hatte er den Fuß noch nicht gesetzt in all den Jahren; seinen Neffen gesehen oder sich sonstwie seiner angenommen hatte er auch nicht.

Von der Freifrau war ihm in der Folge nur erzählt worden, daß sie sich abenteuernd in der Welt herumtreibe. Ob es damit seine Richtigkeit hatte oder nicht, unterließ er zu erforschen, schon deswegen, weil er ihren Namen am liebsten nicht hörte. Auch den Leuten in Ehrenberg wurden nur unsichere Gerüchte über sie zugetragen, und das Auffallendste war, daß sie sich um ihren leiblichen Sohn nicht mit einem Atemzug und Federstrich kümmerte, so daß es fraglich schien, ob sie überhaupt wußte, daß er noch am Leben war. Seit ungefähr drei Jahren waren auch die jeweiligen Nachrichten über sie verstummt, und der Bischof hielt dafür, nicht ohne innere Erleichterung, daß sie in der Fremde das Zeitliche gesegnet habe.

Und nun war sie wieder da.

2

Damit hatte es nicht sein Bewenden, daß sie dem Bischof ihre Ankunft meldete. Das hätte ihn nicht um die Ruhe gebracht, deren er zur Ausübung seines hohen Amtes und zur Auffindung, Geständigmachung und Aburteilung der Ketzer, Hexen und Zauberer so dringend bedurfte; schoß doch das grausame Unheil mit jeder Woche üppiger aus dem fluchbeladenen Boden des Landes, so daß der strafende und rettende Arm schier erlahmen wollte. Was geht ihn die Frau an, Witwe eines lang verstorbenen Liederjans von Bruder? Mag sie kommen; mag sie wieder verschwinden; was geht ihn die an? Doch kaum vierundzwanzig Stunden später erschien abermals ein Bote, brachte abermals ein Sendschreiben, eigenhändig und dringlich von der Freifrau abgefaßt, Seine Gnaden der Herr Schwager möge dem Überreicher des Briefes fünfzig Dukaten mitgeben, zu Ehrenberg fehle es am Nötigsten, es seien unaufschiebbare Zahlungen zu leisten, wie zum Beispiel an den Fuhrknecht, der die Freifrau von Kassel bis Ehrenberg befördert habe und nun, da er auf die Entlohnung warten müsse, im Schloßhof greulich randaliere, sodann an den Medikus, den sie wegen einer Magenübelkeit aus Rimpar habe kommen lassen; bei den Leuten im Schloß aber herrsche solche Armut, daß ihr niemand aus der schlimmen Lage helfen könne.

Die kleinen hellen unruhigen Augen des Bischofs röteten sich an den Rändern, als er die Epistel gelesen hatte. Entrüstet warf er sie auf den Tisch zwischen die Arme Michel Baumgartens, des Sekretarius, eines Franziskaners, und fuhr ihn an, er solle schreiben, was er ihm diktiere, er solle keine Silbe auslassen, solle genau niederschreiben, was er ihm vorsage. Mit hastigen Schrittchen lief er ein paarmal im Zimmer querüber, zupfte mit den dürren, mit vielen Ringen geschmückten Fingern an dem schütteren Ziegenbart, der ihm vom Kinn abstand, und begann mit der kreischenden Stimme eines alten Weibes: «Euer Liebden jetzo und fürder zur Kenntnis, daß wir mitnichten gesonnen sind, dero unberechtigte Ansprüche an unsere Munifizenz zu erfüllen. Habt Ihr das? Erfüllen. Punktum. Weiter: Euer Liebden zur sachdienlichen Erinnerung ... Nein. Streicht es wieder aus. Wir wollen das besser formulieren. Wollen ihr zu verstehen geben, daß wir sie als die gott- und ehrvergessene Person präsentieren, die sie ist. Daß ihr Wandel unserm christlichen Ansehen zur Schande gereicht und wider Pflicht und Sitte geht. Wir wollen ihr die Prätensionen und Arroganzen an der Wurzel kürzen. Wir sind kein Leihamt. Wir halten keinen Dukatenscheißer im Spind. Wir haben genug getan, indem wir den Neveu, den sie uns aufgehalst, und seinen verschlafenen Mentor seit Jahr und Tag von unsern Ersparnissen gefüttert haben. Habt Ihr Euch das gemerkt?»

Der Mönch ließ ein devotes Knurren hören.

Aber als der Bischof fortfahren wollte, kam eine lehmige Stimme aus dem Hintergrund des Raumes. «So nicht, Herr Bischof. Ihr könnt es nicht tun. In der Weise nicht», sagte die Stimme.

Ein großer, hagerer Mann war leise durch eine Tapetentür eingetreten, der Jesuitenpater Gropp, Beichtiger und Vertrauter des Bischofs, seine rechte Hand, Exekutor seines Willens und eigentlicher Richter in allen Prozessen wider die Hexen und Magier, durch das Collegium an ihn delegiert.

Der Bischof, eingeschüchtert wie stets, wenn er sich dem Pater gegenüber befand, fragte stockend: «Wie denn sonst, Gropp? Wie sonst soll man sich solchen anverwandten Weibes entledigen? Was sonst ist Euer Rat?«

Ein verächtliches Zucken spielte um die Lippen des Paters, die aussahen, als sei die Haut mit einem Messer entzweigeschnitten worden und eben im Begriff, wieder zusammenzuwachsen. Er hatte eine kegelförmig sich verjüngende Stirn, in die steife schwarze Haare hereinhingen, und ein fahlgelbes Gesicht.

«Ihr könnt die Frau nicht in expressis verbis verschimpfieren, Herr Bischof», erwiderte er nach gemessenem Schweigen, ohne die Lider zu heben. «Ihr müßt ihr im Gegenteil dem Scheine nach die schuldige Reverenz erweisen; sie war die angetraute Gattin Eures leiblichen Bruders. Ich sage nicht, daß Ihr so weit gehen sollt, ihr das Geld zu schicken, damit hat es gute Weile, wird sie doch morgen oder übermorgen mit einem neuen Anliegen kommen, stillt man die Begehrlichkeit, so ermuntert man sie. Mich dünkt, wenn ich mich solchen Rates unterfangen darf, Ihr müßt ihr auf Ehrenberg einen Besuch abstatten. Es empfiehlt sich, dort nach dem Rechten zu schauen. Es wäre nicht unangebracht, bei der Gelegenheit einmal den Junker in Augenschein zu nehmen, über den mir allerlei verdrießliche Dinge zu Ohren gelangt sind. Vielleicht könnt Ihr dadurch eine Seele retten, die schon am Abgrund hängt. Ich gebe es nur zu bedenken, nichts anderes. Ihr könnt es nach Euerm Bessermeinen halten.»

Er verbeugte sich kalt. Er kannte die Macht seines Wortes. Er hatte Erfahrung darin, die flackernden Willensausbrüche des Bischofs erst abzukühlen und sie dann so zu unterschüren, daß sie zu folgerechtem Wirken führten.

Der Bischof strich mit den Fingerspitzen über die von Speiseresten befleckte Soutane. «Wenn Ihr glaubt, es ist vernünftig, daß ich hinüberfahre, gut, so wollen wir hinüberfahren», murmelte er verwundert, «so wollen wir am Walpurgistag hinüberfahren. Aber bisher hat es Euch nicht von Vorteil geschienen, daß ich meinen Neveu zu mir kommen lasse oder gar ihn aufsuche ...» Die Bemerkung klang schüchtern, der Bischof zerbrach sich den Kopf über die heimlichen Beweggründe des Paters. Doch der gab sich die Miene, als nehme er die Bemühung nicht wahr, und erwiderte trocken: «Bislang nicht, aber nunmehr dünkt es mich an der Zeit. Wollt nicht vergessen, daß der Junker Ernst fünfzehn Jahre alt wird und daß Ihr anfangen müßt, für seine Zukunft christliche Sorge zu tragen.»

Ein schrilles, hohes Klingeln unterbrach das Gespräch zwischen dem Kirchenfürsten und dem Jesuiten. Michel Baumgarten erhob sich, schlug das Kreuz und ließ sich auf die Knie nieder, in welcher Haltung er verblieb, solang das unheimliche Glockenzirpen währte. Auch der Bischof und der Pater schlugen das Kreuz, und als vom Domplatz herauf der leiernde Gesang des Misereres in das Gelaß drang, neigten sie ihre Häupter, der Bischof in erschrockener Andacht, Pater Gropp in gewohnheitsmäßiger Düsterkeit.

Es war die Armesünderglocke, die Sänger waren Dominikanermönche, die unter Führung des Paters Gassner drei verurteilte Frauen auf den Hexenschuß vors Tor geleiteten, um ihrem Brand beizuwohnen und ihnen den geistlichen Zuspruch zu spenden.

3

Einfach in Gewohnheiten und einfältig von Sinn und Art, ähnelte der Bischof Philipp Adolph in nichts den großen geistlichen Herren seiner Zeit. Er lebte frugal, kleidete sich ärmlich, bewohnte in dem uralten Palast hinterm Dom bloß zwei finstere Räume und nahm die Besuche vornehmer Reisender, die in seine Residenz kamen, nur an, wenn ihnen der Ruf der Frömmigkeit vorausging und sie sich frommen Trostes für bedürftig erklärten. Allem Luxus und Schaugepränge war er abhold, die kristallnen Lüster und venezianischen Spiegel in den Empfangssälen hatte er bei seinem Amtsantritt mit schwarzen Tüchern verhängen lassen; das silberne und goldene Tafelgeschirr seiner Vorgänger wurde in Truhen versperrt; den meisten Dienern und Beamten des Hauses gab er den Abschied, und die

Gelder für die Wirtschaft wurden auf das Unerläßliche eingeschränkt. Er haßte die öffentlichen Festlichkeiten, Volksbelustigungen, Umzüge, Fackelzüge, Musik, Tanz und Maskeraden, und da der unterfränkische Menschenschlag immer schon lebhaft und den sinnlichen Vergnügungen ergeben war, glich bereits der Anfang seiner Herrschaft einem Frosteinbruch in einen blühenden Garten.

Er war ein grundeinsamer Mann. Aber die Ursache der Einsamkeit lag nicht in philosophischer Versenkung, ebensowenig in der Weltentsagung eines von den irdischen Dingen enttäuschten und den himmlischen zugewendeten Gemüts. Furcht hatte sie erzeugt. Beschränkten Geistes und dumpfen Herzens, hatte er sich gänzlich in den Wahn verloren, daß der Mensch rundum von Dämonen umstellt sei. Früh war das gewachsen, genährt von der Zeit, begünstigt von allem, was in ihr schrecklich und verworren war, und schlug seine Wurzeln in Denken und Traum hinein. Wenn solcher Hang in ihm gebändigt geblieben war, solang er das behagliche Dasein eines Klosterprälaten geführt hatte, jetzt, als Beherrscher eines Landes, Gebieter über viele tausend Seelen, war ihm keine Grenze gesetzt und kannte er keine Schonung in dem Kampf.

Er war von Dämonenangst und Dämonenglauben so umfangen, daß er bei jedem Schritt, den er tat, vor dem nächsten zitterte. Der Stein unter seinem Fuß, der Balken über seinem Kopf hatten das Aussehen der Bezauberung. Die Luft, die er atmete, konnte magisch vergiftet sein, das Buch, in dem er las, das Kissen, auf dem er schlief. Weder Gebet noch Kasteiung boten Schutz. Das wollte aber noch nichts bedeuten gegen die von Menschen drohende Gefahr, von denen, die sich zur Vernichtung des Reiches Gottes verschworen hatten, die das Vieh behexten, verderbliche Sprüche wußten, zum Opfermahl der Baalim flogen, die ihre unmündigen Kinder unter die Botmäßigkeit des geschwänzten Teufels zwangen, rasend machende Tränke in den Wein mischten, die heilige Hostie mißbrauchten, die Herden des Sabbats hüteten, mit Scheingold zahlten und mit dem Incubus grausige Fratzen zeugten.

Erwog er das Treiben der Menschen, so festete sich nur die Gewißheit von der um sich greifenden Macht Luzifers. Das Volk vom Unheil zu erretten, darauf allein stand sein Sinn. Mißernte, Hagelschlag, Dürre, Überschwemmung, Aufruhr, Hungersnot, Krieg, Pestilenz: alles hatte nur eine Quelle, alles Übel und Verbrechen, aller Hader, alle Krankheit und zugefügte Kränkung, häuslicher Verdruß, eheliche Untreue, Ketzerei und Häresie, Trunkenheit, Wollust, Diebstahl und Wucher. Es kam immer nur darauf an, den Schuldigen zu finden, den, der mit den Dämonen im Bunde war, der das Mal an sich trug, den Gezeichneten, den Vermaledeiten, Mann oder Weib oder Kind oder Greis oder Jud oder Christ.

Konnte es schwer sein, ihn zu finden, da doch allenthalben Finger auf ihn wiesen? Auf wen? Nun auf den, der sich gerade hervortat. Auf den besten Schützen zum Exempel. Auf den geschicktesten Uhrmacher zum andern. Auf einen Bücherwurm oder friedlichen Herumstreicher. Auf einen, der bösen Gewissens schien, einen, dem Hoffart zu Kopf gestiegen war. Auf den armen Häusler, der den reichen Nachbar haßte, den Reichen, der dem Bettler das Almosen weigerte, die Jungfrau, die zudringliche Bewerber ausschlug, den Studenten, der im Geruch der Freigeisterei stand, das alte Weib, das Mann, Sohn und Enkel überlebte, den Gelehrten, der nach griechischer Weisheit forschte, die Dirne, die den Ehefrauen ihre Männer abspenstig machte, die züchtige Gattin, die einem frechen Galan die Tür gewiesen, den Bauern, der in der Scheune geflucht hatte.

Das Holz im Ofen wollte nicht brennen, im Haus wohnte eine mißliebige Person, sie hatte das Holz verhext, sie war die Hexe, wachsame Augen haben sie nachts durch das Schlüsselloch schlüpfen sehn. Der Blitz versehrt die Mauer, die Magd hat ihn gerufen, manche wußten freilich, daß sie vom Herrn geschwängert war und daß er sie los wurde, wenn er sie den Hexenrichtern anzeigte. Leicht konnte ein Mann begangene Untat verschleiern, wenn er ein Weib bezichtigte, daß es mit dem Satan Buhlerei trieb. Dabei wurde die Habsucht gereizt, da er drei Gulden Angeberlohn bekam und vom Nachlaß der Justifizierten, was Ketzergericht, weltliches Gericht, Kirche und Profoß übrig ließen. Es machte sich bezahlt, obschon es ihn vor gleichem Los nicht schützte.

Verdacht war auf allen Wegen. In schreckensvoller Erwartung waren die Augen gegeneinandergekehrt. Neid wurde Schrecken (für den Beneideten), Bewunderung erzeugte Schrecken (für den Bewunderten), Liebe konnte auf dem Scheiterhaufen enden, in jeder fröhlichen Geselligkeit lauerte der Verräter, bis es schließlich keine Geselligkeit mehr gab und die Menschen einander mieden.

Viele natürlich glaubten nicht an Zauberkunst und Hexenspuk oder glaubten nur halb und sicherten sich durch Schweigen und Mittun. Im Volk aber war kein Licht, kein besser belehrtes Herz. Sie mußten es über sich ergehen lassen, ihre Geschäfte betrieben sie im Brandgeruch der Leichen, wenn sie nicht über den Geständigen jubelten, schleifte sie der Henker selber auf den Richtplatz, von der Arbeit weg, aus dem Ehebett heraus, gleichviel. Am unerschütterlichsten glaubte der Bischof. In den Schlupflöchern seines Aberwitzes, drin er wühlte wie eine hungrige Ratte, fahndete er nach den von den Schwarmgeistern der Hölle verführten Seelen. Sie verübten Raub an Gott und an der Kirche, ihm war auferlegt, das Geraubte wieder einzubringen, auch die Seelen selber. Die Seelen mußten aus der dämonischen Umklammerung befreit werden, hiezu gab es kein anderes Mittel als Verhör, Folter und Feuertod. So war die Übung im ganzen Römischen Reich. Der Heilige Vater gebot es, der Kaiser bewilligte es, die geistlichen Kollegien priesen es, erleuchtete Tribunale und hochgelehrte Codices legitimierten es, und die protestantische Welt war darin mit der katholischen nicht nur eines Sinnes, sondern übertraf sie noch im Eifer der Verfolgung. Es war ein eisenfingriges System, dem keine vom Teufel besessene Fliege entschlüpfen konnte.

4

Das Treiben des Bischofs wäre wahrscheinlich planlose Raserei geblieben wie das so vieler anderer, gelegentlich aufflammende Leidenschaft ohne Steigerung ins Äußerste, wäre der Pater Gropp nicht gewesen, der die wild schießende Saat in die Scheune brachte und auf der großen Mühle mahlte, deren Räder durch das ganze Jahrhundert donnerten, denn es waren Menschenseelen, aus denen das Ewigkeitsbrot gebacken werden sollte.

Die Lehre war fundiert im Weltgebäude und in der Weltschöpfung und unantastbar wie diese. Der Natur waren ihre tiefsten Geheimnisse abgefragt, sie hatte die Schlüssel einem Areopag von Wissenden ausgeliefert, die herrschten nun über die Menschheit ohne Beschränkung. Was erlauchte Geister gedacht, kehrte in tückischem Doppelsinn wieder, vergiftet von Scholastik, von magischen Dünsten umschleiert. Oftmals, in den Nachtstunden nicht selten, saß Pater Gropp vor dem lauschenden Bischof, der Eingeweihte vor dem Schüler, um ihn der Erleuchtung teilhaftig zu machen, deren er selbst gewürdigt worden war. Alte Schriften haben die Weisheit aus dunklen Quellen überliefert, der tiefe und wunderliche Görres hat noch vor hundert Jahren das vielfach Zerstreute mit gläubigem Fleiß gesammelt.

Es ist ein Gott des Lichts und ein Gott der Finsternis,

lehrte der Pater. Zwei innerst wesensverschiedene Substanzen, eine gute der unkörperlichen, eine böse der körperlichen Dinge. Seht den Menschen an, wie die Spaltung bei ihm wiederkehrt, wie er mit dem leiblichen Teil dem Bösen verhaftet ist, mit dem unsichtbaren seinem Schöpfer, der nichts Vergängliches schafft. Körper ist vergänglich, Sünde ist des Körpers, daher ist Sünde von Urbeginn dem Gott der Finsternis zugehörig und sein Werk.

Als die Welt geworden, hat der Baum des Guten, der im Menschen grünt, nicht etwa wie vom Frost getroffen den Blätterschmuck abgeworfen, nicht etwa hat das Beil die Äste weggehauen und den Stamm bis zum Boden gekürzt, der Stummel konnte dann immer noch frische Sprossen treiben. Nein, dic letzte Faser ist ausgerissen, der letzte lebende Keim ist vertilgt, die höheren Symbole sind erloschen, und zu der Nacht des Todes, die nun eingebrochen, haben die Dämonen freien Zutritt. Sie schlüpfen in den Menschen wie die Bienen in ihre Zellen, bequem ist es ihnen, dort zu hausen, finden sie doch auch ihren Honig daselbst. Da ist der Mensch nicht bloß in der Weise einer unfreiwilligen Verstrickung von der Dämonenmacht besessen, nicht bloß am Leibe ist er gekettet, sondern in voller Besonnenheit ist seine Seele hingegeben, der Vogel der Finsternis ist durch den geöffneten Mund in sein Herz hinabgefahren.

Und will nun einer ergründen, wie es um die Heimat der finsteren Boten bestellt ist und wie es in ihrem angestammten Geisterreich aussieht, so mag er wissen, daß sie dem Paradiese gegenüber wohnen, in einem unendlichen Gegenüber freilich, in einer Dimension, die kein irdisches Gehirn fassen kann. Da haben sie eine Hölle pyramidenförmig ausgetieft, sieben Feuerströme durchbrausen sie, von sieben Engeln des Verderbens ist sie behütet. So ist es schon in der Kabbala der Juden beschrieben, müßt Ihr wissen. Wie es Stufen gibt in der Heiligkeit, so auch in der Unreinheit und in der Verdammnis. Wie dort Mann und Weib als eins enthalten sind, so auch hier. Unermeßlich ist die dem Satan von Gott überlassene Macht über die Welt. Die Satanim wohnen bei dem Menschen, neben ihm, in ihm drin; und spotten seiner. Ihr Dichten ist, ihm Böses zu tun. Sie lechzen nach seinem Blut.

Warum nur? Warum duldet das der Herr der Welt? Es ist daraus zu erklären, daß der Widerspruch von Gut und Böse in die verborgenen Gründe des Alls hineinreicht und sich allen Wesen mitteilt, die ihren Gründen entsteigen. Einbrechend in die Natur, finden die Dämonen in ihr vor, was ihr Wirken fördert. Nicht als seien Sonne und Mond wie gut und böse, doch stellen sie sich zu den dunklen Gewalten in verschiedener Art. Das Mondhafte, im Weltraum zweimal gebunden, von der Erde und von der Sonne, hat Gebundenheit zu seinem Merkmal und kann vom Bösen wie vom Guten leichter bemeistert werden. Das Sonnenhafte, selber bindend, kann nur durch ein Gleiches an Kraft unterworfen werden. Aus demselben Grund, aus dem in der physischen Welt Mondfluten und Mondebben häufiger sind als die solarischen Bewegungen, gibt es auch mehr Mondfrauen als Sonnenseher, mehr Zauberinnen als Zauberer, mehr Hexen als Hexenmänner.

Und nun folgert: Wer dahin gelangt ist, sich mit Hilfe der Dämonen an das Böse zu vergeben, schweifend oder verbleibend, wartend oder suchend, duldend oder tuend, der ist in einen neuen Kreis des Daseins getreten. Seine Seele hat eine Wanderung vorgenommen, und indem sie sich in einem neuen Gebiet ansässig macht, muß sein ganzes Wesen den Gesetzen nacharten, die dort gelten. Das Dämonische ergreift ihn mehr und mehr, umstrickt ihn enger und enger, und er wird ihm völlig zu eigen. Doch ist der Dämon so lange ohne Kraft, als nicht der Wille seines Opfers eingestimmt und die Schiednis aufgehoben hat, die zwischen ihm und dem feindlichen Prinzip waltet. Die Einstimmung kann von unten auf erschlichen werden; unzählbar sind die Sendlinge Satans, von den gemeinen Kobolden, Elfen und Hausgeistern an bis zu denen, die den Menschen zu Besessenen machen, und denen, die sich Geister der wahren Freiheit nennen; von denen, die sich unter der Larve der Wohlanständigkeit, des Gehorsams, ja der Frommheit verbergen, bis zu den Blutgeistern und Blutteufeln. Es kann aber die Ergebung auch auf freiem Entschluß beruhen, der sein Heil auf Wegen der Nacht sucht. Eine verwandelte Sphäre umfängt den Verstrickten in beiden Fällen. Alle Verhältnisse sind ihm gewandelt, und während er die Pfade des verfluchten Reichs durchschreitet, geht es von Abgrund zu Abgrund mit ihm. Gewandelt ist ihm die Betrachtung der Welt; das Freundliche erscheint feindlich, das Häßliche schön; dem Greuelvollen ist ein Glanz angelogen, das Widernatürliche stellt sich angenehm vor. Zuletzt kommt es dahin, daß die menschliche Natur in gänzlicher Umkehrung ihr göttliches Teil aus sich verstößt und unrettbar dem teuflischen verfällt.

Sie soll ihm aber entrungen werden: das ist die Aufgabe. Sie muß ihm entrungen werden. Die Umfriedung, die den Verlorenen einhegt, muß von außen gebrochen, die Schranke, die das finstere Reich beschließt, von innen gestürzt werden, sei es auch um den Preis aller erdenklichen Qual, die er dabei zu erleiden habe, sei es auch um den Preis des qualvollen Todes. Dann ist wenigstens seine Seele befreit.

5

Die Freifrau Theodata von Ehrenberg stammte aus einem alten lothringischen Geschlecht. Als jüngste von acht Schwestern hatte sie keine andere Mitgift in die Ehe gebracht als drei Truhen voll Kleider und Wäsche und ein paar goldne Ketten und Armbänder. Außerdem die taube

Lenette. Davon schrieb sich der Groll des Herrn Philipp Adolph her; die Armut hatte er ihr nie verziehen und daß aus dieser Ursach der Bruder mit seinem ganzen Hausstand ihm beständig auf der Tasche lag.

So sah es von seiner Seite aus. Die Freifrau betrachtete ihn als den Mann, einzigen Blutsverwandten ihres Gatten, der den verfahrenen Karren von dessen Existenz ins rechte Gleis hätte bringen können, bei einigem guten Willen und einiger Liebe nur, und es nicht tat oder nur zögernd tat, nur selten und halb; den Mann, an den man Bittbrief über Bittbrief schreiben mußte und der mit hart geschlossener Hand sein ererbtes Gut hütete, das er durch Pfründe, Sporteln und Geschenke klug zu mehren gewußt, indes der Bruder, gescheiterter Soldat, gescheiterter Mensch von Geburt an, alles verpraßt, verspielt, verloren hatte. Ihr eigener Schwestersmann, Gesandter am kursächsischen Hof, hatte ihm die wenig einträgliche Kämmererstellung verschafft, in der er sich unglücklich fühlte, weil er jedes Talents dazu ermangelte. Theodata, noch jung und zuversichtlich damals, hatte ihn zu überreden verstanden, daß er auf diesem Weg zu Erfolg und Ansehen gelangen würde, und weil sie es so hartnäckig behauptete, hatte er es eine Zeitlang geglaubt. Solang sie in seinen Augen noch was galt, hatte er es geglaubt, dann nicht mehr. Das Soldatenleben war ihm leid, das Schranzenleben war ihm erst recht leid; er hätte selber nicht sagen können, welche Art von Leben ihm unleid gewesen wäre.

Nach und nach war sie zur Prügelmagd des Freiherrn herabgesunken, und für alle Enttäuschungen, die er erlitt, hielt er sich schadlos an ihr, für seine Unfähigkeit auch, für seine Schwäche, für seine Faulheit, für die Mißachtung, mit der man ihm bei Hof begegnete. Schließlich blies er in das Horn seines geistlichen Bruders, wenn er ihr die angestammte Bettelhaftigkeit hämisch vorwarf; manche Nacht schlief sie aus Angst vor seiner trunkenen Roheit außer dem Hause; manchen Tag brachte sie damit zu, bei Juden und Wechslern Geld aufzutreiben, Pfänder anzubieten, Bürgen zu stellen, um Stundung zu flehen. Nur wenn sie mit Geld zu ihm kam, war sie vor seinen Rüpeleien und seinem Unflat sicher. Hatte er doch einmal gedroht, das Kind zum Fenster hinauszuschmeißen, falls sie ihm nicht bis zum Mittag hundert Gulden verschaffe, und ein andermal, sie nackigt mit der Reitpeitsche auf den Wenzelsplatz zu jagen, wenn sie nicht den Juden Meisel, seinen grausamsten Gläubiger, zur Nachsicht bewege. Alles dies und viel anderes noch trat ihr in den Jahren nachher vor den Sinn, wie im Fieber gewisse Visionen aus einem früheren Fieber auftauchen mögen, sei es auch nach noch so langer Zeit, und Menschen und Schauplätze schwankten in düsterem Gewoge durch ihr von keinem Licht der Phantasie gesegnetes Inneres. Hauptsächlich jenes Begebnis, das wie ein Mark- und Schlußstein am Ausgang des sechsthalbjährigen Eheleidens stand, wie er in der Nacht vor dem Duell den schlafenden Ernst mit wildem Gelächter aus dem Bett gerissen hatte, um ihn mitzunehmen, damit er seinen Vater solle fechten sehen, ihn auch wirklich auf seinen Armen fortschleppte, trotz ihrer Bitten und Tränen; wie der arglose Knabe im Halbschlummer die Ärmchen um den roten, aufgedunsenen Hals des Vaters geschlungen und sich von ihr abgewandt, von ihr nichts wissen gewollt hatte; warum von ihr abgewandt? Von ihr und nicht von ihm? Wie die Kumpane des Freiherrn Beifall gejohlt und sie in ihrem Jammer durch die Straßen geirrt war; das war unvergänglich in ihrer Seele eingegraben, aber es versank; es war vorhanden, aber es versank, es verkrustete. Dann lag er als Leiche vor ihr, stumm und fahl, der rasende Schwächling, und in ihr war kein Trieb als: fort, fort, nichts mehr hören, nichts mehr sehen; auch den Buben wollte sie nicht mehr sehen, er war in ihrem Geist auf einmal so vernämlicht mit dem Bild seines Vaters, daß sie seinen Blick nicht mehr aushielt, dem Sechsjährigen gegenüber in schwarze Angst vor dem Menschen geriet, der er mit zwanzig sein würde. Alles kehrte sich um in ihr, die ganze Natur kehrte sich um, nur befreit sein, nur los und ledig sein, und wenn sie sich auch noch des Namens Ehrenberg hätte entäußern können, wäre sie Gott dankbar gewesen.

Dann zog sie in der Welt herum, lud sich selber zu Gast bei ihren sieben Schwestern, fing bei der ältesten an, die einen kurtrierischen Kanzler geheiratet hatte, und hörte bei der jüngsten auf, deren Mann in Diensten des Landgrafen von Hessen-Kassel stand. Man hieß sie überall zuerst willkommen, aber wenn man fand, daß sie zu lang blieb, gab man ihr zu verstehen, daß sie nun wieder woandershin ziehen müsse, zu einer andern Schwester, die auch was von ihr haben wolle, oder zu einer hochadligen Dame, deren Bekanntschaft sie gemacht und die sie freundlich eingeladen hatte. So lebte sie einen Winter im Moselland, dann Frühjahr und Sommer im Holsteinischen, dann Herbst und Winter im Gebiet von Pfalz-Neuburg, dann bei der Schwester Mathilde in der Grafschaft Sorau, dann bei der Prinzessin von Cleve zu Cleve, dann auf einem Schloß am Niederrhein, dann auf einem mecklenburgischen Gut; kam in die berühmten Badeorte und in die vielen Residenzen kleiner großer Herren, verkehrte mit Rittern, mit Abenteurern, mit Goldmachern, mit landflüchtigen Fürsten, saß ein paar Wochen mutterseelenallein in einem Turm, wohnte dann etwelchen Hochzeitsfeierlichkeiten bei, zum Beispiel in der gräflichen Bentheimschen Familie. Überall erwies sie Ehre durch ihr Kommen und wurde dann Last, erwies man ihr anfangs Ehre, um sie mit der Zeit zu negligieren, ohne doch zu versäumen, ihr Wegzehrung, Gastgeschenk und Geleit bis zur nächsten Stadt, zum nächsten Quartier zu geben, wo man die ewige Wanderin schon erwartete. Das Römische Reich war vom Krieg überflutet, plündernd und sengend stampften Reiterhaufen kreuz und quer durchs Land, oft in der Nacht sah sie brennende Dörfer am Saum des Horizonts, oft lagen die Leichen ausgeraubter Kaufleute im Straßengraben, oft mußte ihr Reisewagen haltmachen, weil endlose Scharen von Bauern, die mit ihrer Habe aufgebrochen waren, den Weg verlegten. Ihr geschah nichts, keiner tastete sie an, keiner hielt sie auf, als wäre sie durch einen Zauber geschützt, seit sie sich losgerissen hatte von ihrer Wurzel und aus ihrer Welt. Sie dachte über den Tag hinaus nicht an den nächsten, und nur was sie sehen und greifen konnte, war da. Ihre vierte Schwester, die an einen Marquis de Lionne verheiratet und eine Dame von einigem Geist war, behauptete, daß Theodata nicht träumen könne und niemals Träume habe. In der Tat entfernte sich die Freifrau in keinem Augenblick ihres Lebens aus der Nähe der Dinge und verließ mit keinem ihrer Gedanken den Kreis der enggestellten Wirklichkeit. Daher auch immer etwas sonderbar Geducktes an ihr war wie bei jemand, der in einem finstern feuchten Flur geht und nicht an der nassen Mauer anstreifen will, daher auch jene Vergeßlichkeit, die nicht selten die Erheiterung der Zirkel war, in denen sie weilte, die ihr die weise Natur vielleicht als Wehr verliehen hatte, damit die Wunden heilen konnten, an welchen ihr zarter Organismus sonst hätte verbluten müssen, und die den Damm bildete, der die täglich wiederkehrende Wirklichkeit nach allen Seiten abschloß. Sie behielt keinen Namen, keine Zahl, keinen Weg, kein Gesicht, keinen Vorfall im Gedächtnis; alles mußte erst durch Wiederkehr bestätigt und zum Augenschein werden. Sie vergaß von einer Stunde zur andern, was sie gesagt, was sie versprochen, was sie gesehen und erlebt hatte. Sie kannte nicht die Zeit, der Lauf der Uhr war ihr fortwährend was zum Erstaunen. So wußte sie auch vom Jahr nichts als Wechsel von Hitze und Kälte und Grün und Weiß, nichts, als was man spüren, was man sehen konnte. Spüren und sehen, schmecken und riechen, wie ein

Tier eingesperrt in die wiederkehrende Wirklichkeit, traumlos, sehnsuchtslos, himmellos, lichtlos, gesichtslos, so hätte sie vermutlich niemals nach Ehrenberg gefunden, wo der vergessene Sohn hauste, hätten sich nicht ihre beiden jüngsten Schwestern zusammengetan und hinter die Landgräfin von Hessen gesteckt, die ihr eines Tages sanft zuredete, sie an ihre mütterliche Pflicht mahnte und dann mit ihrer Zustimmung alle Vorbereitungen zur Heimkehr traf. Heimkehr war es, mußte es sein, obwohl sie das Ehrenberger Schloß nie zuvor betreten hatte. Aber daß sie Mutter war, Mutter sein sollte, das nahmen ihre Gedanken nicht auf.

6

Mit achtzehn Jahren hatte sie geheiratet, ein Spätkind von alten Eltern, mit fünfunddreißig sah sie noch wie ein Mädchen aus. Doch was Jugend schien, war nur in den Formen geblieben, die Haut hatte was Starres und Regloses wie bei getrockneten Blüten, und die Gebärden erinnerten an Gewesenes. Sie redete nicht viel, immer über dieselben Dinge mit denselben Worten und einer seelenlosen Vogelstimme. An den Bischof hatte sie gar nicht gedacht, als sie nicht wußte, womit sie den Fuhrmann bezahlen sollte, der mit unverschämter Dringlichkeit sein Geld forderte. Er war schon in Kassel beim Beginn der Reise entlohnt worden, nicht von ihr selbst freilich, aber sie hätte es wissen sollen, hatte es nur vergessen. Mit dem letzten Geld, das sie gehabt, hatte sie den Jäger und die Kammerfrau bezahlt, die sie in Arnstein beide verabschiedet, weil sie sich geweigert hatten, mit ihr durch den verrufenen Spessart zu fahren, in dem noch dazu seit einiger Zeit allerlei verlaufenes Kriegsvolk schwärmte, versprengte Tillysche Reiter, wie es hieß. Gleich nach der Ankunft und nachdem man sie in das in aller Eile hergerichtete Zimmer geführt hatte, begab sie sich zu Bett und verlangte nach einem Arzt. Die taube Lenette war's, die sie auf den Bischof verwies, und unter ihrem Drängen schrieb die Freifrau an den bischöflichen Herrn Schwager. Sie mußte nicht schreien mit der Lenette wie fast alle andern Leute, sie nicht und der Junker Ernst nicht. Lenette schaute bloß auf ihre Lippen und wußte, was gefordert, was gesagt wurde. Sie kannten ja einander so lang, Lenette war schon auf dem heimatlichen Schloß zu Bourdonnay die Spielgefährtin Theodatas gewesen. Niemand konnte sagen, woher sie kam und wessen Eltern Kind sie war; ein Landsknecht hatte sie einst auf die Schwelle der Kirchentür gelegt, zwei goldene Portugaleser hingen, in ein Linnenstück genäht, am Hals des Säuglings, das war wohl über vierzig Jahre her. Doch Lenette wußte nicht, wie alt sie war, um den Kalender kümmerte sie sich nicht, und ihr Verhältnis zu Zeit und Zeitverlauf war ungefähr dasselbe wie bei der Freifrau. Acht Jahre hatte sie die Herrin nicht gesehen, acht Jahre nichts von ihr vernommen; als die Freifrau aus der Reisekutsche stieg, nickte ihr Lenette bloß zufrieden zu, nachdem sie sich versichert, daß es die Dame Theodata war und keine andere. Sie erlaubte sich nicht, eine Frage an die Herrin zu richten, obwohl sie fürs Leben gern gewußt hätte, was in all den Jahren mit ihr geschehen war.

Am ersten Tag verließ die Freifrau das Bett nicht und wollte niemand sehen als Lenette. Am Morgen des zweiten erhob sie sich, zog ein schönes dunkles Kleid aus schwerem Stoff an und hüllte sich in einen schweren Mantel mit silberner Stickerei. So ging sie lange auf und ab. Dann horchte sie, als ob sie der tiefen Einsamkeit gewahr würde, ergriff ein Hämmerchen und klopfte damit auf eine erzene Glocke, deren Ton dröhnend bis in die entferntesten Räume des Hauses drang. Nach einer Weile erschien Lenette, mißtrauisch blickend, zielloses Mißtrauen war eine Folge ihres Gebrechens, und fragte nach dem Begehr der

Herrin. Die Freifrau klagte: «Mich friert, Lenette, was soll ich tun?» Das überraschte Lenette nicht, die Freifrau fror seit ihren Kinderjahren, im Winter und im Sommer, bei Tag und bei Nacht, im Bett und im Bad, am Kamin und im Sonnenschein. So war es am letzten Tag vor der langen Trennung gewesen, so war's noch heute, also hatte alles seine Richtigkeit und seinen Zusammenhang. Wenn sie sagte: «Mich friert, Lenette», dann wurde, wie damals, ihr kleines Gesicht noch kleiner, der Mund verzog sich weinerlich, die Fußspitzen kehrten sich rührend gegeneinander. Wie sollte aber Lenette dem Frieren abhelfen? Sie lachte gutmütig, zündete Feuer an trotz der Aprilwärme draußen, schleppte wollene Decken herbei und stopfte Stroh in die Fensterfugen.

Als der Bote ohne Geld von Würzburg zurückkam, wußte die Freifrau nicht, was beginnen, der Fuhrmann wurde unverschämt, er saß in der Gesindestube beim Verwalter Wallork und schimpfte über die verlorene Zeit, er sah wohl, was für ein Armeleuteschloß das war, was für eine Armeleutewirtschaft, das machte ihn frech. Schon faßte Theodata den törichten Plan, selber in die Residenz zu fahren und beim Bischof vorstellig zu werden, da kam Lenette mit strahlender Miene und hielt einen Geldbeutel im erhobenen Arm. Den hatte sie im Reisegepäck der Freifrau gefunden, in einer Schatulle, die Schatulle war in einer schmalen Mahagonikiste gewesen, mitten zwischen allerhand Kram, Wachsbossierungen, Bronzen, astrologischen Karten, einem Zahn von einem Meerfisch, Straußenfedern, zwei indianischen Schuhen, einer Korallenblüte, einem Perspektiv und ähnlichen Dingen, die Theodata in vielen Jahren gesammelt oder geschenkt bekommen hatte. Den Beutel samt dem Geld hatte sie vergessen, und als sie den Inhalt auf den Tisch schüttete und Lenette die Münzen ordnete und zählte, war es eine stattliche Barschaft, zwölf gemeine Dukaten, neun goldne Rosenobel, vierzehn

Silbertaler und dreißig Gulden fränkische Währung. Damit war der Not vorläufig gesteuert.

Lenette wurde beim Anblick des Geldes, eines ihr unbekannten Überflusses, immer nachdenklicher und schien manches auf dem Herzen zu haben, womit sie auch nach und nach herausrückte. Sie stellte der Freifrau vor, da sie doch nun so reich sei, möge sie darangehen, sich der Schäden und Mißstände anzunehmen, um die sich niemand geschert und keiner scheren würde, bis nicht eines Tages das Schloß in Trümmer falle. Es war alles verhaust, alles brüchig, alles vermorscht. An Regentagen regnete es durch das Dach in die oberen Flure und Gemächer, und sooft Wallork die Ziegel und Schindeln ausbesserte, der nächste Sturm warf doppelt soviel herunter, denn die Sparren waren angefault, in den Balken haftete kein Nagel mehr. Das Tor ging nicht zu, die Schlöte waren eingestürzt, die Türen schlotterten in den Angeln, zerbrochene Fenster waren mit Papier verleimt oder durch Bretter ersetzt, die Schwellen waren wurmstichig, die Dielen zertreten, die Öfen verstopft, in den Mauern saß der Schwamm. Im großen Saal tummelten sich Ratten und Mäuse in vergnügten Herden, im Keller stand das Wasser klafterhoch, der Stall war windschief, und am Ziehbrunnen waren die Randsteine abgebrochen. Sie meine ja nicht, daß alles gleich in Angriff genommen werden solle, aber fürs Dach und die Schornsteine wenigstens solle man Handwerker aus der Stadt berufen, damit man nicht immer in der Angst schwebe, die ganze Natur wälze sich über einen, wenn man nächtens auf seinem Strohsack liege. Und dann der Saal; der Saal müsse gesäubert und instand gesetzt werden, wohin solle man den Herrn Bischof führen, wenn er wirklich am Walpurgistag zu Besuch kam, wie er durch den Boten habe vermelden lassen.

Die Freifrau wollte von nichts wissen. Sie hörte gar nicht recht zu. Sie ging auf und ab und summte klagend vor sich hin. Sooft auch Lenette an diesem und am folgenden Tag wieder anfing, erst zuredend, dann fordernd, dann scheltend, und die Gebresten des Hauses wie solche ihres Körpers bejammerte, die Freifrau hörte nicht zu, ging auf und ab und summte klagend vor sich hin. Da sagte Lenette erbittert: «Und wenn Ihr das alles nicht mögt, Gnaden, so kauft wenigstens dem Junker ein neues Kleid. Seht doch an, was er am Leibe trägt, wie das zerschossen und geflickt ist, seht's Euch doch an.» Theodata hielt im Gehen inne und kehrte Lenette das erschrockene Kindergesicht zu. Sie schürzte ein wenig die Lippen, und hinter dem Schrecken dämmerte das Entsetzen von damals, von jener Nacht her, wo der Sechsjährige, aus einem Traum aufgerissen und, vielleicht nur den Traum ins Wachen mit hinübernehmend, die Arme um den aufgedunsenen Hals eines unholdischen Vaters geschlungen. Das war wieder da, sobald sie ihn sah, wiederkehrende Wirklichkeit, gegen die sie blind verzweifelt stieß wie der Vogel an die Wände eines Glashauses. Und sie hatte ihn seit ihrer Ankunft nicht öfter als zweimal gesehen, am ersten Tag, als sie schon im Bett gelegen und der Magister Molitor hatte fragen lassen, ob ihr der Junker seine Aufwartung machen dürfe; da war er gekommen, hatte sich fein verbeugt, hatte höflich gesagt: «Grüß Gott, Frau Mutter», hatte sie mit einem Blick angeschaut, als liege sie in einem Busch versteckt, nicht vor ihm im Bett, und war wieder gegangen. Dann gestern am Ziehbrunnen, als sie beim Fenster gestanden war; der Ziehbrunnen, ebender, von dem die Randsteine abgebrochen waren, lag gerade unterm Fenster, fünfundzwanzig Ellen, mehr waren's nicht bis zur Öffnung mit dem geschmiedeten Bogen, woran der Eimer hing. Er trug das verschossene und geflickte Tuchröcklein und ein altes ledernes Barett auf den kohlschwarzen Haaren, die lockenlos über Ohren und Nacken flossen und sich erst am Ende gleichsam aus Gefälligkeit ein wenig ringelten. Er wußte nicht, daß sie hinunterschaute, und sie gewahrte nichts von seinem Gesicht, das der schwarzen Brunnentiefe zugeneigt war, und wenn er die geringste Bewegung machte, zuckte sie ängstlich zusammen. Es kann einer nicht ewig am Brunnen stehn, und als er genug hatte, ging er weg, durchs Tor durch und trotz der einbrechenden Dämmerung gegen Randersacker zu, das war einer von seinen vielen geheimnisvollen Gängen, oft kehrte er erst in der halben Nacht zurück, um an dem händeringend wartenden Magister arglos vorüberzuschlendern.

Auch jetzt zuckte die Freifrau zusammen, als Lenette von ihm sprach. «Nein, nichts soll er haben, nichts will ich ihm kaufen», sagte sie bestimmt und hart, «da bettelst du vergebens.» Lenette näherte sich ihr mit gekrümmtem Rücken, streckte die Hände wie zwei Schalen vor und rief: «Nicht einmal ein Feiertagsgewand, nicht einmal einen Flaus? Und da schämt Ihr Euch nicht, Gnaden, wo Ihr einen Beutel voll Gold habt?» Die Freifrau antwortete: «Nein, auch keinen Flaus soll er haben.» Lenette geriet in Zorn. Sie ging zum Tisch, griff in die Lade, in der der Beutel war, nahm ihn heraus und sagte: «So gebt mir wenigstens einen Taler, daß ich ihm ein Paar neue Schuh kaufen kann.» Kaum hatte die Freifrau gewahrt, daß sich Lenette des Beutels bemächtigt hatte, so sprang sie hin, entwand ihn ihr und sagte starrsinnig: «Nein, du sollst ihm keine neuen Schuh kaufen und sollst mein Geld in Ruh lassen. Und daß du siehst, daß es ums Geld nicht ist, werf ich's in den Brunnen hinunter.» Damit riß sie das Fenster auf, und ehe die bekümmert aufschreiende Lenette es hindern konnte, schleuderte sie den Beutel hinab. So gut hatte sie in ihrem irren Eifer gezielt, daß der Beutel geradewegs in das dunkle Brunnenloch fiel.

«Was habt Ihr da getan, Gnaden?» flüsterte Lenette scheu und bekreuzigte sich.

«Geh nur», sagte die Freifrau und winkte.

Als Lenette traurig hinausgeschlichen war, ließ sich Theodata auf einem Schemel nieder, legte das Gesicht in beide Hände und begann zu weinen. Die Tränen wollten überhaupt nicht aufhören zu fließen, eine Stunde verging, und sie weinte immer noch, als ob ihr der liebste Mensch gestorben wäre, hätte sie einen liebsten Menschen nur gehabt. O das Wirkliche, das Nahe, das Jetzt! Wie war doch alles so wirklich und so jetzig um sie; kein Gestern, kein Morgen, nicht einmal ein Heute, nur ein Jetzt, und kaum war das da, wieder ein Jetzt. Lauter Löcher, in die man hineinfiel, eins nach dem andern, und jedes so tief wie der Ziehbrunnen.

Während sie noch weinte, öffnete sich die Tür, und der Junker Ernst kam herein, langsam, mit einer Art von Vorsicht. Er war durch den Flur geschritten, da gewahrte er im Halbdunkel Lenette. Diese kniete vor der Schwelle, schon seit geraumer Zeit. Sie hörte es nicht, aber sie ahnte, daß die Freifrau in der Stube saß und weinte. Es mußte so sein, nun mußte sie drinnen weinen, wenn nicht die ganze Welt verdreht war. Indem sie ihr Ohr gierig an die Tür drückte, fühlte sie sich an der Schulter angerührt, und als sie emporblickend den Junker gewahrte, erhob sie sich, zog ihn zur Stiege und berichtete ihm, der Frau Mutter sei ein Beutel mit Gold in den Brunnen gefallen, brachte es so vor, als sei es aus Unbedacht geschehen, und deshalb sitze sie in der Stube drin und gräme sich. Denn Lenette wünschte, daß der Junker zu seiner Mutter hineinging und mit ihr redete, damit die unheimliche Erstarrung von ihr genommen würde, in der Lenette ein pures Teufelswerk sah. So geschah es auch; Ernst befolgte die Weisung der alten Magd. Leise ging er zu dem Schemel hin, auf dem die Freifrau hockte, sah eine Weile nachdenklich auf sie herab, berührte sie dann mit derselben Bewegung an der Schulter, wie er es draußen bei der tauben Lenette getan, und sagte mit seiner schmeichelnd tiefen Knabenstimme: «Getröstet

Euch, Frau Mutter, Ihr müßt Euch nicht kränken um den Beutel mit Geld. Es ist nur dann schade drum, wenn Ihr drum weint. Hört auf zu weinen.» Indem er ihr so zusprach, kauerte er sich neben ihr auf den Boden nieder, blickte mit seinen Augen, die so braun und so groß wie Kastanien waren, ruhig zu ihr empor und wiederholte: «Hört auf zu weinen. Das macht alt und häßlich, und Ihr seid jung und schön. Wenn Ihr nicht mehr weint, will ich Euch eine Geschichte erzählen ... Merkt nur auf, ich will Euch eine Geschichte erzählen ...»

7

Wie die Erdrinde und jede Frucht ihre verschiedenen Schichtungen hat, von denen die einzelne immer einen vergangenen Zustand bezeugt und einen künftigen erwarten läßt, so hat auch, gemäß der Idee, welche die Natur bei allen ihren Gestaltungen verfolgt, die Menschenseele ihre zahlreichen abgetrennten, doch aufeinander bezüglichen Lagerungen, besonders was ihr geheimes Werden und dem Wissen entzogenes Leben betrifft. Bei vielen liegt dieses Traumwirken dicht unter der Oberfläche und zerrinnt beim ersten Anprall des Tages und der Welt; bei andern wieder treibt es seine Wurzeln in größere Tiefen, so daß die Gegenwartsmächte sich härter mühen müssen, es herauszuheben; jedem ist da sein eigenes Gesetz eingepflanzt worden; bei einigen Seltenen hat es sich in solche Abgründe gewühlt, daß alle anstürmenden Kräfte nichts dawider vermögen, und ein solcher Mensch ist nur leiblich als ein Ganzes geboren, sein Sinn und Geist wohnt außerhalb der Welt, oberhalb oder unterhalb ihrer, und das war wohl auch die Ursache, daß der Junker Ernst bis in sein sechstes Jahr beinahe ohne Sprache blieb. Nach dem Tod des Vaters und der Trennung von der Mutter konnte er sich nur über das Notdürftigste verständigen, und was nicht Mienenspiel und Auge war, blieb stumm. Die Veränderung seines Lebensschauplatzes, aus dem lärmenden Gassengewirr der Kaiserstadt in die fränkische Einsamkeit, schien kaum sein Inneres zu berühren, ließ ihn nicht einmal aufmerken, und damals hatte der Magister Onno Molitor sich häufig der Befürchtung zu erwehren, ob er in seinem Zögling nicht ein von Geburt schwachsinniges Geschöpf vor sich habe. Beim Unterricht blickte der Knabe umsehend vor sich hin, lächelte, wo nichts zu lächeln war, staunte, wo nichts zu staunen war, und mit acht Jahren redete er noch von sich selber in der dritten Person und mit erfundenen, vielleicht auch aufgeschnappten Namen, zum Beispiel der Heimerlein, der Schattenzart oder das Kniehupferlein. Wenn er in einem Winkel kauerte und in sich hineingrübelte und dann wie aufwachend zusammenhanglose Sätze murmelte, schien es oft, als seien aus der frühen Kinderzeit Begriffe in seinem Hirn und Dinge in seinem Aug verblieben, Farbiges und Prunkvolles, Gärten, Paläste, nächtliche Fackelzüge, straßenfüllende Kavalkaden, schön geputzte Frauen, das feierliche Innere einer Kirche, ein lichterstrahlender Saal, daneben auch Düsteres und Schreckliches, und als ob er um diese Bilder tief unten im Bodenlosen ringe, mit gestammelten Wörtern ohnmächtig hinter ihnen her taumle.

Hiezu kam, daß in jenen frühen Jahren, wo seine Verlassenheit das Herz der tauben Lenette rührte, ihn die nicht selten am Abend auf den Schoß nahm, vor dem Herd, in dem die Holzscheite brannten, während an den verrußten Mauern und über das Tonnengewölbe der Decke unruhige Schattenfetzen zuckten, und ihm Geschichten erzählte, schnurrige, gruselige, abenteuerliche Geschichten von fluchbeladenen Prinzen und verzauberten Prinzessinnen, Höhlengeistern und weißen Frauen, Hünenbergen und Judensteinen, von Fridigern und von der Bamberger Waage, von den Semmelschuhn und vom Buttermilchturm. Alles dies hatte er damals nicht auffassen können, so hatte es wenigstens geschienen, wie ein verbogener Klotz hockte er auf den Knien der Lenette, stocherte töricht mit einem Spreißel zwischen den Herdziegeln, und das Erzählte war nicht mehr, als bliese man über seine Augenlider hin. Doch täuschte der Anschein, das bunt- und dunkelphantastische Wesen traf ihn, die Tiefe unten saugte es ein, um es aufzubewahren, und wenn er seine eigentümlichen Spiele trieb, kam es hervor wie im Februar grüne Halmspitzen aus dem Boden. Allem verlieh er Leben, den Äpfeln in der Apfelkammer, dem silbernen Reif an seinem Finger, den Seifenblasen am Strohhalm, der träufenden Dachrinne, dem Spinnrad und dem Schöpflöffel; mit allen Dingen redete er und erst recht mit den Tieren, mit Kuh und Katze, Storch und Schwalbe, denen er Zeichen gab, die sie erwiderten, und für die er Sprüche wußte und mancherlei Beschwörungen. In jeder Beschäftigung verharrte er stundenlang und mußte immer von außen weggezogen werden, so daß der Magister kein Ende fand mit Mahnungen und Strafen und die Lenette mit Fürbitten und Wehklagen. Voll Eifer scharrte er Eicheln und trockene Beeren zusammen und trug sie in sein Bett, um sie abends vor dem Einschlafen, wenn die Decke über seinen gespreizten Knien ein ungeheures Gebirge bildete, Schluchten und Täler, mit geschäftigen Fingern, von denen jeder ein im Schnee verirrter Wandersmann war, in entlegene Felsgegenden zu verbringen, indes der Hauch aus seinem Mund Orkan war und das Ausstrecken der Beine Wirkung göttlichen Zorns, der den Berg in ein Blachfeld verwandelte. Spät kam der Schlaf nach solchen Ergötzungen. Er hatte innen zu viel zu tun, zu schauen, zu ordnen. Wenn im November der Sturm das Gebälk zittern machte und im Januar die Wölfe draußen bellten, wenn im Mai der gelbglühende Mondteller von einem Fensterrand zum andern rollte und im zitternden Licht die Fäden auf dem Bettüberzug sich wie zahllose winzige Füßchen bewegten, die davonlaufen wollen und nicht können, da mußte er lauschen und spinnen und spielen und an die Sterne denken und auf die Erdgeister warten. Alles verwandelte sich, wenn er's nur nannte, alles vergrößerte sich auf dem Weg vom Hören zum Wiederhören ins Unermeßliche, alles war anders, wenn er's ergriff, als wenn er's sah. Der Regentümpel im Hof wurde zum grenzenlosen Gewässer, die Vorstellung davon überwältigte ihn bis zum Schaudern, und alsbald war das Gewässer ein handelndes Wesen mit Gesicht und Stimme. Er hatte kaum vom ersten Menschen gehört, da kroch er in den dumpfen Bretterstall zu den Kühen und war der Adam im Paradies, der mit Löwe, Schlange, Reh und Auerstier in seligem Verständnis hauste. Der Amboß klirrte von den Schlägen Wallorks, er lief zur Lenette und berichtete ihr mit hochgeründeten Brauen, den Mund an ihrem Ohr, der Meister Grimmerlein stehe draußen und brülle um seinen Blutzins. Wer war der Meister Grimmerlein? Ein Meister von Junker Ernsts Gnaden. Und was war der Blutzins? Niemand wußte es, auch er selber nicht. Lenette lachte ihm ins Gesicht. Sie gewöhnte sich bald daran, ihn seiner lügenhaften Erfindungen wegen zu verlachen; er brauchte sie bloß anzureden, so grinste sie schon, und sobald er den Mund aufmachte, sagte sie trocken: «Das glaub ich nicht.» Das reizte ihn auf, und er überbot sich in schreckhaften und wunderlichen Einfällen, in blühenden Übertreibungen und Ausdenken von Erlebnissen, die er gehabt haben wollte. Bald hatte er solche Geschicklichkeit darin, daß es ihm immer öfter gelang, die gute Lenette anzuführen; mit heimlichem Entzücken spürte er, wie sie zweifelte, seinen Worten allmählich unterlag und von Furcht erfüllt oder von Erwartung gepackt wurde, während sie ihm gleichzeitig ihr trotziges «Das glaub ich nicht» zurief. Als er einmal so weit war, versuchte er es beim Verwalter Wallork, bei den Schafhirten, den Kärrnern und den Jägern, und schließlich wagte er sich auch an den Magister Molitor. Er wagte es, weil er im Ausdruck nach und nach eine Rundheit und Flüssigkeit erworben hatte, die ihn selbst berauschte, wie einen Schwimmer die eigene Gelenkigkeit kühner und ausdauernder machen kann; jeden Tag wußte er neue Worte und Bezeichnungen, Eigenschaften, Farben, Zustände, Vorgänge. Die Worte stürzten über ihn her, daß ihm zumute war, als stehe er in einem Wasserfall, der ihm den Atem verschlug. Sämtliche Dinge zwischen Himmel und Erde begriffen sie in sich; man konnte sie durcheinanderwerfen wie Spielsteine; jedes bedeutete was, hinter jedem türmte sich Geschehnis auf, unendlich war Verbindung und Verknüpfung, vielfältig machte einen das leiden und freuen. Zu einer gewissen Zeit begann er, die Bücher und Folianten des Magisters in dessen Abwesenheit durchzublättern; es kam ihn die Lust am Lesen an; in unverständlichen Abhandlungen und philosophischen Traktaten sogar fand er das Schillernde, Regenbogenhafte, Bewegte, aus dem sein Geist Nahrung sog; die bloßen Zeichen genügten oft schon, die Formel; er lokkerte sie auf, nahm, was er suchte und was er fand (auch wenn es nicht drin war), heraus und warf die Hülsen weg. Waren es aber Stiche und Bildnisse, ein Ritter, ein geflügelter Drache, ein Engel auf einer Wolke, Pharao, wie er den Joseph ehrt, da wurde ihm heiß und kalt, er war gleich selber Ritter oder Drache, selber der edle Joseph, in atemlosem Glück der ruhevolle Engel. Dann saß er bei Wallork und log dem staunend Aufhorchenden vor, oben im Saal sei ein Mensch in goldener Rüstung auf ihn zugeschritten, habe sich Fürst des Morgenlandes geheißen und ihm befohlen, sieben Jahre und sieben Tage gegen Osten zu wandern, am Ende dieser Zeit werde er was Großes erfahren. Den Schäfern und Jägern erzählte er, ein graubärtiger Alter sei im Verlies der Rottensteiner Burg eingekerkert, man höre ihn zur Mitternacht rufen und stöhnen, und einmal habe er ihm anvertraut, er wisse einen vergrabenen Schatz, aber wenn der Bischof davon Kunde erhalte, werde er ihn erwürgen lassen. Wenn die Leute ungläubig den Kopf schüttelten oder ratlos dreinschauten, schilderte er Gesicht, Haltung und Sprache des Gefangenen so ausführlich und genau, schmiegte sich so listig in die Einbildungskraft der Zuhörer, daß die arglosen Menschen stutzig wurden und das böse Gerücht im Land herumtrugen, obschon sich nachher das Spukgebilde als zu schemenhaft selbst für das wahnvolle Volk erwies. Dem Magister Molitor ging er dann, durch Probe und Übung gestärkt, schon wesentlicher zuleibe. Er entwendete ihm eines Tags ein altes Pergament mit schön gemalten Initialen, ein seltenes Exemplar, das für Herrn Onno großen Wert besaß; ein Augustiner hatte es ihm für geringes Geld überlassen. Diesen Umstand kannte der Junker. Mit erstaunlicher Wahrheitsmiene erzählte er dem Magister, als dieser von einem Besuch beim Propst Lieblein in Würzburg zurückkehrte, der Mönch sei dagewesen, habe ihn mit drohenden Gebärden angefahren und von ihm gefordert, daß er ihm augenblicks das Pergamentum herausgebe, er habe es wohl an den Magister verkauft, habe aber nicht gewußt, daß derjenige, der es besitze, zu jeder Zeit, bei Tag wie bei Nacht, unverwehrten Einlaß bei allen Königen der Erde wie auch beim Heiligen Vater in Rom habe, daß er ferner in voller Leibes- und Lebenssicherheit durch alle Länder reisen könne, in denen Krieg oder Pest wüte. Zuerst habe er, Ernst, behauptet, er wisse nichts davon, weil sich aber der Mönch gar verzweifelt aufgeführt und ihm mit endlosen Bitten und heftigen Reden zugesetzt, habe er sich verschnappt und ihm dann den Platz gewiesen, wo die wundertätige Rolle lag; der Mönch habe sie genommen und sei verschwunden. Magister Onno lauschte dem merkwürdigen Bericht mit finsterer Ungeduld, eine braune Zornader schwoll auf seiner Schläfe, er nahm den Junker scharf ins Verhör, wieder und wieder, trat des Nachts an sein Lager, riß ihn aus dem Schlaf, um ihn mit Fragen zu überfallen, hielt ihm vor, daß niemand im Schlosse zu der angegebenen Stunde den Mönch erblickt hätte, wies ihn auf die Ungereimtheit seiner Angaben hin, bedrängte ihn mit Erbitterung und mit Milde, schlug ihn am Ende sogar mit der eisernen Rute: es war umsonst, der Junker setzte allem eine Miene entgegen, als begriffe er den Zweifel nicht, brachte täglich neue, überzeugendere Umstände vor, und nicht nur das, spann auch mit einer Unverfrorenheit, die nur von seiner beständig wachsenden, seltsam anmutigen Beredsamkeit übertroffen wurde, den Faden weiter, stürzte eines Morgens erregt und blaß in die Stube des Magisters, verkündend, der Mönch sei ihm begegnet, habe ihn mit geflüsterten Worten in den Wald gelockt und ihm einen Schwur abverlangt, daß er ihn nicht verraten wolle, dann sei er erbötig, das Pergament wieder zur Stelle zu schaffen, doch müsse auch der Magister am dritten Tage von heute an beim Aufgang des Mondes unter der großen Pappel beim Wegeinnehmerhaus einen Eid schwören, daß er den Dieb fernerhin weder verfolgen noch bezichtigen werde; betrete er hierauf seine Kammer wieder, so werde er die Zauberrolle auf dem alten Platz finden.

Der Magister weigerte sich ergrimmt, den Hokuspokus zu verüben, denn er war ein weit über seine Zeit aufgeklärter Mann, richtiger Philosoph und Anhänger des Aristoteles, doch der Junker wußte ihm so stürmisch, so schmeichlerisch zuzureden, daß er, nur um zu sehen, was daraus entstünde, zu tun versprach, was von ihm begehrt wurde, nicht ohne stillen Vorsatz, das unerforschliche Treiben des Junkers aufzudecken, und nicht, ohne sich selber zu grollen, weil er von der Art und Rede des Zwölfjährigen bezwungen und umgarnt war wie noch von keinem Menschen zuvor. Als nun die Stunde kam, wo das Gelöbnis abgelegt werden sollte, war es mit dem feierlich angesagten Mondaufgang nichts, wohl aber herrschte ein heftiges Gewitter, der Regen schüttete in wahren Bächen herunter. Der Magister tat, als schrecke ihn das nicht im geringsten, Ernst hingegen, auf dessen Gemüt Blitz und Donner stets gewaltigen Eindruck machten, hatte etwas Zauderndes in seinem Wesen und schien in Gedanken verloren. Als sie nun beide unterm Haustor standen und in das tobende Unwetter hinausschauten, fuhr ein Blitz nieder, der den Schloßhof, den Brunnen, die Mauer und weit drüben ein Stück Forst in schwefelgelbes Licht tauchte. Der Junker prallte zurück. Da legte ihm der Magister die Hand auf die Schulter und sagte: «Vorm Angesicht des Elements, Junker, wollt Ihr nun als Wahrheit aufrechterhalten, was Ihr mir angegeben habt? Sprecht und seid redlich mit mir.» Der Knabe blickte mit verträumtem Trotz zu Boden; plötzlich, bei einem abermaligen Blitz, erhob er seine Augen, die wie zwei schwarze Juwelen funkelten, und erwiderte: «Ich hätt es Euch ohnehin bekannt, wenn die Geschichte zu Ende war. Eine Geschichte muß aber doch ein Ende haben.» Es war nicht Schuldbewußtsein, es war Anruf und Sichbehaupten in seiner Stimme. «Wie denn das», stammelte Magister Onno, «eine Geschichte? Nicht Lüge, nicht Hinterhältigkeit und boshafte Hintergehung, eine Geschichte?» Der Knabe erhob die Hände gegen ihn, und in den verrollenden Donner hinein rief er: «Ja, ich hab Euch eine Geschichte erzählt, nichts anderes.» Der Magister schwieg. «Und ist's Euch nicht leid, daß sie kein Ende hat und doch schon aus ist?» fragte treuherzig der Junker.

Der Magister, von allen Geistern der Pädagogik verlassen, blickte den Junker sprachlos an. Als er in seine Stube kam, lag das Pergament wieder dort, wo es immer gewesen war.

8

Von diesem Tag an lösten sich die Erfindungen und Eingebungen seiner Phantasie vom Wirklichen und den Menschen seiner Umgebung langsam ab, wie sich der Efeu vom Boden erhebt, wenn man ihm einen Halt anweist, von wo er gegen die Höhe wachsen kann. Geschichten erzählen, das war sein ein und alles, und vermutlich war er erst in jener Gewitternacht zum Wissen oder Ahnen davon gekommen, was das war, eine Geschichte. Daß man sie nicht hineinflicken durfte in den gemeinen Tag wie ein buntes Stück Stoff in ein abgeschabtes Gewand, daß sie selber ein schönes Gewand sein mußte; und der es verfertigte ein geschickter Schneider; und dem man es an den Leib paßte einer, dem es auch gut zu Gesicht stand und der seine Freude dran hatte. Lange Zeit verging, vielleicht ein Jahr, da verhielt er sich überhaupt ziemlich still; es war, als schaue er sich vieles an und überdenke viel; beständig lag er Herrn Onno in den Ohren, er solle ihm Bücher verschaffen, Bücher, in welchen zu lesen sei, wie die Menschen leben, nicht die Menschen, die um ihn herum waren, sondern traumhafte Leute in fernen Ländern, Türken, Schweden und Engländer, auch die in der Neuen Welt, aus der die goldbeladenen Schiffe kamen, wie er vernommen hatte; vom König Heinrich von Frankreich und seinem Mörder wollte er wissen; davon hatte der Magister einmal gesprochen, und des Junkers erregbarer Geist formte Bild auf Bild aus der bloßen Erwähnung. Herr Onno ließ sich erbitten und gab ihm ein spanisches Ritterbuch und eine Beschreibung vom Turnierstechen in Cambrai; da lag Ernst die halbe Nacht bäuchlings bei dem Öllicht, das immer in seiner Stube brannte, weil er sich vor der Finsternis noch als Dreizehnjähriger dermaßen fürchtete, daß er Krämpfe bekam, wenn er im Finstern einschlafen sollte oder erwachte; da lag er mit glühenden Wangen, der starre

Zeigefinger glitt Zeile um Zeile übers Buch, und sein ganzer Körper war schweißbedeckt. Der Magister wurde des Wesens nicht mehr Herr; er stand davor und wußte sich nicht zu helfen; seine Ratlosigkeit wuchs, als der Knabe dann auf einmal im Haus nicht mehr zu halten und, kaum daß der Unterricht zu Ende war, entlief. Schnee und Regen konnten ihn nicht hindern, seiner mangelhaften Bekleidung achtete er nicht; er streifte durch den Wald nach Norden, über die Weinberge bis ins Maintal hinunter, kannte bald alle Dörfer und Gehöfte im Umkreis von zehn Stunden, schloß sich an allerlei Vagabunden an, saß bei den Bauern auf dem Feld oder, wenn sie droschen, in der Tenne, trieb sich auf den Jahrmärkten herum und vergaffte sich in Zigeunervolk und Possenreißer; wurde der bittern Not inne, von der die Menschen bedrückt waren, hörte die Klagen, die Seufzer, die Hoffnungen, die Gebete, sah Unrecht und Verstellung, Gewalt und Tod, tat eins zum andern wie viele kleine Gewichte, die zusammen ein großes ausmachen und mit denen man auf der Schicksalswaage die eine Schale beschwert, um die Last der andern zu heben und das Zünglein in die Mitte zu bringen. Was sich aber daraus ergab, war der Antrieb, von einer Welt Kunde zu geben, die eine andere war als die schlechte, traurige und häßliche, die er sah und in der er so viele in unstillbarer Betrübnis sich mühen sah, von einer, die in ihm drin war wie ein Beet voller Blumen in einem Garten, von dem keine Seele was wußte. Es begann an einem Sommerabend, den Tag vor Fronleichnam; er ging durch das Dorf Günthersleben und hörte von einer Bretterbude her, wo für den Festtag Hühner gebraten wurden, Lärm und Geschrei, gewahrte näher kommend eine Menge Menschen, und ein Weib, die Budenbesitzerin, schrie auf einen Mann ein, den ein paar Burschen festhielten. Es stellte sich heraus, daß der Mensch einen der gerupften, noch nicht gebratenen Vögel von einer Stange, wo sie hingen, weggestohlen hatte;

die Frau erspähte ihn gerade, als er die Flucht ergreifen wollte, mehrere herumstehende Kinder liefen ihm nach und hielten ihn auf; er sah recht verwahrlost aus, und wahrscheinlich war er unsäglich vom Hunger geplagt, denn er hatte das kurze Stück Wegs benutzt, noch dazu im Laufen, um den Hahn aufzureißen und, was ihm von dem blutigen Innern in die Hand geriet, gierig zu verschlingen. Als das jammernde Weib hernach den Schaden besichtigte, fehlte eigentlich nur das Herz, das Herz hatte der hungrige Dieb verzehrt. Scheu standen die Kinder abseits, die ihn verfolgt hatten, Knaben und Mädchen im Alter zwischen neun und zwölf. Ernst trat auf sie zu und sagte: «Dem ist nicht wohl zumut, wenn einer ein Herz ißt, muß er alles vergessen, was mit ihm gewesen ist.» Die Kinder blickten ihn neugierig an, er lächelte und fuhr fort: «Ich will euch erzählen, wie das kommt, ich will euch die Geschichte von dem erzählen, der seines Hundes Herz aufgegessen hat.» Er setzte sich unter die Linde, die nahebei war, die Kinder versammelten sich um ihn, und je länger er erzählte, je gebannter hingen sie an seinen Lippen. Es war eine verhältnismäßig einfache Geschichte, aus dem lebendigen Anlaß herausgesponnen und unterstützt durch den alten Volksglauben, von dem er gehört, daß das Herzessen vergeßlich macht. Aber dazu erfand er passende Begebenheiten, von einem Jüngling, der nicht mehr weiß, wo sein Elternhaus ist, von einem Klausner, der in Gläsern viele Herzen von Menschen und Tieren aufbewahrt, von einem Waldgeist, der alljährlich in eine Landschaft verheerend einbricht und dem man das zerriebene Herz einer frommen Magd in den Wein gibt, wodurch erreicht wird, daß er den Weg vergißt und im Dickicht gefangen werden kann. Dies alles, sinnvoll verbunden, wie es ihm der Augenblick eingab, wurde zu einem schwebenden Gebilde, dessen Vortrag die jugendlichen Zuhörer mit Entzücken lauschten. Und da er dies einmal genossen hatte, Ziel leuchtender, gläubiger, dankbarer, ergriffener Blicke zu sein, verlangte ihn danach, es wieder und wieder zu genießen. Bald hatte er seine Lauscherschaft in allen umliegenden Flecken, Weilern und kleinen Städten, von Klingenberg und Wörth bis Esselbach und Tiefenstein, von Rothenbuch und Heimbuchenthal bis Hafenlohr und Marktheidenfeld. Wenn er von weitem in Sicht kam, liefen ihm seine Kunden schon entgegen; viele hatte er vielleicht erst mit dem Gefühl ungeduldiger Erwartung bekannt gemacht; sie lachten ihm zu, umringten ihn, brachten ihm Birnen, Trauben, Pfefferkuchen, Honigzucker; er setzte sich auf eine Gartenmauer, unter einen Baum, bei schlechtem Wetter in einen Scheunenwinkel, in eine Schifferhütte am Main, unter eine Brücke; sie alle um ihn her. Und nun hieß es: Erzählt, Junker; vom Daumenklein, von der Sternenjungfrau, vom Hinzelmann, vom wilden Jäger, vom Moosweibchen, vom Eppela Gaila, vom Rothensteiner Schatz, vom Riesen Hidde. Aus jedem Mund ein besonderer Wunsch, aber sie einigten sich dann oder wurden vielmehr still, wenn der Junker anhub, bedächtig und lehrsam, mit schalkhafter Umständlichkeit, mit einem Atemholen, das auf Grausiges vorbereitete. Selten erzählte er, was die erregt Gespannten forderten, was ihnen schon Phantasiebesitz geworden war, so daß sie, deshalb nicht weniger hingerissen, Zug um Zug vorauswußten und sich darauf freuten, wenn die überraschende Wendung kam; ihn selbst lockte das Neue, und aus Sage, Legende, Geschautem, Geträumtem zauberte er Niegehörtes hervor, als ob sein Geist jahrhundertealt und sein Gedächtnis erfüllt wäre von allen Erlebnissen des menschlichen Geschlechts. Er konnte sich so von einem ins andre verlieren, daß oft die Dunkelheit hereinbrach, und keiner der Zuhörer merkte was davon; es war Licht, wenn er was Heiteres, und finster, wenn er was Trauriges erzählte, das hing nicht vom wirklichen Tag und Abend ab. Bisweilen hörte man ein kleines Mädchen seufzen oder ein

Bübchen weinen, oder sie lachten allesamt herzlich, wenn der Anlaß kam, wenn der Bösewicht seine gerechte Strafe empfing, der heimtückische Zwerg die verdiente Züchtigung. Alle waren eines Herzens, und man hörte das gesammelte Herz freudig schlagen, wenn der unglückliche Sohn, der von neidischen Brüdern um sein Erbteil war gebracht worden, nach vielen Fährnissen und überstandenem zauberischem Trug endlich zu Glück und Ansehn gelangte. Es gab bestimmte Figuren, die er selbst erdacht hatte und die immer wiederkehrten, in verschiedenen Handlungen; Gustav, der Pfeifer, Margret, das blinde Edelfräulein, Helmweiß, der schweifende Ritter, Siderlist, der Magier. Nannte er einen dieser Namen, so ging ein Aufatmen durch die Reihen, die Leiber beugten sich vor, jeder wußte: jetzt kommt das Besondere. Manchmal wurden die Angehörigen besorgt und hielten Nachschau, wo die Kinder steckten; es geschah dann nicht selten, daß sie, statt der späten Unterhaltung ein Ende zu bereiten, sich selber niederließen, gefangen vom Wort und der Gabe des Junkers. Solche Rede hatten sie noch nie vernommen; wer hätte je zu ihnen wahrhaft geredet; was wußten sie vom Schicksal, kannten sie doch von ihrem eigenen kaum den Schatten; was hatten sie erfahren vom Geheimnis der Welt, von unsichtbaren Boten, von diamantenen Palästen, von den Gewalten, die in unscheinbaren Pflanzen schlummern, in Schlehdorn und Marktdorn, in der Haselnußstaude, im Löwenzahn; hatten sie Ahnung davon gehabt, so war es nur von der Unheilsrichtung her; daß es andere Fügung gibt, zum Glück und zur Erlösung, wußten und glaubten sie nicht. Nun erfuhren sie es. Wie geisterhaft, es Bild um Bild vor Augen zu haben; daß das möglich war; daß man den König Heinrich von Frankreich tatsächlich sah, und wie seine schöne Königin, eine Fee, das Zepter ergriff und die Sonne wieder aufgehn ließ, die seit dem unmenschlichen Mord in einer Bergschlucht begraben lag, und wie die Edlen zu Hof zogen, um ihren Herrn zu rächen. Da verstand man erst die Welt, lernte begreifen, wie es bei den Fürsten zuging. Alsbald wurde es so, daß ihm nicht bloß die Kinder auf Schritt und Tritt folgten, wenn er sich irgendwo blicken ließ, sondern er hatte auch unter Erwachsenen einen festen Anhang, allerdings nur ein Dutzend Personen etwa, aber die waren immer in seiner Nähe und fanden sich auf die wunderbarste Weise zu ihm, sobald er Schloß Ehrenberg verließ, zum Beispiel der Silberhans, ein Spielmann aus Veitshöchheim, der Christophorus Barger, ein ewig betrunkener Studiosus aus Schwanfeld, der Batsch, ein ehemaliger Würzburger Rotgerber, und andere noch.

Von allen diesen Vorgängen erhielt der Magister nach und nach genügend Kunde, um in Zorn und Kummer zu geraten, auch in beständige Furcht wegen der Verantwortung, die er trug. Mußte er doch täglich gewärtig sein, daß man ihn über das unsinnige Treiben seines Zöglings zur Rechenschaft verhielt. Es war zu jener Zeit nicht nur nicht üblich, sondern geradezu schimpflich, daß irgendein Mensch, geschweige denn ein Edelmannssohn, auf Landstraßen und in den Dörfern herumwanderte; wer auf blanker Erde Fuß bei Fuß setzte, der verunglimpfte sich und erlitt Einbuße an seiner Ehre. Aber es half nichts, dies dem Junker vorzusagen, es half keine Mahnung, keine Züchtigung; ebensogut hätte man versuchen können, einen jungen Adler mit Zwirnsfäden an einen Wegweiser zu binden.

9

Als der Bischof und sein Kanzler in einer soliden, von vier Pferden gezogenen Kalesche am vorbestimmten Tag nach Ehrenberg kamen, wurden sie vom Magister Molitor empfangen und mit vielen Verneigungen und Reverenzen in den großen Saal geleitet, der seit Jahrzehnten keinen Gast gesehen und den Wallork im Verein mit der Lenette und einigen gedungenen Knechten von Staub, Spinnweben, Mäusedreck gereinigt und mit Müh und Not in ein halbwegs respektables Ansehen versetzt hatten. Der Magister entschuldigte die Freifrau, die den hohen Besuch erst am Nachmittag erwartet habe und noch mit Ankleiden beschäftigt sei. Nach dem Junker gefragt, zeigte Herr Onno nicht geringe Verlegenheit; seit dem frühen Morgen sei er verschwunden, obgleich man ihm zu wiederholten Malen, zuletzt noch gestern, von der Ankunft Seiner Gnaden des Herrn Bischof gesprochen habe. Ihre Gnaden die Freifrau sei so untröstlich wie besorgt darüber und werde nicht verfehlen, Seiner Gnaden ihr Bedauern auszusprechen. Der Bischof, müde von der Fahrt und dem Rütteln der Kalesche auf den schlechten, vom Regen aufgeweichten Straßen, hatte sich in einen Sessel mit verschlissenem grünem Samt und geborstener Lehne niedergelassen. Unwirsch bemerkte er, ohne auf das Respektsverhältnis zwischen dem Magister und der Freifrau Rücksicht zu üben, da es der Dame acht Jahre lang gelungen sei, ihre mütterlichen Ängste zu bezähmen, sehe er nicht ein, wieso sie jetzt auf einmal Anlaß haben sollte, sich über den Sohn Gedanken zu machen. Worauf der Magister die Augen senkte und zu entgegnen wagte, daß er den Sachverhalt wahrheitsgemäß geschildert; im übrigen müsse er zugeben, hier wurde seine Stimme leiser, und er beugte den Kopf nach vorn wie ein Hahn, der einen Wurm erspäht, daß sich zwischen der Freifrau und dem Junker eine so naher Verwandten würdige Beziehung bis nun seines Erachtens noch nicht hergestellt habe. Auch der Pater Gropp hatte indessen Platz genommen, ebenfalls auf einem delabrierten Stuhl; er kam auf die noch unerklärte Abwesenheit des Junkers zurück und fragte scharf und erstaunt: «Verschwunden? Ihr sagt: verschwunden? Wie ist das möglich? Wie kann das sein? Das laßt Ihr zu? Und berichtet es, als hätte er sich nichts weiter zuschulden kommen lassen als einen Fehler im Exerzitium? Schenkt uns nur klaren Wein ein über den ehrenwerten Junker. Wir haben, dünkt mich, ein Anrecht darauf, es zu wissen, insonderheit der Herr Bischof hat ein Anrecht darauf.»

Es mußte dem Pater Gropp erwünscht sein, daß der Bischof umfassende Belehrung erhielt, denn er selbst war hinlänglich belehrt; er hatte sich in seiner Weise um die Führung des Knaben gekümmert, indem er sich Gerüchte zutragen ließ, den Magister ins Verhör nahm, den er zu diesem Ende in den letzten Monaten öfters vor sich beschieden hatte, einmal auch durch einen Besuch, den er unerkannt auf Ehrenberg gemacht, bei welcher Gelegenheit er den Junker genau beobachtet und die geheimnisvolle Abneigung, die ihm der Knabe eingeflößt, seit er von ihm wußte, befestigt und verstärkt hatte.

Den Magister machte das herrische Verlangen betroffen, da er doch dem Pater Gropp unter vier Augen schon mehr eingestanden und zugegeben hatte, als seine Absicht gewesen war, und er in seiner engen Geradheit die Schachzüge des Jesuiten nicht zu durchschauen vermochte. Er begann zu stottern, brachte etwas von diffiziler Komplexion vor, legte die Hand auf die Brust und beteuerte, die Grundlage sei gut, obschon gewisse Eigenschaften der natürlichen Verfassung zuwiderliefen und wie das Unkraut auf gepflegtem Acker das edle Saatgut überwucherten. Pater Gropp runzelte finster die Brauen und schnitt den rhetorischen Schwall ungnädig ab. Der Magister möge zur Sache kommen; was für Eigenschaften habe er im Sinn? Dem Herrn Bischof sei nicht zuzumuten, daß er sich durch irreführende Beschönigungen erst den wesentlichen Kern suche. Der Vorwurf gegen den Junker, worin gipfelt er? Heraus mit der Sprache, Magister Molitor, Seine Gnaden wird die betrüblichste Kunde zu ertragen wissen und prüfen, was zur Heilung eingerissenen Übels zu geschehen hat. Welcher Vorwurf also? Die Unwahrhaftigkeit, über die bereits so viel Klage ergangen? Der nicht zu dämmende Hang zu allerlei Fabeleien, zur Verdrehung und böslichen Erfindung, zum leichtfertigen Schabernack? Die Neigung zu Libertinage und Landstörtzerei? Die Sucht, sich mit allerlei anrüchigem Volk gemein zu machen, niedrigen Belustigungen beizuwohnen, in Schenken und auf Jahrmärkten zu lungern? Oder noch anderes? Der Widerwille gegen alle Art von geistlicher Unterweisung, oft bis zum Spott sich erfrechend? Heimliche Beschäftigung mit gottlosen Druckschriften, Aventüren und Versbüchern? Trägheit in der Ausübung alles Förderlichen? Unziemlicher Trotz bei jedem Aufruf zu Ordnung, Pflicht und Sitte? Dies oder noch Verwerflicheres gar, Gefahrdrohenderes? Bei jeder der in Frageform gekleideten Schuldfestsetzungen, durch die der Pater vor den Ohren des mürrisch dreinschauenden Bischofs den Umfang seines bis dahin verhehlten Wissens plötzlich entschleierte, als käme es auf Plötzlichkeit und Überrumpelung eben an, knickte der Magister um ein Stückchen mehr zusammen. Die Vergehungen des Junkers in Bausch und Bogen zuzugeben, hatte er nicht den Mut, erstens nicht im Hinblick auf seine jahrelangen erzieherischen Mühen, die damit als vergeblich gekennzeichnet waren, zweitens aus Furcht vor dem Verlust von Brot und Amt, drittens aus geheimer Zuneigung für seinen Zögling. Auch verdroß ihn die schneidende Härte des Jesuiten nicht wenig. Andrerseits konnte er nicht leugnen, was man im ganzen Bistum über den Junker von Ehrenberg wußte und was er in seiner Bedrängnis oder bloß aus schwatzhafter Wichtigtuerei dem Ankläger selbst hinterbracht hatte. Da aber zwei strenge Augenpaare auf seine Antwort warteten, mußte Antwort erfolgen. Die Finger gegeneinandergespreizt, den Rücken gekrümmt, äußerte er, es seien möglicherweise Zustände krankhafter Natur, aussetzende und ansteigende Tribulationen, gleichsam Erhitzungen des Gehirns; ohne Zweifel sei eine verhängnisvolle Gewöhnung vorhanden; diese aber mit dem Titel Lügenhaftigkeit zu belegen, müsse er nach reiflicher Erwägung Abstand nehmen. Noch viel weniger könne er es über sich bringen, es als Laster zu brandmarken, da er zu keiner Zeit die Hoffnung auf Besserung fahrengelassen, während das Laster nach der Meinung aller kompetenten Seelenforscher quasi etwas Unverrückbares sei. Halte er sich die Reihe der Indizien vor Augen, die wider den Junker vorlägen, so könne eigentlich nicht sowohl von einer lügnerischen Verderbnis gesprochen werden als vielmehr von einer unbegreiflich rätselhaften Geistesversponnenheit, um nicht zu sagen Ungegenwärtigkeit des Geistes, Verschlossenheit der Anima wie bei Mondwandlern und Aufhebung ihrer gemeinen Gesetze. Ein Blick in das Gesicht des Jesuiten erschreckte den Magister und ließ ihn ahnen, daß er zuviel gesagt habe, zuviel für den Frieden und die Freiheit seines Zöglings, zuviel auch für seine eigene Sicherheit; er hätte die unbedachten Worte gern wieder zurückgeschluckt, aber es war zu spät. Ihn dünkte, die Gestalt des Paters werde höher und starrer, auf der kegelförmigen Stirn schien ein gelbes Licht zu lodern, und die Augen, wie zwei schwarze Löcher, die sich mit schillernder Flüssigkeit füllen, zeigten den Ausdruck düsterer Genugtuung. «Ihr habt es gehört, Herr Bischof», sagte er kalt, weiter nichts. Der Bischof fixierte den unglücklichen Molitor erbost und rief mit schrillem Stimmchen: «Das heiß ich gefaselt, Mann, und toll gefaselt, denn Ihr könnt gewiß sein, daß man Euch beim Wort nimmt und das Sündennest dahier nach Kräften ausräuchert.» Während der Magister in seiner Bestürzung stumm vor den beiden stand, knarrte eine Tür in der Tiefe des Saals, und die Freifrau trat ein mit einem halb süßen, halb huldvollen Lächeln ins Leere und seltsam geschmückt. Sie trug ein papageiengrünes spanisches Fransentuch über einem mattblauen Samtkleid mit Halskrause und Spitzenärmeln. Über die noch jugendliche engverschnürte Büste liefen fünf Perlenbänder mit fünf goldnen Agraffen in der Mitte; auf dem Kopf trug sie eine Perlenhaube, unter der das flachsgelbe Haar bis auf die Schulter wallte.

Sie sah sich unsicher um und trippelte dann auf den Bischof zu, der sie finster erstaunt betrachtete. Nach ehrfürchtiger Verneigung küßte sie dem Kirchenfürsten die lässig dargereichte Hand; danach trat sie einen Schritt zurück, der zeremonielle Ausdruck schwand aus ihrem Gesicht, und verächtlich sah sie sich in dem öden Saal um, den sie zuvor nie betreten hatte. Mit einer vornehmen Handbewegung, die Bedauern und stumme Anklage enthielt, als sei es unter ihrer Würde, sich wegen solcher Umgebung zu rechtfertigen, bat sie um Entschuldigung für ihr verspätetes Erscheinen, aber sie habe eine schlechte Nacht gehabt; sie könne überhaupt auf Ehrenberg nicht schlafen, das Lager sei zu hart, die Kissen seien zu hart, durch die Fenster blase der Wind, und unheimliche Geräusche durchbrächen die Stille. Niemals und nirgends habe sie Mangel gelitten wie hier, unter einem geborstenen Dach bei Rüben, Ziegenkäse und saurem Krätzer; was für prächtige Gelage habe man ihr veranstaltet, wieviel glänzende Jagden und höfische Schaugepränge, wieviel Gold sei durch ihre Finger geflossen, wieviel Kleinodien habe man ihr verehrt, wieviel große und berühmte Herren hätten ihr Artigkeiten erwiesen. «Ei, die Welt ist was Herrliches, wenn man sie nur recht kennt, Herr Schwager und Bischof», rief sie mit ekstatisch nach oben gedrehten Augen aus, während ihr kleines altes Kindergesicht totenblaß war, so daß hinter dem Eitlen und Ruhmredigen etwas Verzweifeltes durchschimmerte. Der Bischof und der Pater blickten einander bedeutsam an, und jener ließ sich widerwillig vernehmen: «Da erstaunt es mich nur, daß Ihr nicht geblieben seid, wo Ihr es so prächtig getroffen habt.» Worauf die Freifrau, ihn fest ansehend, erwiderte: «Alles hat seine Zeit, die Wonne ihre und der Jammer seine.» Wieder veränderte sich ihr Gesicht, und sie sagte lebhaft, der Herr Bischof möge ihr's nicht nachtragen, daß sie ihn durch ihren Boten um ein Darlehen angegangen, sie sei indessen der Ungebührlichkeit ihres Verlangens innegeworden, der Fülle der Verpflichtungen, die ohnedem schon bestehe; hätte sie einen Tag bloß gewartet, so hätte sie ihn nicht molestieren müssen, da sich in ihrer Bagage ein ganzer Beutel mit Gold gefunden, den ihr der Landgraf Ludwig beim Abschied eigenhändig überreicht. Die Lenette habe den Beutel entdeckt, sie selber habe nicht mehr dran gedacht, kein Wunder, habe man ihr doch dorten so viel Liebe und Sorgfalt bezeigt, daß sie des einzelnen gar nicht recht geachtet. Immer wieder mußte sie davon sprechen, daß man sie da draußen, bei den Großen der Welt, verwöhnt und gehätschelt habe, und immer wieder klang die heimliche Trostlosigkeit durch die Lobpreisung. Wenn dem so sei, murrte der Bischof, und sie wirklich mit Reichtümern beladen auf Ehrenberg gelandet sei, könne sie ja von nun ab die Hausstandslasten auf ihre eigenen Schultern nehmen, ihm obliege dann nur, den Neveu unter strengere Zucht zu stellen. Er warf einen vernichtenden Blick auf den Magister, der sich in einen Mauerwinkel gedrückt hatte und gern unsichtbar gewesen wäre. «Mit Euerm Neveu könnt Ihr es nach Belieben halten», rief die Freifrau fast mit Hohn, «das ist vielleicht sein Schicksal, daß er erst herausfinden muß, wo er hingehört, zu Euch oder zu mir oder zu keinem von uns beiden. Wie aber soll ich wirtschaften dahier, wenn bei der Tafel das Ungeziefer in meine Schüsseln fällt, und womit, wenn von allem Geld nicht mehr so viel da ist, daß ich mir einen Lalch kaufen kann?» Der Bischof fragte finster: «Was habt Ihr aber dann gemacht mit dem Beutel voll Gold?» Da lachte die Freifrau hellauf und antwortete: «In den Brunnen hab ich's geworfen.» Der Bischof sah den Pater Gropp an; der, mit gesenkten Augen, neigte kaum merklich das Haupt, und um seine waagerechte Mundspalte zuckte ein schlimmes Lächeln.

Inzwischen war der Magister ans Fenster getreten und gewahrte unten im Hof den Junker Ernst. Er war nicht allein gekommen; unterm Hoftor standen einige seiner Trabanten, der Silberhans, der Batsch, dann ein Zwerchpfeifer aus Ochsenfurth und ein halbes Dutzend Burschen und Mädchen; diese alle sahen ihm neugierig und verwundert nach, ebenso neugierig und verwundert, wie ihn von oben Herr Onno betrachtete und durch seinen halblauten, erstaunten Ruf: «Da ist unser Junker» auch die Freifrau und den Bischof veranlaßte, zum Fensterbord zu eilen. Der Knabe schien gänzlich verwandelt; er trug ein blaues Pagengewand mit seidenen Strümpfen und Schnallenschuhen und ein flaches Barett mit weißen Federn. Der Anzug war nicht neu, das war wohl zu merken, auch nicht auf seinen Leib geschnitten, er schlotterte über der Brust und an den Beinen, und die Schuhe sahen aus, als wären sie lang an keinem Fuß gewesen; dennoch wirkte seine Erscheinung so prinzenhaft, daß Wallork und die Lenette, die vor die Leutetür gestürzt waren und eben noch gewahrten, wie er die moosbewachsene Freitreppe emporstieg, ihm offenen Mundes nachschauten. Gleich darauf trat er in den Saal, und statt die Versammelten zu grüßen, blieb er schüchtern an der Tür stehen. Er hatte sich dem Oheim Bischof mit edelmännischem Gruß nahen gewollt, das war sein Vorsatz gewesen, er hatte sich unterwegs Form und Wort ausgedacht, doch unterließ er es nun, und es schien, als ob ein leichter Schauer über seine Schultern flöge, rätselhaftes Gefühl, das ihm selbst nicht klar wurde, obschon er ihm eine Richtung gab, als er den langsamen Blick nach der Stelle lenkte, wo stumm und lautlos der Pater Gropp stand. «So sprecht doch, Junker, verneigt Euch doch vor Seiner Gnaden», murmelte Magister Onno bedrückt. Er gehorchte, verneigte sich und trat zögernd näher. «Wer hat ihn denn so ausstaffiert?» fragte, mehr sich selbst als ihn oder den Magister, die Freifrau flüsternd und mit einer Miene, als sei ihr sein Wesen, sein Gesicht, seine Gebärde alles in einem quälend unheimlich, so wie neulich, als er sich anheischig gemacht, ihr was zu erzählen, und sie aus dem Zimmer gelaufen war, kaum daß er den ersten Satz begonnen, entsetzt darüber, daß er dastand, daß er sprach, zu ihr sprach, so wirklich, Frau Mutter sagte, so wirklich ...

Der Knabe richtete seine leuchtenden Blicke freimütig auf das Gesicht des Bischofs. Das Barett hatte er abgenommen und hielt es zwischen den Händen. «Meine Frau Mutter wundert sich, daß ich in dem schönen Kleid komme, aber ich wollt vor Euch nicht als Betteljunker erscheinen, Herr Oheim», begann er mit seinem bestrickenden Lächeln, das die schneeweißen Zahnreihen noch heller machte und den Reiz der bräunlichen Gesichtshaut erhöhte, «Betteljunker war ich, Betteljunker werd ich wohl bleiben, aber um Euch Ehrerbietung zu erweisen und weil unsere Lenette so kummervoll über die Dürftigkeit meiner Gewandung war, bin ich nach Heidingsfeld zum Herrn Grafen Ortenstein gegangen und hab ihn gebeten, er soll mir helfen, da er doch reich ist und fünf Söhne hat, deren einer mir vielleicht ein Wams schenken kann. Der Graf hat zuerst gelacht, wie ich mit meinem Anliegen vor ihn kam, und wollt mich wieder meiner Wege schicken, da hat sein Ältester, der Junker Bernhard, gemeint: Das ist doch der Junker von Ehrenberg, der die närrischen Geschichten weiß, mag er doch was von seinen Geschichten zum besten geben, dann soll er ein Wams haben. Da hat der alte Graf noch mehr gelacht und hat gesagt: Gut, Junker, setz dich her und erzähl was, und wenn uns die Geschichte gefällt, sollst du ein Pagenröcklein haben und Schuh und Strümpf noch dazu. Das hab ich getan und hab mir ein schönes Kleid zusammengeredet.»

Er schien unmäßig stolz auf seine Tat, und seine Züge

hatten einen Glücksausdruck, als habe er dem Kaiser eine verlorene Provinz gerettet. Jeder mußte ihm das Vollbrachte ohne weiteres glauben, der ihn sah und hörte; Magister Onno, besorgt den Kopf schüttelnd, konnte sich doch dem Schmelz und der unschuldigen Heiterkeit seiner Rede nicht entziehen; die Freifrau stand da, als zähle sie die Löcher und Risse in der Tapete; ihre Ohren waren blutrot und ihre Lippen bleich; der Pater Gropp, den Junker mit einem düsterforschenden Blick von der Seite, aus flüchtig gehobenen Lidern heraus streifend, rieb die Finger gegeneinander und wandte sich an den Bischof mit der Frage, ob er nicht einen Imbiß nehmen wolle, da man ja alles dazu Erforderliche in der Kalesche habe, eine Mißachtung ihrer Hausfrauschaft und -pflicht, über die die Freifrau hinweghörte; der Bischof erwiderte nichts, er machte ein paar Schritte, bis er vor dem Junker stand, schien eine Weile das rechte Wort nicht zu finden und fragte dann wie zerstreut, beinahe verlegen: «Und was hast du denen also erzählt? Was war's denn für eine Geschichte, die sie dir so großmütig belohnt haben, die Ortensteinischen? Sind sonst nicht von Gebersdorf, die Ortensteinischen.» Ernst nickte lächelnd, als begreife er nichts so gut wie diese Wißbegier, und antwortete voll schelmischer Beziehung: «Es war, Herr Oheim, die schöne Geschichte von der Jungfrau Ilse, wie sie bei der großen Wassersflut mit ihrem Verlobten auf den Brocken flieht und wie sich der Felsen spaltet, auf dem sie gerade stehen, und wie sie umschlungen alle zwei in die Fluten stürzen. Noch heute schließt sie alle Morgen den Ilsenstein auf, um sich im Ilsenfluß zu baden. Wenigen ist es vergönnt, sie zu sehen, aber wer sie kennt, preist sie. So ging es auch einem armen Köhler, und wie es ihm erging, das ist die eigentliche Geschichte, Herr Oheim.» Der Bischof drehte sich zu Pater Gropp um und sagte mit einer heiser verschluckten Stimme: «Gut, so wollen wir hier unsern Imbiß nehmen, Gropp, der Junker soll uns dabei Gesellschaft leisten und uns die Geschichte auch erzählen.» Der Pater öffnete groß die Augen und rührte sich nicht vom Platz; erst nach geraumer Zeit schien er die Weisung verstanden zu haben.

10

Zwei Stunden später saß Ernst im bischöflichen Wagen an der Seite seines Oheims auf der Fahrt nach Würzburg. Das war mit sonderbarer Schnelligkeit zugegangen und nicht unter Vorzeichen, wie sie der Pater Gropp gewünscht hätte. Nicht war die Rede von verschärfter Zucht, von Verbringung in eine Kollegienschule oder ein strenges Seminar oder nur in Kost und Logement bei einem geistlichen Professor in Würzburg oder Bamberg, nichts von dem. Der Bischof hatte erklärt: Du kommst mit mir und wohnst in meinem Hause, ich will für alle deine leiblichen und sonstigen Bedürfnisse Sorge tragen. Keinen Tag länger sollte der Junker auf Schloß Ehrenberg bleiben. Was mit dem Magister Molitor zu geschehen habe, werde angeordnet werden; auch im Hinblick auf die Freifrau und ihr ferneres Leben auf dem Schloß werde das Nötige angeordnet werden. Kaum gönnte er dem Junker Zeit, sich von seinem alten Lehrer und der tauben Lenette, die in Tränen zerfloß, zu verabschieden. Der Abschied von seiner Mutter bestand darin, daß er sich stumm vor ihr verneigte und dann anscheinend auf etwas wartete. Worauf, war nicht zu ergründen. Er wartete vergebens, die Freifrau richtete kein Wort, keinen Blick an ihn; sie sah auf ihre Hände nieder, lächelte töricht verstohlen und schwieg und sah aus, als ob ihr das Schweigen kostbar sei.

Die ungestüme Eile des Bischofs glich auf ein Haar der eines Mannes, der einen geraubten Schatz in Sicherheit zu bringen hat. Da sein Gesicht nichts verriet, selbst wenn es innere Regungen hätte kundgeben wollen, weil das Innere zu arm war und durch die Hülle nichts dringen konnte, blieb auch seiner Umgebung verborgen, was ihn antrieb und bewegte. Oder sie erkannten es nur aus demselben Grunde nicht, aus dem ein Rätselrater die simple Einfachheit einer Lösung verwirft, da doch das Einfache das Unbegreifliche ist. Er verwandte keinen Blick von dem Knaben; wenn er beim Reden auf den jugendlichen Mund schaute, formten seine schlaffen Lippen in greisenhafter Albernheit die Worte nach; einmal, im Eifer des Sprechens, legte Ernst mit kindlicher, doch dem Pater Gropp sträflich erscheinender Vertraulichkeit selbstvergessen die rechte Hand auf den Ärmel des Bischofs; da zeigten sich auf den Wangen des alten Mannes zwei rote Flecken, und seine Augen bekamen einen fieberhaften Glanz. «Laß nur», murmelte er hastig, als der Junker die Hand erschrocken wegzog, «laß nur, mein Sohn.» Dies alles beunruhigte den Pater, aber es war nicht seine Gewohnheit und die von seinesgleichen nicht, einer Sorge dadurch ledig zu werden, daß man sie zur Sprache brachte; vieles mußte sich sammeln und dann durch sein Gewicht die Richtung des Entschlusses bestimmen. Wassertropfen lassen sich nicht von einer Stelle zur andern tragen, aber der gefüllte Eimer. «Du sollst ein eigenes Gelaß bei mir haben», sagte der Bischof zu seinem Neffen, «gegen meinem Schlafzimmer über, in der Ecke vorm Schwibbogen, Ihr wißt, Pater Gropp, da ist eine prächtige Kammer, die soll er haben.» Es war ein großes, dumpfes, dunkles Zimmer, in das der Hausmeister David Rotenhan den Junker nach seiner Ankunft führte; alte Truhen standen drin und ein geschnitzter Eichenschrank, der bis zur Decke reichte; an der einen Wand zwischen den Fenstern hing ein hölzernes Kruzifix, an der andern ein bis zur Schwärze verräuchertes Bildnis des Bischofs Julius Echter von Mespelbrunn, des großen Vorgängers von Philipp Adolph. Das Lager war ein Strohsack in einem Gestell mit ein paar Decken drauf; den schweren Tisch zierten ein silberner Leuchter, ein mächtiges Tintenfaß und ein in Pergament gebundenes lateinisches Brevier. Wenn man sich ans Fenster stellte, sah man eine enge Gasse mit schmalen, traurigen Häusern, an deren geschlossenen Fenstern bisweilen traurige, argwöhnische Gesichter erschienen. Dem Junker wollte das Gelaß nicht gefallen, die Straße mit ihren Häusern auch nicht; nachdem er sich alles halb neugierig, halb ängstlich angeschaut hatte, ging er auf den finstern Flur hinaus und weiter, an Türen vorbei, auf deren Klinken er drückte und die zugesperrt waren. Er erklomm eine Treppe, da war abermals ein Flur, wieder mit zugesperrten Türen. Oben war es jedoch ein wenig heller, er gewahrte verstaubte Bilder an den Wänden, Bilder von Heiligen und der Passion Christi, geschnitzte Figuren und allerlei Kirchengerät, Betstühle, Weihkessel, Monstranzen, verblichene Teppiche. Er wanderte, ohne einer Menschenseele zu begegnen, ab und auf durch den alten Palast, bis er müder wurde als sonst, wenn er stundenlang durch den Schwarzforst marschiert war, und als vor einer Treppe der Pater Gropp vor ihm stand wie aus dem Boden gewachsen, stieß er vor Schreck einen leisen Schrei aus, und der nämliche Schauder überflog ihn wie vor Stunden, als er bloß seine Gegenwart daheim im Ehrenberger Saal gespürt hatte. Der Pater, der gut seine sechs Fuß maß, sah stumm auf ihn herab, in böser Weise stumm, Ernst blickte zu ihm empor, an dem schwarzen Kleid bis hinauf zu dem viereckigen Flachhut, so standen sie eine Weile schweigend einander gegenüber, und Ernst dünkte es, daß eine Ewigkeit verflossen sei, als er die Worte hörte: «Der Herr Bischof verlangt nach dir. Geh hin. Ich aber will dir sagen: Wenn du ihm mit deinem hexischen Geplapper Geist und Herz verwirrst, so gnad dir Gott in deinem Sündenjammer.» Der Junker dachte, der Pater wolle scherzen, doch ein Blick in die granitenen Züge belehrte ihn, daß in dem Mann so wenig Neigung zu Spaß und Spiel wohnte, wie in dem finstern Bischofshause Licht und Sonne Einlaß fanden; warum aber, war sein Gedanke, läßt er mich so drohend an und steht vor mir da wie der Riese Einheer vor den Winden und Haunen, was kann ich ihm angetan haben? Ich will doch den Herrn Oheim drum fragen. Was kann ich ihm angetan haben: uraltes Staunen der Arglosen vor den Argen. Schwerlich hätte der Bischof die Antwort geben können, auch wenn Ernst zuletzt nicht den Mut verloren hätte, denn der Pater ging ihm unsichtbar nach und verbot ihm die Frage. Zum erstenmal spürte er Menschenfurcht, die unbesieglichste aller Ängste und die unheilbarste; sie langte mit einer Tatze in seine Seele hinein, da war etwas, das er meiden mußte, einer, der still im Dämmer der Stube stand, wenn er einschlief und aufwachte, und in dessen Augen eine Welt war, vor der man die eigenen Augen schließen mußte, sonst war alles trüber und verworrener, als man es bisher gewußt. Der Bischof ahnte davon nichts; er hatte vorerst keine Lust, nach Verborgenem im Gemüt des Knaben zu forschen, da er vollauf mit dem beschäftigt war, was zutage lag; die Leute bemerkten eine große Veränderung in seinem Wesen, die sich am deutlichsten in Gegenwart des Junkers zeigte, so daß es schon nach kurzer Zeit gewiß war, daß er die Gesellschaft seines Neffen nicht mehr missen konnte. Gleich nach der Frühmesse verlangte er nach ihm, ließ ihn aufwecken, konnte es nicht erwarten, bis er kam. «Setz dich her zu mir», sagte er, «hast du schon deine Grütze gegessen, da setz dich her auf den Schemel, damit wir uns unterhalten können, und hab keine Scheu vor mir, sprich nur alles, was dir in den Sinn kommt, das hör ich gern, brauchst gar nicht achtzuhaben auf deine Worte.» Geschah es dann nach seinem Wunsch, so beugte er sein Haupt gegen den Knaben nieder, lauschte nicht bloß mit den Ohren, sondern mit Augen und Händen, und wenn einer ihn dabei störte, der Sekretarius, der Stadtprofoß, ein Mönch, ein

Domherr oder ein Hausbediensteter, fuhr er auf, stierte den Betreffenden grimmig an und winkte ihm, wieder zu gehen. Alle Mahlzeiten mußte der Junker mit ihm teilen; zehnmal hintereinander fragte er ihn, ob er das nicht möge oder das, was er am liebsten esse, ob er ihm ein Hühnchen zubereiten lassen solle oder Wildbret oder Mehlgebackenes mit süßem Schaum. So etwas war nie vorgekommen, niemand hatte es für möglich gehalten; aber er ging noch weiter in der Überwindung verhärteten Geizes; er ließ den vornehmsten Schneider der Stadt kommen und bestellte für den Junker ein Staatskleid aus dunkelviolettem Samt mit Zobelbesatz und dazu einen kostbaren Mantel. Während der Schneider Maß nahm, stand der Bischof aufpassend dabei, ermahnte ihn in seiner scheltenden Weise zu genauer Arbeit und daß er mit Stoff und Futter nicht sparen solle. Als nach wenigen Tagen der neue Anzug kam und der Junker sich ungemein stattlich darin präsentierte, ging der Bischof etliche Male im Kreis um ihn herum und ließ mit der Zunge fortwährend ein entzücktes Tz-tz hören wie ein Handeljud, der ein gutes Geschäft abgeschlossen hat. «Sollst auch eine goldne Kette haben», flüsterte er ihm ins Ohr, «wenn du brav bist und mir in allem folgst, schenk ich dir eine schöne goldne Kette.» Ernst küßte dem Oheim lächelnd die knochige behaarte Hand und verbarg seine Gedanken, welche er auch haben mochte; niemals äußerte er etwas über sich selbst, niemals sagte er, wie ihm zumute war, noch was er gesonnen war zu tun, niemals ließ er sich Traurigkeit oder Sorge anmerken, über seiner ganzen Person lag die strahlende Verträumtheit seines Gemüts wie ein glitzerndes Gewebe, durch das nichts von seinem Innern zu erkennen war. Indes der Schneidermeister noch an ihm herumnestelte, eine Falte vor der Brust glättete, ein Band am Knie fester zog, lachte der Junker hellauf, weil ihm der spindeldürre und vor dem Bischof verängstigte Mensch recht komisch vorkam, und fing an, die Geschichte eines

Schneidergesellen zu erzählen, der geprahlt hatte, er getraue sich zur Mitternachtszeit über den Kirchhof zu gehn; das führte er auch aus, es war eine eiskalte Dezembernacht, die Gespenster umringten ihn und zwangen ihn unter fürchterlichen Drohungen, daß er jedem an seinem klappernden Gebein das Maß zu einem Kleid nahm; den Stoff wollten sie ihm in die Werkstatt legen, wenn er heimkam, würde alles Tuch schon dasein, und er mußte geloben, die vierundzwanzig Kleider, so viel Gespenster waren da, in der Neujahrsnacht auf den Kirchhof zu bringen. Um Gottes willen, jammerte der Gesell, wie soll ich in so kurzer Frist, es sind ja nur noch neun Tage, vierundzwanzig Gewänder verfertigen, habt doch Mitleid, ihr Knochenleute; aber da nützte kein Bitten, die gespensternden Herrschaften bestanden auf ihrem Willen. Wie nun der Schneider nach Hause kam, sah er in seiner Einbildung große Ballen Zeug in der Werkstatt und machte sich unverzüglich mit Elle, Nadel und Schere an die Arbeit. Aber niemand konnte den Stoff sehen als er allein, und da er nun, auf seinem Tisch hockend, in die Luft hineinschnitt und maß und nähte, entsetzten sich alle, die es sahen, und hielten ihn für übergeschnappt. Er ließ sich jedoch bei seinem Tun nicht stören, sondern nähte und schneiderte Tag und Nacht, aber bei aller Mühe konnte er bloß dreiundzwanzig Gespensterkleider fertigbringen. Die türmte er in der Neujahrsnacht übereinander, huckte sie auf den Rücken, es war nichts, es war wiederum lauter Luft, gleichwohl schleppte er sich stöhnend unter der Last zu den Gräbern. Beim zwölften Glockenschlag, wie es sich gebührt, stellten sich die Gerippe ein. Der Schneider, den die Angst pfiffig gemacht hatte, packte die eingebildeten Kleider mit großer Langsamkeit aus, forderte, daß jedes Gespenst seinen Anzug besonders probiere, besah sich jedes mit Kennerblikken, hatte an jedem etwas zu glätten und zu bessern und zu sticheln (obgleich da nichts zu sehen war als das blanke

Gebein, und wer weiß, ob sogar das) und zögerte seine Geschäftigkeit so lange hin, bis die Turmuhr gerade eins schlug, als er zum vierundzwanzigsten seiner Kunden kam. Da mußten sie aber natürlich alle verschwinden, und es sei nicht ausgemacht, so schloß der Junker schalkhaft, ob sich nicht alle vierundzwanzig für gefoppt hielten, da sie doch nach wie vor mit nackten Knochen tanzen mußten, oder ob der Schneider allein der Narr war, da er so viel Mühe und Zeit darauf verwendet hatte, den unwirklichen Schatten unwirkliche Schattenkleider zu liefern.

Nicht bloß der Schneidermeister und der Bischof waren bei dieser Erzählung die Zuhörer; es hatte sich noch eine ganze Anzahl anderer Personen eingefunden, der Sekretarius Baumgarten, der Hausmeier Rotenhan, der seinem Herrn einen Bericht abzustatten kam, ein junger Dominikaner aus dem Kloster Himmelpfort, der im Vorzimmer gewartet hatte, und zwei Alumnen aus der im Anbau des Schlosses untergebrachten Schule; sie sollten in Begleitung eines Diakons dem Bischof als Novizen vorgestellt werden. Einen der beiden kannte Ernst zufällig; es war ein Lehrerssohn aus Kitzingen, er hatte ihn oft unter seinem Gefolge gesehen, wußte auch, daß er Peter Mayer hieß; der unterdrückte mit Mühe einen Freudenschrei, als er des Junkers ansichtig wurde; von der Stimme angelockt, war er der erste gewesen, der sich auf die Türschwelle gewagt hatte, nachher folgten ihm die andern, auch ein Chorherr gesellte sich schließlich dazu, und der Bischof selbst war so benommen von der Art und Rede seines Neffen, daß er Einspruch und Abwehr gegen die Hereindrängenden vergaß, die sich damit eines sträflichen Übergriffs schuldig machten. Aber so war es eben, bei diesem Anlaß wie bei jedem, die Heiterkeit und Grazie, mit der der Junker Ernst seine Geschichten vortrug, bezwang das widerwilligste Ohr; kein Unterschied zwischen alt und jung, der mit Geschäften beschwerte Amtsträger mußte ebenso stillhalten und lauschen wie der einfache Handwerker, die finstersten Züge verschönten sich durch ein verwundert-sinnendes Lächeln. Die Gespenstergeschichte da, was war sie schließlich, ein ergötzliches Nichts, und als ob sich der Erzähler hätte heimlich lustig machen wollen über das Nichts, hätte zeigen wollen, wie aus dem Nichts ein Etwas wird, wenn man den Schicksalsbogen drüber auswölbt, machte er es noch zum Inbild des Geschehens. Aber wie alles schwebte und sich bewegte, ohne Gewicht und ohne Greifbarkeit wie Blumen in einem klaren Spiegel; wie es aus der Tiefe kam, in der das Ängsten und Weben des Volkes war, so daß es, gesprochen und zur Figur gestaltet, zum elementhaften Wesen wurde, dem Gang und Rhythmus der Sterne ähnlich, notwendig der Seele und entlegen dem Geist. Er hatte es in einem Augenblick erfunden; als er den Schneidermeister so besorgt und wichtig an sich herumhantieren sah, war alles schon Erscheinung, und er hätte ohne das geringste Nachdenken gleich zehn andre Geschichten dranhängen können, die freilich noch nicht Erscheinung waren, bloß Schein. Aber darum mußte er sich nicht plagen, da war eine Kraft in ihm, der er sich nur anzuvertrauen brauchte, ein Hinströmen, und er mußte dem Strom gehorsam sein, oder eine Last, deren er ledig werden mußte, wenn er nicht drunter ersticken wollte. So kam es, daß er auch hier alsbald, wo er ging und stand, seine Zuhörer hatte: in der Antikamera des Bischofs, unterm Torweg des alten Palastes, auf dem Platz vorm Dom, an der Mainbrücke, in einem abseitigen Gäßchen, im Häuserwinkel bei einer Schmiede. Da aber der Oheim Bischof seinem unzähmbaren Freizügigkeitshang mit jedem Tag drückendere Schranken setzte, obschon in einer feigen Art, so daß das Verbot anfangs immer vom Hauptmann der Schloßwache ausging, der ihn dann auch überwachen ließ, entwischte er oft ungesehen und zu abendlichen Stunden, bestellte sich auch Kinder und junge Menschen in den Hof, in die Flure des Bischofshauses, und einer seiner häufigsten Gänge war, nachdem er sich mit Peter Mayer verständigt hatte, zu den Alumnen im andern Trakt; hiezu brauchte er das Haus gar nicht zu verlassen. Als die Lehrer und Aufseher dahinterkamen, verwehrten sie ihm den Eintritt; doch sei es, daß sie sich gegen den Günstling und Verwandten des Bischofs eines nachhaltigen Widerstandes entäußerten, sei es, wofür bessere Gründe sprachen, daß des Junkers liebenswerte Schmiegsamkeit und leuchtende Offenheit auch sie in Bann schlug, sie drückten ein Auge zu und stellten sich unwissend, wenn er nach Anbruch der Dunkelheit in die Säle schlich und zwanzig, dreißig, vierzig von den Zöglingen um sich versammelte wie ein Priester, der zum Gottesdienst ruft; einige von den Präzeptoren mischten sich selber unter die ungeduldige Schar und bemühten sich nur, möglichst ungesehen zu bleiben. Die Alumnen, hagere Jünglinge mit traurig-müden, traurig-hohlen Augen, die Gesichter fahl und schlaff und in allem Tun lautlos, wie es die Hoffnungslosen sind, hatten sich schon den ganzen Tag gefreut und ließen sich gern forttragen aus ihrer kalten Welt, in der die geistige und sinnliche Nahrung so kärglich war wie die leibliche. Das reizte den Junker Ernst sehr, diese Müden zu bewegen, die Bedrückten zu erheben, ihrer innern Finsternis unerwartete Helligkeit zu spenden. Da wurden seine Erzählungen am übermütigsten, und Ausgelassenheit verband sich oft mit unbewußtem Tiefsinn wie in der Geschichte von dem Mann, dessen größter Kummer war, daß die Zeit so schnell verging, und der überall die Uhren stillstehn machte; wo er einer Uhr habhaft wurde, brachte er sie zum Stehen, auch auf die Türme stieg er und zerstörte das Räderwerk, und wie er einmal eine einzige Stunde brauchte, um eine gute Tat zu vollbringen, fehlte ihm die, denn der Tod trat in die Tür, und es war zu allem zu spät. Von derlei Begebenheiten und Erfindungen war er voll; auch versuchte er etwas bei den Alumnen, worauf schon die morgenländische Scheherezade verfallen war, von der er jedoch nie vernommen hatte; er erzählte eine Geschichte nicht zu Ende und spann sie in den nächsten Abend hinüber, manchmal in den zweiten und dritten; an der verwickeltsten Stelle aufzuhören und die Erwartung über einen Tag in Atem zu halten, bereitete ihm Genuß, es war wie ein kleiner Betrug an der Phantasie der Menschen und ein Erproben ihrer Gläubigkeit, die er ja dann nicht enttäuschte. Er war durch eine Not draufgekommen; der Oheim Bischof hatte einen Mönch mit seiner Bewachung betraut, zu allen Stunden, in denen der Bischof selbst durch sein Amt verhindert war, sollte dieser Mönch, ein dummer alter Mann, in der Nähe des Junkers sein; es gelang Ernst, auch den zu betören, und da er neben seiner Einfalt ungemein neugierig war, konnte Ernst nur dadurch sein Schweigen erkaufen, daß er den Faden einer Geschichte immer in dem Augenblick abriß, wo dem Bruder Felician, der alles als wirkliches Geschehnis nahm, vor Aufregung das Wasser aus dem offenen zahnlosen Mund lief. Nicht allein dem Bruder Felician ging es so. Nach Verlauf mehrerer Wochen war das ganze Domkapitel über den Junker ins Fieber geraten, Domherren, Pröpste, Kapläne, Dekane, Kapitulare, Laienpriester, Klostergeistliche, alle fing er ein, alle unterlagen der rätselhaften Gabe, und obschon sie Gewalt genug über sich hatten, um sich nicht so stürmisch an ihn anzudrängen wie die Jugend, die oft in ganzen Heerscharen Schloßhof und Domplatz besetzt hielt, nur in der Hoffnung, ihn zu sehen, dünkte es doch den meisten, als ob sie ein leibhaftiges Wunder erlebten, und sie glaubten, dem Bischof zu gefallen, wenn sie den Junker rühmten und ihr Erstaunen laut verkündeten. Dem war aber nicht so. Der Bischof wurde von einer wachsenden Unruhe ergriffen, die allmählich seine Gewohnheiten durchbrach, seine Tageseinteilung umstieß, seine Audienzen, Übungen, Gebete und richterlichen Entscheidungen störte.

II

In seinem Gehaben wechselten Anfälle grundlosen Zorns mit hinterhältiger Verschlossenheit. Er konnte keine Nacht mehr schlafen. Dem Pater Gropp ging er scheu aus dem Weg, und wenn er das Zimmer betrat, kam etwas Fahriges über den Bischof wie über einen, der böse Heimlichkeiten hat. Einmal, als der Pater schweigend am Tisch saß, mit gesenkten Augen, und der Bischof ärgerlich murmelnd sein Brevier suchte, das er eben noch in der Hand gehalten, brach er plötzlich in die Worte aus: «Ja, ich hab ihm das Kettlein geschenkt, damit Ihr's wißt.» In der Tat hatte er ein paar Stunden zuvor dem Neffen die versprochene goldne Kette um den Hals getan; aber was nötigte ihn, es dem Pater Gropp zu melden, und in so zänkischem Ton? Der Pater schwieg. Manchmal ging der Bischof in der Nacht unstet in seinem Gemach hin und her, zuzeiten trat er in den finstern Flur und wanderte auf und ab. Dabei geschah es oft, daß er an der Tür des Junkers stillhielt, um zu lauschen. Ein undeutbares Lächeln flimmerte über die greisenhaft verfurchten Züge, wenn er von drin den Atem des Schläfers zu vernehmen glaubte. Es schien, als könne er den Morgen nicht erwarten und müsse den Knaben aus dem Schlummer und an seine Seite holen. Eines Nachts überwältigte ihn die Ungeduld; er öffnete leis die Tür, da es Vollmondzeit war, erfüllte trotz des bedeckten Himmels ein dämmeriges Schimmern die Stube, er wollte den Knaben ansehen, bloß ansehen, trat unhörbar näher und beugte sich über ihn, um das schöne Gesicht, so fremdartig im Schlaf, besser betrachten zu können. Was war es denn, was in ihm wühlte und brannte; es gibt eine zwischen Himmel und Hölle schwankende Neugier, für die der Schlaf des andern Menschen das Geheimnis der Geheimnisse ist; wem der menschliche Leib nur als Haus der Dämonen gilt, der mag glauben, daß er sie so am sichersten belauschen kann, und wenn er, im Streit mit einem unbekannten süßen Gefühl, den sündigen Schauplatz von ihnen verlassen hofft, ist ihm ein Weg zur Rechtfertigung gebahnt, er darf es dulden, daß sein Herz freudig schlägt. Wie eigen für den Siebzigjährigen: hingezogen werden zu einem Wesen, sich nach dem Wunderbaren sehnen, das in dem Wesen ist, sich ausdenken, wie das Blut in den Adern rauscht, wie die Glieder beschaffen sind, die leuchtende Haut anfassen mögen, sich an das Lächeln erinnern, das die frischen Lippen schwellen macht wie eine Mandel, die man in heiße Milch legt. Da ist einer und ihm gegenüber die Welt mit ihren Schätzen; der eine bedeutet mehr als die ganze Welt, an ihm haften Wunsch und Sinn, man könnte weinen, daß man ihn nicht in sich hineinpressen kann, verborgen vor allen Blicken, und ihn tragen wie eine Schwangere ihr Kind. Was man liebt, sollte ungeboren sein, das Geborene entfernt sich; oft war dem Bischof zumut, als müsse er dem schönen schlanken Knaben die Kehle zudrücken, bloß damit er ihn in den Arm nehmen, ihn gewinnen, ihn haben könne; der Tote hält still. Nacht für Nacht wiederholte sich das nämliche; den Schlummernden in seinem Schlaf zu belauschen wurde zur Leidenschaft des Bischofs, stundenlang vorher zitterte er schon wie vor einer Handlung, von der nicht gewiß war, ob sie Laster und Ausschweifung war oder demütiger Dienst. Alle andern Leute trachteten danach, den Junker sprechen und erzählen zu hören, nur er wollte sehen, wie er schwieg und bewußtlos hinatmete. Ihn gewinnen, einzig ihn gewinnen, aber wie war das anzufangen? Zu Ende einer Woche, in der durch Hexenbrände die Ernte an geretteten Seelen reichlicher als sonst ausgefallen war, saß er in seiner Geheimkammer, zu der niemand Zutritt hatte, und studierte die Listen mit den Namen der Justifizierten; bei jedem Namen war in einer besonderen Kolumne vermerkt, ob der Delinquent oder die Delinquentin bußfertig oder in ketzerischer Verhärtung auf den Scheiterhaufen gegangen, ob mit wachen Sinnen von selber oder ob ihn die Henkersknechte hatten schleppen müssen, ob der Leibhaftige ihnen, tröstend oder in Wut, noch einmal erschienen sei oder ob er dies aus Furcht vor dem Bildnis des Gekreuzigten nicht gewagt; ferner, in einer andern Kolumne, wieviel die betreffende Person an Geld und Gut hinterlassen, wieviel an Grund und Boden, an Häusern, an silbernem Geschirr, an Linnen, Kleidern, Vieh, geprägter Münze und welcher Anteil davon auf das Domkapitel entfiel. Es war der Samstag vor Pfingsten, die Stadt war in ungewöhnlicher Bewegung, überall fanden Kreuzgänge und Supplikationen statt, die Einwohnerschaft war durch die Zunahme der mörderischen Prozesse, die die besten Bürger, die wohlangesehensten Frauen jäh aus ihrer Mitte rissen, um sie einem schimpflichen Tode preiszugeben, in Trauer und nachhaltige Bestürzung versetzt. Eben schlug es sechs Uhr vom nahen Domturm, die Stunde, zu welcher Junker Ernst ein für allemal angewiesen war, vor dem Oheim zu erscheinen, und der letzte Schlag war noch nicht verhallt, da trat er auch schon ein. «Setz dich her zu uns, Söhnchen», begann der Bischof im majestätischen Plural, den er in wichtigen Unterredungen zu gebrauchen pflegte, «wir wollen dir was zeigen. Da kannst du sehen, wie wir die himmlische Postkutsche gefüllt haben in sieben Tagen. Das Wort ist so übel nicht, uns dünkt gar wohl, daß du uns einen himmlischen Postkutscher nennen darfst. Wir sorgen dafür, daß die Gäule gut gefüttert werden und den Wagen ohne Beschwer ziehen. Wir sind um nichts anderes bemüht, seit Jahr und Tag, als Gotteskindschaften zu machen und dem Teufel sein Buhlgeschäft zu verderben. Wir sind des Teufels Prellbock, Söhnchen, wir stehn in heiligem Schrecken bei ihm.» Mit seinen blutunterlaufenen winzigen Augen zwinkerte er dem Junker zu; ausgemacht, daß er sich als den eigentlichen Feind und Besieger des Fürsten der Finsternis empfand; das Bewußtsein von seinen Taten gab ihm einen Anschein von Größe, von Furchtbarkeit. «Schau her», fuhr er fort und wies mit dem Nagel des Zeigefingers auf die Liste, «wir wollen dir vorlesen, wieviel Himmelsanwärter wir diesmal dem Sankt Petrus zugeschickt haben.» Er las mit krächzender Stimme: «Die alte Anckers Witwe; die Gutbrodtin; die dicke Höckerin; des Tungerslebers Vögtin; die Stierin, Prokuratorin; die Znikkel Babel; die Baunachin, Ratsherrnfrau; ein fremd Weib; der Vogt im Brembacher Hof; des David Croten Knab von zwölf Jahren; ein klein fremd Mägdlein von neun Jahren; die Apothekerin zum Hirsch und ihre Tochter. Denen dreizehn haben wir zur ewigen Seligkeit verholfen.» Ernst sah eine Weile vor sich hin, dann schauerte ihn, und er sagte: «Ich mein, daß es nicht gut ist, im Feuer zu sterben.» Der Bischof, erstaunt, zapplig aufbegehrend, hielt ihm entgegen: «Nicht gut; das mag schon sein; aber die Hexerei, was meinst du zu der?» Darauf antwortete Ernst: «Ich mein, daß vielleicht das Feuer Hexerei nicht heilt.» Der Bischof rief zornrot: «Wie? Das Feuer nicht? Was denn sonst, wenn nicht das Feuer?» Der Junker erwiderte: «Zauber wird nur durch Zauber gelöst; der stärkere bricht den schwächeren.» Der Bischof glaubte nicht recht gehört zu haben, in wortlosem Entsetzen starrte er den Buben an. Der aber, gelassen und traumverloren, fuhr fort: «Alles ist Zauberwerk, was ich seh und was ich tu. Wer's weiß, muß unserm Herrn Heiland nicht drum mißfallen. Der hat selber Zauber und Wunder gewirkt. Und wieder das größte Wunder war, daß er gelebt hat und auf Erden herumgegangen ist. Mir kommt vor, Herr Oheim, die Ihr da auf dem Pergament stehn habt, waren viel zu geringe Leute, um Zauber zu üben, bösen oder guten. Daß ich's Euch nur gesteh, sie tun mir leid, allesamt, und daß sie unter Schmerzen haben brennen müssen, insonderheit die armen Mägdlein. Das kann der Welt doch nicht von Nutzen sein und Euch auch nicht, der Tod ist eine bittre Nuß.» Der Bischof war aufgestanden und zur Tür getrippelt, um zu sehen, ob sie fest verschlossen war und kein Lauscherohr die Frevelreden des Junkers vernehmen konnte, dann schritt er mit beschwörenden Gesten auf den Knaben zu, es sah aus, als verjage er einen Fliegenschwarm, und in seinem ziegenhaft langgezogenen Gesicht mischte sich Angst mit Drohung, Widerwille mit Bitten, feige Zärtlichkeit mit Richterstrenge. Der Junker drehte sich zu ihm herum, schaute ihn mit Augen an, die so klar waren wie der Abendhimmel über dem Domdach, und sagte: «Ich will Euch, Herr Oheim, wenn Ihr's verstattet, die Geschichte vom unschuldigen Hexlein erzählen. Hört zu.» Er setzte sich zurecht, wie er immer bei diesem Anlaß tat, die Hände auf den Knien gefaltet, den Kopf mit lächelndem Mund (fast sah es aus wie Spott, war's aber nicht) ein wenig vorgeneigt. «Es lebte, weit von hier, in einem Schloß eine Edelfrau, eine kleine, zierliche, anmutvolle Dame, deren einziger Kummer bestand darin, daß sie einmal alt werden könne und so ihrer Schönheit verlustig gehen. Da ihr diese Sorge keine Ruhe ließ, ging sie zu einem berühmten Magier, der im Böhmerland wohnte, und fragte ihn um seinen Rat. Er antwortete ihr: Solang Ihr Euer Herz nicht vergebt, edle Frau, werdet Ihr so schön bleiben, wie Ihr jetzt seid. Von der Stund an war die Frau verwandelt. Sie hörte auf, ihren Gemahl zu lieben, der auch bald darauf in einer Schlacht wider die Türken fiel, und gegen das Kind, das sie geboren hatte, eine Tochter namens Irina, bezeigte sie sich auf alle Weise gleichgültig und fremd, ja zum Schluß wollte sie überhaupt nichts mehr von Irina wissen, ging auf und davon und überließ sie ihrem Schicksal. Irina war jedoch nicht so verloren und verraten, wie man hätte denken sollen; nicht nur, daß die Diener und Dienerinnen im Schloß sich ihrer treulich annahmen; das war das wenigste. Aber sie hatte auch einen mächtigen Schutzgeist, ein Grauröcklein; mächtig ist er wohl zu heißen, obgleich er bloß eine Spanne hoch war.

Der war stets um Irina her wie ein unsichtbarer Leibhusar, behütete sie vor jedem Übel, schützte sie vor bösen Träumen, zeigte ihr geheime Wege im Wald, wo sie in Frieden wandern konnte, lehrte sie die Sterne nennen, die Pflanzen unterscheiden, das Gute lieben, in den Gesichtern der Menschen lesen, damit sie die einen fürchten konnte, den andern trauen. So ein Grauröcklein vermag viel, da es um alle Kräfte der Erde Bescheid weiß und das Gewachsene bis an die Wurzeln kennt. Eines Tages, als Irina schon groß und ziemlich bei Verstand war, erschien der Graurock vor ihr und sprach: Ich kann jetzt nichts mehr für dich tun, meine Aufgabe ist erfüllt, und ich bin abberufen worden, aber wenn du in großer Not bist, dann ruf dreimal: Schatzgräber, erscheine, so will ich kommen und dir helfen. Nicht lange darauf kehrte die Edelfrau wieder auf das Schloß zurück, und sie war wirklich noch genauso schön wie zur Zeit, da sie fortgereist war, denn sie hatte nicht einen Blutstropfen von ihrem Herzen vergeben, das war ihr größter Bedacht gewesen. Irgendwas war aber doch mit ihr geschehn, es wußte nur niemand, was; vielleicht, das kann ja sein, war ihr grade das zum Leid geworden, was ihr zum Heil hatte dienen sollen. Als sie nun sah, wie stattlich die Tochter geworden war und sichtlich aufgewachsen in einer geisterhaften Hut, fing es an, heftig in ihrer Brust zu brennen, und um die Glut im Innern zu löschen, wußte sie kein anderes Mittel, als außen eine zu entzünden, sie legte Feuer im Schloß an, und als die Flammen lichterloh emporschlugen, rief sie jammernd alle ihre Leute zusammen, bezichtigte Irina, daß sie das Unglück verschuldet habe, und nannte sie vor allem Volk eine Brandstifterin und Hexe. Irina wurde vor Gericht geschleppt, und der peinlichen Frage unterworfen, gestand sie, was man wollte, so wie alle gestehen, Ihr müßt es ja wissen, Herr Oheim. Sie wurde zum Tode verurteilt und mußte den Scheiterhaufen besteigen, doch im Augenblick der verderblichen Brunst rief sie: Schatzgräber, erscheine, wie das Grauröcklein sie's gelehrt. Aber es kam nicht der Gerufene, wie sie erwartet hatte, was ganz anderes geschah. Die Edelfrau warf sich vor das Volk und die Knechte, stürzte mit aufgehobenen Armen vor Irina nieder, bekannte, was sie getan, und aus ihrem Antlitz, als hätte ein göttlicher Strahl es versengt, sprach nichts als Liebe, reumütige, lebendige Liebe. Der Herzog des Landes, als er von dem Ereignis vernahm, begnadigte die Edelfrau und lud Mutter und Tochter an seinen Hof. Doch jener göttliche Strahl hatte auch noch ein anderes Geschäft verrichtet, er hatte die Haare der Edelfrau weiß gemacht und ihr Gesicht mit den Falten ihrer Jahre überzogen. Aber darum grämte sie sich nicht mehr.»

Es war dunkel geworden im bischöflichen Gemach, wennschon so dunkel nicht, daß die glänzenden Augen des Junkers nicht sichtbar gewesen wären. Er saß still da und wartete. In dieser Erzählung voller Ahnung, Wunsch und Abbild, rätselhaft sicherer Ahnung, wie sich später zeigen sollte, war von Wirklichkeit so viel enthalten, als Erlebnis unbewußt in sie hineingewoben war, und unbewußt tönte sie draus hervor. Es schien, als hätte nicht der Mund erzählt, sondern die Seele selbst in verborgener Bangigkeit und Sehnsucht. Davon mochte auch der Bischof etwas spüren, obgleich nur dumpf und widerstrebend; in der Hauptsache fühlte er sich verleugnet und verhöhnt und erkannte seine traurige Ohnmacht über den Knaben, so daß er plötzlich aufsprang, wie ein Verrückter durch das Zimmer rannte und schrie: «Ich schmeiß dich in den Main wie Cäsars Gais.» Dabei lief ihm das Wasser aus den Augen, und er trocknete es mit dem Ärmel ab. Der Junker verließ den alten Mann in seiner unheimlichen Aufregung, der tobte noch lang und mußte schließlich das Fenster aufmachen, um Luft zu kriegen; er beruhigte sich erst, als er von den Gassen herauf die monotonen Gesänge der noch immer herumziehenden Bittprozessionen vernahm. Doch in seiner Brust gärte es weiter, und in der späten Nacht trat er wieder seinen Gang nach der Schlafstube des Neffen an. Er hatte die Tür offenstehn lassen, im Flur brannte unter einem Muttergottesbild eine Kerze, deren Schein bis an das Lager drang und die Züge des Junkers matt beleuchtete. Der Bischof beugte sich über den Schläfer und schaute; während er sich so gierig herabbeugte, fiel ihm das seidene Käppchen vom Kopf und gerade auf Ernsts Gesicht. Der erwachte, ohne Schrecken, und blickte den Oheim ruhig an. Der Bischof setzte eilig das Käppchen wieder auf, dann packte er den Junker mit beiden Händen an den Schultern und sagte mit gurgelnder Stimme: «Sollst mir ein Bekenntnis ablegen heut nacht, sollst mir gestehen, ob du mit den bösen Geistern Umgang hast, von denen du immerfort erzählst. Das muß man doch mit seinen leiblichen Augen gesehen haben, wenn man es so verräterisch abschildern kann. Hast ihn selber gesehn, den Graurock? Vielleicht andere noch? Den Behemoth, den Leviathan, den Asmodeus? Und hast auch Werwölfe gesehn? Und hat er sich dir gezeigt, der Graurock? Wie sieht er aus? Trägt er einen Bart? Hat er zehn Finger an den Händen wie unsereiner, und ist kein Mal an ihm zu bemerken? Und warum hat er sich Schatzgräber geheißen? Weiß er vergrabene Schätze? Hat er dir Kenntnis gegeben, wo ein Schatz liegt? Rede, herzliebes Söhnchen, vertrau mir alles an, ich fürcht, ich fürcht, du bist mit den Dämonen im Bunde, und deine geknechtete Seele lechzt nach Befreiung.» Der Junker sagte nichts, verwundert schaute er den häßlichen alten Mann an. Das leidenschaftlich verzerrte Gesicht flößte ihm Angst ein, doch er zeigte sie nicht, die knochigen Finger bohrten sich in sein Fleisch, daß es schmerzte; er rührte sich nicht. Dringlicher, liebkosender fuhr der Bischof fort: «Ich will dich in Schutz nehmen wider den Pater und den Profoß, wenn du alles bekennst. Ich will dich vor ihnen verstecken.

Ins Gartenhaus im Veitshöchheimer Schlößle, da geb ich dich hin, und einen Koch bestell ich dir, sollst feine Sachen zum Schnabulieren haben, und jeden Tag besuch ich dich, daß du mir nach Herzenslust erzählen kannst. Solches will ich für dich tun, Herzenssöhnchen, aber bekennen sollst du, damit ich weiß, wie du inwendig bist.» Der Junker, immer befremdeter, antwortete mit tiefer Stimme: «Laßt mich schlafen, Herr Oheim, es ist Nacht, ich wüßt nicht, was ich Euch bekennen soll.» Der Bischof richtete sich auf und rief, halb in Wut, halb in Jammer: «Ei, so wünscht ich doch, du Malefizer, daß dich meine Augen nie erblickt hätten.» Damit lief er zur Tür und schmetterte sie hinter sich zu. Als er weitergehen wollte, sah er, daß ihm einer den Weg vertrat. Es war der Pater Gropp.

12

Er folgte dem Bischof in dessen Gemach, dort blieb er nah an der Wand stehen, zu Boden schauend, hager und stumm. Die Arme hingen schwarz am schwarzen Kleid herab, aus den Ärmeln kamen die Hände hervor wie zwei große bleiche fleischige Früchte. Er schwieg, weil er die Rede des Bischofs abwartete, obwohl er besser wußte, was in dessen Brust vorging, als dieser selbst. War er doch dazu erzogen, Menschen zu erraten und sie nach seiner Wissenschaft zu lenken, dadurch hatte er die Sicherheit gewonnen, die den Unsichern willfährig macht, und die Kälte, die den Lauen schreckt. Seine Verstandesschärfe hielt der düstern Erfahrung die Waage, die Schwärze, in der er sich bewegte, kannte kein Gesetz als das des blinden Gehorsams, und Leben bedeutete wenig, Geburt und Tod, gegen die Regel und ihre Einhaltung. Doch kann sich niemand seiner Menschenart entziehen, kann nicht ohne geheimes Selbstsein die Kreatur von unsichtbaren Hegern und Befehlern werden, die ihn in eine fertig gezimmerte Welt pferchen, damit er diene und schweige, so ist es nicht, immer bleibt der Kreis, den er außen abschreiten kann, so weit wie der Raum in seiner Seele, sonst hätte es nicht einen Mann wie Friedrich Spe geben können, Jesuitenpater wie der bischöfliche Kanzler, doch so verschieden von ihm wie unirdischer Stoff von irdischem, der zur selben Zeit trostbringend und leidheilend (so gut er's eben vermochte) als Hexenbeichtiger durch die Städte der fränkischen Bistümer wanderte und, den Ketzerrichtern ein Dorn im Auge, dem Pater Gropp aus vielen Gründen ein Dorn im Herzen war.

Lossagung vom Junker war es, was der Pater Gropp zuvörderst vom Bischof verlangte. Der Bischof begehrte auf, sein Zappeln und Schelten verbarg nur schlecht die Furcht, die er vor dem Jesuiten empfand, der seinerseits so unerregt sprach, als läse er die Titel von einem Index ab. Bereits in dieser ersten Unterredung fiel das Wort Zauberei. Daß der Junker sich des todeswürdigen Delikts schuldig gemacht, litt keinen Zweifel, es handelte sich nicht mehr um Verdacht, da war Tatbestand und Beweis, wenn anders sich die Pestilenz, von der alles im Schloß und die Jugend in Stadt und Landschaft angesteckt war, aus dieser Quelle herleitete. Offensichtlich war der eingerissene Verderb, die Aufgelockertheit, die Wortlüsternheit, der Wahn und Rausch, in den er sie versetzte, das Schalksnarrentum, die Verminderung des Wohlanstands und der respektvollen Distanz, die Verkettung ihrer Gedanken mit den verruchten Gebilden, die seit der Anwesenheit des Junkers sogar in die Sinne der Ehrenfesten Eingang gefunden, wodurch das gemeine Wesen in Gefahr der Auflösung geriet. Dergleichen hatte sich schon ereignet. Hundert Jahre war's her seit den Böhaimischen Unruhen, die das Volk im Tauberkreis und Maingau ergriffen hatten; der Herr Bischof hatte nie davon gehört, Pater Gropp zögerte nicht mit der

Belehrung. Ein schwärmerischer Jüngling, Hans Böhaim, Bauernsohn aus Helmstadt im Taubergrund, zog mit Pauke und Sackpfeife auf Kirchweihen und Tanzfesten umher und verwirrte die Bauern mit Weissagungen und Predigten; die Reichen sollten sich ihres Reichtums entäußern, damit die Armen satt zu essen bekämen, Wald, Wasser und Luft, Wild, Fische und Vögel sollten jedem zur Benutzung frei sein, kirchliche wie weltliche Herrschaft werde enden, keiner werde mehr besitzen als der andere, und Fürsten und Herren würden um Tagelohn arbeiten wie der Knecht. Die Dorfbewohner kamen mit Gaben zu ihm, Wachskerzen spendeten sie für die Kirche von Nicklashausen, wo er seinen Sitz hatte, Scharen von Pilgern strömten herzu, und sobald der Narr erschien, warf sich die Menge vor ihm nieder und flehte um seinen Segen. Heiliger Jüngling, bitt für uns, schrien sie, den Jüngling nannten sie ihn schlechtweg, das Hänselein, und die Frauen schnitten ihre Zöpfe ab, rissen die Brusttücher und spitzen Schuhe herunter, die Männer opferten ihre Brettspiele und Karten auf einem großen Feuer, wenn er sie nur anredete, waren sie verzückt, denn auch er war mit dem Schein der Unschuld und Schönheit ausgerüstet wie viele seinesgleichen, und wäre der Bischof Rudolf von Scherenberg, der dazumal regierte und ein schwacher Herr war, nicht vom Erzbischof Diether von Isenburg zu richterlichem Einschreiten gedrängt worden, die aufgewiegelten Horden hätten die Mauern von Würzburg erstürmt, die Stadt geplündert und ihn selber erschlagen, so aber bemächtigte man sich rechtzeitig des zauberischen Buben, der noch auf dem Scheiterhaufen sein Satanswerk vollführte, indem er Hymnen zum Preis der Jungfrau sang, bis der Rauch seine Stimme erstickte. «Jetzt habt Ihr das nämliche Unheil vor Euch», schloß der Pater, «auch über den Junker von Ehrenberg hat der Böse sein lockendes Kleid gebreitet, hat ihm Reiz und angenehme Gebärde verliehen, Schelmerei und das schmeichlerische Wort. Handelt sonach, wie es Euch Euer Gewissen und Euer Seelenheil vorschreibt.» Der Bischof jammerte: «Laßt mir Zeit, ich will's bedenken, laßt mich's überschlafen, was rechtens ist, soll geschehn.» Der Pater hatte gegen eine Frist nichts einzuwenden; mit Verhaft und Verhör konnte er erst vorgehen, wenn der Bischof die Bewilligung erteilt, aber deren war er gewiß, und es verschlug ihm nichts, zu warten. Der Bischof lag stundenlang im Gebet und enthielt sich der Speise, ihm dünkte, die Luft sei dick von dämonischem Atem, er verbot, daß der Junker zu ihm komme, er verbot es sich selbst, dann spürte er Reue und Verlangen, zeigte sich rastloser denn je und wurde vor den Augen seiner Leute zum Türenhorcher. «Vielleicht kann man es bei der Exorzierung bewendet sein lassen», schlug er am Abend dem Pater vor. Der Pater lächelte, was ihm übel zu Gesichte stand. «Feilscht Ihr mit mir um seine Seele, Herr Bischof?» fragte er mit kaum sich öffnenden Lippen. «Und wenn ich's täte!» rief der Bischof in furchtsamem Ärger. «So wär's ein schlechter Handel», gab der Pater trocken zurück, «am Ende würdet Ihr zu Euerm großen Schaden draufzahlen.» Der Bischof sann abermals auf Zeitgewinn. «Laßt ihn selber kommen, hört ihn selber», murmelte er. Der Pater schüttelte in verächtlicher Melancholie den Kopf. «Worauf hofft Ihr?» forschte er bitter. «Daß mich der Irrwisch in die Büsche lockt? Ihr wißt, Herr Bischof, daß der Satan in einem Menschenleibe sich nicht von dannen rührt, wenn man ihn glimpflich anfaßt, sondern nur, wenn man ihn hart befragt.» Der Bischof begann zu zittern, gerade das war es, wogegen er sich, in diesem einen Falle, sträubte. Es auszudenken war Grauen, doch wo das Grauen am dichtesten schwelte, lockte eine Lust. Der Pater las in der geschlängelten Falte auf der Stirn des Greises und sah, daß ihn förderte, was er las. «Ihr könnt ihn zärtlicher ans Herz schließen, wenn er Euch in der Pein als seinen wahren Wohltäter erkennt», sagte er düster und in einer Eingebung, die sein Inneres stärker erhellte als sonst ein Wort aus seinem vorsichtigen Munde, «habt Ihr's nicht oft erfahren: Beim Schreien des gemarterten Teufels lobsingt das Blut in unseren Adern wie Engelschöre; Zeuge zu sein von der Qual des Bösen reinigt, und doppelt lieben wir den, der uns in seinem Jammer erkennen läßt, daß wir verblendet waren und daß wir uns seinem geläuterten Leibe zuneigen dürfen.» Der Bischof erblaßte, wenn das Grauwerden seiner schlottrigen Backen so zu nennen war. Ihm war, als stehe er in einem Kreis von Trichtern, in jedem einzelnen konnte er, durch die Verengung schauend, die Bilder gewahren, die zu vielen hundert Malen seinen Geist in schauerliches Entzücken versetzt hatten, nicht allein, weil sie ihm die Gewähr gaben, daß er sich um die Herrlichkeit des Glaubens verdient machte und den Erzfeind an der empfindlichsten Stelle schlug; nicht allein, weil ihn die bebenden Leiber, die Todesseufzer, das zerrissene Fleisch, in Strahlen aufschießende Blut, das erstickte Stammeln und markzerschneidende Schreien unmißverstehlich versicherten, daß ihm ebensoviel dämonische Versuchungen und Bedrohungen erspart blieben, als da arme Sünder und Sünderinnen unter der Faust der Folterknechte winselten; es war auch etwas anderes dabei, Unerforschliches, nachtdunkles Wohlgefühl, das die Brust ausdehnte und zusammenzog, als ob sie das Innere einer von Melodien durchbrausten Orgel wäre. Es konnten zahllose Kammern sein, in die er durch die Trichterlöcher schaute, es war vielleicht nur eine einzige von zahllosen Opfern bevölkerte, aber das unersättliche Auge fiel stets auf den Pater Gropp, der als grauer Schatten durch den Purpurdunst schritt, um zu prüfen, welches Maß von Schmerz ein Mensch ertragen kann, damit er in blutiger Nacktheit sein Geschlecht vergesse und in die ausgebreitete Hand Gottes stürze wie ein vom Sturm verwehtes Sandkorn in eine schützende Mulde.

Der Bischof zauderte und zauderte. Sein Schwanken war Fieber, er faßte den Plan, den Junker entführen zu lassen, und sprach mit dem Bruder Felician darüber, eine Stunde später wußte es Gropp und traf Vorkehrungen. In der darauffolgenden Nacht forderte er nachdrücklicher als bisher die Entscheidung. «Hängt Euch nicht an ein Trugbild, Herr Bischof», warnte er, «Joannes de Rubescissa sagt: Der Dämon weiß, wem er die Lüsternheit des Gaumens beibringt und den Antrieb zur Lust, wen er durch Freude verwirrt, durch Trauer verdunkelt, durch Traum verführt. Habt Ihr nicht gelesen, daß zum heiligen Parthenius, der Bischof war wie Ihr, Bischof von Lampsacus, ein Mann von unreinem Geist gebracht wurde, daß der Mann den Heiligen grüßte und der den Gruß nicht erwiderte, weil er mit einem einzigen Blick seines Seelenauges den Dämon in ihm erkannte? Warum gibst du mir nicht die Ehre des Grußes? fragte der Mann; ich habe dich gesehen und erkannt, warum du mich nicht? Der Heilige antwortet: Wenn du mich wirklich gesehen und erkannt hast, so verlasse das Geschöpf Gottes. Der Dämon ruft bestürzt: Willst du mich denn aus meiner Wohnung treiben? Ich bitte dich, gib mir wenigstens eine Frist. Ist's nicht schon zu lange, daß du hier deine Wohnung hast? fragt der Heilige. Von Jugend auf, entgegnet der Dämon, und nie hat mich jemand erkannt außer du in diesem Augenblick. So ist es überliefert, Herr Bischof. Auch ich, obwohl ich mich in keinem Stück mit jenem Heiligen vergleichen kann, auch ich habe gesehen und erkannt.» Der Bischof riß erschrocken die Augen auf. «Wie denn? Zu welchem Zeitpunkt denn? Laßt hören, Gropp», murmelte er verstört. Der Pater näherte sich dem Bischof und sagte, indem er seine sägende Stimme dämpfte: «Seit dem Tag, da ich des Junkers zum ersten Male ansichtig geworden, fühlte mein Geist die Lähmung durch höllische Phantasmagorie. Ist Euch nicht schon selbst die Ahnung gekommen, Herr Bischof, daß er in

Wirklichkeit gar nicht existiert?» – «Wie? Nicht existiert? Um Gottes und Christi willen, wie meint Ihr das, Gropp?» lispelte der Bischof und bekreuzigte sich. «Es ist nur Spiegelung, was wir von ihm gewahren», antwortete der Pater, «phantasmagorisch wie sein Wesen ist auch seine Person. Zwingt ihn, zu erscheinen, und Ihr werdet von der Magie befreit sein, die von ihm ausströmt. Da habt Ihr das Rätsel, da ist seine Deutung.» Der Bischof erhob sich, die Beine trugen ihn kaum. «Demnach wäre es nur ein dämonisches Gespenst, das mir mit dem Schein der Leiblichkeit vor den Sinnen schwirrt?» hauchte er. Der Pater nickte stumm. «Und Ihr meint, daß wir erst sein wahrhaftes Ich aus dem grausigen Schlund heraufholen müssen?» Der Pater nickte. «Im Spiegel drin, da ist er», fuhr der Bischof fort, schlüpfte mit den Händen in die Ärmel der Soutane und schritt verzweifelt auf und ab, «da spricht er, erzählt er, lacht er, zaubert er, und im Raum ist nichts von ihm da, nicht ein Haar seines Leibes von ihm da?» Der Pater nickte. «Ich habe es erlebt», sagte er und erhob langsam die Lider, hinter denen die flüssige Schwärze der Augen schillerte, «indem er mich nötigte, seine unwirkliche Existenz für eine wirkliche zu nehmen, war ich selber in Gefahr, meine wirkliche einzubüßen. Ich ging zum ersten Male hin, ich ging zum zweiten Male hin. Ich ging nach Ehrenberg hinaus und sah ihm zu und folgte ihm unbemerkt. Es war, als hätte sich alle Wahrheit, deren ich bis zu einem gewissen Grad teilhaftig geworden, in Lüge und Verzerrung gewandelt. Er ist der Lügenschein. Er ist der Widersacher und die Widersach in einem.»

Den Junker Ernst als den Widersacher zu benennen, war aus einer dem Pater Gropp vielleicht unbekannten Tiefe seines Innern gesprochen. Hätte er ihn gebilligt und angenommen, so hätte er sich vertilgt und von der Bahn hinabgestoßen, auf der er mit eiserner Überzeugung wandelte; hätte er ihn nur zu verstehen gesucht, so wäre er schon ein anderer gewesen, nicht mehr der Hasser des aus sich selbst erblühten Lebens, Verfolger der frei spielenden, schwerlos schwebenden Kreatur. Ebender trat er entgegen als Bändiger, um sie in Ketten zu legen, damit sie seinem Geist gefalle und dem Herrn untertan war, für den auch er in Ketten ging. Du sollst nicht schweifen, dieweil ich in Ketten gehe, sagen diese; du sollst nicht lachen, dieweil ich erstarre vor der Verderbnis der Welt; du sollst nicht spielen und deine Gefährten ergötzen, indes meine rächende Hand nach dem Herzen der Menschheit greift, um mir seinen Schlag gehorsam zu machen; ich darf dich weder wissen noch sehen noch fühlen, denn du bist das sündhaft Abgelöste und mußt vor mir vergehn, sofern ich Bestand haben soll auf der Erde. So hätte er auch zum Baum reden können, zu einem schönen Tier, zu einer singenden Stimme, wäre sie nur vor seinen Augen so in die Greifbarkeit gewachsen wie dieser Mensch oder hätte sein Denken dieselbe grausame Folgerichtigkeit gehabt wie sein Handeln; aber es gibt einen Punkt, wo der kühnste Vernichter an das Gesetz der Gestirne und Gezeiten geschmiedet ist, und da muß er innehalten, da bricht seine Macht, das weiß er, und darum ist er so finster und so schweigsam.

Der Bischof, in seiner Not, entschloß sich zu einem letzten Versuch, zu einem, der seine Einfältigkeit und seinen abergläubischen Wahn aufzeigte, wobei ihn aber Pater Gropp gewähren ließ und sich begnügte, den seine Stunde erharrenden Zuschauer zu machen. In aller Frühe wurde einer der oberen Säle des Palastes bis zu halber Höhe der Mauern mit schwarzem Tuch ausgeschlagen. Auf einem schwarzverhangenen Tisch stand ein fünfarmiger Leuchter, und als die fünf Kerzen angezündet waren, gab der Bischof den Befehl, daß man den Junker Ernst hole. Man mußte ihn aus dem Schlaf wecken, und bis er sich gewaschen und angekleidet hatte, dauerte es eine gute Viertelstunde. Der Bischof war während der Zeit hinausgegangen, der Pater

Gropp stand regungslos an der schwarzen Wand, den Blick zur Erde gekehrt. Da er von der Tür her helles Knabengelächter vernahm, schaute er unwillig empor. Der Bischof und der Junker waren auf der Schwelle zusammengestoßen; aus einem verschwiegenen Ort im Flur kommend und nach seiner Gewohnheit fahrig und kurzsichtig vorwärts laufend, hatte der Bischof den Knaben nicht bemerkt und rannte ihn beinahe um. Der Junker hatte gesehen, woher der Oheim des Wegs kam, und als er nun so närrisch zu lachen begann, fragte ihn der Bischof unwirsch, weshalb er lache. Er habe an eine komische Geschichte denken müssen, antwortete der Junker. Was für eine Geschichte? Schon wieder eine Geschichte, immerfort Geschichten, nun, was für eine denn? drängte er, als Ernst nicht recht mit der Sprache heraus wollte. «In einer Stadt», erzählte der Junker mit heiter zuckenden Lippen, «lebte ein reicher Bürger, der Geschäfte mit der kaiserlichen Majestät betrieb, und da er nicht mit sich im reinen war, ob er darüber mit seiner Ehefrau sprechen könne, beschloß er zu erproben, wie es um ihre Verschwiegenheit bestellt sei. Zu dem Zweck vertraute er ihr eines Tages an, daß ihm, während er auf einem gewissen Ort war, ein Rabe aus dem Hintern geflogen sei. Die Frau erstaunte und erschrak, sann eine Weile hin und her, konnte aber dann doch nicht anders, als das Geheimnis einer Nachbarin zu berichten. Aber da waren es schon zwei Raben. Die erzählte es einer andern Nachbarin, da waren es drei Raben, und so wurden es immer mehr Raben, bis es, als die Kunde zu dem Bürger zurückkam, vierzig Raben waren, die ihm aus dem Hintern geflogen sein sollten, und um zu verhüten, daß es nicht noch weit mehr solche Unheilsvögel würden, versammelte er seine Mitbürger um sich und erklärte ihnen das böse Gerücht. Die Frau aber, da er sie als so geschwätzig erkannt hatte, ließ er natürlich nichts von seinen Angelegenheiten wissen.» Er brach von neuem in Gelächter aus, der

Bischof verzog wider seinen Willen das Gesicht zu einem krampfhaften Schmunzeln, sah aber scheu in die Richtung, wo gleich einem im Stehen Schlafenden sich der Pater befand. «Paß auf, herzliebes Söhnchen», wisperte er dem Jüngling zu und legte seinen Arm um dessen Nacken, «wir werden anitzt etwas mit dir vornehmen, und du mußt dein Bestes tun, mußt alle Kräfte zusammenraffen, damit der Ausgang für dich günstig sei.» Der Junker schien erst jetzt die schwarzen Vorhänge und die brennenden Kerzen zu gewahren. Sein Gesicht verfärbte sich, und er fragte: «Was ist's, Herr Oheim?» Der Bischof näherte seine lederharte Wange der weichen des Junkers, und da ihn die Bartspitzen kitzelten, bog Ernst den Kopf zur Seite. «Fürcht dich nicht, Söhnchen», schmeichelte der Bischof, und vor unsinniger Zärtlichkeit bebte seine alte Stimme, «fürcht dich nicht, tu nur alles, was ich dir sage.» Da erscholl die Stimme des Paters: «Ich denke, Herr Bischof, es ist genug an dem.» Gleichzeitig kam aus dem Winkel, hinter einem Betpult hervor, das Murmeln eines lateinischen Gebets. Dort kniete der Bruder Felician. Ernst sah nichts von ihm als seine langen eckigen Ohren unter dem Skapulier. Der Bischof trat in die Mitte des Raums, seine Züge verzerrten sich auf einmal zu schrecklicher Bosheit und Strenge, und er kreischte: «Zeig dich, Unhold! Zeig dich nunmehr in deiner wahren Gestalt!» Voll beklommenen Staunens schaute der Junker nach ihm hin. «Bin ich's, zu dem Ihr redet, Herr Oheim?» fragte er schüchtern. «Zeig dich in deiner wahren Gestalt oder sei verflucht!» schrie der Bischof in gellendem Diskant. «Ich bin ja da», flüsterte der Junker. «Nicht du bist's, dein Dämon ist's», war die zornige Entgegnung, «stoß ihn von dir, damit du bist.» Der Junker, unwillig und mit erwachendem Stolz, gab zurück: «Was Ihr da sagt, Herr Oheim, kann ich nicht verstehn.» Der Bischof reckte die Arme in die Luft: «So beschwör ich dich zum letztenmal, im Namen des Vaters, des Sohnes und des

Heiligen Geistes, erscheine mir in deiner Wirklichkeit!» Der Junker schaute sich um, Schlimmes ahnend. Er sah die regungslose Figur des Paters abgewendet stehen und schlug beide Hände vor die Augen. «Gott gnad mir», flüsterte er und sank auf die Knie; und wieder «Gott gnad mir», und als er die Blicke auf das grausig zerrissene Gesicht des Bischofs richtete, rief er: «Anders kann ich nicht werden, Herr Oheim, so will ich bleiben, wie ich bin, und wär ich nicht, wie ich bin, dann wollt ich werden, wie ich bin.» Jetzt erhob der Pater Gropp triumphierend das Haupt. Der Bischof sagte mit verflackernder Stimme: «So möge das Recht seinen Lauf nehmen, Pater Gropp.» Zwei Soldaten von der Schloßwache traten ein und ergriffen den Junker.

13

Die erste Nachricht von der Gefangensetzung des Junkers gelangte nach Ehrenberg durch einen Botenreiter, der nach dem nördlichen Spessart unterwegs war. Von ihm erfuhr es Wallork, der es nach seiner mürrisch-verschlossenen Art und weil ihn das Alter schon schwachsinnig gemacht hatte, für sich behielt. Weitere Botschaften, von Jägern und Landstreichern herzugetragen, ließen nicht lang auf sich warten. Der tauben Lenette wurde es vom Amtsschreiber von Randersacker mitgeteilt, der aufs Schloß kam, um die Viehsteuer einzuheben. «Auf Befehl des Bischofs wegen Zauberei in das Gefängnis bei der Münze verbracht.» Da war sicher nichts geflunkert oder übertrieben, wen verschonte denn der Bischof in seiner Angst und seinem Aberwitz. Die Lenette stand eine Weile da, als hätte sie der Schlag gerührt. Dann sagte sie trotzig: «Das glaub ich nicht.» Zu Mittag war noch kein Feuer im Herd. Zum Magister war das Gerücht auch bereits gedrungen, ihn konnte es nicht überraschen, wenn er sich die Worte und das Gehaben des Jesuiten in Erinnerung rief. Er verfaßte noch denselben Tag eine Epistel an seinen Freund, den Propst Lieblein in Würzburg, und bat ihn um Hilfe bei der Angelegenheit. Den Brief schickte er durch einen Hirtenbuben in die Stadt. Am Abend bekam er die Antwort. «Ich kann Euch nicht helfen, amicus, ich kann Euch nicht einmal raten», schrieb der Propst, «in unserer Welt geht alles drüber und drunter, will sagen die Unvernunft drüber und der Verstand drunter, und bald werden wir am Ende sein, was wäre da noch für einen alten Mann zu erklecken? Rührt Euch nicht vom Fleck, das ist der beste Rat, den ich Euch zu erteilen vermag. So Ihr Euch aber doch auf den Weg und herüber begeben wollt in unsere bescheidene Behausung, will ich Euch mit dem Pater Spe zusammenbringen, einem klugen und frommen Mann, wie es wenige mehr gibt im Heiligen Römischen Reich, vielleicht kann der Euch nützen, er wird am Sonntag Peter und Paul bei mir zur Nacht speisen.» Die Mahnung, er solle sich nicht vom Fleck bewegen, fiel beim Magister Onno nicht auf unfruchtbaren Boden, das war's, was er wollte, unbelästigt und ungeschoren bei seinen Folianten und Scripturen bleiben. Nach der Abreise des Junkers hatte sich niemand um ihn gekümmert, und trotzdem es hier kein Amt mehr für ihn gab, hatte er sich nicht entschließen können, Ehrenberg zu verlassen. Wohin hätte er auch gehen sollen, er wußte keinen Ort auf der weiten Erde, wo er Unterschlupf finden konnte. Aber da es nun um Wohl und Weh des Junkers ging, bemeisterte er seine Schwerfälligkeit und Weltscheu, und am Abend vor der Wanderung nach Würzburg vertraute er der Lenette an, was für einen Gang er vorhatte, auch daß er sich nicht eben viel davon versprach. Das grauhaarige alte Mädchen saß elend vor dem Herd, und ihr verrunzeltes Gesicht erhellte sich ein wenig; obschon sie die Person des Magisters ziemlich gering einschätzte, hegte sie doch einen dumpfen, dem Aberglauben ähnlichen Respekt vor seiner Gelehrsamkeit, man konnte ja nicht wissen, ob er nicht ihren Junker zu retten vermochte. Es war alles anders, seit der Junker Ernst fort war, die Treppen waren doppelt so schwer zu steigen, das Holz doppelt so schwer zu spalten, jede Nacht war wie ein Grab, der Wald wuchs überm Dach des Hauses zusammen. Ohne ihn fühlte sie sich als ein erbärmliches Stück Mensch, und wenn er gleich tagelang nicht nach ihr hingesehen hatte, er war doch da und ging und kam, man schürte Feuer für seine Suppe, wusch das Linnen für sein Bett, flickte das Hemd für seinen Leib, fast wie eine Mutter.

Und die Mutter, was machte die derweil? Sie wußte nicht einmal, wie es um den Sohn stand und was ihm drohte. Niemand hatte ihr was gesagt. Niemand außer Lenette hatte bei der Kunde an sie gedacht. Niemand sprach davon, daß sie die Mutter war, daß das Unglück am meisten sie anging. Niemand kam in ihre Nähe, und sie ihrerseits verlangte keinen Menschen zu sehen. Gestern hatte Lenette sich vorgenommen, ihr alles zu sagen, kaum hatte sie den Namen des Junkers ausgesprochen, so hatte ihr die Freifrau heftig zugewinkt, sie möge schweigen. Da schwieg sie. Doch überlegte sie sich, wie sie die Frau geliebt und wie sie ihr ein Leben lang gedient und wie sie zum traurigen Schatten geworden war, mannlos, sohnlos, gottlos, was sollte daraus werden. Sie ging, und diesen Abend, als der Magister mit ihr geredet, kam sie wieder. Kerzen flackerten im Gemach, die Freifrau schlief noch nicht, sie hatte ein Metallfigürchen zwischen den Händen, eine Diana mit dem Bogen, und liebkoste es, indes ihr Blick geistesabwesend ins Leere flatterte. «Was treibt Ihr da, Gnaden», sagte Lenette, «Ihr tätet besser, Euch um Euer Kind umzuschauen, statt mit dem heidnischen Unzeug die Zeit zu vertändeln.» Die Freifrau, erloschenen Angesichts, murmelte: «Warum ist er von mir weggegangen?» Lenette glaubte nicht recht gehört zu haben, sie hielt die rechte Hand wie eine Muschel ans Ohr und beugte sich gegen das Bett der Herrin. Aber Theodata schüttelte langsam den Kopf, und zwischen ihren schön geschwungenen Wimpern glänzten Tränen, Lenette stammelte: «Dauert es Euch, Gnaden? Wahrhaftig? Ist Euch das Herz im Leib erweicht worden, und gedenkt Ihr seiner wie eine richtige Mutter?» Mit matter Geste wehrte die Freifrau die zudringlichen Fragen ab. «Magst mich immer nach deiner Weise verstehn», sagte sie bitter vor sich hin, «wen hätt ich, der mich nach meiner verstünde? Wär ich Mutter, so wär ich Weib und hätt auch ein Herz und hätt nicht das Leben vertan und hätt ihn aufgezogen und besäß ihn für gewiß. Schlechtes Gewissen macht schlecht.» Da nahm Lenette, die jede Silbe aufgefangen hatte wie ein Dürstender das Wasser, ihren ganzen Mut zusammen und sagte: «Der Würzburger Henker hat ihn gefaßt, und er schmachtet im Kerker, Gnaden.»

Theodata sprang auf, als sei das Laken unter ihr in Brand geraten. «Der Bischof?» fragte sie mit Mund, Augen, Händen. Lenette nickte. «Wessen klagt er ihn an?» – «Der Hexerei klagt er ihn an.» – «Und sie werden ihn auf die Marter legen?» – «Das ist zu fürchten, Gnaden.» – «Du lügst, Lenette, du lügst, Verdammte, das kann nicht sein, das soll nicht sein; was stehst du da, was stehn wir da, worauf warten wir, nach Würzburg, gleich, gleich, mein Mantel, meine Schuh, nach Würzburg, zum Bischof, glotz mich nicht an, schnell, schnell!» Dabei lief sie barfuß und im Nachtgewand im Zimmer herum und griff besinnungslos nach allerlei Gegenständen, die sie alsbald wieder von sich schleuderte. Die Lenette, freudig betroffen von dem Ungestüm, auf das sie nicht vorbereitet war, hielt es gleichwohl für notwendig, sich dem entsetzten und angstvollen Eifer der Herrin entgegenzustellen und sie zur Geduld bis zum Morgen zu ermahnen, da es unmöglich sei, den Weg bei Nacht anzutreten, zu weit sei es für die zarten Füße der Freifrau, zu groß die Unsicherheit der Straßen, wenn Wallork gleich jetzt nach Rimpar gehe, um eine Kalesche zu holen, könnten sie in aller Frühe fahren und hätten nichts versäumt. Es bedurfte vieler Bitten und Beschwörungen, um die Freifrau zum Warten zu bewegen. Sie lief beständig auf und ab, als wolle sie die Zeit jagen, auf und ab mit gefalteten Händen und heiserem Flüstern.

Seit der Stunde, wo der Junker von ihr Abschied genommen, war in ihrem Innern die Sehnsucht zum Sturm angewachsen. Wie er vor ihr gestanden war und gewartet hatte, worauf gewartet? Sie wußte es so wenig wie er selbst, war alles wiedergekommen von jener einen unseligen Nacht, sie sah den roten dicken Hals des Vaters und um ihn geschlungen die Ärmchen des Kindes, sie hörte den nie verklungenen Schrei in ihrer Brust: So wirst du werden, Mann artet nach Mann. Nun suchte sie die Züge, lauerte bang auf das Gräßliche, das sie schon einmal ins bodenlose Elend hinuntergeschleudert hatte, traute keinem Augenschein, wagte keinen zu sehen. Als der Knabe sie dann verlassen hatte, dünkte ihr, sie habe ihn vergessen, sie schritt von Fenster zu Fenster, schaute in den Brunnen, schaute in den Himmel und vergaß, vergaß. Sie trällerte ein leichtsinniges Liedchen und vergaß, vergaß. Aber etwas in ihr wollte nicht vergessen, konnte nicht, er ist ja anders, sagte das Etwas, schau ihn doch an, hat ihn die Natur nicht wie zum Gegensatz erschaffen, als solle er das Bild seines Vaters austilgen? Und wieder vergaß sie, ließ sich hoffnungslos und müde machen von den vielen tückisch aufeinanderfolgenden Jetzts. Das Vergessen war stets mit dem Frieren verbunden, sie schlug mit dem Hammer auf die erzene Glocke, und als die Lenette kam, jammerte sie: «Mich friert.» Draußen war's so heiß, daß die Katzen die Sonne mieden und die Vögel schläfrig wurden, Lenette murrte: «Das glaub ich nicht, Gnaden, daß Euch friert», warf aber einen Armvoll Spreu in den Kamin und machte Feuer. Da kam nagend und plagend die Sehnsucht nach dem Entschwundenen, mit jeder Stunde ärger, sie konnte nicht mehr vergessen, seine Gestalt, sein Lächeln, seine Stimme, sein Dastehn, alles hatte was unsäglich Lockendes und Liebliches, der Vater wurde völlig zum Schatten, der Sohn allein war da, ihr Sohn, und sie klagte vor sich hin: «Ach, vielleicht lebt er gar nicht, vielleicht hab ich ihn bloß geträumt, vielleicht war er mein erster und einziger Traum, und weil er nur in meiner Einbildung ist, weiß er nichts von mir, hat mich nie gesehn, kennt nicht mein Gesicht, ach Gott, was soll ich tun, wie soll ich's machen, daß er mich glaubt, daß ich ihm bin.» Unter so verstörten Anrufungen, die wie ein geisterhafter Widerhall der scholastischen Conklusionen des Pater Gropp waren, oder nachdem sie das silberne Figürchen gepackt und leidenschaftlich geflüstert hatte: Gib mir einen Rat, holde Diana, eilte sie in der Nacht, mit der brennenden Kerze in der Hand, durch die Räume des alten Hauses, schließlich sogar auf den Dachboden hinauf, um durch eine Luke gen Süden zu schauen, wo sie die Stadt Würzburg wußte. Ungeheuer breitete sich die Finsternis zwischen den hölzernen Pfeilern, das vielfach überschnitten und verzweigt aufstrebende Gebälk sah aus wie das Wurzelgeflecht eines riesigen Baumes, der zu den Sternen hinaufwuchs, rings lagen Haufen unversponnener Wolle, Späne, Kehricht und Fetzenzeug, allerlei Gerümpel von Geschlechtern her, da war die Dunkelheit der Sommernacht draußen, in die sie die Blicke tauchte, wie kühles Bad, und wenn sie die Frösche quaken und das Käuzchen schreien hörte, die Tannenwipfel bis zum Horizont hin sich unter einem sanften Wind bogen, machte sie ihrem gepreßten Herzen Luft, indem sie ein Lied sang, nicht mehr das leichtfertige, ein ganz anderes, von dem sie nicht wußte, wo sie es zum erstenmal vernommen hatte:

Die Tränen mich ernähren,
sind meine Speis und Trank,
von Zähren muß ich zehren,
weil ich vor Liebe krank.
Ach wann doch wird erscheinen
der schön und weiße Tag,
daß ich nach stetem Weinen
einmal ausruhen mag.

Lenette hielt ihr Versprechen, der Wagen war um sechs Uhr am Tor, sie dachte, der Magister solle die Gelegenheit benützen und mitfahren, aber der war schon anderthalb Stunden zuvor aufgebrochen. So setzte sie sich allein zu der Herrin in den Wagen, in ein verschossenes Capuchon gehüllt, da es zu regnen begonnen hatte. Gegen neun Uhr kamen sie in Würzburg an, im Maintal hatte sich das Wetter geklärt, als die schwerfällige Kutsche durchs Stadttor rasselte, lagen die Straßen wie golddurchwirkt in der Sonne. Überall standen die Leute in Gruppen beisammen, vor den Kirchen drängten sich schweigende Mengen, Erregung füllte die Gemüter, die Stadtknechte sahen finster drein, außer an den geschlossenen Gewölben der Kaufleute merkte man nichts vom Feiertag. Kein Wunder, die Raserei des Bischofs hatte in den letzten Tagen das Erträgliche überstiegen, keine Bürgerfamilie war mehr von den Angebern verschont, kein Zunftmeister konnte sein Handwerk in Frieden betreiben, vom Hochzeitstisch wurde die Braut weggeschleppt, den Säugling rissen sie von der Mutterbrust, und die Mutter zerrten sie vors Hexengericht, damit war ihr auch schon das Todesurteil gesprochen, ohne ewiges Siechtum durch die Folter kam sie auf keinen Fall ledig. Einheimische, Fremde, Matronen, Jungfrauen, adlige Damen, armselige Dirnen wurden in täglichen Bränden geopfert, es fehlten schon die Hände zum Mordgeschäft und das Papier zum Schreiben, wo von obrigkeitswegen gemordet wird, da muß auch geschrieben werden, das ist zu jeder Zeit und in jedem Jahrhundert dasselbe Ding, wenn der Schreiber nicht schreibt, kann der Henker nicht töten. Trotz des blauen Himmels, der sich über den verschichteten Dächern dehnte, lag was Fahles über der Stadt, ein unheimliches Glimmen in den Augen der Menschen, sie wandelten zu nah am Tode hin, es hauchte sie von unten her gespenstisch an, in der Luft war ein Flattern von unsichtbaren Flügeln, das waren die Seelen der Umgebrachten, die sich nicht trennen wollten von Weib, Kind, Eltern und Geschwistern. In einer Welt, in der die Wände zwischen Zeitlichkeit und Ewigkeit so dünn sind, daß sie zwischen heut und morgen zu bersten drohen, werden die Geister der Menschen über die Grenzen getrieben, von der Verzweiflung zur Ausschweifung ist nur ein Schritt, so waren alle Wirtshäuser dicht besetzt, das tobende Geschrei der Betrunkenen übertönte die Kirchenglocken, in den Gassen des untern Mainviertels, wo die Schiffer und Flößer wohnten, tanzten lachende Paare am Ufer entlang, die Schaubuden hinterm Juliusspital hatten schon zu der frühen Stunde Zulauf, namentlich das Kasperltheater und das Entenschlagen. Neben dem Strom der Hoffnungslosigkeit und dem trotziger Lust war noch einer zu spüren, der sich zwar in der Menge verlor, jedoch bald da, bald dort, auf einer Brücke, vor einem Garten, im Schutz einer Mauer, geheimnisvoll sichtbar wurde gleich wiederkehrenden Strudeln und von Stunde zu Stunde merklicher. Es war, als ob gewisse Botschaften umhergetragen würden, als wäre von einem Punkt aus ein Befehl ergangen, der nach verschiedenen Seiten weitergegeben wurde. Manche Bürger blieben jeweils erstaunt auf der Gasse stehen, es dünkte ihnen, wie wenn heute doppelt, dreifach, fünffach soviel Kinder in der Stadt wären als sonst; sie erblickten unbekannte Gesichter, anfangs nur wenige, später Hunderte; woher die nur kamen, fragten sie sich. Es waren bei der auffallenden Bewegung nur Kinder zu sehen, neunjährige, zehnjährige, zwölfjährige, Knaben und Mädchen, auch ältere, dreizehn-, vierzehnjährige, aber die verhielten sich stiller, benahmen sich vorsichtiger. Um Mittag stand ein ganzes Rudel auf dem Domplatz, lautlos, als warteten sie auf wen; als sich ihnen der Feldwebel von der Schloßwache näherte, stoben sie auseinander wie die Sperlinge. In der Gegend des Münzgefängnisses war ein fortwährendes Laufen und Rennen, viele mußten sich in den Gebüschen und Felsenlöchern des Marienbergs versteckt haben, nach dieser Richtung verschwanden die meisten und tauchten an der großen Mainbrücke auf, wenn sie von oben kamen. Schon fingen die Leute an, über das ungewohnte Treiben zu reden und sich zu beunruhigen, aber wenn sie sich um Auskunft an die ihnen bekannten oder auch die eigenen Kinder wandten, erhielten sie keinen Bescheid. Es gab ein Stichwort, das an diesem Peter- und Paulstage von Mund zu Mund der schweifenden Verschwörerscharen flog, ein Wort, das nichts besagte und wahrscheinlich alles bedeutete, es hieß: Mariä Heimsuchung vor Sonnenuntergang.

Die Kalesche der Freifrau fuhr am Portal des bischöflichen Palastes vor. Die Freifrau stieg aus, die Wache ließ sie passieren, als sie ihren Namen nannte, Lenette wich nicht von ihren Fersen. Auf der Treppe stand ein Laienbruder, den forderte Theodata auf, sie zu Seiner bischöflichen Gnaden zu führen, er entgegnete, der Bischof sei beim Hochamt im Dom. Sie sagte, sie wolle warten, ein zweiter Laienbruder, der hinzutrat, meinte, sie werde gar lang warten müssen, nachher sei Empfang der Domherren und Äbte, und dann werde Seine Gnaden wegen der großen Hitze nach Veitshöchheim aufs Schloß fahren. Es war aber nicht die Hitze Ursache dieses Beschlusses, wie alle wußten, sondern weil Seine Gnaden von einer Unrast gepeinigt wurde, die die Bedenklichkeit seiner ganzen Umgebung hervorrief; seit der Gefangensetzung des Junkers hatte er nicht gegessen, nicht geschlafen, auch zum Gebet hatte er sich nicht zu sammeln vermocht. Stimmen von außen waren ihm zugekommen, die von der Erbitterung und bedrohlichen Haltung der Bürgerschaft Kunde gaben, infolgedessen mißtraute er jedem Menschen, jeder Miene, jedem Laut, stellte Wachposten vor die Zimmer, in denen er weilte, sah die Luft voll fletschender Fratzen und hörte allenthalben unheimliche Geräusche. Theodata konnte davon keine Kenntnis haben, aber da das Gebaren der Diener ein Spiegel von der Verfassung des Herrn ist und ihre aufgewühlte Seele in schmerzhafter Empfindlichkeit zitterte, spürte sie die Verstörung des Hauses mit jedem Atemzug, ihre angstvolle Ungeduld wuchs immer mehr dadurch, sie beharrte bei dem Vorsatz, den Bischof sehen zu wollen, und blieb, die schweigende, groß und bestürzt dreinschauende Lenette hinter sich, auf dem Treppenabsatz stehen. Hohe geistliche Würdenträger im festlichen Ornat schritten an ihr vorüber, manche blickten sie verwundert an, manche finster und gleichsam tadelnd, manche freundlich und fragend, manche Gesichter verrieten Kummer oder Versunkenheit, manche Härte und Hochmut. Sie hätte sich mit aufgehobenen Armen vor all die Männer hinstürzen mögen, aber etwas hielt sie in Bann, das stärker war als das Gefühl der Hilflosigkeit: die tiefe Erfahrung von der Unrührbarkeit der Welt, die sie in sich trug, ohne es recht zu wissen. Endlich erschien der Bischof in der Mitte seines Hofstaates, langsam stieg er die Treppe empor, doch kaum hatte er die Freifrau gewahrt, die zwei Schritte ihm entgegentrat, als er zurückprallte und mit schriller Fistelstimme seinen Begleitern zurief: «Schafft sie fort! Schafft mir das Weib aus den Augen!» Darauf war Innehalten, erschrockenes Gemurmel, Staunen, Mißbilligen, Gewirr von Stimmen, der Domherr Franz von Hatzfeld näherte sich der Freifrau, um sie wegzuführen, sie sträubte sich, er sprach ihr dringlich zu, sie aber schrie, die Treppe hinab, dem Bischof ins Gesicht: «Gebt mir meinen Buben wieder, Herr Bischof und Schwager, sonst künd ich vor allem Volk, daß Ihr und nur Ihr allein in diesem Land mit dem Teufel im Bunde seid.»

Das Wort ließ den Bischof erstarren, eine solche Anklage hatte er nie zu hören erwartet, der bloße Gedanke daran war ihm, dessen Leben der Ausrottung des Teufels gewidmet war, so fern wie Gottesleugnung und Zweifel an den Dogmen der Kirche. Sein Entsetzen, dem sich sogleich die eisige Furcht gesellte, man könne ihn zur Verantwortung ziehen, war so groß, daß er taumelte und sich mit den Armen an den Schultern des neben ihm stehenden Paters Gropp festklammerte. Da ihm wohl bewußt war, daß ein Schatten von Verdacht hinreichte und tausendmal hingereicht hatte, Menschen ins Verderben zu stürzen, da die Anzeichen immer nur von andern beschworen, von den Betroffenen aber bis zum letzten Augenblick in verzweifelte Abrede gestellt wurden, traf ihn die Erkenntnis, daß seine Person nicht außerhalb des schrecklichen Zirkels stand, mit einer Gewalt, als zerschelle das Erdreich unter ihm. Es konnte ja möglich sein, der Versucher konnte sich ihm genaht und ihn, auch ihn überlistet haben, alles drehte sich im Kreis, er stieß ein mißtöniges Geheul aus und drückte die schlotternden Lippen auf den Arm des Jesuiten. In der unbeschreiblichen Verwirrung, von der die Anwesenden ergriffen waren, behielt nur die taube Lenette ihre Kaltblütigkeit. Sie erkannte die Gefahr, in der sich die Herrin befand, faßte sie beim Handgelenk und zog sie mit unwiderstehlicher Kraft aus dem Getümmel der geistlichen Herren, die Treppe hinab, über den Flur und zum Palasteingang. Dort schob sie die ihrer Sinne kaum Mächtige in die Kalesche und sprang selber hinein, indem sie dem Kutscher bedeutete, weiterzufahren. Ein Ziel gab sie nicht an, erst als die Pferde in der Richtung gegen das Aschaffenburger Tor liefen, beugte sie sich aus dem Schlag und rief: «Zur Münze! Zur Münze!» Bei der Münze war das Gefängnis. Sie wollte den Versuch machen, ob man sie nicht zum Junker einließe, und erriet damit die Absicht der Freifrau. Als sie hinkamen und Lenette die Bitte vorbrachte, lachte ihnen der Wächter, ein grober blatternarbiger Kerl, ins Gesicht. Da müßten sie schon einen bischöflichen Permeß dazu haben, meinte er anzüglich, und dann sähe es mit dem Wiederherauskommen übel aus. Die Freifrau rang die Hände. Sie rief, sie wollte nicht von der Stelle weichen, Tag und Nacht, und wenn sie auf dem Pflaster schlafen müsse. Allerlei neugieriges, mitleidiges, spottendes, ängstliches Volk versammelte sich um die beiden Frauen, der Wächter alarmierte seine Kameraden, ein Stadtsergeant erschien, vogelhafte Pfiffe erschallten aus den verwinkelten Seitengassen, eh man sich versah, woher sie gekommen waren und wohin sie verschwanden, huschten Scharen der jugendlichen Verschworenen vorüber, und man hörte sie vielstimmig wispern: «Mariä Heimsuchung vor Sonnenuntergang.» Wer die vornehme Dame war, die ihren Jammer zum Schauspiel der Masse machte, und wem der Jammer galt, war rasch ruchbar geworden.

Am selben Abend, nachdem sie in ihrer Verzweiflung nochmals zum Haus des Bischofs gefahren, nochmals war abgewiesen worden, sodann aufs Rathaus und zum Bürgermeister, hierauf zum Kommandanten der Stadt, dem Herrn Grafen Philippsburg, geeilt war, überall Beschwerde und inständige Bitte erhoben, auf ihr altes Geschlecht und hohe Geburt verwiesen, mit Klage beim Reichskammergericht, beim Kaiser, beim Landgrafen von Hessen, beim König von Frankreich gedroht, abwechselnd geschluchzt, gerast, geschmeichelt, sich gedemütigt hatte und schließlich wie außer sich wieder zur Pforte des Gefängnisses zurückgekehrt war, um, wenn alles fehlschlug, die Wächter mit ihrem Schmuck und ihren Juwelen zu bestechen, nach alledem war sie dort von den Häschern des Bischofs ergriffen und als der Hexerei im hohen Grade verdächtig in einen der unterirdischen Kerker gebracht worden. Die Maßregel ging vom Pater Gropp aus, der Bischof war unfähig, eine Verfügung zu treffen, er hatte grade noch seine Unterschrift geben können, die brauchte der Pater zu seiner Sicherheit, aber der alte Mann hatte dabei wie Espenlaub gebebt und das Bild einer sinnlosen Kreatur geboten. Der Pater ordnete an, die Freifrau solle noch in der nämlichen Nacht peinlich befragt werden, auch über den Junker, ihren Sohn, und seine Verfehlungen und sündhaften Künste. Hiezu war er nach dem vom Bischof unterschriebenen Haftbefehl berechtigt, während er bisher durch keinerlei Vorstellung hatte erreichen können, daß man auch den Junker selbst durch die Folter zum Geständnis bringe, der Bischof hatte immer gehofft, daß der Junker freiwillig bekennen werde, geschreckt und eingeschüchtert, doch nicht am Körper beleidigt, dazu wollte er seine Zustimmung nicht geben, auch zum Verbrennungstode nicht; wenn alle Bemühungen vergeblich blieben, sollte er enthauptet werden. Dies wurmte den Pater Gropp, doch er versprach sich viel von der Inquisition der Freifrau, bei der der Junker zugegen sein sollte, ihr zarter Organismus würde voraussichtlich keinem ernstlichen Angriff gewachsen sein, und die seelische Qual, die der Junker dabei erlitt, würde vielleicht stärker auf ihn einwirken als die eigene leibliche, bei der ihn der Dämon hartnäckig machen und ihm eine falsche Märtyrerkrone verheißen konnte. Den willkommenen Anlaß zur Gefangennahme der Freifrau hatte die Nachricht gegeben, die zu Mittag in die Stadt gelangt war, daß das Ehrenberger Schloß in Flammen stehe und daß die Bauern und Hirten draußen die Freifrau beschuldigten, den Brand, der im Dachboden ausgebrochen war, wissentlich und vorsätzlich gelegt zu haben. Wohl möglich, daß durch ihr Herumirren mit der Kerze in der Nacht ein Funken auf das leicht entzündliche modrige Gerümpel gefallen war und zwei Tage oder mehr weitergeschwelt hatte; als sie von der Feuersbrunst erfuhr, seufzte sie aus dem Innersten auf und sagte in ihrer unbedachten Weise: «Gelobt sei Jesus Christus, daß das Unglückshaus vom Erdboden vertilgt ist.» Was als ein halbes Bekenntnis gedeutet und vermerkt wurde.

Während sie sich von den Söldnern ruhig festnehmen ließ und, von ihnen umringt, plötzlich voll Würde durch das Gefängnistor schritt, das kindlich schmale Gesicht mit der wächsernen Haut leicht erhoben und von den rauchenden Pechfackeln abgewendet, hatte sich Lenette rasch der Schuhe entledigt und war unter dem Schutz der Dunkelheit katzenfüßig entschlüpft. Eine Stunde später hatte sie den Magister Molitor gefunden; von einem schweren Fieber gepackt, lag er in der Wohnung seines gelehrten Freundes, des Propstes Lieblein. Sie berichtete das Geschehene. Das graue Haar hing zersträhnt über die Schläfen, ihre Kleider waren zerrissen, das Capuchon hatte sie verloren, doch ihre Erzählung war klar und kurz. Sie schloß mit den Worten: «Ich bin ein unwertes Weibsbild vor Gott dem Herrn, aber wenn ich ihm noch glauben soll, muß er jetzt helfen.» Am Bettende saß der Propst mit niedergeschlagenen Augen und schmerzlich verzogenem Mund, ein schöner Greis, im Hintergrund der Stube, wohin kein Licht fiel, lehnte Friedrich Spe an der Mauer.

14

Er hatte schon viel vom Junker von Ehrenberg gehört, ihm war die ganze Landschaft der beiden Bistümer vertraut, und in den Städten und Dörfern kannte er viele Menschen. So hatte er die wunderbaren Wirkungen des Knaben zu einer Zeit erfahren, als sie noch nicht über den Umkreis einiger Spessartgehöfte gedrungen waren, aber jedesmal, wenn ihn seine Wanderungen wieder in die Gegend brachten, wurde ihm Neues von dem Märchenerzähler berichtet und manches, was selber wie Märchen klang. Bisweilen hatte es ihn verlockt, hinzugehen, dabeizusein, zu sehen, zu lauschen, aber da riefen dringendere Geschäfte, zu viel Unglückliche gab es, die nach ihm verlangten, er durfte sich nicht aufhalten bei frohen Dingen. Ob das frohe Ehrenberger Ding auch ein frohes Ende nehmen würde, das dünkte ihn eh und je zweifelhaft, er konnte sich's nicht reimen mit der sonstigen Stimmung im Lande, wie dem Bauern und dem Städter zumute war, was die Herren mit Knecht und Froner trieben. Er hatte wenig Heiteres gesehn und erlebt, was an Hoffnung noch in ihm war, magerte mit jedem Jahr ab, bis nichts mehr übrig war als eine dürre Ranke, an der sich sein Geist mit edler Beflissenheit aufrechthielt, bestrebt nach Umschau und Annäherung an das Göttliche. Manche macht der Kummer lahm, ihn machte er beweglich und behend, manche fliehen in die Einsamkeit, wenn das Gesicht der Welt sie in seiner knöchernen Wahrheit anstarrt, er nicht, er blieb unter den Menschen und trachtete danach, nicht müde zu werden, ihrer nicht, ihrer Taten nicht. Die Liebe drängt mich und brennt in mir, sagte er und ging weiter, und während ihn der Anblick der Leiden und der Verrichtungen des Wahns erstickte wie Qualm in einer unterirdischen Höhle, dichtete er die schönen Lieder der Trutznachtigall. Er hatte keinen Besitz, ihn gelüstete nach keiner Ehre, keinem Dank, keinem spiegelnden Zeichen seines Wirkens, aber die Armen und Geschändeten legten die Zeugnisse davon am Throne Gottes nieder. Er war aus einem alten Geschlecht, sein Vater war Burgvogt des Kurfürsten Gebhardt Truchseß von Waldburg gewesen, im Jesuitengymnasium zu den drei Kronen hatte er studiert und war Jesuit geworden, weil er in die fernen Missionen hatte gehen gewollt, das allein hatte seine jungen Jahre erfüllt, er hatte es dem Ordensgeneral Mutius Vitelleschi einst geschrieben: Indien hat mein Herz verwundet. Aber bald sah er, daß ihn die Heimat nötiger brauchte und die unerlösten Heiden noch warten mußten, solang es die Christen trieben, wie sie's trieben. Da fing er an, von Ort zu Ort zu wandern, ein leibhaftiges Licht: Als wie die schön gezündte Kerz / sich selber muß verzehren, / weil aus ihr selbst das brennend Herz / sich selber muß ernähren, / also verzehrt sich alles gleich / auf dieser Welt geschwinde, / da fließt es her in einem Streich, / die Kerze steht im Winde. Den unglücklichen Frauen, die die lebendigen Fackeln abgeben mußten in der Finsternis des Jahrhunderts, wurde er zum Führer in das Tor des Todes und ließ den Glauben an eine Überwelt in ihnen erblühen, deren Gestalt und Sinn er mit Worten, so frisch und rein wie der Anfang des Lebens, aus der Tiefe seiner Seele formte. Das mochte der Grund sein, weshalb ihn dünkte, ein unsichtbarer Faden liefe von ihm zum Junker von Ehrenberg, und wenn jemand seinen Namen nannte, war ihm, als empfange er Nachricht von einem jüngeren Bruder, den er nie gesehen, es war was Fremdes und Abscheidendes da, aber auch was Blutnahes und Verbindendes. Lang hatte er ihn aus den Gedanken verloren, wußte nur, daß er bei seinem Oheim, dem Bischof weile; die aberwitzige Wut des Bischofs raubte Spe seit Jahr und Tag den Schlaf; er hatte sich nichts Ersprießliches von dem Aufenthalt des Jünglings in der Umgebung des Bischofs versprochen, das Schlimme kam bälder, als er gedacht; als er vom Propst Lieblein vernahm, sie hätten den Junker in den Kerker geworfen, beschloß er gleich, ihn aufzusuchen, dazu hatte er vom Kollegium die Befugnis, es war ihm kraft seines Beichtigeramtes zu jeder Zeit unverwehrt. Still war er bei Tisch gesessen, als der Magister Onno, schon vom Fieber geplagt, um Hilfweisung für seinen Zögling flehte, noch stiller lauschte er der Erzählung der tauben Lenette, die so viel Mut vor den gelehrten Herren nicht aufgebracht hätte, wenn ihr nicht Entrüstung und Schmerz die Zunge gelöst hätten. Still nahm er dann Abschied, vom Propst zur Tür geleitet und ihm die Hand drückend. Er wollte nicht bis zum andern Morgen warten, aber als er ans Gefängnis kam, wurde ihm bedeutet, er könne den Junker nicht sehen, es sei strenges Verbot ergangen, auch für die Patres, ihn zu besuchen. Das Verbot konnte nur vom Pater Gropp erlassen worden sein, Spe schickte den Dominikaner Lambrecht Dynand zu ihm, der gerade von einem Hexenbrand kam, aber der Pater Gropp war nicht zu finden, es hieß, er habe mit dem Bischof die Stadt verlassen, dieser habe nach nichts sonst getrachtet, als sich vor dem vermeintlichen Zorn des Volks in Sicherheit zu bringen. Das geduldige Volk, es wagte nicht zu mucken, der Hexenglauben war ihm zu tief ins Fleisch gebleut. Indessen rief den Pater Spe die geistliche Pflicht zu andern Verdammten, am Morgen erfuhr er, der Freifrau von Ehrenberg seien Daumstock und Beinschraube angelegt worden, der Sohn sei dessen Zeuge gewesen und ohnmächtig vom Platz getragen worden; ob die Freifrau den nächsten Grad der peinlichen Frage überstehen werde, sei zweifelhaft, sie wolle aber keinen Beichtiger vor sich lassen, singe bloß wahnsinnig vor sich hin und liebkose ein Luftbild, das sie für ihren lieben Sohn halte. Erst am Freitag, dem Tag Mariä Heimsuchung, nach abermaligem Appell an den Pater Gropp, der mittlerweile in die Stadt zurückgekehrt war und die Amtsgeschäfte des Bischofs führte, ward dem Pater Spe der Zutritt in den Kerker des Junkers verstattet.

Der Junker saß auf einer hölzernen Bank, beide Hände hielten das Sitzbrett, er schaute gradaus in die Höhe. Sein Gesicht war verfallen, aber die Augen hatten einen Glanz, daß der Pater den Blick nicht aushalten konnte. Durch ein schießschartenähnliches Fenster fiel schwaches Licht in den modrigen Raum, der dem Innern einer bauchigen Flasche glich; die Decke war hoch gewölbt. Der rechte Fuß des Junkers stak in einem eisernen Ring, von dem eine schwere Kette am Steinboden entlang zu einem andern in der Mitte der Mauerwand befestigten Ring lief. Seine Züge hatten noch nicht den Ausdruck des unermeßlichen Erstaunens verloren über das, was mit ihm geschehen war und geschah. Manchmal hatte er sich jäh erhoben, mit wildschlagendem Herzen, und war, die Kette nach sich schleifend, in der Zelle auf und ab gelaufen, die Mauer antastend, mit den Fingerspitzen an der rauhen kalten Mauer entlang. Er horchte in der Nacht auf die furchteinflößenden Geräusche, die aus dem Haus von weit oben her zu ihm drangen oder von unten oder von rechts und links, er konnte es nicht unterscheiden, ersticktes Flüstern war es, dann ein Sägen, ein Pochen, auf einmal ein ferner Schrei wie von einem Pfau. Er konnte es nicht fassen, daß immerfort Mauern um ihn waren, die wuchtige verschlossene Tür, an der jedes Rütteln umsonst war, sie ließ einen nicht hinaus. In den ersten Tagen rührte er keine Speise an, trank nur vom Wasser, nicht aus Trotz, aus Verwunderung. Dreimal hatte man ihn zum Verhör geführt, er verstand die Fragen nicht, statt zu antworten, lachte er, sah sich ungläubig um. Es erschien ihm alles so töricht wie ein unbegreifliches Schelmenstück, das ihm angetan worden, aber im Traum angetan, er fand keinen ordentlichen Zusammenhang und keine Vernunft darin. So erregte er den Zorn des Richters, aber Hand an ihn zu legen durfte man nicht wagen, es war nur erlaubt, ihn mit der Folter zu bedrohen und ihm die Instrumente zu zeigen, aber seine Haltung, sein treuherziges Sicherkundigen, die Furchtlosigkeit, die in ihm war nicht anders als in einer Pflanze, es verfehlte seinen Einfluß selbst auf die versteinerten Gemüter nicht, Richter, Profoßen und Knechte, die alles schon gehört und gesehen hatten, was das Bewußtsein der Unschuld den Verzweifelten eingibt, gegen alle Beteuerung, alle Qual abgestumpft waren, vor dieser geisterhaften Heiterkeit und halb lächelnden Verlorenheit aber widerwillig-ratlos standen. Oft erstaunte ihn auch das Grausige und die Erwartung der Schrecken nur, das gibt es also auf der Welt, schien er sagen zu wollen, das muß ich mir merken, es war, als schaue er sich selber zu, so wie er den andern zuschaute, als seien seine Person und sein Schicksal zweierlei Sachen und er müsse das neue Wissen, das ihm zuteil wurde, erst in sich verweben, in sich verfluten lassen. Dann holten sie ihn, damit er der Marterung der Freifrau anwohnen sollte, sie erachteten es als ein sicheres Mittel, um das Geständnis seiner unholdischen Beschaffenheit von ihm zu erlangen, bei ihr wußten sie sich der Sorge ledig, in ihrer wehleidigen Schwäche würde sie sich schon nach dem ersten Grad als Hexe bekennen. Da hatten sie aber falsche Rechnung gemacht; als die Freifrau, den Knaben gewahrend, mit jubelnd-inbrünstiger Bewegung die Arme nach ihm ausstreckte und alles andere um sich vergaß, die wilden Schmerzen und daß sie dalag, nackt bis zu den Hüften, flüsterte der Junker nach einem glücklichen Aufleuchten in den Augen, denn er sah ja nun, daß er eine Mutter besaß, sie vom Schicksal erwirkt hatte wie die märchenhafte Irina, von der er ahnungsvoll dem Bischof erzählt, flüsterte also: «O du armer Heiland» und sank wortlos auf die roten Fliesen nieder. Alles war rot, die Fliesen, das Feuer, die Fakkeln, das Blut, die Wämser der Knechte. Sie mußten ihn forttragen, die Besinnung kehrte erst zwölf Stunden später zurück, sie beließen ihn dann in seiner Zelle, weil der Dominikanerpater Gassner, in der Befürchtung, die Seele könnte dem Maletikanten zu früh entfliehen und die Kirche um die verdiente Beute kommen, es vorerst so anordnete. Nun saß er schon den ganzen Tag auf der Bank, die Hände am Sitzbrett, und schaute. Was gab es denn zu schauen?

Der Pater Spe stand eine Weile stumm, das Haupt gegen die Brust geneigt, dann sagte er leise: «Gott grüß dich, Junker.» Der Junker lauschte, es dauerte ziemlich lang, ehe er antwortete: «Eure Stimme klingt mir sehr angenehm, wer seid Ihr denn?» Der Pater sagte: «Ich bin der Pater Spe, vielleicht hast du mich schon nennen hören, ich bin oft gegen Rimpar hinauf in den Spessart gewandert, am Ehrenberger Schloß oft vorbeigegangen.» Darauf der Junker: «Das kann wohl sein, Pater.» Darauf der Pater: «Wenn ich dir unbekannt bin, so möcht ich, du lerntest mich kennen, dich kenn ich gut.» Der Junker schwieg und schien nachzudenken. «Wenn Ihr mich kennt», entgegnete er endlich in seinem verwunderten Tonfall, «so vermögt Ihr mir vielleicht zu sagen, warum ich hier bin.» Darauf schwieg nun wieder der Pater. «Ihr könnt's mir nicht sagen», fuhr der Junker fort, «das hab ich mir gleich gedacht, so sagt mir wenigstens: Steht die Welt noch auf ihrem alten Platz?» Es klang wie Scherz, in der alten anmutigen Weise, und war doch keiner. «Das tut sie, Junker, unverrückt steht sie auf ihrem Platz, dafür sorgt unser Herr im Himmel.» – «Und scheint die Sonne, Pater? Mir hat geträumt, der Herr Jesus hat den drei Erzengeln befohlen, die Sonne mit einem großen Laken zuzudecken, bis das andere Jahr kommt, und welcher Mensch dagegen murrt und bloß einen Lakenzipfel mit der Hand anrührt, der soll verurteilt sein, die eigene Mutter aus dem feurigen Ofen schreien zu hören.» Der Pater sagte, und seine Brust dehnte sich schmerzlich: «Junker, ich bitte dich, mach nicht den Traum zu deiner Uhr, von der du die Zeit abliest.» Das spehaft wunderliche Wort; der Junker Ernst stutzte, als er es vernahm, war ihm doch Traum und Leben in eins zusammengestürzt, war nicht wirklich Zifferblatt und Zeiger von der Traumwelt noch in ihm und wies die falsche Stunde? Er blickte sinnend in die Luft, forschend auf den Besucher, dann legte er mit seiner Lieblingsgebärde die Hände aneinander und sagte: «Ihr habt noch ein so junges Gesicht, Pater, warum habt Ihr schon weiße Haare?» Der Pater lächelte. «Dasselbe hat mich neulich der junge Kanonikus Philipp von Schönborn gefragt», erwiderte er, «ich habe ihm geantwortet: Das ist von der vielen Vergeblichkeit gekommen.» – «Wie meint Ihr das?» – «Von der Vergeblichkeit der vielen Seufzer und Tränen, die immer wieder Seufzer und Tränen hervorrufen. Man kann die Tränen nicht trocknen, man kann die Seufzer nicht stillen, jene sind wie das Meer, diese wie der Orkan, es schwillt und schwillt. Von der Vergeblichkeit der Worte, fast auch von der Vergeblichkeit der Taten. Von den Unschuldigen, die erliegen, von den Schuldigen, die mit hoher Stirn gehn. Von all dem Allzuviel, Junker, von all dem Garzuschweren. Ich habe gesehen, was unter der Sonne vorgeht, ach, ich habe mehr die Toten gepriesen als die Lebendigen, und als die Glücklichsten eracht ich die Nichtgeborenen, die nicht sehen müssen, was vorgeht unter der Sonne. Die ganze Natur trauert darob, wie soll also ich nicht trauern und wie sollte mein Haar nicht weiß geworden sein?»

Der Junker sah ihn lange Zeit schweigend an, hierauf sagte er: «Wollt Ihr nicht herkommen zu mir, ehrwürdiger Pater, wollt Ihr Euch nicht neben mich auf die Bank setzen?» Spe nickte freundlich und zögerte nicht, der Aufforderung zu folgen. Es war ihm eine angenehme Empfindung, den Junker so nah zu wissen, selten hatte er solche Sympathie aus sich und zu sich herströmen gefühlt, der Mensch, nicht bloß der eine da, den er sehen und hören konnte, sondern das Menschenwesen selbst wurde ihm wie nie zuvor unendlich teuer und über alles liebenswert, brüderliches Geschöpf aus dem gleichen Mutterschoß und gelenkt von dem unerahnbaren Geist, den kein Glaube, kein Aussagen, kein Name, kein Gebet erreicht, den man nur atmen kann, um durch ihn zu sein. Der Junker blickte ihn gespannt an. «Sprecht, lieber Pater», sagte er. «Was soll ich denn sprechen?» fragte Spe. «Erzählt mir», bat der Junker, «erzählt mir was von Euch.» Unerwartetes Verlangen aus diesem Mund, das den Pater Spe rührte, wie wenn ein Singvogel auf seine Hand geflogen wäre, um den rauhen Lauten aus der Menschenkehle zu lauschen. «Bist du's nicht, Junker, der im Erzählen als ein Meister gilt?» fragte er zart scherzend. «Was könnt ich dir Neues bringen?» Der Junker schüttelte den Kopf, seine Lippen stammelten etwas, Spe konnte es nicht verstehen. Wohl aber begriff er, daß da einer war, der den Weg verloren hatte, der verirrte Sinn des Knaben rief ihn an und flehte um Führung und Weisung. Er war in die Finsternis gestoßen worden, der sorglos wandelnde Jüngling, die Elemente hatten ihm viel gegeben, Natur hatte ihn reich beschenkt, seine Seele war wie eine feurige Kugel, die ohne Schwere durch den Raum schwebt, sich selbst in ihrer schönen Glut genügend, doch das Schicksal hatte sie aufgefangen und hielt sie in seiner gewaltigen Faust, so daß ihr angst und bange war. Darüber hatte der beflügelte Genius keine Macht, dem er sich bisher spielend anvertraut hatte, er war zu einsam gewesen, zu sehr auf sich gestellt und in seine Träume gesunken, ohne Vater, ohne Mutter, ohne Freund und Geschwister, und wonach er dürstete, waren die Worte des Lebens, die Nähe der Herzen, die Nähe der Erde und ihrer Wirklichkeit. Das erkannte Spe, und er fing an, ihm seine Geschichte zu erzählen, wie er ausgegangen, um den Armen beizustehen, aus Sorge um das Volk von Land zu Land, von Stadt zu Stadt gewandert und überall nur Not und Bedrückung gefunden, Lüge, Grausamkeit und Haß, wie schwer es gewesen, den Mut nicht sinken zu lassen, das Vertrauen in den Menschen nicht dranzugeben. Er sprach von der Kriegsgeißel, von Pest und Mißernte, von der Verblendung der Glaubenseiferer, der Treulosigkeit der Großen, dem bittern Jammer, in den das deutsche Vaterland geraten, all dem Neid und Aberglauben, der Verleumdung und Ehrabschneiderei, ein kranker Körper, der seinen Arzt mit Füßen stoße und seinen Pfleger bespeie. Er schilderte dem atemlos zuhörenden Junker Begebenheiten und Begegnungen; wie er, vor kurzem erst, am Rand eines brennenden Waldes zwei kleine Kinder im Schutt aufgelesen; wie er in einem verlassenen Dorf einen Greis gefunden, anzusehen wie der Prophet Jeremias, in Verwünschungen und Schreckensgesichten sich ergehend gleich diesem, und wie er den Alten in den Arm genommen, als wär's ein Säugling, und zum Frieden gebracht habe; wie er in eine Stadt gekommen, deren Bewohner fast alle wahnsinnig geworden seien, gleich einer Seuche habe der Wahnsinn alt und jung, vornehm und gering erfaßt, alle hätten den Untergang der Welt erwartet, zuviel hatten sie aushalten müssen, dreimal die blutigen Greuel der zu- und widerziehenden Heere, dreimal Qual und Verdammnis, nun warteten sie aufs Ende. Dann aber berichtete er von den Hexen, von seinen Gesprächen mit ihnen; wie sich Dünkel und Fanatismus überall an allem edlen und seltenen Frauenzimmer vergreife, die Gutmeinenden stünden ahnungslos davor, indes die Brunst frecher Träume sich am Anblick schönen zukkenden Fleisches letze, da sei einem zumut, als müsse man seinen Schmerz in späte Zeiten des Menschengeschlechts hinausschreien, da die Mitgeborenen taub an Leib und Geist und Seele seien. Welche Geheimnisse, Junker, schwarzes Gelüsten, Laster der untersten Tiefen, als Gesetz und Recht der Welt angelogen, verkocht mit dem Gedankensud aus den Küchen unfaßbarer Giftmischer. Die armen Weiber, o gemarterter Christ, wenn er ihrer gedenke! Wie sich manche an ihn angeklammert wie der Ersaufende an einen Balken, welche Worte sie geredet, wie das Grauen aus ihren Lippen hervorgekrochen sei, die geplagte Haut an ihren Leibern geschwärt, wie nichts und nichts gegen den Wahn helfen gekonnt, Unvernunft sich zur Wollust gesteigert habe und er sich immer wundere, daß Tag und Nacht einander noch in altgewohnter Ordnung folgten, daß Pferd und Kuh und Esel noch den Hauch des

Menschen ertrügen, obschon nicht den Blick, den ertrüge kein Tier. Und doch wieder sei der Mensch ein hohes Wesen, aus der Schlechtigkeit leuchte manchmal das edle Metall seiner ursprünglichen Natur. «Da war zu Köln ein Missetäter», erzählte Spe, «ein Mörder, der sollte hingerichtet werden. Umsonst alle Versuche, ihn zur Reue zu bewegen. Da sagt ich zu ihm: Du weißt, daß ich einiges Gute auf meiner Rechnung habe, ich setz es auf die deine und schenk es dir zum Eigentum, wenn du Leid über dein Verbrechen bezeugst. Da ging der Mann in sich, daß er sich zurückbedachte und in großer Zerknirschung Buße tat. Aber bevor er sterben sollte, flehte er mich auf Knien an, mein Gutes wieder zu mir zu nehmen, er könne mit den erschlichenen Taten nicht vor Gott den Herrn hintreten. Es war jedoch zu spät, ich hatte ihm ja alles verpfändet, es blieb mir nichts übrig, als ganz von vorn anzufangen.» Er schwieg eine Weile und fuhr dann fort: «Das war meine schwerste Zeit, ich hatte die guten Werke an den armen Sünder verloren und wandte mich im Gebet an meinen Heiland; ich bat ihn, er solle alle, die mich bisher geliebt, mich hassen lassen, alle, die mich gefördert, mich verfolgen lassen, damit mir Gelegenheit gegeben sei, meine ganze Seelenkraft auf die Probe zu stellen. So kam es auch, die Bitte ist mir gewährt worden. Von da ab war ich der Stein des Anstoßes bei meinen Vorgesetzten, gemieden im Konvent, beargwöhnt von den Landesfürsten, verleumdet von meinen geistlichen Brüdern. Aber ich trag's mit Freuden.»

Der Junker hatte sich allmählich zu Spe hinübergebeugt, um ihm besser ins Gesicht sehen zu können, seine beiden Hände ruhten auf einem Knie des Paters, die eine Schulter hatte er gegen dessen Brust geschmiegt, und so lauschte er, den Kopf emporgewendet, gedankenvollen Blicks. «Ich hab nichts gewußt von den Menschen», sagte er, «Ihr lehrt's mich erst.» – «Wenn du die Lehre aufnimmst, Junker, mußt du sie wieder vergessen. Manche leben von den

Augen, manche vom Verstand, wenige mit dem Herzen.» – «Ich brauch die Augen, lieber Pater, macht sie mir nicht schlecht.» – «Freilich; mich dünkt, du hast vieles geschaut mit deinen Augen, ich hab nur vieles gesehen.» – «Ich kenn alle Schlupfwinkel im Wald», sagte der Junker fast stolz. «Und was noch?» fragte Spe. «Ich weiß, wo die Eulen nisten, wo die Rehe zur Tränke gehn.» – «Und was noch?» – «Ich kenn die Sternbilder und weiß, wo das Siebengestirn aufgeht, Sommer und Winter, und der Bär und das Haar der Berenice.» – «Das ist allerlei, Junker, aber es hat, wie du sagst, mit den Menschen nichts zu tun.» Der Junker wurde immer zutraulicher. «Und wenn man bedenkt», flüsterte er, «was für Schätze in der Erde drin verborgen sind, Gold und Silber und edles Gestein, wenn einer auserwählt ist, sieht er's leuchten in der Nacht. Man kann auch hören, wie der Saft in den Bäumen rinnt, was das Wasser im Brunnen spricht.» – «So bist du also doch ein Zauberer, Junker?» Der Junker fragte mit zuckenden Lippen: «Ist das Zauberei, Pater?» – «Es könnte Zauberei sein», erwiderte Spe versonnen, «eine Art jedoch, von der im malleus maleficorum schwerlich was zu lesen ist. Es gibt zauberische Spiele, Kind, und ein verzaubertes Hangen, die den Menschengeist, wenn er sich drin verspinnt, von seiner wahren Aufgabe weglocken. Und jetzt willst du von mir erfahren, was die wahre Aufgabe ist? Aber siehst du, das kann ich dir nicht sagen. Ich darf's mich nicht unterfangen, es zu sagen. Da ist Lehre nur Wind, das Wort eine klingende Schelle. Das muß aus deinen Gefühlen entsprießen, verstehst du? Wollte Gott, du verstündest mich recht, sonst hab ich dir nichts gebracht als Irrtum und Beschwernis.»

Im Gesicht des Junkers ging etwas Ungewöhnliches vor, ein paar Augenblicke lang war es ganz erstarrt, die Lider schlossen sich aufeinander, dann, als sich der Krampf gelockert hatte, flüsterte er: «Ich glaub, ich glaub, ich versteh Euch, Pater. Seit mir in dem Haus da meine Mutter erschienen ist, seitdem ist mir so anders zumut, ich kann's Euch nicht beschreiben, wie. Gelt, Pater, es war doch eine Erscheinung? Sagt es mir, es war doch eine Erscheinung?» Gespannt und angstvoll schaute er Spe ins Gesicht, als fürchte er das Nein nicht minder als das Ja, als wolle er täuschen und getäuscht werden und sich dem Wissen mit aller Kraft der Phantasie entringen. Ohnmächtiges Bemühen. Seine Züge verfurchten sich wie die eines alten Mannes, er legte die gefalteten Hände auf die Schultern Spes und bat: «Ihr müßt mir Botschaft von ihr bringen, Pater, versprecht mir das, eh ich nicht Botschaft hab, ist mir all mein Sinn abwendig gemacht, versprecht mir's, guter Pater.»

Es war inzwischen dunkel geworden, Spe seufzte tief und wollte die verlangte Zusage geben, da drang unerklärlicher Lärm zu ihnen, ein fernes helles Schwirren und Brausen, das beständig näher kam und gewaltig anschwoll.

15

Die Nachricht von der Einkerkerung des Junkers von Ehrenberg war nach Verlauf von drei Tagen im ganzen Bistum und weit darüber hinaus bekannt geworden. Trotzdem der Pater Gropp den ihm unterstellten Geistlichen verboten hatte, etwas davon verlauten zu lassen, wußte man bereits am folgenden Morgen das Geschehene in den entferntesten Teilen der Stadt, und da die Kunde im Schloß nicht geblieben war, konnten ihr auch die Stadtmauern und -tore kein Hindernis entgegensetzen, sie eilte von Dorf zu Dorf, von Weiler zu Weiler, von Bezirk zu Bezirk, von Siedlung zu Siedlung, mainauf- und mainabwärts, nach Norden und nach Süden, und wie durch einen geschwinden und geregelten Botendienst wurde sie nach Frickenhausen und Rinderfeld so gut wie nach Scheinfeld und

Ludwigsbad getragen, in die Spessarteinöden wie in die Weinberge bei Kitzingen. Man erzählte sich's in den Schenken, auf den Märkten, in den Schrannen, in den Kirchen, die Fuhrleute auf den Landstraßen teilten es einander im Vorbeifahren mit, die Bauern beim Mähen auf den Wiesen, die Weinheger beim Binden, die Landsknechte an den Lagerfeuern, die Bettler, Zigeuner, Mönche und wandernden Scholaren boten es als Gegengabe für Almosen. Die alten Leute schüttelten kummervoll den Kopf, was konnte an dem edlen Junker Teuflisches gewesen sein, da sie nur von der Freude wußten, die von ihm ausgegangen war. Der Würzburger Magistrat erhielt vom Hauptmann einer Räuberbande im Odenwald einen lateinisch geschriebenen Brief, worin die sofortige Freilassung des Junkers gefordert wurde, andernfalls sollte die Stadt angezündet werden. Das alles war aber nur wie oberes Gekräusel im Vergleich zu der Bewegung in den Gemütern der Jugend, der Kinder. Die Tausende und Tausende in den zahllosen Orten, die ihn gesehen und in wohlbereiteten Stunden seinen Geschichten gelauscht hatten, konnten ihn nicht vergessen, er war mit ihrem ganzen Denken eins, er erschien ihnen wie ein leibhaftiger Feiertag, etwas, wovon man lang vorher und lang nachher spricht und was einen glücklich macht. Der Junker, das Wort hatte in manchem Mund einen Ton von Zärtlichkeit, den vielleicht das übrige Leben nie wieder aufklingen ließ, den Ausdruck einer Erwartung, der sich eben nur dies eine Mal und bei dem einen Menschen erfüllte. Warum hätten sie dem schönen Traum nicht dankbar sein sollen, den er in ihr Herz gepflanzt hatte wie eine zauberische Blume in ein sandiges Stück Erdreich, warum hätten sie ihn nicht herbeiwünschen sollen, da er sie lehrte, das Wunderbare zu benennen und das Trübselige zu vergessen? Als es ruchbar wurde, der geliebt Ersehnte schmachte in Ketten in der Münze zu Würzburg, flutete zunächst ein schauriger

Schrecken durch die jungen Seelen, wie wenn es plötzlich am hellen Mittag Nacht geworden, mitten im Sommer der Mainstrom gefroren wäre. Aber noch war kein Wille da, kein aufwallender Geist, trotzdem sich da und dort die Betroffenen zusammenrotteten und die Ältesten scheu einander fragten, was zu tun sei, denn nichts zu unternehmen und still sich zu fügen, dünkte ihnen unerträglich. Der Anstoß zum Handeln kam jedoch bald und riß sie unwiderstehlich mit.

Der Bruder Felician hatte gegen die Präzeptoren der Alumnen geplaudert, Peter Mayer hatte das Gespräch belauscht. Während seine Kameraden in mutloser Bestürzung verharrten, war er gleich von Anfang an zu tätigem Eingreifen entschlossen, und da er sich ohnedies im Alumnat unglücklich fühlte, benutzte er einen unbewachten Augenblick, um zu fliehen. Bei der Heiligengeistkirche traf er den Silberhans und teilte ihm aufgeregt seine Wissenschaft mit. Der Silberhans, der nur auf eine Gelegenheit paßte, seinem müßigen Herumstrolchen ein Ende zu machen, wußte den Studiosus Barger und den Rotgerber Batsch in der Stadt, und während er mit denen seine Verabredungen traf und gemeinsam mit ihnen für die Ausbreitung der Kunde sorgte, entwischte Peter Mayer aus dem Heidingsfelder Tor und versammelte seine Freunde in den Dörfern der Kitzinger Gegend um sich. Sechzehn Stunden lang war er unterwegs. Die Flamme, einmal gelegt, lief hurtig weiter. Die Kinder des einen Dorfs verständigten sich mit denen des andern, von einer kleinen Stadt zur nächsten wurden Beschlüsse gemeldet, am Donnerstag vor Peter und Paul stand es bereits fest, der Junker müsse befreit werden. Wir wollen den Junker wiederhaben, hieß es, wollen ihn aus dem Kerker holen, das Wie und Wann wurde einstweilen nicht erörtert, doch brachten Zuläufer aus Würzburg in Zwischenräumen von Stunden geheime Befehle, die auf unbegreiflich schnelle Weise durch die ganze Landschaft flogen. Am Freitag und am Samstag begaben sich zahlreiche Scharen vor das Ehrenberger Schloß, standen stundenlang im Hof, schauten an den Mauern hinauf, tuschelten und raunten miteinander, am Abend riefen sie den Namen des Junkers, wie um sich zu überzeugen, daß er nicht da war, wenn sie keine Antwort erhielten. In der Nacht zum Sonntag, wo das Schloß in Flammen stand, kamen sie zu vielen Hunderten, Kinder von Bauern, Holzknechten, Hirten, auch ein Dutzend Gesellen von der Karlstädter und Ochsenfurter Innung, hielten Kriegsrat beim Schein der Feuersbrunst, einer, ein gewisser Göbeling, redete laut und feurig, dann zogen sie allesamt auf Würzburg zu, weithin beleuchtet von der brennenden Burg und den ganzen nächtlichen Weg entlang aufrührerische Lieder singend. Niemand wußte, von wo das Gerücht ausgegangen war, aber es war kundgeworden, der Junker solle am Freitag Mariä Heimsuchung, zu Mitternacht, vom Leben zum Tod gebracht werden, so wurde der Freitag für den Hauptstreich bestimmt, um die Sonnenuntergangszeit sollte der Junker aus dem Gefängnis befreit werden. Inzwischen waren auch die Würzburger Kinder gewonnen worden, sie stellten einen großen Anhang, und oft waren die am eifrigsten bei der Sache, die nur vom Hörensagen wußten, was es mit dem Junker auf sich hatte. Der Marienberg mit seinen unwegsamen Hängen und Schroffen war das Standquartier der Abgesandten und Vorausgeeilten aus dem Gau, sie hatten in den gefährlichen Plan Ordnung, in die wirren Haufen der stündlich neu Zuströmenden Zucht zu bringen. Am Fuß des Festungsbergs war eine verborgene Mauertür, der Posten dortselbst, seit Jahren der nämliche, ein krummer Invalide, der in einem Wachhäuschen wohnte, wurde vom Rotgerber Batsch und vom Dominik Eisenbeiß, einem Zimmermannslehrling, jeden Abend besoffen gemacht, dann kamen die Verschworenen, die sich vorher sorgfältig am Fluß und in den Weinbergen versteckt gehalten, unter der Führung der älteren, sechzehn- und siebzehnjährigen Burschen, dunkel unabsehbar angerückt.

Wunder genug, daß das wühlerische Treiben, Versammlung und Auflauf allenthalben, so wenig in der Stadt bemerkt wurde. Es war schwerlich der dabei geübten Vorsicht allein zuzuschreiben, die allgemeine Ratlosigkeit und Verstörung hatte großen Teil daran, und daß kein Verrat geschah, hatte seinen Grund sowohl in der verzweifelten Taubheit und Blindheit, von der die Bürgerschaft geschlagen war, wie auch in der stummen elementaren Flutung des jugendlichen Ansturms. Viele Zeichen erregten freilich Verwunderung, es wurde herumgefragt, es wurden Warnungen laut, aber niemand konnte Genaues sagen, und niemand hatte Lust, ein Unheil zu verhüten, von dem man nicht wußte, nach welcher Seite es drohte, im Gegenteil, die meisten wünschten, es möge was Furchtbares geschehen, da ihr Geist der quälenden Angst müde war. Dazu kamen die Gerüchte aus dem bischöflichen Palast, einige sagten, der Bischof sei nun selber besessen, der Pater Gropp bemühe sich, ihn mit Beschwörungen aus Satans Klauen zu reißen, andere erzählten, die Freifrau von Ehrenberg habe ihm die schwere Krankheit angehext, andere wollten erfahren haben, der Erzherr von Mainz habe gegen das grausame Wüten des Amtsbruders ein Breve erlassen und die Dinge würden sich nun zum Bessern wenden. In all dem Gerede steckte Wahres, der Bischof war wirklich krank, er lag in seinem Veitshöchheimer Sommersitz, das kalte Fieber warf ihn herum wie einen Ball. Die Bezichtigung der Freifrau, hatte sie ihn auch nicht zur Einsicht gebracht, so hatte sie doch seinen Sinn unheilbar verwirrt, mit Schaudern sah er sich in den mystisch rauchenden Abgrund gewirbelt, von bleichem Schrecken erfüllt, dieselben Argumente gegen sich gekehrt, dieselben Verdachtsmerkmale auf sein Tun angewendet, mittels welcher er Jammer und Aberjammer auf seine Untertanen gehäuft. Um Luzifers Macht zu brechen, das wohl, aber dabei war der stille Vorbehalt gewesen, daß seine eigene Person wider die höllischen Versuchungen gefeit sei. War das nicht der Fall, so war er verloren, nichts konnte ihn retten, und während er sich stöhnend auf seinem Lager wälzte, schickte er bald Gebete zum Himmel, bald rief er den Namen des Junkers; in Fieberbildern mit ihm sprechend, rechnete er sich's hoch zum Verdienst an, daß er ihn vor der Folterung bewahrt, trotzdem ihn alles dazu verlockt, höllisch verlockt, wie er, von Reuegeistern bedrängt, kleinmütig zugab. Welchen Ursprungs war denn die Liebe, die er zu dem Knaben gehegt, daß er all sein Geld und Gut und vielleicht noch das Seelenheil für eine Zärtlichkeit hingegeben hätte, zugleich aber mit der grausig-geilen Lust, den Körper zu vernichten, der ihm solche Gefühle einflößte? Höllischen Ursprungs, das litt keinen Zweifel, so war er verworfen und durfte nicht mehr vom Richtersitz her verdammen. Er ließ den Secretarius Baumgarten kommen, befahl, daß alle wegen Hexerei und Zauberei Angeschuldigten zu entlassen seien, und unterschrieb das Dokument, das für den Pater Gropp bestimmt war, mit zitternder Hand. Der Pater traute seinen Augen nicht, als er es las. Von einem Tag zum andern das Hexengefängnis leeren, das bedeutete, alle Dämonen des Luftreichs entfesseln, die mühsam gesäuberte obere Welt der untern zur Beute vorwerfen, ein herrliches Werk war um seinen Ruhm, um seine Frucht gebracht, die Christenheit war in Gefahr. Er weigerte sich, den Befehl auszuführen, namentlich, was den Junker von Ehrenberg betraf, der ihm wie eine Art Kernsubstanz teuflischen Wesens erschien, wollte er von Ledigsprechung nichts wissen, sondern gab im Gegenteil den heimlichen Auftrag, den Knaben, obschon er ungeständig, in der folgenden Nacht, wie es ja längst bestimmt war, mit dem Schwert zu richten. Zur gleichen Stunde schickte er einen Boten an den Bischof und ersuchte um seine Beurlaubung zur Rückkehr ins Collegium, in der zuversichtlichen Erwartung, daß der Bischof ihn nicht entbehren könne und nicht werde ziehen lassen. Seine Bestürzung war groß, als die Antwort eintraf, in welcher ihm der Bischof den Abschied gewährte.

Die Heimlichkeit des Exekutionsbefehles nützte dem Pater nichts, der Secretarius Baumgarten, der dem Jesuiten feindlich gesinnt war, hielt sich nicht zum Schweigen verpflichtet, und obwohl das Urteil als Bestätigung eines schon gefällten Spruchs nichts Überraschendes enthielt, wirkte es durch die Kraft letzter Unumstößlichkeit wie eine aufreizende Fanfare. Endlich erwachten auch die Bürger und das geringe Volk aus der Erstarrung, viele erfuhren von der Verschwörung zugunsten des Junkers, aber sie wagten sich selber nicht zu rühren, der Druck, unter dem sie so lang gekeucht, hatte sie feig gemacht, sie schlossen sich in ihre Häuser ein und warteten, was geschehen solle. Am Freitagnachmittag um vier Uhr begann das große Hereinströmen der Kinder durch die Stadttore, die Wachen standen mit offenen Mäulern da, die Offiziere wußten nicht, wie sie sich verhalten sollten, eh die erbetene Ordre vom Kommandanten kam, war die zudringende Menge nicht mehr zu stauen. Vom Steinberg wogten sie herunter, vom Marienberg wimmelte es ameisenhaft herab, blaue, grüne, rote Fähnchen flatterten in der Sonne, Stimmengetöse wie von einem millionenfach verstärkten Grillenkonzert erschütterte die Luft. Beim Aschaffenburger Tor wollte die Wache die Zugbrücke aufwinden, in das Gerassel der Ketten hinein schallte das entsetzliche Angstgeschrei der Kinder, fünfzehn oder zwanzig stürzten in den Graben und ertranken, ein aus der Stadt kommender Reiteroffizier geriet in Zorn über das Verbrechen der Torwache und hieb mit dem Säbel unter sie, die Brücke wurde wieder herabgelassen, da man, wie der entrüstete Hauptmann zu verstehen gab, die Kinder doch nicht als erobernde Feinde betrachten und, wenn sie auch Feindliches im Sinn hatten, sich ihrer nicht durch solche heimtückische Tat erwehren dürfte. Aber die Nachricht von dem Geschehnis fand erbitterte Verbreitung, es verlautete, Hunderte seien im Stadtgraben ersäuft worden, und der Ungestüm der Eindringlinge hatte keinen Zügel mehr. Um fünf Uhr war die Menge ins Unübersehbare gewachsen. Es ist wie Ungezie-fer, wie Heuschreckenschwarm, drückte sich der ratlose Bürgermeister gegen seine Amtsgenossen aus. Vor der Pfarrkirche, auf dem Domplatz, vor der Neumünsterkirche war das Gedränge derart, daß man über die Köpfe hätte gehen können, um sechs Uhr begann es von allen Kirchen Sturm zu läuten, die Stadtsoldaten zogen auf, die Schloßwache blies Alarm, auf dem Marktplatz formierten sich Bürgerwehren, ein paar Dutzend schüchterne Männlein, die nicht wußten, was sie sollten. Etwas vor sieben Uhr marschierten durch die Katharinengasse die Zöglinge einer Prämonstratenser-Klosterschule nach Hause, Knaben und Mägdlein von fünf, sechs, sieben Jahren, sie waren bei einer Feier gewesen, kamen vom Käppele, der Wallfahrtskirche am Marienberg, vorn schritten drei Musikanten mit zwei Posaunen und einer Zinke, dann Paar um Paar die Schüler mit ihren Lehrern, dann wieder drei Musikanten mit Geigen, darauf die Mädchen mit Blumenkränzen auf den Haaren, Blumensträußen in den Händen und die Gebetbücher unter den Armen. In kürzerer Zeit, als man braucht, um ein Vaterunser aufzusagen, war das wandernde Idyll von den daherflutenden Haufen zerrissen und verschluckt, mitgeschwemmt durch die Gassenschluchten, an deren beiden Seiten sich die Bewohner aus allen Fenstern lehnten, in stummer Neugier und Bangigkeit, Namen wurden gerufen, manche erkannten ihre Söhne, Töchter, Enkel im Gewühl, Gesichter reckten sich empor, lachend, drohend, spottend, es war ein nicht endendes Wogen von blonden, braunen, schwarzen Zöpfen und Schöpfen, aus den Nebengassen wälzten sich immer neue Massen herzu, da sind die Dettelbacher, hieß es, da die Obernbreiter, die Ippesheimer, die Mainbernheimer, die Ochsenfurter, die Rimparer, die Zeller, die Karlstädter, die Retzbacher, die Volkacher, die Marktbreiter, oder es schallte dem einen und andern verdienstvollen Führer entgegen: Grüß Gott, Hans Christoph, grüß Gott, Metzgerschorsch, heiho Imsinger Diebold; wo sich die bewaffneten Knechte blicken ließen, wurden sie mit ihren Hellebarden einfach fortgespült, die Salvaguardi des Bischofs vermochten so wenig auszurichten wie der Zug von Dominikanermönchen, der mit erhobenen Armen und einem vorgetragenen Kruzifix den Eingang zum Juliusplatz versperren wollte. Die ganze Menge trieb wie von selbst gegen die Münze hin.

Dort, auf dem mäßig großen Halbrund, das uralte Häuser zurücktretend bildeten, hatten sich schon zwischen sieben und acht Uhr ein paar hundert Aufrührer eingefunden, und als die Zeit vorrückte, verlangten die Kühnsten Zutritt zum Gefängnis, ein Vermessen, das die drei würfelspielenden und pfeifenrauchenden Wächter mit verächtlicher Lache beantworteten. Auf ihr eindringlicheres Fordern drohten sie, ihnen die Köpfe einzuschlagen, aber da kamen schon aus allen Richtungen und Gassenzeilen Haufen der Verbündeten, die Wächter erschraken, begriffen nicht, was im Zuge war, und schlossen eilig das Tor. Wütendes Geschrei brandete an den schwarzen Mauern empor, wurde aufgenommen, erneut und wiederholt von den geteilten Armeen, die sich nun in eine einzige zusammenknäulten. Es wurden tausend, es wurden zweitausend, es wurden fünf- und achttausend, und noch immer waren die Gassen, so weit man sehen konnte, voll von den halbwüchsigen Gestalten. Die Vordersten hatten Steine aufgelesen und schleuderten sie gegen die Fenster, daß eine Viertelstunde lang nur helles Glasgesplitter zu hören war, andere rissen Pflöcke aus den Zäunen und fingen an, das Tor zu rammen, der Studiosus Barger, ein vagabundierender Malergesell namens Koselick und Peter Mayer übernahmen den Oberbefehl, die Gitterstäbe an den erdgeschössigen Fenstern wurden ausgebrochen, es gab kein Halten und kein Hindernis, die zahllosen schwachen Arme vereinigten sich zur Kraft von Riesen, das Eichentor hielt nicht stand, die Wachmannschaft ergriff die Flucht, wenige Minuten nachdem es acht Uhr vom Domturm geschlagen, ergoß sich die erregte Menge unter ohrenbetäubendem Stimmengetöse, Jubelgebrüll und Triumphgesängen in das verödete Haus, schob und wälzte sich in alle Gänge aller Stockwerke, und ein tausendfacher Schrei: «Der Junker! Der Junker!» widertönte von den Gewölben. Peter Mayer, überall vornedran, machte die Zelle ausfindig, in der der Junker gefangen saß, er herrschte den Wächter um den Schlüssel an, schon war der Batsch an seiner einen, der Silberhans an seiner andern Seite, sie hoben ihre Pistolen gegen den Zaudernden, dreißig, vierzig Burschen hämmerten mit Knütteln an die Zellentür, der Silberhans drängte sich mit dem Schlüssel durch, die schwere Tür flog auf, da stand der Junker, blaß, still, unendlich erstaunt, hinter ihm der Pater Spe, aber die Eindringenden sahen bloß ihren Geliebten, stürzten auf ihn zu, zwei ergriffen ihn und hoben ihn auf ihre Schultern, die andern vollführten einen ausgelassenen Freudentanz, wir haben ihn, wir haben ihn, jauchzte es durch die Flure, über die Stiegen, sie trugen ihn wie aus dem Grab heraus in den leuchtenden Abend und wurden unterm Tor von einer die ganze Atmosphäre erschütternden Jubelsalve von den ungeduldig Harrenden empfangen, die so dicht standen wie Gras auf der Wiese.

Im Gefängnis drinnen öffneten sich noch viele Türen. Eine Anzahl Bürger und Handwerker hatten mittlerweile gleichfalls das Gebäude besetzt, sie hatten sich unter dem Schutz des Aufruhrs ein Herz gefaßt und wollten sich ihrer Angehörigen versichern. Pater Spe schuf sich mühsam

Raum, hielt Umfrage nach der Freifrau von Ehrenberg, entdeckte endlich mit Hilfe eines herumlungernden Bettelmönchs den eisernen Verschlag, wo sie in Gewahrsam lag, todesmatt, todesbleich, röchelnden Atems auf einem Bündel Stroh hingestreckt; es gelang ihm, den Mönch und einen buckligen Schlossergesellen zu bewegen, daß sie die Frau auf einer Bahre durch einen entlegenen Ausgang in das Haus des Propstes trugen, dort überzeugte er sich zuerst, daß sie gerettet werden konnte, wies die vor Freude keines Wortes mächtige Lenette an, was zu ihrer Pflege geschehen müsse, denn er nahm es darin an Kenntnissen mit jedem gelehrten Doktor auf, und kehrte sodann zur Münze zurück. Der Platz war leer, nur einige Nachzügler trieben sich in der Dunkelheit herum. Doch vernahm er von ferne noch immer das helle Jubelgebrause und folgte der Richtung, die ihm der wundersame Lärm wies. Er war noch nicht lang gegangen, da gewahrte er eine zum Himmel schlagende scharlachfunkelnde Feuergarbe, Häuser und Gassen hörten auf, er trat auf einen sanft ansteigenden Plan, die Bleichwiese, und bis zur Stadtmauer hinauf, deren Zinnen efeubehangen in den schwarzblauen Äther hineinschnitten, war das ungeheure Gelände von den jugendlichen Aufrührern, Knaben und Mädchen, in verwirrendem Gewimmel bedeckt.

Dahin hatten sie den befreiten Junker getragen, immer zwei auf ihren Schultern, und wenn den zweien die Last zu schwer geworden, hatten sie zwei andere abgelöst. Sie wurden aber nicht leicht müde, die nach diesem Liebes- und Ehrenamt strebten, es waren Bauernsöhne, starke Kerle. In der Mitte der Bleichwiese stand ein bemooster Stein, da ließen sie ihn herabgleiten und setzten ihn hin wie auf einen grünen Thron. Weil es allgemach finster wurde und sie ihn vor allem anschauen wollten, schleppten sie Reiser, Zweige, dürres Wurzelwerk und trockenes Laub herbei, schichteten alles zu einem riesigen Haufen und zündeten den an. Eine gewaltige Flamme lohte auf, die dann fleißig genährt wurde, bei ihrem Schein strömte das ganze Aufrührerheer auf der Bleichwiese zusammen, alle wollten den Junker sehen, im gefährlichen Gedränge kletterten manche auf die Pappeln, die in weitem Bogen gegen die Stadtmauer standen, andere rollten leere Fässer aus der Weinschenke des Kaspar Bösen-Schwechelhoff herbei und stellten sich drauf, wieder andere fanden endlich die Gelegenheit, dem Junker ihre Mitbringsel zu überreichen, Käse, allerlei Früchte, frischgebackenes Brot, Brezeln, in Blätter gewikkelten Honig. Dinge, die sie seit vielen Stunden in den Taschen oder im Ränzel mit sich herumtrugen und die sie nun gleichsam als Huldigungsgaben vor ihn hinlegten. Dabei stießen und drückten sie einander, kleine Mädchen schrien vor Angst, der Junker sah, daß er den allgemeinen Eifer zähmen mußte, damit kein Unglück geschah. Er erhob sich und winkte mit der Hand, Jubel über Jubel aus unzähligen Kehlen, sie verstanden sein Begehren und blieben still auf dem Fleck, wo sie waren. Da ließ sich der Junker auf die Knie nieder und hockte sich auf die Fersen zurück, das war ihnen vertraut, so war er oft vor ihnen gekauert, wenn er seine Geschichten erzählt hatte, sie erinnerten sich und knüpften Hoffnung an die Erinnerung, Augenpaar um Augenpaar heftete sich verlangend auf ihn, im Bogen ab und auf sah er die jungen hungrigen, vom hochflakkernden Feuer außen, von Begeisterung und Erwartung innen glänzenden Augen, nicht nur in der einen Reihe vor ihm, sondern in vielen Reihen hintereinander, immer ein Augenpaar zwischen zwei Köpfen, weit hinein, bis die Dunkelheit der Juninacht die Züge verwischte, Augen wie Feuerkäfer, wie schimmernde Steine, wie Metall und farbige beseelte Kugeln, und auf einmal brach es aus: «Erzählt, Junker! Eine Geschichte, Junker!» in allen Stimmen und Stimmlagen, die zwischen neun und siebzehn Jahren möglich sind, brechender Alt, heller Diskant, Zwitscherlaut und Gurgelton, immer neu erhoben der nämliche Ruf, der Schlacht- und Wahlruf, von Mund zu Mund durch hundert Reihen durch, vom äußersten Rand herüber, obgleich sie dort nur eine Trompete hätten hören können, nicht eine erzählte Geschichte. Als der Junker schwieg, als er beklommen vor sich hin schaute, das Haupt immer tiefer sinken lassend, fingen sie abermals an: «Erzählt, Junker, erzählt!» – «Vom Meister Grimmerlein!» – «Vom Schatzgräber Bodenlos!» – «Vom Alräunchen und der Silberfee!» – «Vom König Grünewald!» – «Vom wundertätigen Brunnen!»

Der Junker hob den befangenen Blick und ließ ihn suchend herumgehen, hilfesuchend schier, da gewahrte er unter den Kopf bei Kopf stehenden jungen Gestalten den Pater Spe, hoch und befremdlich verschieden von ihnen. Er hatte sich langsam durch sie Bahn gemacht, stand ruhig da, und aus seinen Augen, so anders als die Kinderaugen, erfahren und traurig, aus der Bewegung seines Mundes las, erriet, empfing der Junker die Mitteilung, auf die er mit schmerzlich gepreßtem Herzen gewartet hatte, und so gewartet, daß ihm alles dies nichts war, die Befreiung, der Jubel, der weite Himmel über der Welt, die werbenden Stimmen und strahlenden Blicke, alles nichts. «Botschaft von der Mutter bring ich und daß sie gerettet ist und leben wird», hieß die Mitteilung. Er richtete sich auf, ein schwärmerisches Lächeln bebte um seine Lippen, und er sagte: «Ich will euch eine Geschichte erzählen, keine von denen, die ihr kennt, eine ganz andere, die Geschichte vom Junker Ernst von Ehrenberg, aber heut nicht, übers Jahr vielleicht, übers andere Jahr vielleicht, habt nur Geduld, um das eine bitt ich euch, nur Geduld ...»

Das Gold von Caxamalca

1

Das Folgende wurde niedergeschrieben von dem Ritter und nachmaligen Mönch Domingo de Soria Luce in einem Kloster der Stadt Lima, wohin er sich, dreizehn Jahre nach der Eroberung des Landes Peru, zur Abkehr von der Welt begeben hatte.

2

Im November des Jahres 1532 zogen wir, dreihundert Ritter und etliches Fußvolk, unter der Führung des Generals Francesco Pizarro, Friede seinem Andenken, über das ungeheure Gebirge der Kordilleren. Ich will mich bei den Schwierigkeiten und Gefahren dieses Marsches nicht lange aufhalten. Es sei genug, wenn ich sage, daß wir manchmal glaubten, unsere letzte Stunde sei gekommen, und die Qualen des Hungers und Durstes noch gering anzuschlagen waren gegen die Schrecken der wilden Natur, der gähnenden Abgründe, die steilen Wege, die an vielen Stellen so schmal waren, daß wir von den Pferden absitzen und sie am Zügel hinter uns herziehen mußten. Auch von der greuelvollen Ödnis, der Kälte und den Schneestürmen will ich nicht reden, und daß einige unter uns den unseligen Entschluß verfluchten, der sie in dieses menschenmörderische Land geführt hatte.

Aber am siebenten Tage waren unsere Leiden zu Ende, und als es Abend wurde, betraten wir erschöpft und dennoch in unseren Gemütern erregt die Stadt Caxamalca. Das Wetter, das seit dem Morgen schön gewesen, ließ jetzt Sturm befürchten, bald auch begann Regen mit Hagel vermischt zu fallen, und es war kalt. Caxamalca heißt soviel wie Froststadt.

Es verwunderte uns sehr, daß wir die Stadt so vollkommen verlassen fanden. Niemand trat aus den Häusern, uns zu begrüßen, wie wir es von den Gegenden an der Küste gewohnt waren. Wir ritten durch die Straßen, ohne einem lebendigen Wesen zu begegnen und ohne einen Laut zu hören außer den Hufschlägen der Pferde und ihrem Echo.

Bevor aber noch die Dunkelheit ganz einbrach, gewahrten wir längs der Berghänge, so weit das Auge reichte, eine unübersehbare Menge weißer Zelte, hingestreut wie Schneeflocken. Das war das Heer des Inka Atahuallpa, und der Anblick erfüllte selbst die Mutigsten unter uns mit Bestürzung.

3

Der General erachtete es für notwendig, eine Gesandtschaft an den Inka zu schicken. Er wählte dazu den jungen Ritter Hernando de Soto, mit dem mich eine aufrichtige Freundschaft verband, und fünfzehn Reiter. Im letzten Augenblick erwirkte de Soto vom General die Erlaubnis für mich, daß ich ihn begleiten durfte, und ich war dessen froh.

Wir brachen in der Morgenfrühe auf; das Gebirge bis in den Äther gegipfelt zur Rechten, die blühende Ebene vor uns und zur Linken, alles war so neu, daß ich nur schaute und staunte.

Nach einer Stunde gelangten wir an einen breiten Fluß, über den eine schöne hölzerne Brücke gebaut war. Dort wurden wir erwartet und in das Lager des Inka geführt. Alsbald standen wir in einem geräumigen Hof, um den eine Säulenhalle lief. Die Säulen hatten kunstreiche Goldverzierungen, die Mauern waren mit gelbem und kobaltblauem Mörtel bekleidet, in der Mitte befand sich ein kreisrundes Steinbecken, das aus kupfernen Leitungen mit warmem und kaltem Wasser gespeist wurde. Prunkvoll geschmückte Edelleute und Frauen umgaben den Fürsten, der ein scharlachrotes Gewand trug und um die Stirn, Zeichen seiner Herrschaft, die rote Borla, deren Fransen ihm bis auf die Augen niederhingen.

Er hatte ein hübsches Gesicht mit seltsam kristallenem Ausdruck und mochte gegen dreißig Jahre alt sein. Die Gestalt war kräftig und ebenmäßig, sein Wesen gebieterisch, dabei von einer Feinheit, die uns überraschte. De Soto hatte den Dolmetscher Felipillo mitgenommen, einen unlängst getauften Eingeborenen, einen Menschen von tiefer Verschlagenheit, der in der Folge großes Unheil angerichtet hat, wie ich zu gegebener Zeit berichten werde. Ihn erfüllte ein Haß gegen seine Landsleute, dessen Art und Ursprung wir nie ganz ergründen konnten, und er war der einzige Rebell und Abtrünnige, den wir in Peru fanden.

Mit seiner Hilfe also wendete sich de Soto redend an den Inka. Er richtete die Grüße des Generals aus und lud Atahuallpa mit ehrfurchtsvollen Worten ein, er möge geruhen, unsern Führer zu besuchen.

Atahuallpa erwiderte nichts. Keine Miene und kein Blick ließ merken, daß er die Rede verstanden habe. Seine Lider waren gesenkt, und er schien angestrengt zu überlegen, was der Sinn der gehörten Worte sei. Nach einer Weile sagte einer der ihm zur Seite stehenden Edlen: «Es ist gut, Fremdling.»

Dies setzte de Soto in Verlegenheit. Es war so unmöglich, den Gedanken des Fürsten und was er empfinden mochte, zu erraten, als hätten Berge zwischen ihm und uns gestanden. Welch eine fremde Welt! Welch ein fremder Schein und Geist! De Soto bat also den Inka auf eine höfliche, fast demütige Weise, ihm selbst mitzuteilen, was er beschlossen. Darauf glitt ein Lächeln über Atahuallpas Züge; ich habe dieses Lächeln späterhin noch oft wahrgenommen, und es hat mich jedesmal wunderlich ergriffen. Er erwiderte durch den Mund Felipillos: «Meldet eurem Führer, daß ich Fasttage halte, die heute zu Ende gehen. Morgen will ich ihn besuchen. Er möge bis zu meiner Ankunft die Gebäude am Platz bewohnen, aber keine andern. Was nachher geschehen soll, werde ich befehlen.»

Wieder entstand ein Stillschweigen. Wir waren nicht von den Pferden abgesessen, weil wir uns im Sattel sicherer fühlten und den Peruanern, wie wir aus Erfahrung wußten, mehr Furcht einflößten. Da gewahrte de Soto, daß der Inka das feurige Tier, auf dem er vor ihm saß und das unruhig an seinem Gebiß kaute und den Boden stampfte, mit großer Aufmerksamkeit betrachtete. De Soto war immer ein wenig eitel auf seine Reitkunst gewesen; es lockte ihn, sie zu zeigen, er dachte auch, dies werde einschüchternd auf den Fürsten wirken. Er ließ dem Tier die Zügel schießen, gab ihm die Sporen und sprengte über den gepflasterten Platz hin. Dann riß er es herum und hielt in vollem Lauf jäh an, indem er es fast auf die Hinterbeine warf, so nahe bei dem Inka, daß etwas von dem Schaum, der die Nüstern des Pferdes bedeckte, auf das königliche Kleid spritzte.

Die Trabanten und Höflinge waren von dem nie gesehenen Schauspiel so betroffen, daß sie unwillkürlich die Arme ausstreckten und bei der stürmischen Annäherung des Tieres entsetzt zurückwichen. Atahuallpa selbst blieb so ruhig und kalt wie vorher. Es hat sich später die Sage gebildet, daß er diejenigen seiner Edlen, die bei dieser Gelegenheit eine so schimpfliche Feigheit bewiesen hatten, noch am selben Tage habe hinrichten lassen. Aber das, wie so vieles sonst, was ich vernommen, ist nichts weiter als müßige und boshafte Erfindung, die das Bild des Fürsten besudeln sollte.

4

Wir nahmen ehrerbietigen Abschied von Atahuallpa und ritten mit ganz andern Empfindungen als noch vor Stunden zu den Unsrigen zurück. Wir hatten den Inka inmitten einer Heeresmacht gesehen, gegen die zu kämpfen ein sinnloses Unterfangen war. Dreihundert waren wir an Zahl; weitere dreihundert erwarteten wir als Verstärkung aus San Miguele; was sollten sechshundert ausrichten wider die Myriaden? Das peruanische Lager hatte uns einen Glanz und Reichtum gezeigt, der unsre Bangigkeit erregte vor den Hilfsmitteln des bisher geringgeschätzten Volkes; zudem eine Zucht und Gesittung, die einen ungleich höheren Kulturzustand verrieten als alles, was wir in den Gegenden der Küste erfahren hatten.

Gold hatten wir genug und übergenug erblickt. Meine Augen hatten nicht ausgereicht, es zu erfassen. Die Fama hatte wahrlich nicht gelogen und nicht einmal übertrieben; kein Zweifel, daß wir an das Ziel unserer glühenden Wünsche gelangt waren, als wir den Fuß in das Innere dieses Zauberlandes gesetzt hatten. Aber wie sollten wir uns des Goldes bemächtigen? War es nicht noch grausamer, einen Schritt vor der Verwirklichung des Traumes zu stehen und verzichten zu sollen, als mit der schimmernden Hoffnung zu spielen?

Wir brachten Mutlosigkeit ins Lager mit, und die Kameraden wurden davon angesteckt, ein Gefühl, das sich nicht verminderte, als die Nacht herabsank und wir die Wachtfeuer der Peruaner von den Berghängen herüberleuchten und so dicht wie die Sterne am Himmel blitzen sahen.

Da aber wurde uns erst die eigentümliche Kraft und Kühnheit des Generals zum festen Halt. Ihn erfüllte die Unentrinnbarkeit, in die wir uns begeben hatten, mit Befriedigung. Jetzt waren die Dinge soweit, wie er sie haben wollte. Er ging bei allen Leuten herum und redete ihnen in Gemüt und Gewissen. Sie sollten sich auf sich selbst und die Vorsehung verlassen, die sie schon durch so manche schreckliche Prüfung geführt habe, sagte er; wären ihnen die Feinde auch zehntausendfach an Zahl überlegen, was wolle das bedeuten, wenn der Himmel mit ihnen sei? Er rief ihren Ehrgeiz an und versprach ihnen unerhörte Reichtümer; indem er, wie schon so oft, das Unternehmen als Kreuzung gegen die Ungläubigen darstellte, entfachte er den verlöschenden Funken der Begeisterung aufs neue.

Dann berief er die Offiziere zum Rat. Wir kamen in das Haus, das er mit seinen beiden Brüdern bewohnte, und da entwickelte er uns den verwegenen Plan, für den er sich entschieden hatte. Er wollte den Inka in einen Hinterhalt locken und ihn im Angesicht seines ganzen Heeres zum Gefangenen machen.

Wir alle erbleichten. Wir suchten ihn davon abzubringen. Wir nannten es ein höchst gefährliches, ja ein verzweifeltes Beginnen. Er aber hielt uns trocken entgegen, ob denn nicht auch unsere Lage eine verzweifelte sei? Ob uns nicht auf allen Seiten der Untergang drohe und es nicht viel zu spät sei, an Flucht zu denken, nach welcher Richtung wir denn fliehen wollten? Die Landschaft selbst habe sich ja in einen Kerker verwandelt. Ruhig zu verharren sei nicht minder gefahrvoll; den Inka in offenem Feld anzugreifen, Tollheit; bliebe also nur übrig, sich seiner Person zu versichern; hievon erwarte er eine so außerordentliche Wirkung auf das Land, daß alle andern Mittel im Vergleich dazu geringfügig und schwächlich seien.

Ich sehe ihn noch vor mir, wie er düster fragend um sich schaute, die geballte Faust auf dem Herzen. Er erblickte nur gesenkte Stirnen, denn sein Vorhaben flößte uns die größte Besorgnis ein. Doch wußte er, daß er auf jeden von uns zählen konnte, in jedem Fall. Sein Wille war von unwiderstehlicher Gewalt.

Wir zogen uns in unsere Wohnungen und Zelte zurück, aber nicht um zu schlafen. Meine Augen wenigstens haben in jener Nacht von Schlaf nichts verspürt. Ich lag da und lauschte der dunklen Stimme der Erde und den Einflüsterungen des bösen Dämons in meiner Brust. Und so wird es auch mit den andern gewesen sein.

5

Es verhielt sich nämlich derart, daß mir wie uns allen das Land rätselhaft wie die Sphinx war, Bild von unergründlichem Geschehen und gottentwirktem Sein; von gigantischer Natur auch, an Verheißung noch reicher als an Gaben. Der erhabene Anblick des Gebirges schon; wie es aufstieg aus dem Meer; eine Versammlung schrecklicher Riesen; die weißglitzernden Schneekuppen oben, himmlischen Kronen gleich, die nie von der Sonne des Äquators, höchstens unter der zerstörenden Glut ihrer eigenen vulkanischen Feuer schmolzen; die steilen Abhänge der Sierra mit wild zerklüfteten Wänden aus Porphyr und Granit und wütenden Gletscherbächen und unermeßlich tiefen Felsschlünden; und innen, im Schoß der Berge, die geahnten und gewußten Schätze an Edelstein, Kupfer, Silber und Gold.

Gold; vor allem Gold! Traum der Träume! Die Schluchten voll, die Erzgänge voll, ins Gestein gesprengt, grünleuchtendes Geäder unterm Eis, rotglühende Barren in den Höhlen, im Gefieder der Vögel und im Sand der Steppen, in den Wurzeln der Pflanzen und im Gerinnsel der Quellen.

Um Gold zu gewinnen, hatten wir ja die Heimat verlassen und alle Fährlichkeiten auf uns genommen, die Wechselfälle eines entbehrungsreichen Lebens in einer unbekannten Welt. Ich hatte mein väterliches Erbteil vertan, hatte mich brotlos, und die Haltung eines Edelmannes mit Mühe bewahrend, in den Städten Kastiliens herumgetrieben, und als mir die Not an den Hals stieg, hatte ich den Werberuf Francesco Pizarros vernommen, der um jene Zeit in Madrid eingetroffen war, um einen Vertrag mit der Krone zu schließen. Und nachdem ich mich ihm und seiner Sache versprochen hatte, war mein Sinn nur noch darauf gerichtet, wie ich zu Reichtum gelangen könnte, und hierin war kein Unterschied zwischen mir und allen meinen Gefährten, den Rittern wie den einfachen Soldaten. War doch ganz Spanien, ja ganz Europa in einem fiebernden Taumel, solcherart, daß die Kinder und die Greise, die Granden am Hof und die Vagabunden auf den Landstraßen, der Bischof und der Bauer, der Kaiser und sein niedrigster Knecht keinen andern Gedanken mehr hatten als die Schätze Neu-Indiens. Dieses verheerende Fieber hatte auch mich erfaßt und war bis auf den Grund meiner Seele gedrungen, wo es alles Licht auslöschte.

6

Wir wußten von Tempeln, deren Dächer und Treppenstufen aus Gold waren. Wir hatten Gefäße und Zierate und Gewänder aus purem Gold gesehen. Man hatte uns von Gärten erzählt, in denen die Blumen meisterlich aus Gold nachgeahmt waren, insonderheit das indianische Korn, bei dem die goldne Ähre halb eingeschlossen war in breiten silbernen Blättern, während der leichte Büschel, zierlich aus Silber verfertigt, von der Spitze herabhing. Gold schien in diesem Land so gewöhnlich wie bei uns das Eisen oder

Blei, und in der Tat kannten die Peruaner beides nicht, weder Eisen noch Blei. Das Unfaßliche, quälend in seiner Seltsamkeit, war, daß den Menschen hier das Gold, letztes Ziel und heißestes Begehren aller übrigen Menschheit, nichts bedeutete. Es war nicht Tauschmittel, nicht Besitztitel, nicht Maß, nicht Merkpunkt, es bildete nicht den Antrieb zur Tätigkeit, es lockte nicht und peinigte nicht und machte keinen schlecht und keinen gut und keinen stark und keinen schwach. Man hätte meinen können: ist es nicht Gold, so ist es eben sonst ein Metall oder edles Element; aber dem war nicht so. Besitz war unter ihnen in anderer Ordnung geregelt als irgend sonstwo in der Welt, in einer märchenhaften und unsern Geist beunruhigenden Weise.

Es lag an der Rangstufung der Geschöpfe. Millionen und aber Millionen einander völlig gleich; und über allen diesen unendlich hoch der Inka. Eine solche Vergöttlichung eines sterblichen Menschen hat es, soviel mir bekannt, noch nie gegeben und wird es vielleicht nie wieder geben. Ich hatte nach und nach viele Beweise davon erhalten und viele Berichte gehört. Von ihm floß Wohl und Wehe aus, alle Gnade, alle Würde, alle Habe. Auf der befransten Borla trug er zwei Federn des überaus seltenen Vogels Coraquenque, der in einer Wüste zwischen den Bergen lebte und nur getötet werden durfte, um das fürstliche Haupt zu schmücken.

Es ist mir erzählt worden, daß vor grauen Zeiten das Volk lichtlos und gesetzlos dahingelebt habe. Da spürte die Sonne, die große Leuchte und Mutter der Menschheit, Erbarmen mit seinem niedrigen Zustand und sandte zwei ihrer Kinder aus, daß sie ihm die Segnungen des gesitteten Lebens bringen sollten. Das überirdische Paar, Bruder und Schwester, zugleich Gatte und Gattin, zog über die hohen Ebenen; sie führten einen goldenen Keil mit sich, und es war ihnen befohlen, ihren Wohnsitz an der Stelle aufzuschlagen, wo der Keil ohne Mühe in die Erde drang. Im fruchtbaren Tal von Cuzco erfüllte sich das Mirakel, der goldne Keil verschwand von selbst in der Erde.

Von diesen beiden Lichtwesen stammte der Inka ab, und alles Land war sein Eigentum.

Das ganze Gebiet des Reichs war für die Bodenbearbeitung in drei Teile geteilt, einen für die Sonne, einen für den Fürsten und einen, den größten, für das Volk. Jeder Peruaner mußte mit zwanzig Jahren heiraten, dann versorgte ihn die Gemeinde mit einer Behausung und wies ihm ein Landlos zu. Aber die Teilung des Bodens wurde in jedem Jahr erneuert und der Anteil je nach der Zahl der Familienmitglieder vergrößert oder verringert. Zuerst mußten die der Sonne gehörenden Felder bearbeitet werden; dann die der Greise, der Kranken, der Witwen, kurz, aller derer, die aus irgendeinem Grund ihre Angelegenheiten nicht selber führen konnten; danach kam der Boden, der den eigenen Bedarf decken sollte, an die Reihe, doch war ein jeder verpflichtet, seinem Nachbarn zu helfen, wenn der etwa eine junge und zahlreiche Familie hatte. Zuletzt wurde der Acker des Inka besorgt, und das geschah mit großer Feierlichkeit und vom ganzen Volk gemeinschaftlich. Bei Tagesanbruch wurde von einem Turm herab zur Zusammenkunft gerufen, und Männer, Frauen und Kinder erschienen in ihren schönsten Kleidern, verrichteten heiter das Tagewerk für ihren Herrn und sangen dazu ihre alten Lieder und Gesänge. So hat man mir erzählt, und es ist wahr.

Gemeingut waren die Pflugschar, die Scheune, die Saat und das Brot. Gemeingut waren die Herden; zur festgesetzten Zeit wurden die Schafe geschoren, die Wolle wurde in die öffentlichen Vorratsspeicher abgeliefert und jeder Familie so viel davon zugeteilt und den Frauen zum Spinnen und Weben überwiesen, als zu ihrem Gebrauch erforderlich war. Alle mußten arbeiten, vom Kind bis zur Matrone, falls sie nicht zu schwach waren, den Rocken zu halten. Niemandem war es erlaubt, müßig zu sein; Müßiggang war Verbrechen.

Gemeingut waren die Bergwerke, die Schmelzöfen, die Sägemühlen, die Windräder, die Steinbrüche, die Brücken, die Straßen, die Wälder, die Häuser, die Gärten. Kein Mensch konnte reich werden, keiner konnte verarmen. Kein Verschwender konnte sein Vermögen in schwelgerischer Laune vergeuden, kein Spekulant seine Kinder durch waghalsige Geschäfte zugrunde richten. Es gab keine Bettler, es gab keine Schmarotzer. War ein Mann durch Unglück herabgekommen, denn durch eigene Schuld war es unmöglich, so war der Staat zu seiner Hilfe bereit, und er demütigte ihn nicht, indem er ihm eine Wohltat erwies, er stellte ihn, wie es das Gesetz verlangte, wieder auf gleiche Höhe mit den übrigen. Unbekannt waren Ehrgeiz und Habsucht, Ruhlosigkeit und der krankhafte Geist der Unzufriedenheit, politische Leidenschaft und selbstisches Streben. Niemand hatte Eigentum, alles gehörte allen, und alles, nicht nur das Land allein, war Eigentum des Inka, dieses Wesens von himmlischem Ursprung.

Da entstand nun die zweifelvolle Frage, ob das Wildheit oder Entwicklung war, Form eines barbarischen und kindlichen Daseins oder eines fortgeschrittenen und höheren. Durfte man es verabscheuen und infolgedessen vernichten, oder war es zu schonen, vielleicht sogar zu preisen als ein Zustand menschlichen Zusammenlebens, der zu wünschen war? Es konnte nicht ohne Belang für uns sein, ob wir rohe und stumpfe Sklaven vor uns hatten, Werkzeuge eines Tyrannen von beispielloser Machtgewalt, oder edlere und reinere Geschöpfe als die der christlichen Welt.

Für mich war da kein Nein und Ja zu finden, obwohl es mir bei genauer Überlegung eher scheinen wollte, daß wir es mit verworfenen Leugnern jahrtausendealter Einrichtungen zu tun hatten, die nicht umgestoßen werden konnten, ohne daß das ganze Menschengeschlecht zu Schaden kam. Auf Besitz verzichten, das hieß auf Lohn und auf Ehre verzichten, auf Wetteifer und Auszeichnung, auf Emporstieg und alle Lust des Ungefährs und alles, was das Mein vom Dein und was das Ich vom Du scheidet; ein Gedanke, zu grauenhaft und zu lästerlich, um sich ihm anders hinzugeben als mit dem unbeirrbaren Entschluß, ihn von der Erde zu vertilgen.

So schien es mir in jener Nacht; später war ich desselben Sinnes nicht mehr. Ich wälzte mich unruhig auf meinem kargen Lager und wartete auf den Anbruch des Tages.

7

Es war ein Tag, der mit Verrat begann, das muß eingestanden werden, und mit Blut endete. Er erniedrigte den Inka und sein Volk für Zeit und Ewigkeit und verwandelte das Land in eine Brand- und Mordstätte. Das ist nicht mehr zu verbergen, und die Spuren sind allerwegen noch heute zu sehen, da ich dieses schreibe.

Trompetenschall rief uns zu den Waffen. Die Reiterei wurde hinter den Gebäuden aufgestellt, das Fußvolk in den Hallen. Die Stunden verstrichen, und wir glaubten schon, unsere Anstalten seien umsonst gewesen, als vom Inka eine Botschaft kam, daß er unterwegs sei.

Aber erst um Mittag wurden die Peruaner auf der breiten Kunststraße sichtbar. Voran schritten zahlreiche Diener, deren Amt es war, den Weg von jedem, auch dem kleinsten Hindernis zu säubern, Steinen, Tieren und Blättern. Hoch über der Menge saß Atahuallpa auf einem Thron, den acht der vornehmsten Edelleute auf den Schultern trugen, während sechzehn auf jeder Seite, überaus kostbar gekleidet, nebenher schritten.

Der Thronsessel war aus gediegenem Gold und warf

Strahlen wie eine Sonne. Rechts und links hingen Teppiche herab, die aus den bunten Federn tropischer Vögel mit schier unbegreiflicher Kunst hergestellt waren. Viele der Unsern richteten gierige Blicke auf dieses Prunkstück von kaum zu ermessendem Wert, aber von allen Augen waren meine sicherlich die gierigsten. Ich konnte sie nicht losreißen von der schimmernden Herrlichkeit, und mein Herz schlug mit verdreifachten Schlägen.

Um den Hals trug der Inka eine Kette von erstaunlich großen Smaragden; sein kurzes Haar umflocht ein Kranz von künstlichen Blumen aus Onyx, Türkisen, Silber und Gold, seine Haltung war so ruhig, daß man die täuschende Meinung bekam, eine Figur aus Erz sitze da oben.

Als die vordersten Reihen des Zuges den Platz betraten, öffneten sie sich nach beiden Seiten für das königliche Gefolge. Unter lautlosem Schweigen seiner Leute schaute Atahuallpa suchend rundum, denn von den Unsern war niemand zu sehen, indes wir jedes Gesicht und jede Bewegung von ihnen wahrnehmen konnten.

Da trat, wie es beschlossen war, der Pater Valverde, unser Feldpriester, aus einer der Hallen. Die Bibel in der Rechten, das Kruzifix in der Linken, näherte er sich dem Inka und redete ihn an. Felipillo, der wie sein Schatten hinter ihm huschte, so verhängnisvoll wie unentbehrlich, übersetzte seine Worte Satz für Satz, so gut oder so schlecht er es vermochte.

Der Dominikaner forderte Atahuallpa auf, sich dem Kaiser zu unterwerfen, der der mächtigste Herrscher der Welt sei und seinem Diener Pizarro den Befehl erteilt habe, von den Ländern der Heiden Besitz zu ergreifen.

Der Inka rührte sich nicht.

Pater Valverde forderte ihn zum zweitenmal auf und fügte hinzu, wenn er sich dem Kaiser zinspflichtig bekenne, werde ihn dieser als treuen Vasallen beschützen und ihm in jeder Not beistehen.

Es erfolgte das nämliche Schweigen.

Da erhob der Mönch zum drittenmal seine Stimme und richtete im Namen unseres Herrn und Heilands die bewegliche Mahnung an ihn, sich zu unserm heiligen Glauben zu bekehren, durch den allein er hoffen dürfe, selig zu werden und der Verdammnis und höllischen Haft zu entgehen.

Es hätte da anderer Worte bedurft und anderer Vorstellungen, als sie dem Pater zu Gebote standen. Er war ein einfacher Mann von geringer Erziehung und hatte die Zunge nicht und hatte die Flamme nicht, um das Herz des Götzendieners zu rühren und es für die Lehre Christi empfänglich zu machen, der wir alle in Demut gehorchen.

Der Inka antwortete auch dieses Mal nicht. Ein starres Bild, saß er auf seinem Thron und schaute den Mönch halb verwundert, halb unwillig an. Dieser blickte ratlos zu Boden, sein Gesicht erblaßte, vergeblich suchte er Erleuchtung und neuen Anruf, und plötzlich wandte er sich um und hob das Kruzifix in seiner Hand wie eine Fahne.

Da sah der General, daß die Zeit gekommen war und daß er nicht länger zaudern durfte. Er wehte mit einer weißen Binde, das Geschütz wurde abgefeuert, der Schlachtruf San Jago ertönte, aus dem Hinterhalt brach wie ein gestauter Strom die Reiterei hervor, und von Überraschung gelähmt, vom Geschrei und Knallen der Musketen und Donnern der beiden Feldschlangen betäubt, vom Rauch, der sich in schwefligen Wolken über den Platz verbreitete, erstickt und geblendet, wußten die Leute des Inka nicht, was sie tun, wohin sie fliehen sollten. Vornehme und Geringe wurden unter dem ungestümen Anprall der Reiterei miteinander niedergetreten, und ich sah nur einen Knäuel von roten, blauen und gelben Farben vor mir. Keiner leistete Widerstand, und sie besaßen auch nicht die Waffen, die dazu ausgereicht hätten. Nach Verlauf einer Viertelstunde waren alle Auswege zum Entkommen mit Leichen geradezu verstopft, und so groß war die Todesangst der Überfallenen, daß viele in ihrer krampfhaften Bemühung die Mauern aus gebranntem Lehm, die den Platz umzäunten, mit den bloßen Händen durchbrachen.

Ich kann mich nicht mehr entsinnen, wie lange das schauerliche Gemetzel dauerte. Mein Geist war verwirrt durch den Anblick des goldnen Thronsessels, auf dem der Inka noch immer saß. Den wollte ich um jeden Preis gewinnen, mit Zaubergewalt zog es mich in den Kreis seiner Strahlen, und ich hieb alles nieder, was sich mir entgegenstellte. Die Getreuen des Inka warfen sich mir und den andern Reitern in den Weg, rissen einige von den Sätteln oder boten die eigene Brust dar, um den geliebten Gebieter zu schützen. Im letzten Zucken des Lebens noch klammerten sie sich an die Pferde, ich schleifte immer drei oder vier mit mir, und wenn einer tot hinfiel, trat ein anderer an seinen Platz. Der Thron, von den acht Edelleuten getragen, schwankte wie ein Boot auf bewegter See, bald vorwärts, bald zurück, je nachdem der furchtbare Andrang zunahm oder nachließ.

Atahuallpa starrte regungslos in das blutige Verderben, seiner Ohnmacht, es abzuwenden, mit schicksalsvoller Düsterkeit gewiß. Das kurze Zwielicht der Wendekreise verging, der Abend sank; von unserer Mordarbeit ermüdet, fürchteten wir nur eines, daß der Inka entfliehen könne. Andrea della Torre und Cristoval de Perralta stürmten auf ihn los, um ihm das Schwert in die Brust zu stoßen. Da raste der General wie der leibhaftige Sturmwind dazwischen; am Leben des Fürsten war ihm alles gelegen, und indem er den Arm zu seinem Schutz ausstreckte, erhielt er von Christoval de Perralta eine ziemlich schwere Wunde am Handgelenk. Zugleich fielen vier von den Trägern des Throns auf einmal, den übrigen wurde die Last zu schwer; vor einem Berg von Erschlagenen brachen sie in die Knie; der Inka wäre zu Boden gestürzt, wenn ihn nicht Pizarro und della Torre in ihren Armen aufgefangen hätten. Während ihm der Soldat Miguel de Estete die königliche Borla vom Haupt riß, bemächtigten Perralta und ich uns des Thrones, er auf der einen, ich auf der andern Seite, und zehn schreckliche Sekunden lang stierten wir uns mit blutunterlaufenen Augen an wie Todfeinde.

Atahuallpa wurde als Gefangener in das nächstgelegene Gebäude geführt, und zwölf Mann wurden damit betraut, ihn zu bewachen.

Eine geisterhafte Ruhe hatte sich über Platz und Straßen ausgebreitet. Aber von einer gewissen Stunde der Nacht an tönten weit von den Bergen herüber die Klagegesänge der ihres Gottkönigs beraubten Peruaner, anschwellend, abschwellend, immer schmerzlicher und wilder bis zum Grauen des Tages.

8

Die Soldaten erhielten Erlaubnis, auf Beute auszuziehen, und sie brachten aus dem Lager des Inka viel goldnes und silbernes Geräte mit und viele Ballen Stoffes, so fein im Gewebe und so vollendet in der Kunst der Farbenverschmelzung, wie wir noch keine vorher gesehen hatten.

Alles entwendete Gut wurde in ein hiefür bestimmtes Haus geschafft, um zur bestimmten Zeit, nach Abzug des Fünftels für die kastilische Krone, verteilt zu werden. Cristoval Perralta und ich hatten aber den Thron des Inka mit Hilfe einiger Leute in einem Versteck untergebracht; einer von ihnen verriet uns an den Pedro Pizarro, worauf uns der General kommen ließ und uns mit unheilvoller Miene aufforderte, den Thron auszuliefern. Das geschah alsbald, denn wir zitterten vor seiner drohenden Stirn.

Um mich schadlos zu halten, durchsuchte ich mit den Soldaten die Häuser der Stadt, und was irgend von Wert war, raubten wir. Die Eingeborenen wurden festgenommen, und wir rissen ihnen Schmuck und Zierate vom Leib.

Einzeln oder in Gruppen zogen unsere Leute durch das Gelände und steckten die Wohnungen in Brand, nachdem sie sie ausgeplündert. Sie brachen in die Tempel, erschlugen oder vertrieben die Priester und schleppten fort, was sie tragen konnten an bunten Stoffen und schönen Gefäßen. Aber alles war ihnen nicht genug; sie lechzten nach mehr.

Und auch mir war nichts genug; ich lechzte nach mehr. Eines Abends, als eine Abteilung von ihrem Raubzug, der besonders erfolgreich gewesen war, in die Stadt zurückkehrte, trat der gefangene Inka aus den inneren Gemächern seines Hauses in die Säulenhalle und schaute zu, wie die Soldaten sich ihrer Beute entledigten und wie andre hinzukamen, die goldnen und silbernen Gegenstände in die Hände nahmen, sie einander zeigten, sie betasteten, sie geradezu liebkosten und durch ihr ganzes Gebaren das trunkene Entzücken, die unstillbare Begehrlichkeit und wesenlos neidhafte Angst verrieten, die in ihnen tobten.

Ich stand in der Mitte des Platzes und hatte allmählich mein Augenmerk nur auf den Inka gerichtet. Er schien nicht recht zu begreifen, was sich vor seinen Blicken abspielte. Indem er angestrengt nachdachte, näherte sich ihm Felipillo und sagte mit leiser Stimme und heuchlerisch-demütigen Gebaren einige Worte zu ihm. Wie ich später von Hernando de Soto erfuhr, der es von Atahuallpa selber wußte, war Felipillos Rede so: «Sie wollen Gold. Sie winseln um Gold, sie schreien um Gold, sie zerfleischen einander um Gold. Frag sie um den Preis deiner Freiheit, und du wirst sie mit Gold kaufen können. Es gibt nichts in der Welt, was sie dir nicht für Gold geben würden, ihre Weiber, ihre Kinder, ihre Seele und sogar die Seelen ihrer Freunde.»

In jener Stunde ahnte ich nur den Sinn der wahren und furchtbaren Worte. Was mich bis ins Innerste bewegte, war der Ausdruck des Grauens und Grübelns im Gesicht Atahuallpas. Es ist sicher, daß er von da ab unablässig über dies eine nachdachte, denn er vermochte nicht daran zu glauben, daß man für ein so nichtiges Ding, wie es das Gold in seinen Augen war, ein so wichtiges wie die Freiheit gewinnen, ja daß man überhaupt etwas damit erkaufen, etwas dafür haben könne. Etwas haben: das war in seinen Augen ein ganz anderer Begriff als in unsern. Der Gedanke, etwas mit Gold zu erkaufen, mußte ihn im tiefsten Gemüt erstaunen und beunruhigen. In jener Stunde, beim Anblick meiner vom Gold berauschten Gefährten auf der einen Seite und der stummen Gestalt und staunenden Miene des Inka auf der andern, wurde mir zum erstenmal deutlich, wie fremd wir ihm waren, unfaßbar und schaurig fremd, nicht wie Menschen aus einer Welt, die er nicht kannte, sondern wie Wesen von einer ganz und gar unerklärlichen Beschaffenheit.

9

Es kamen aber nun seine Diener und Dienerinnen nach Caxamalca, seine Höflinge und seine Frauen und flehten mit emporgehobenen Händen, daß man sie zu ihrem Herrn lasse. Sie sagten, ihr Leben sei dem Inka zugeschworen seit ihrer Geburt, und aus seiner Nähe verstoßen, müßten sie nach dem Gesetz des Landes den Tod erleiden.

Der General wählte ungefähr zwanzig von ihnen aus, darunter den Prinzen Curacas, den Halbbruder des Inka, den dieser besonders liebte. Es war ein schöner und sanfter Jüngling, dem Fürsten ähnlich an Gesicht und Gestalt. Die übrigen schickte der General wieder ihres Wegs, und wie wir kurz hernach vernahmen, begingen sie allesamt Selbstmord.

Es kamen aber auch Tausende von andern Bewohnern des Landes und der Städte, die ihren Herrn nur zu sehen verlangten. Sie wurden erst nach Caxamalca gelassen, wenn man sich vergewissert hatte, daß sie keine Waffen bei sich trugen. Es hätte dessen nicht bedurft. Sie waren in einem Zustand äußerster Verstörtheit. Sie konnten nicht glauben und nicht begreifen, daß der Sohn der Sonne ein Gefangener war. Voll schmerzlicher Verwunderung schauten sie uns an, und wenn einer der Unsern zu ihnen redete, bebten sie in abergläubischer Furcht. Eine übernatürliche Macht schien sie vor den Mauern festzuhalten, die den Inka umschlossen; manche weinten, manche seufzten bloß still, manche lagen auf den Knien, das Haupt zwischen den Armen, und in der Nacht sah ich ihre Augen aus der Dunkelheit leuchten, indes von den Bergen herüber die klagenden Gesänge schallten.

Das ganze Reich war in Trauer und Verzweiflung.

10

Vom sechsten Tage ab übertrug mir der General die Bewachung des Inka, und zur Erfüllung dieses wichtigen Amtes erhielt ich den Befehl über fünfzehn der verläßlichsten Soldaten.

Ich konnte nun den Gefangenen zu jeder Zeit und aus nächster Nähe beobachten. Er seinerseits schenkte mir keinerlei Aufmerksamkeit; nur für einen einzigen unter uns schien er etwas wie Sympathie zu empfinden, nämlich für Hernando de Soto, der denn auch stets Zutritt bei ihm hatte. Der General sah es mit günstigen Augen, weil er auf diese Art Gelegenheit erhalten wollte, sich über die Gedanken und Pläne des Inka zu unterrichten. De Soto gab sich viele Mühe mit ihm; seine Versuche, ihm unsere Sprache beizubringen und sich ihm verständlich zu machen, schlugen nicht gänzlich fehl.

Atahuallpa verbrachte die Nächte fast ohne Schlaf, mit

gekreuzten Beinen auf den Fliesen kauernd. Es war, als geize er mit jedem Schritt und jeder Bewegung seiner Hand. Von den Speisen, die ihm vorgesetzt wurden, berührte er nur, was er zur Nahrung dringend bedurfte. Seinen Frauen schenkte er keinen Blick. Nur mit dem Prinzen Curacas sprach er bisweilen leise.

Der General erwies seinem königlichen Gefangenen eine überlegte Rücksicht und bemühte sich, den Trübsinn, der sich trotz des künstlichen Gleichmuts in seinen Mienen zeigte, zu verscheuchen. Bei seinem Kommen erhob sich der Inka und schaute ihn an, fragend, wartend, glühend, kalt.

Einmal geschah es, daß ihn Pizarro durch den Mund des Dolmetschers bat, sich von seinem Unglück nicht entmutigen zu lassen; zwar teile er das Los aller Fürsten, die sich den christlichen Männern widersetzt hätten, und dafür habe ihn der Himmel bestrafen wollen; aber die Spanier seien ein edelmütiges Volk und übten Gnade gegen die, die sich ihm reuig unterwürfen.

Da sah ich, und der General bemerkte es wohl ebenfalls, daß der Inka die goldne Schnalle an seinem Schuh betrachtete und daß das sonderbare Lächeln über seine Lippen glitt, von dem ich bereits gesprochen habe. Hierauf hob er ein wenig die linke Hand, und der Prinz Curacas, der neben ihm stand, ließ sich auf die Knie nieder und berührte die kaum ausgestreckten Finger bebend-zaghaft mit den Lippen.

II

Um in der Reihenfolge der Ereignisse zu bleiben, muß ich erzählen, wie der Prinz Curacas von einem meiner Soldaten bedrängt wurde und was sich dabei abspielte.

Es war am frühen Morgen, als der Jüngling sich anschickte, die Säulenhalle zu verlassen, weil er seinem Gebieter Früchte holen wollte, nach denen dieser Verlangen geäußert hatte. Der Soldat Pedro Alcon, der auf Posten stand, verweigerte ihm aber die Passage, und als ihm Curacas sein Vorhaben durch Gesten verständlich machen wollte, packte ihn Alcon bei der Schulter und schleuderte ihn zurück. In ausbrechendem Zorn schlug ihm Curacas mit der Faust ins Gesicht; darauf zog Pedro Alcon das Schwert, und Curacas wandte sich erschrocken zur Flucht. Der Soldat verfolgte ihn mit drohendem Geschrei, entschlossen, die Beleidigung blutig zu rächen.

Ich hatte mich soeben vom Schlaf erhoben, und als ich den Lärm hörte, eilte ich in das Gemach des Inka. Ich sah, daß er in eine bestimmte Richtung blickte, und als ich dorthin schaute, sah ich den Prinzen in windschnellem Lauf gegen das innere Gemach zustürzen. So zahlreich waren die Räume, durch die der Geängstete lief, daß seine Gestalt zuerst nur ganz winzig erschien. Stumm, mit nach oben geworfenen Armen, rannte er wie ein Reh durch die lange Reihe der Zimmer, der Soldat schwerfällig, mit gezücktem Degen und dröhnenden Stiefeln, hinter ihm her. Endlich war Curacas bei seinem Gebieter angelangt, fiel vor ihm zu Boden und umklammerte seine Schenkel. Pedro Alcon, atemlos und schäumenden Mundes, wollte nach ihm greifen; ich rief ihm zu, sich zu besinnen; er achtete nicht darauf und sah mich grimmig an; da bedeckte Atahuallpa mit der Linken das Haupt seines Bruders, mit der Rechten wies er den wütenden Soldaten ab. Die Gebärde war so königlich, daß Pedro Alcon stutzte; aber nur einen Augenblick; dann schwang er mit wildem Fluch das Schwert, und es wäre um den schönen Knaben geschehen gewesen, wenn sich nicht zwei Sklavinnen vor ihn hingeworfen hätten, um den Hieb aufzufangen. Die eine, am Hals getroffen, brach lautlos und blutüberströmt zusammen.

Da hielt Alcon inne. Sein Blick begegnete dem des Inka und forderte von ihm mit grausamer und dreister Hartnäkkigkeit das Leben des Prinzen. Ich muß hier bemerken, daß unsere Leute in dieser Zeit durch die Aussicht auf den Besitz ungeheurer Schätze vielfach meuterisch gestimmt waren und daß wir Offiziere in unserer Befehlsgewalt vorsichtig verfahren mußten, um sie noch in der Hand zu behalten.

Die Linke noch immer über das Haupt seines Lieblings breitend, löste Atahuallpa mit der Rechten eine goldne Spange von seinem Kleid und reichte sie Pedro Alcon hin. Ich gewahrte, daß etwas Unsicheres in der Bewegung lag, etwas Zögerndes, als traue er dem Einfall nicht und wage nicht auf den Erfolg zu hoffen.

Alcon nahm das Schmuckstück, wog es auf der Hand und zuckte die Achseln. Der Inka streifte nun den dicken goldnen Reif vom linken Arm und gab ihn dem Soldaten. Der wog ihn wieder, preßte die Lippen zusammen und schaute unschlüssig vor sich hin. Da riß Atahuallpa mit einer ihm sonst nicht eigenen Hast die Kette aus Smaragden vom Hals und warf sie in die frech ausgestreckte Hand des Soldaten. Jetzt nickte Alcon zufrieden, verbarg die Schmuckstücke in seinem Lederwams und schob das Schwert in die Scheide.

Atahuallpa schaute ihn geblendet an, als ob ein Phantom Wirklichkeit geworden wäre. Denn nun war ihm ja der Beweis erbracht, daß man von den Fremdlingen für Gold ein Leben erkaufen konnte. Dies aber dünkte ihn so ungeheuerlich, daß er noch lange in dunklem Staunen stand, aus dem ihn nicht einmal das Wort seines Lieblings erwekken konnte.

12

Am nämlichen Tag kam der General mit mehreren Rittern zu Atahuallpa, um sich wegen des Vorfalls am Morgen bei ihm zu entschuldigen. Er versprach gerechte Untersuchung und die Bestrafung des Mannes.

Da sagte der Inka mit Worten, die er gequält suchte und stockend an Felipillo richtete, wenn man ihm die Freiheit gebe, verpflichte er sich, den ganzen Fußboden des Saals, in dem wir uns befänden, mit Gold zu bedecken.

Der General und wir andern vernahmen es schweigend, und als Atahuallpa keine Antwort erhielt, fügte er mit größerem Nachdruck hinzu, daß er nicht bloß den Fußboden bedecken, sondern den Raum so hoch mit Gold füllen wolle, als er mit seiner Hand zu reichen vermochte.

Wir starrten ihn verwundert an, denn wir hielten dies für die Prahlerei eines Mannes, der zu begierig war, sich die Freiheit zu verschaffen, um die Erfüllbarkeit seiner Versprechungen zu erwägen. Der General winkte uns abseits, und wir sollten unsere Meinung äußern. Sein Bruder Hernando und der Sekretär Xeres wollten das Anerbieten abgelehnt wissen, de Soto und ich sprachen dafür. Pizarro selbst war in Ungewißheit. Er hatte die höchsten Vorstellungen von dem Reichtum des Landes und namentlich von den Schätzen der Hauptstadt Cuzco, wo nach verläßlichen Berichten die Dächer der Tempel mit Gold bedeckt, die Wände mit goldnen Tapeten bekleidet und sogar die Ziegel aus Gold verfertigt waren. Das müsse doch einigen Grund haben, meinte er; es empfehle sich jedenfalls, auf den Vorschlag des Inka einzugehen, denn dadurch könne er mit einem Schlag alles Gold zu seiner Verfügung bekommen und verhindern, daß es von den Peruanern versteckt oder fortgeschafft werde.

Er sagte deshalb zu Atahuallpa, er wolle ihm die Freiheit geben, wenn er wirklich so viel Gold dafür bezahlen könne, wie er behaupte. Er verlangte ein Stück roter Kreide, man brachte es ihm, und nun zog er in der vom Inka bezeichneten Höhe einen Strich über die vier Wände. Der Raum war siebenunddreißig Fuß breit, zweiundfünfzig Fuß lang, und die rote Linie auf der Wand lief neuneinhalb Fuß über dem Boden.

Dieser Raum sollte mit Gold angefüllt werden. Der Inka forderte hiezu zwei Monate Zeit. Die Bedingungen wurden vom Sekretär Xeres niedergeschrieben, und die Urkunde wurde mit einem Siegel versehen.

Wir waren so erregt von der Verhandlung und dem geschlossenen Vertrag, daß unsere Stimmen lallten und die Gesichter wie im Fieber glühten, als wir uns darüber unterhielten. Wir zweifelten; die Zweifel waren mit Bangigkeit und schwüler Hoffnung vermischt. Alsbald verbreitete sich die Kunde im Lager; die Soldaten gebärdeten sich wie toll vor Freude; sie hingen den ausschweifendsten Zukunftsträumen nach, und Schlaf und Spiel und Zeitvertreib wurden ihnen zur Last.

Und mir erging es nicht anders.

13

Kaum war das Übereinkommen getroffen, als der Inka Eilboten nach allen Städten seines Reichs mit dem Befehl schickte, daß man die goldnen Geräte und Gefäße aus den königlichen Palästen, den Tempeln und Gärten und öffentlichen Gebäuden fortnehmen und ohne Säumen nach Caxamalca bringen solle.

Die Entfernungen waren groß, obschon sie durch den scharfsinnig eingerichteten Läuferdienst minder fühlbar wurden als in unsern Ländern. Im Anfang trafen die Sendungen nur spärlich ein. Nach einer Woche aber kamen an jedem Tag bedeutendere Mengen und wurden in der streng von mir bewachten Schatzkammer niedergelegt.

Immer zur Abendzeit trat der Inka auf die Schwelle des Gemachs, in welchem sich das aus allen Provinzen seines Reiches herbeigetragene Gold befand, maß mit ruhigem Blick die noch leere Wandfläche ab und schien zu berechnen, wie weit es noch war bis zu der roten Linie oben, die seine Schicksalslinie war. Soviel auch täglich von dem gleißenden Metall herzuströmte, so langsam schien es sich zu vermehren.

Wenn er das Auge vom Rand der goldnen Masse zu dem unerbittlichen Strich erhob, war es, als zerlege er den leeren Zwischenraum in die Zahl der Tage, die ihn von der Freiheit trennten. Und um ihn standen schweigend und traurig seine Diener und Dienerinnen und lasen von seinen geliebten Zügen ab, wofür es unter ihnen keine Worte gab. Denn für vieles gab es keine Worte unter ihnen, was wir Andersgeschaffenen mühelos bezeichnen konnten, und was doch keinen Inhalt besaß.

Es wird mir schwer, einen Begriff von meinen Empfindungen zu geben, und noch schwerer, auch nur anzudeuten, von welcher Beschaffenheit die waren, die ich in der Brust Atahuallpas vermutete, dessen Person und Wesen von Stunde zu Stunde und von Tag zu Tag meine Unruhe und mein Bekümmern stärker erregte. Ich weiß nicht, was es war, ich kann den Grund nicht sagen; oft dünkte mich, als müsse ich in ihn hineinschlüpfen, um sein Herz und das Innerste seiner Gedanken zu erkunden; seine fremdartige Menschenhaftigkeit flößte mir Scheu ein, etwas seltsam Unschuldsvolles, seltsam Geheimnisvolles, so Zartes, daß es Schmerz verursachte, daran zu rühren, wovon ich Auge und Sinn nicht losreißen konnte und was mich überdeckte wie mit einem trüben Schleier.

Erst war er mir nur der Herr des Goldes, unselig mächtig, in finsterm Heidentum unselig verstrickt und den bösen Geistern überliefert, und ich fragte mich nicht, mit welchem Recht ich ihn verdammte, ich, den der stete Anblick des Goldes wie ein brennendes Gift aufwühlte und dessen Hirn nichts wußte als Gold und Glanz des Goldes und Verheißungen des Goldes und Wollust, die es bringen sollte. Dann drang meine Seele mit sonderbarer Gewalt in die seine, so daß ich es wie einen Fluch fühlte und alsbald wie eine höhere Stimme und wie etwas, das Gewissenslast und Trauer verursacht. Da war ich bisweilen gleichsam doppelt, er und ich in einem, und das Gold bedrängte mich, und seine Seele bedrängte mich; wie soll man dies erklären?

Ich sah, daß ihn nicht bloß die Sorge und Erkundung nach dem Anwachsen des Goldes beschäftigte; ein ganz anderes spannte und quälte ihn: unsere Gegenwart, unser Sein und Tun. Das hatte ich nach und nach mit Sicherheit ergründet. Es hatte mit Neugierde begonnen; die Sprache, der Klang der Stimmen, Schritt und Gebärde, Zorn und Lachen, Tracht und Sitte, das alles war von einer Verschiedenheit, daß es ihm den Atem stillstehn machte, unerforschlich wie die Welt hinter der Sonne, verächtlich und unheimlich, jedes bis zum Äußersten und so, daß er das eine vom andern nicht lösen konnte. Schaute er in unsere Gesichter, die gegerbtem Leder glichen, traf ihn ein Blick von dem oder jenem, dieser Blick, dem keine Scham und kein Verschweigen innewohnte, so erschrak er wie bei der Berührung von Unreinem.

Seit aber das Gold im Hause lag und wir alle, vom Führer bis zum letzten Söldner, gierig seine Anhäufung bewachten, erfüllte ihn Furcht und Grauen vor uns, und in solchem Grad oft, daß er die Augen schloß, wenn er einen von uns gewahrte. Das ist die Wahrheit, das habe ich erfahren.

Mehrere von unsern Leuten belagerten immer das Fenster, das mit Gittern versehen worden war, und stierten mit glasigen Blicken in den Raum. Sie rochen das Gold, sie schmeckten es, das wußte ich, war es mit mir doch genauso. Manchmal kam einer in die Nähe des Gemachs, spähte auf den gelblohenden Schatz, und seine Züge verkrampften sich zu einem schrecklichen Ausdruck zwischen Zärtlichkeit und Hunger; seine Hand machte die Gebärde des Greifens, und sein Auge loderte zur Seite, als fürchte er, daß ein anderer da sei, der ihm zuvorkam. Das war in jedem von ihnen die Angst, daß der andere ihm zuvorkam; das war auch in mir.

Ich bemerkte nicht selten, daß Atahuallpa in der Nacht, wenn seine Getreuen schliefen, aufrecht saß und lauschte. Da war nämlich immer ein Scharren und Schlüpfen, Murmeln und Rascheln, und wenn zufällig der Mond schien und sein Strahl das Gold beleuchtete, sah man die brünstig aufgerissenen Augen, in denen ein matter Abschein war, aus Goldglanz und Mondglanz gemischt, und sie waren dann Tieren ähnlich, die auf verborgenen Wegen zur Tränke schleichen, aus Furcht vor andern Tieren, die stärker sind.

Ein ziemlich alter Soldat, José Lopez, ein Weißbart mit zahlreichen Narben im Gesicht, nahm einmal einen schweren goldnen Ziegel in die Hand, und das wirre Staunen, die halbirre Freude verzerrte seine Züge und ließ sie erbleichen. Es war in der Abenddämmerung; er hatte sich der Schuhe entledigt und war auf nackten Sohlen gekommen; einer der Gefährten hatte ihn argwöhnisch beobachtet; er folgte ihm lautlos und fiel mit heiserem Schrei über ihn her, indem er sich mit beiden Händen an seinen Hals krallte, so daß Lopez röchelnd niederstürzte.

Ein andres Mal wieder gingen mehrere hinter einem peruanischen Träger her, der beladen mit goldnem Geschirr eintraf, und rissen ihm die Last mit einem Ungestüm vom Rücken, als wollten sie die Haut mitreißen, dann zählten und zählten sie, wogen und prüften mit zitternden Fingern und sahen einander an wie Wölfe.

Solcherart erfuhr Atahuallpa, daß das Gold eine Wirkung auf uns alle hatte, schlimmer als auf sein Volk der berauschende Chicha, dessen Genuß nur an gewissen Tempelfesten verstattet war. Aber er mußte sich sagen: das gelbe Metall können sie nicht trinken; nur durch die Augen schlürfen sie seinen Schimmer und seine Farbe; was teilt es ihnen mit? Was verspricht es ihnen? Sie schmücken sich nicht damit, sie sind schmucklos am Leibe wie Schatten; was fruchtet es ihnen, Gold zu besitzen?

Sicherlich hegte er ähnliche Gedanken, auch gab er ihnen gegen Hernando de Soto wunderlichen Ausdruck. Er sagte ungefähr, wir seien ohne den tiefen Gehorsam, die Folgsamkeit des Blutes, die im Führer den himmlisch Erlesenen sieht, die Menschensonne; wenn wir uns dem Herrn fügten, geschehe es mit heimlicher Aufsässigkeit und verborgenem Groll, als ob wir gleiche Rechte hätten wie er und gleichen Anspruch auf alle Güter der Welt und es nur nicht wagten, uns wider ihn aufzulehnen, weil er möglicherweise Wege wußte oder Zauberformeln kannte, die uns nicht zugänglich waren. Warum, fragte er voll Verwunderung, schlagen sie in Falschheit die Augen vor ihm nieder und öffnen sie schamlos und verfolgen ihn mit ihren Blicken, sobald er sich von ihnen abgekehrt hat?

Hernando de Soto fand darauf keine Antwort, und er verhehlte mir nicht, daß er vor dem Inka gestanden sei wie ein törichter Schüler. Und mir wurde sein inneres Leben nach und nach zur Vision; mit seinen Augen sah ich die zunehmende Ungeduld meiner Gefährten, mit seinen Augen die Mienen voll Haß und Besorgnis. Ich begriff, daß ihm kein noch so schrecklicher Traum die Ahnung davon vermittelt hatte, daß solche Wesen auf der Erde existierten, wie wir waren. Und als er es erfuhr und diese Wesen kennenlernte, senkte sich die unermeßliche Melancholie über ihn, die sein Herz und seinen Arm lähmte und geschehen ließ, was uns so rätselhaft war: daß er sich ohne Widerstand in sein Schicksal ergab und keinen heimlichen Befehl dazu an seine Untertanen sandte; daß Hunderttausende von bewaffneten Kriegern untätig verharrten, eine Armee von Liebenden, denen der Fürst Kern und Merkziel des Daseins war, und die nur seines Augenwinks bedurft hätten, und die dreihundert Eindringlinge hätten die beleidigte Erde mit ihrem Blut getränkt.

Dies Nicht-Tun ging von Atahuallpa aus, von seinem tiefen Wissen um den Geist der Finsternis, der die Herrschaft angetreten hatte und gegen den sich zu wehren vergeblich war. Ich weiß wohl, was ich hier sage, und nehme es auf mich und halte jedem stand, der mich als einen Christen für solch ein Wort zur Rechenschaft ziehen will; aber war das Christensinn und Christenlehre, unser großer Glaube und heiliges Symbol, was durch das Land sich verbreitete wie unheilbare Krankheit? Das Land war krank; die Seelen seiner Bewohner waren krank; Ekel und Grauen umdüsterte es, und Ekel und Grauen strömte von seinem Lebensmark aus, von Atahuallpa, der ihr Gipfel und ihre Erfüllung war und der zusehen mußte, wie die Fremdlinge die Tempel plünderten, die Sonnenjungfrauen entehrten, die Gärten verwüsteten, die Felder zertraten, sein überliefertes sakrales Eigentum, alles seit abertausend Jahren. Er konnte nicht dawider handeln; die Welt war unrein geworden, und seine Erfahrung teilte sich dem Volke mit und kehrte als Echo in den nächtlichen Gesängen zu ihm zurück, in denen die nagendste Trostlosigkeit und das Vorgefühl des Untergangs war.

14

Man brachte dem Inka einen kugelförmigen Opal, der Huoco gehörte, seiner Lieblingsschwester und -gattin, die auf einer Insel im Titicacasee lebte. Sie ließ ihm durch den Überbringer sagen, daß sie zum Tod bereit sei und daß sie sterben werde, sobald er ihr den Befehl dazu erteile.

Er schaute den herrlichen Stein schweigend an, und seine Diener und jungen Frauen wandten die Blicke von ihm ab.

Man brachte ihm auch den gezähmten Puma, der im Garten des königlichen Schlosses stets zu seinen Füßen gelegen war. Das Tier war traurig, weigerte die Nahrung und verendete am dritten Tag.

Am Abend desselben Tages wurde der Prinz Curacas in einem der Gemächer mit einem Dolch in der Brust tot gefunden. Daß Pedro Alcon, erbittert noch dazu durch die Strafe, die der General über ihn verhängte, sein Rachegelüst unerachtet des hohen Lösegeldes, das er vom Inka erhalten, schließlich doch befriedigte, bezweifelte niemand unter uns. Aber der Täter blieb im dunkeln und wurde nicht verraten und nicht entdeckt.

Atahuallpa schaute die Leiche an, wie er den Opal angeschaut. Sein Schmerz war wie ein Lächeln.

In der Ebene stand mit dreißigtausend Mann Callcuchima, der älteste Heerführer des Inka. Die Gefangennahme seines Herrn, auf eine so plötzliche und gewaltsame Weise durch eine Gattung von Geschöpfen vollbracht, die ihm aus den Wolken gefallen schienen, hatte den Greis gänzlich verstört. Der General bewog ihn zu einer Zusammenkunft und forderte ihn auf, nach Caxamalca zu kommen. Er lehnte es ab. Da erwirkte Pizarro den Befehl des Inka hiezu, und sogleich brach Callcuchima auf. Mit einem zahlreichen Gefolge erschien er in der Stadt. Seine Vasallen trugen ihn in einer offenen Sänfte, und die Bewohner bezeigten ihm die Ehrfurcht, die dem ersten Diener des Königs gebührte. Er selbst aber, als er zu Atahuallpa ging, nahte ihm mit nackten Füßen wie der Geringste und mit einem Stein auf dem Rücken, Sinnbild unbedingter Hörigkeit. Er kniete nieder, küßte dem Fürsten Hände und Füße und badete sie in seinen Tränen.

Ich war Zeuge dieser Begegnung, und ich kann nicht leugnen, daß sie mich erschütterte. An Atahuallpa konnte ich nichts davon wahrnehmen, auch kein Zeichen der Freude über die Anwesenheit seines treuesten Ratgebers.

Er hieß ihn einfach willkommen. Dann überreichte er ihm, ohne ein Wort zu sagen, den schönen Opal, den ihm die Schwestergattin geschickt. Dies war das Todesurteil für Huoco, und der greise Callcuchima wankte schluchzend und von seinen Dienern gestützt hinaus.

15

Unterdessen hatte es sich begeben, daß der Dolmetscher Felipillo, in seiner renegatischen Auflehnung auf der Bahn des Verrats immer weiter getrieben, eine der jungen Frauen des Inka in sinnlicher Besessenheit verfolgte. Solches hatte er vordem nicht einmal in einem Traum gewagt; es war das größte Verbrechen, das ein Peruaner begehen konnte. Atahuallpa sagte zum General, ein derartiger Schimpf, von einem so niedrigen Menschen an ihm verübt, sei schwerer zu erdulden als seine Gefangenschaft. Er war fahl um die Nase, als er es sagte.

Da wurde Felipillos Haß gegen den früher allmächtigen Gebieter maßlos, und er nahm sich vor, ihn vollends zu verderben. Er beschuldigte ihn beim General, daß er sich mit Callcuchima heimlich verschworen habe, die Spanier zu überfallen und bis auf den letzten Mann zu erschlagen. Diese Verleumdung erhärtete er mit den stärksten Eiden.

Mehr gewillt zu glauben als wirklich glaubend, schenkte Pizarro seinen Worten Gehör. Es zeigte sich ihm da ein Weg, wie er sich der gefährlichen Verpflichtung, den Fürsten freizugeben, entziehen konnte, und er war gesonnen, den Vertrag zu brechen, sei es auf welche Art immer, mit Gewalt oder mit List.

Als nun die Menge des eingelieferten Goldes den roten Strich bis auf etwa drei Handbreiten erreicht hatte, waren unsere Leute nicht länger zu bezähmen und drängten den General zur Verteilung. Dem war das Ansinnen nicht eben unerwünscht, da es ihm die Ausführung seiner finstern Pläne erleichterte; Hernando de Soto und ich konnten uns später sogar des Argwohns nicht erwehren, daß die widerspenstige Ungeduld der Leute auch noch absichtlich geschürt worden war.

Zum Zweck einer gerechten und gleichmäßigen Verteilung wurde der Beschluß gefaßt, das ganze Gold einzuschmelzen und in Barren zu verwandeln, denn die Beute bestand aus unendlich mannigfaltigen Gegenständen, in denen das Gold sehr verschiedene Grade der Reinheit hatte.

Schon am andern Tag wurde die Schatzkammer ausgeräumt, und es wurden sorgsame Bewachungsmaßregeln dabei beobachtet. Hierauf berief der General eine Anzahl von einheimischen Goldschmieden, die er beauftragte, all die wunderbaren Gefäße, Schüsseln, Becher, Wasserkannen, Tafelgeschirr, Kredenzteller, Vasen, Leuchter, Tempelgerät, Ziegel, Platten, Räucherpfannen, Götzenbilder, Armbänder, Gesichtsmasken, all den Wandschmuck, die Säulenschäfte, die Ketten, die religiösen Insignien aus ihrer kunstvollen Form wieder in den Rohzustand umzugießen.

Ich erinnere mich unter anderm eines goldnen Springbrunnens, der einen funkelnden Goldstrahl emporwarf, während goldne Vögel und goldne Eidechsen am Rand des aus Gold zauberisch nachgeahmten Wassers zu spielen schienen. Die Handwerker, die solcherart zerstören mußten, was sie selber mit Liebe und Mühe geschaffen, arbeiteten Tag und Nacht, aber die einzuschmelzende Menge war so groß, daß sie nach Verlauf eines Monats noch immer nicht fertig waren.

Indessen war aus San Miguele am Meer Don Almagro, der langjährige Gefährte und Freund des Generals, mit seinen Leuten eingetroffen. Die verlangten, daß wir den Schatz mit ihnen teilen sollten, und zwar in so herausfordernder Weise, als ob wir ihre Fröner wären. Zank und Hader brach in hellen Flammen aus; die Straßen, die Höfe, die Wohnungen und Zelte waren von Geschrei und Waffengeklirr erfüllt, und Neid und Habgier vergifteten alle Gemüter bis in den Schlaf der Nächte.

In der Abendstunde trat Atahuallpa aus der Halle seines Gefängnisses und blickte mit umflorten Augen über den Platz. Ich stand an der Treppenstufe, ganz nahe bei ihm. Er trug einen Mantel aus Fledermaushäuten, der so weich und glatt wie Seide war, und um den Kopf das Llautu, einen Schal von feinstem Gewebe und vielfach glänzender Farbe.

Da gerieten zwei Soldaten, einer von unserer Partei, einer von Almagros Leuten, wegen einer goldnen Schildkröte, die jeder von beiden haben wollte und die sie dem Schmelzfeuer zu entziehen wünschten, in erbitterten Streit. Alsbald standen sie einander mit bloßen Schwertern gegenüber, ein paar Hiebe, ein Aufschrei, und der von unserer Partei, Jacopo Cuellar mit Namen, sank zu Boden und hielt, im Todeskrampf noch, die goldne Schildkröte in der Faust und wehrte sich, im Todesdunkel schon, gegen die raubgierigen Arme des andern, die sich danach streckten. Den riß ich zurück.

Magisch zog es den Inka hin. Die Wachen umringten ihn mißtrauisch, aber er achtete ihrer nicht. Während er auf den Leichnam niederschaute, verdunkelte sich sein Blick und hatte einen Ausdruck, als begehre er, die Brustwand des Toten möge zu Glas werden, damit er hineinschauen, damit er erforschen könne, aus welchem Stoff die unbegreiflich fremde Seele war. Ich merkte ihm an, daß ihn das Entsetzen schier erstickte, und als er die Augen zu den wenigen Dienern kehrte, die ihm gefolgt waren, sagte er zu ihnen mit leiser, gebrochener Stimme, indem er auf den regungslosen Körper deutete: «Seht nur, die goldne Schildkröte trinkt Blut.»

So viel hatte ich nun schon von seiner Sprache erlernt, daß ich die kindlich-schaurigen Worte verstehen konnte.

17

Endlich kam der Tag, wo er vom General seine Freiheit forderte, konnte er doch darauf verweisen, daß er die gestellten Bedingungen erfüllt hatte. Ja, er forderte die Freiheit, obgleich er fühlte, daß man sie ihm vorenthalten würde, obgleich eine noch schwärzere Furcht in ihm keimte.

Hernando de Soto, der immer mehr das Vertrauen des Gefangenen gewonnen hatte und ihm viele kleine Dienste und Gefälligkeiten erwies, war sein Mittler beim General. Pizarro hörte ihn an, verweigerte jedoch eine bestimmte Antwort. Nach einigen Stunden ließ er dem Inka durch den Schatzmeister Riquelme, der mit Don Almagro zu uns gekommen war, mitteilen, das Lösegeld sei nicht völlig bezahlt worden, der Raum nicht bis zum roten Strich gefüllt gewesen.

Darüber erstaunte Atahuallpa und wandte ein, was ja auch richtig war, es sei nicht seine Schuld, daß das volle Maß nicht erreicht worden war; hätte man nur drei Tage länger gewartet, so wäre alles verlangte Gold dagewesen; im übrigen sei es ein leichtes, das fehlende nachträglich zu liefern.

Der General zuckte die Achseln und sagte, darauf gehe er nicht ein. Er wußte, warum; kamen doch noch immer

Sendungen aus den Städten, die vor der Stadt aufgehalten wurden. Er ließ eine Schrift abfassen und im Lager öffentlich bekanntmachen, nach welcher er den Inka zwar von jeder weiteren Verpflichtung, Lösegeld zu zahlen, freisprach, zugleich aber erklärte, seine und seines Heeres Sicherheit erheische es, daß Atahuallpa so lange in Gefangenschaft verbleibe, bis aus Panama Verstärkungen eingetroffen seien.

Als de Soto von dieser hinterlistigen Umgehung des Vertrags hörte und außerdem das Manifest gelesen hatte, suchte er den General auf und hatte eine heftige Auseinandersetzung mit ihm. Der General sagte, er habe genaue Nachrichten über die Ränke und Zettelungen Atahuallpas, und die Soldaten, insbesondere Almagros Leute, verlangten seinen Tod.

De Soto war betroffen. Er beteuerte die Lügenhaftigkeit der Gerüchte und nannte die Leute Almagros eine Horde von Halsabschneidern und Wegelagerern. Sich dem unablässigen Zureden de Sotos mit scheinbarer Gutmütigkeit fügend, entschloß sich der General, mit ihm zum Inka zu gehen und ihm Aug in Auge zu eröffnen, wessen man ihn beschuldigte. Von seinem Gesicht könne man dann ablesen, ob die Anklage auf Wahrheit beruhe oder nicht, meinte de Soto, denn zur Verstellung sei er ganz und gar unfähig.

Von de Soto begleitet, trat er in das Gemach Atahuallpas, es war um die fünfte Stunde nachmittags, und wiederholte ihm das beunruhigende Gerede. «Welch ein Verrat ist es, den du geschmiedet hast», sagte er finster, «gegen mich, der dir vertraut hat wie einem Bruder?»

De Soto hatte mich im Vorüberschreiten aus der Eingangshalle herzugewinkt, und ich stand hinter dem General, dem Inka gegenüber.

«Du scherzest», erwiderte Atahuallpa, der vielleicht die Wirkung dieses Vertrauens nicht spürte, noch je gespürt hatte, «du scherzest fortwährend mit mir. Wie könnte ich und mein Volk daran denken, euch zu schaden? Wie können Adler, seien sie auch noch so kühn, daran denken, wider Blitz und Erdbeben aufzustehen? Scherze nicht auf solche Weise mit mir, ich bitte dich.»

Er sagte dies vollkommen ruhig und natürlich, indem er dabei ein wenig lächelte, was Pizarro für einen Beweis seiner Tücke hielt; er sagte es in unserer Sprache, die er in seiner monatelangen Haft und im Verkehr mit de Soto und mir und andern Rittern besser zu sprechen wußte als ich oder irgendeiner von den Unsern die seine.

«Bin ich nicht ein wehrloser Mensch in deiner Hand?» fuhr er mit seiner leisen Stimme fort; «wie könnte ich die Absichten nähren, die du mir zuschreibst, da ich ja bei ihrer Verwirklichung das erste Opfer wäre? Du kennst mein Volk schlecht, wenn du glaubst, daß ein Aufstand ohne meinen Befehl stattfinden kann, da doch selbst die Vögel in meinem Land nicht wagen würden, ohne meinen Willen zu fliegen.»

Dieses Bild von eigentümlich tragischer Prahlerei in seiner gegenwärtigen Lage stimmte uns unwillkürlich zum Spott, indes seine Edlen schweigend auf die Knie fielen. So bestätigte sich abermals meine Wahrnehmung, daß ihm von seinen Vasallen eine höhere Huldigung gezollt wurde als sonst einem Herrscher der Erde, seine Macht erstreckte sich auf das verborgenste Tun, ja auf die Gedanken eines jeden. Alle Gesetze des Lebens mußten ihm aufgehoben erscheinen, alle Gesetze der Natur und das Maß aller Dinge zerstört, da er sich einer Schar von Fremdlingen, von bösen Schattenwesen, die wir vor ihm waren, auf Gnade und Ungnade preisgegeben sah, er, ohne dessen Willen kein Vogel in seinem Reich zu fliegen wagte.

Der General gab ihm zu verstehen, daß man über sein Schicksal beraten werde, und verließ das Zimmer.

In der Nacht erhielt Hernando de Soto den Auftrag, mit

fünfzig Reitern einen Streifzug ins Gebirge zu unternehmen. Da war kein Zweifel, es war darauf abgesehen, ihn während der nächsten Tage aus Caxamalca zu entfernen. Aber dem Befehl widersetzen durfte er sich nicht. So ritt er an der Spitze seiner Leute voll trüber Ahnungen fort.

18

Nun will ich in aller Kürze erzählen, wie das Todesurteil über den Inka zustande kam.

Um die neunte Morgenstunde berief der General den Don Almagro, den Don Riquelme, den Andrea della Torre und den Alonso de Molina zur Beratung in das Haus des Inka. Dieser saß, von seinen Edlen und Frauen und im weiteren Kreis von den Wachen umgeben, schweigend in der Vorhalle.

Um die zehnte Stunde erschien Alonso de Molina in der Halle und rief ihn ins Haus. Dieselben Männer, die darüber beraten hatten, ob man eine Anklage überhaupt erheben könne, waren gleich darauf als Gerichtshof zusammengetreten. Ein gewisser Anton de Carrion, ein entlaufener Student, wurde zum Verteidiger bestellt.

Hauptbelastungszeuge war Felipillo, dessen Aussagen protokolliert wurden, ohne daß man sich die Mühe nahm, sie auf ihre Wahrheit zu untersuchen. Der General ließ ihn auf das Kruzifix schwören, und er schwor.

Atahuallpa stand vor dem Tribunal wie eine Statue aus Bronze und verschmähte es, sich zu rechtfertigen. Die durch Felipillos fälschende Verdolmetschung hindurchgegangenen Zeugenaussagen der Peruaner schienen zu bestätigen, was die Richter bestätigt haben wollten. Atahuallpa wurde schuldig befunden, und der Spruch lautete dahin, daß er noch am selben Abend auf dem großen Platz in Caxamalca bei lebendigem Leib verbrannt werden sollte.

19

Welch verdächtige Eile, zu der sich der General getrieben fühlte; vor allem fürchtete er die Rückkehr Hernando de Sotos; weshalb, ist mir eigentlich nie recht klargeworden. De Soto war ein starker und redlicher Charakter, auch gehörte er einer einflußreichen und mächtigen Familie an. Was hatte aber Francesco Pizarro zu fürchten, außer Mißlingen und Tod?

Auf meine unbedeutende Person Rücksicht zu nehmen, hatte er keinen Grund, obwohl ihm meine Gesinnung in dieser Angelegenheit bekannt sein mußte; ich heuchelte ihm gegenüber nicht wie seine Schönredner und vermochte nicht jede seiner Handlungen zu bewundern. Ich war meiner ganzen Natur nach zum schweigenden Zuschauer bestimmt; ich bin ein Stotterer; ich bin es auch innen; damals war mir das Wort noch weniger gegeben als heute, und was ich sah und empfand, rann erst durch viele Kanäle, bevor es in mein Bewußtsein und in das Licht des Herzens trat.

Es war wünschenswert, die ausdrückliche Billigung des Pater Valverde zu dem Verfahren wider den Inka zu erlangen. Dem Mönch wurde eine Abschrift des Urteils vorgelegt, damit er es unterzeichne. Ich war zugegen, als er es las. Sein Blick flog unsicher über die Seiten, er setzte seinen Namen unter das Dokument, neben die drei Kreuze, die der General gemacht hatte, und sagte mit finsterer Ruhe: «Er möge sterben.»

Seit diesem Tag sind dreißig Jahre an mir vorübergezogen, und man sollte meinen, daß das Bild verblaßt sei. Dem ist aber nicht so. Im Gegenteil, jede Gestalt und jede Farbe steht noch mit derselben Deutlichkeit vor mir, jedes Wort haftet noch mit derselben Schärfe in meinem Gedächtnis. Was verschlägt es, dreißig Jahre? Und wenn es dreihundert, und wenn es dreitausend sein werden, die ihren Staub und Moder darübergeschüttet haben, das Gedächtnis der Menschheit wird so unerbittlich sein wie meines. Des bin ich sicher in meiner Einsamkeit.

20

Atahuallpa ging aus dem Saal, aber kurz nachher ließ er den General bitten, er möge die Hinrichtung bis zum folgenden Morgen verschieben, da er im Angesicht der Sonne sterben wolle. Don Almagro und einige andre erhoben Einspruch dagegen, aber der General gewährte die Bitte des Fürsten. Zugleich traf er allerlei Vorkehrungen gegen einen Angriff der Peruaner, die vielleicht im letzten Augenblick noch versuchen würden, ihren König zu retten. Man hatte seit einigen Tagen eine auffallende Bewegung auf den Landstraßen und in den Bergtälern bemerkt. Die Wachen wurden infolgedessen verstärkt und die Feldgeschütze geladen.

Es gab außer mir noch einige andere Männer im Lager, die sich dem Todesurteil widersetzten, und nicht bloß stumm wie ich. Sie verwarfen die urkundlich festgestellten Beweise als unzulänglich oder willkürlich und leugneten die Befugnis, ein solches Gericht über einen regierenden Fürsten inmitten seiner eigenen Staaten zu halten. Doch mit ihren Argumenten regten sie die große Mehrheit nur zum Zorn auf, und abermals entstand Hader, abermals widerhallten Platz und Straßen von tobendem Geschrei und Waffengerassel.

Der Inka erkundigte sich bei mir, was der Lärm bedeute. Ich hatte nicht den Mut, ihm die Wahrheit zu gestehen. Mit Ketten an den Füßen kauerte er in der Mitte des Raums. Seit der Verkündigung des Urteils hatte man für nötig befunden, ihn auf so schimpfliche Weise zu fesseln. Rings saßen schattenstill seine Getreuen. Er war sichtlich in Unruhe und hob bisweilen den Kopf, als wolle er Ausschau halten. Am späten Nachmittag traf ein Bote ein, flüsterte etwas, warf sich auf die Erde nieder und blieb regungslos liegen. Nach einer Stunde erschien ein zweiter, nach einer weiteren Stunde ein dritter. Sie mußten einen Auftrag gehabt haben, dessen Vollziehung dem Inka sehr am Herzen lag, denn jedesmal, wenn er die geflüsterte Meldung vernommen, wurde seine Miene heller und wich die Unruhe merkbarer von seinem Wesen.

Er erwartete die Ankunft seiner Ahnen. Das war auch die Ursache der Bewegung, die wir seit mehreren Tagen unter den Peruanern wahrgenommen hatten. In der Voraussicht und im deutlichen Vorgefühl seines Schicksals hatte Atahuallpa schon vor vielen Tagen nach dem großen Tempel der Sonne in Cuzco geschickt, damit seine toten Ahnen zu ihm kämen, da er nicht zu ihnen kommen und das Totenmahl halten konnte, wie es jeder Inka tat, der sein Ende nahen fühlte. Für sie wurden die Wege gereinigt, zu ihrem Empfang bereitete sich draußen in der Landschaft das Volk.

21

Um die sechste Stunde äußerte Atahuallpa das Verlangen, den General zu sprechen.

Pizzaro kam, gefolgt von seinem Bruder Pedro und dem finstern Don Almagro.

Eine Zeitlang blickte Atahuallpa verloren vor sich hin; plötzlich erhob er sich und rief: «Was habe ich getan, was haben meine Kinder getan, daß mich ein solches Los treffen soll, und noch dazu aus deinen Händen? Hast du denn vergessen, wie du von meinem Volk mit Güte und Zutraulichkeit behandelt worden bist? Und ich, habe ich dir nicht Freundschaft genug erwiesen?»

Der General schwieg.

Und nun geschah es, daß Atahuallpa, dieser Stolze aller

Stolzen, die Hände faltete und um sein Leben bat. Mit ganz leiser Stimme, die Lippen ein wenig vorgewölbt, das Haupt ein wenig gebeugt, mit Augen ohne Glanz. Ich weiß nicht mehr die Worte, vor mir steht unverwischbar, unvergeßbar nur sein Bild. Von vielen ist behauptet worden, Francesco Pizarro sei so erschüttert gewesen, daß er geweint habe. Ich selbst, sagt sein Bruder Pedro in einer Schrift, sah den General weinen.

Was mich betrifft, ich sah nichts davon. Auch fand der Inka kein Gehör bei ihm. Wenn einer erschüttert ist und weint, so müßte er wohl seines Irrtums inne werden, sollte man denken. Aber ich sah nichts davon.

Da Atahuallpa erkannte, daß er den General in seinem Entschluß nicht wankend machen konnte, ergriff ihn eine ratlose Scham über die Selbsterniedrigung, zu der er sich hatte hinreißen lassen. Er schlug kreuzweise die Hände über die Brust und verharrte in tiefem Sinnen.

22

Als eine geraume Zeit in diesem beklemmenden Schweigen verstrichen war, wandte sich Atahuallpa plötzlich zu mir und sagte in seinem gebrochenen Spanisch, daß er von der wunderbaren Kunst des Schreibens vernommen habe, auf die wir uns verstünden, und daß er gern eine Probe davon sehen möchte.

Ich erkundigte mich, wie er das meinte; da sagte er, ich solle ihm ein bestimmtes Wort auf den Nagel seines Daumens schreiben, dann sollten meine Gefährten es lesen und ihm so leise mitteilen, daß nur er allein es hören könne, welches Wort ich geschrieben. Wenn alle dasselbe Wort aussprächen, wolle er nicht länger zweifeln, daß wir mit dieser Kunst wirklich begabt seien.

Ich wußte nicht gleich, wie ich sein Begehren erfüllen

sollte, für das Anlaß und Stunde seltsam gewählt waren. Aber meine Unschlüssigkeit dauerte nicht lange. Ich nestelte eine Agraffe von meinem Gewand, ritzte mich mit der Nadel in den Handrücken und schrieb, mit einiger Mühe zwar, doch immerhin leserlich, auf den Nagel des Inka das Wort Crux. Sodann forderte ich die Ritter auf, heranzutreten. Sie gehorchten teils murrend, teils lachend, und nachdem sie das Wort gelesen, flüsterten sie Atahuallpa leise ins Ohr: Crux. Er war darüber höchst erstaunt, und da sie alle ohne zu stocken dasselbe Wort nannten, war ihm die geheimnisvolle Macht der Schrift versinnlicht.

Nur der General hatte sich nicht von seinem Platz gerührt. Francesco Pizarro konnte weder schreiben noch lesen. Obwohl dies vielen unter uns bekannt war, wurmte es ihn, daß er nun vor seinen Offizieren und außerdem vor dem Inka bloßgestellt war, und er schaute düster vor sich hin. Atahuallpa begriff den Zusammenhang, und mit bewundernswertem Zartgefühl war er bestrebt, den begangenen Fehler wiedergutzumachen, indem er lächelnd zu dem General sagte: «Sicherlich hast du schon vorher gewußt, was geschrieben steht. Crux steht geschrieben. Du, ein Gott unter deinen Landsleuten, hattest nicht nötig, dich erst mit deinen Augen zu überzeugen.»

«Ich bin kein Gott. Was weißt du Heide von Gott!» warf Pizarro verächtlich grollend hin, denn er glaubte nicht, daß der Inka aufrichtig rede.

«Von euerm Gott weiß ich wenig, von meinem weiß ich viel», war die sanfte Erwiderung. «Euern Gott kann man nicht sehen, der meine wandelt über den Himmel und grüßt seine Kinder täglich.»

Kopfschüttelnd und fast mitleidigen Tons entgegnete der General: «Nur *einen* Gott, Unseliger, gibt es, und es wäre gut für dich, wenn du dein Gebet an ihn richten wolltest.»

«Wie kannst du mit solcher Bestimmtheit sagen, daß

dein Gott der wirkliche und einzige Gott ist?» fragte der Inka mit hoheitsvoller Ruhe, «und wie soll ich an ihn glauben, da er es doch zuläßt, daß ihr, die ihr stets von seiner Liebe und Barmherzigkeit redet, unschuldige Menschen mordet?»

Der General schwieg und wandte sich ab.

23

Es war eine Stunde vor Mitternacht, als der Ritter Garcia de Jerez in mein Zimmer trat und mir die Meldung machte, in der großen Halle bereite sich etwas Ungewöhnliches vor, und man müsse auf der Hut sein. Er wußte nicht recht, weshalb er mich warnen zu sollen glaubte; es war nur allgemeine Furcht oder Befangenheit, denn als ich ihn ausforschte, konnte er mir bloß sagen, der Inka sitze ganz allein an einer langen Tafel, sitze unbeweglich in der Mitte der Tafel, an welcher vierundzwanzig leere Plätze seien.

Ich hatte mich den Tag über krank gefühlt und war zeitig zur Ruhe gegangen, nun stand ich auf, kleidete mich rasch an und ging hinaus.

Auf dem Platz brannten Pechpfannen, in deren düsterm Schein eine Anzahl unserer Leute den Scheiterhaufen errichteten. Die große Halle war von Fackeln erleuchtet, und ich sah wirklich, wie es Garcia geschildert hatte, den Inka in der Mitte einer dort aufgestellten Tafel sitzen, vollkommen unbeweglich, und rechts und links von ihm je zwölf goldne Teller. Hinter jedem der dadurch angedeuteten Plätze und auch hinter dem Stuhl des Inka stand ein Diener, der eine mit Speisen besetzte Schüssel trug, fünfundzwanzig an der Zahl, vollkommen unbeweglich, und hinter den Dienern wieder standen in derselben Starrheit, im selben Schweigen die Edelleute und jungen Frauen Atahuallpas.

Es war ein Anblick, auf den ich nicht gefaßt gewesen war. Man liest zuweilen in Märchen, daß eine ganze Versammlung von Menschen durch das Wort eines bösen Zauberers in Stein verwandelt wird; daran gemahnte mich das Bild, das ich vor mir sah. Dazu die unheimliche Stunde, der unheimliche Ort; Garcia und ich schauten uns betroffen an.

Inzwischen war Cristoval de Perralta, der den Befehl über die Wachen in der Stadt hatte und die sonderbare Veranstaltung des gefangenen Fürsten ebenfalls bemerkt hatte, zum General gegangen, um ihm Bericht zu geben. Pizarro hatte einige seiner Freunde zu einem Gastmahl geladen, und Cristoval fand sie beim Wein und in lärmender Munterkeit. Seine Erzählung wurde mit groben Scherzen aufgenommen, aber dann sagte der General, dessen Wachsamkeit nie schlummerte, man müsse hinübergehen und sehen, was es mit dem geschilderten Schauspiel für eine Bewandtnis habe.

Er brach auf, und es begleiteten ihn seine beiden Brüder, Don Almagro, Don Riquelme, della Torre, Alonso de Molina und Cristoval de Perralta. Von der andern Seite des Platzes kam fast zu gleicher Zeit langsam und in seinem Brevier lesend der Pater Valverde und blieb, während das Folgende geschah, wie ein stummer Wächter und Mahner zwischen dem Scheiterhaufen und den Treppenstufen der Säulenhalle stehen.

24

Die Ritter, zu denen auch Garcia und ich uns gesellt hatten, waren auf einer Seite der Halle zusammengedrängt, und ich glaube, daß selbst die Herzhaftesten einen Schauer verspürten, als sie die völlig versteinten Peruaner erblickten.

Plötzlich erhob Atahuallpa die Augenlider und schien

uns damit erst zu gewahren. Sein Blick war wie ein heißer Strahl, ich mußte die Augen in andere Richtung lenken, und sie blieben auf den geröteten fleischigen Ohren des Generals haften, der sich dicht vor mir befand. Atahuallpa stand auf, und in seinem Ebenmaß und seiner stolzen Würde war er unbeschreiblich schön anzusehen; das rote Licht der Fackeln umzuckte sein bräunliches Gesicht, und das scharlachne Kleid, das die schlanke Gestalt umschloß, verlieh der Erscheinung etwas Glühendes.

«Ihr Männer, sagt mir doch, wo kommt ihr her?» begann er leise und mit grüblerischem Ausdruck; «was ist es für ein Land, in dem eure Heimat ist? Sagt mir doch, wie es beschaffen ist und wie ihr es anstellt, darin zu leben: ohne Sonne?»

«Wie denn, ohne Sonne?» fragte Andrea della Torre verwundert; «meinst du denn, daß bei uns ewige Finsternis herrscht?»

«So muß ich annehmen, da ihr der Sonne den Krieg erklärt habt», antwortete Atahuallpa.

«Du und die Sonne, ihr seid also eins?» rief Don Almagro spottend.

«Seit vielen tausend Jahren», nickte der Inka; «meine Ahnen und ich, seit die Kornfrucht in diesem Lande wächst.»

Es entstand eine Stille, in welcher wir den Pater Valverde draußen beten hörten.

«Meine Ahnen werden kommen», sagte Atahuallpa geheimnisvoll; «die nicht in Staub zerfallen sind, werden kommen und mich begrüßen.»

Alle schauten ihn erstaunt an.

«Aber ihr antwortet mir nicht», begann er wieder und blickte rundum; «warum schweigt ihr auf meine Frage? Scheint denn bei euch dieselbe Sonne? Ihr müßt euch täuschen, es muß eine andre sein. Ist sie denn nicht erzürnt, wenn ihr die Kleinodien zerstört, die der Fleiß eurer Handwerker geschaffen hat? Verfinstert sie sich nicht, wenn ihr die geheiligten Frauen anrührt? Was habt ihr für Gesetze, was habt ihr für Bräuche? Gibt es Gestalten bei euch, die unberührbar sind? Kennt ihr denn das Unberührbare, da eure Hand doch vor nichts zurückschreckt und alles berührt?»

Er streckte beide Hände mit an den Leib gedrückten Oberarmen flach aus wie zwei Schalen, als wolle er die Antwort darin empfangen. Aber es kam keine Antwort. Es war ein so atemloses Schweigen eingetreten, daß es beinahe gespenstisch wirkte.

«Ich wollte ergründen, was euch so stark macht», fuhr er sinnend und mit gesenkter Stirn fort, «und ich glaube, ich habe es ergründet. Es muß das Gold sein. Das Gold verleiht euch den Mut, alle Dinge zu berühren und euch alle Dinge anzueignen. Und indem ihr die Dinge gewinnt, zerstört ihr jedes Dinges Form. Das Gold verwandelt eure Seele, das Gold ist euer Gott, euer Erlöser, wie ihr es nennt, und wer ein Stück davon besitzt, der ist gefeit, der meint die Sonne zu besitzen, weil er eine andere Sonne nicht kennt. Ich verstehe es nun genau, und ihr dauert mich, ihr Sonnenlosen.»

Der General drehte sich zornig um; Don Almagro erhob drohend den Arm; die Ritter murmelten unwillig. Draußen befahl Pater Valverde den Soldaten, daß sie den Scheiterhaufen anzünden sollten. Da geschah das, was Zeit meiner Tage nicht aus meinem Innern weichen wird, das grausig Geisterhafte.

25

Am östlichen Himmel zeigte sich eben die erste matte Röte, da sahen wir einen ausgedehnten Zug von Peruanern von der Landstraße nach Caxamalca schreiten und sich dem großen Platz nähern. Inmitten des Zugs und über ihn erhoben, gewahrten wir vierundzwanzig regungslose Gestalten auf ebenso vielen Stühlen, und jeder der Stühle, die, wie wir bald erkannten, aus Gold waren gleich dem Inkathron, wurde von acht Kriegern gleich dem Inkathron auf den Schultern getragen. Und jede der Gestalten war in die allerkostbarsten Gewänder gehüllt, und es waren zwölf Männer und zwölf Frauen, lauter Tote.

Sie kamen aus den Grabstätten, wo die einen seit einem Menschenalter, die andern länger, jahrhundertelang, geruht hatten, die Vorfahren Atahuallpas.

Die Männer waren mit der Borla und den Coraquenquefedern geschmückt, die Frauen hatten sternbestickte weiße Schleier, die sie von den Hüften abwärts umhüllten.

Als der feierliche und fast lautlose Zug bis dicht an die drei Treppenstufen der Vorhalle gelangt war, lösten sich die Träger der Toten von ihm los, schritten mit den Thronen in die Halle und an die Tafel und stellten sie an die vorbereiteten Plätze, die Männer zur Rechten des Inka, die Frauen zur Linken.

Am oberen Ende der Tafel aber stellten sie eine ungeheure goldne Sonne auf, die im Feuer der Fackeln und Pechpfannen und im schon beginnenden Brand des riesigen Scheiterhaufens einen verwirrenden Glanz verbreitete.

Atahuallpa begann nun von den Speisen zu essen, zum Scheine nur, und jeder Mumie wurde eine Speise auf den goldnen Teller gelegt, auch dies zum Schein. In ihrem fürstlichen Staat, die Köpfe ein wenig gesenkt, die Haare von rabenschwarzer oder silberweißer Farbe, je nach dem Alter, in dem sie gestorben waren, machten die Leichname einen täuschenden Eindruck des Lebens, der durch die grelle Beleuchtung der vielfachen Flammen und alsbald auch durch das Licht der höher steigenden Morgenröte verstärkt wurde.

Zuerst zeigten die Gesichter meiner Gefährten eine schauerliche Ehrfurcht, aber der Anblick der goldnen

Throne und goldnen Kleider, der Juwelen und Spangen und vor allem der goldnen Sonne erweckte in ihren Gemütern die unverlöschliche Begierde neu, den nie zu stillenden Hunger, und trieb ihn bis ins Glutfieber hinein, denn eine solche Ansammlung von Schätzen ging über ihre Fassung und raubte ihnen die Vernunft. Die Wachen strömten herbei, die Soldaten strömten herbei, Lust und Grauen in den Augen, Gier und Furcht; ich selbst fühlte noch ein Aufflackern des wesenlos quälenden Verlangens, dann aber zersprengte mir dies gräßliche Zweierlei, Wollust und Grauen, Gier und Furcht, Anblick des Goldes und Anblick des Todes das Bewußtsein.

Ich sah noch, wie sich ein Teil der Soldaten auf die goldnen Throne stürzte und von den Rittern zurückgerissen wurde, sah noch, wie der Inka sich vor seinen Ahnen tief verneigte und die Edlen seinem Beispiel folgten, und wie er dann im Erfunkeln des ersten Sonnenstrahls nach einem leidvoll-erstaunten Blick auf die Stätte des Kampfes mit heiterem Lächeln zum Richtplatz schritt; hörte noch die dumpfen Ermahnungen des Mönchs und die verloren hingeleierten Kredos der um den Scheiterhaufen versammelten Ritter, dann umfing mich eine wohltätige Dunkelheit, die erst nach vielen Tagen meine Sinne wieder verließ.

26

Aber zur Einkehr und demütigen Betrachtung der menschlichen Dinge dauerte es noch lang. Was noch an Jammer und Niedersturz an meinem Auge vorübergezogen ist und an welchen unguten Taten ich fernerhin mit widerstrebendem Geist noch teilnahm, fühle ich mich zu berichten nicht versucht.

Verfinstert sein und nach der Helligkeit lechzen, ist ein Zustand der Seele, der sie peinigt, aber auch zum Fließen bringt. Zwischen Ahnung und Wissen gibt es einen Weiser, zwischen Trägheit und Sehnsucht einen Ruf.

Als ich einst über die Trümmer einer verkohlten Stadt wanderte und in die gebrochenen Augen von Menschenbrüdern blickte, befahl mir eine Stimme, zu schweigen und zu warten.

Als ich ein andres Mal im Gebirge der Kordilleren auf eine Schar von sterbenden Kindern stieß, die der Hunger und die Angst aus den verödeten Dörfern hinaus in das wüste Pajonal getrieben hatte, weinte ich über das, was der Mensch ist und was er versäumt, zu sein.

Ich sah den Tod in jeglicher Gestalt, die er auf Erden annimmt; ich sah die Freunde hingehen und die Führer fallen und die Völker enden und die Unbeständigkeit jedes Glücks und den Betrug jeder Hoffnung und schmeckte den bittern Bodensatz in jedem Trunk und das heimliche Gift in jeder Speise und litt an der Zwietracht der Gemeinden und an der Torheit selbst der Erleuchteten und an dem grausam gleichmütigen Rollen der Zeit über diese schmerzbeladene Erde und erkannte die Nichtigkeit alles Habens und die Ewigkeit alles Seins, und mich erfüllte das Verlangen nach einem besseren Stern, den die herrliche Sonne reiner durchglüht und edler beseelt hat.

Dieser, auf dem ich lebe, ist vielleicht von Gott verstoßen.

Nachwort

Er sinne oft «der außerordentlichen, ja abenteuerlichen Kurve dieses Lebens nach», schrieb Thomas Mann 1935 in Erinnerung an Jakob Wassermann und gedachte nicht ohne Wehmut des verstorbenen Freundes. Beide Dichter waren sich bereits in jungen Jahren begegnet, und der Autor der «Buddenbrooks» hatte den Weg des zwei Jahre älteren Kollegen stets mit Sympathie und Anteilnahme verfolgt. Das Lebensschicksal des literarischen Weggefährten aber, das ihm selbst wie «ein Wassermannscher Roman mit allen pathetischen ‹Verstrickungen eines solchen›» erschien, mußte ihm in seiner tieferen Tragik fremd bleiben, berührte es im Grunde doch kaum eigene Erfahrungen. Der Lübecker Kaufmannssohn kam nicht wie Wassermann «von unten, aus Notdurft, Dunkel, Entbehrung», er hat nicht in jungen Jahren gehungert «ganz á la lettre». Jetzt aber im schweizerischen Exil, getrennt von der Heimat und in Sorge um die Zukunft, rückte das Los des Freundes für Thomas Mann in bedrohliche Nähe. Bereits am 8. Januar 1934, eine Woche nach dem Tode Wassermanns, hatte er in einem Brief an Réne Schickele empört auf die Meldung im Berliner Börsencourier reagiert, in der «W.» als einer «der angesehensten Schriftsteller November-Deutschlands» bezeichnet wurde, der aber «mit der deutschen Literatur so gut wie nichts zu schaffen» habe. Vielleicht auch mit Blick auf den eigenen Nachruhm schrieb er: «Sehen sie es sich an: Es ist der deutsche Nekrolog für uns alle.»

Als Jakob Wassermann 1921 in seiner autobiographischen Schrift «Mein Weg als Deutscher und Jude» eine erste Bilanz seines Lebens und seines literarischen Schaffens zog, wandte er sich entschieden gegen die Vorstellung, daß «dem Elend zeugende Macht» zukomme. Dieser «Zuschauerirrtum» entstehe nur, erklärte er sinngemäß, weil die «zahllos im Elend Versunkenen» wortlos blieben, während die der Gefahr Entkommenen diese hinterher priesen. Seine ersten fünfundzwanzig Lebensjahre waren entschieden zu bitter, um an dieser Legende mitzustricken. Es blieb sein ungelöstes Problem, die in jener Zeit verlorene Lebenssicherheit zurückzugewinnen. Sie ließ sich auch durch die literarische Arbeit nicht erzwingen, in der sich, wie Thomas Mann es formulierte, «die Sorge um die eigene Rettung und Rechtfertigung mit der um das Heil der sozialen Welt vereinte».

Auch noch im Jahre 1921 – Wassermann ist achtundvierzig Jahre und ein weltberühmter Autor, der sich ein bürgerliches Leben leisten kann – fällt auf die Vergangenheit kein verklärendes Licht. Zu tief ist er von den Erfahrungen geprägt, zu stark noch an ihre Realität gebunden, als daß der äußere Erfolg ihn von diesen Eindrücken befreien könnte. Der körperliche Schmerz des Hungers liegt zwar Jahrzehnte zurück, die Furcht vor Erniedrigung ist besiegt, die Isolation durchbrochen, aber eher gestiegen ist eine soziale Sensibilität, die den Blick für das Leid der vielen andern schärft. Dieser seelische Druck beschwerte sein Leben, dessen «Grundstimmung», so empfand es neben anderen auch Thomas Mann, «immer dunkel, immer ‹tüstr› blieb».

Zu der Bilanz, die Wassermann 1921 zog, gehören aber auch andere Töne. «Es ist das Wunderbare der Jugend», heißt es da, «daß sie am Menschen nie ganz zu verzweifeln vermag, eher wirft sie sich selbst weg, als daß sie aufhört, an den Menschen, dies geträumte Bild vom Menschen zu glauben.» Die Hoffnung auf eine neue Humanität, die beim einzelnen Menschen beginnen müsse, erlangt für sein Schaffen zunehmend Bedeutung und hilft ihm, an eine andere Wirklichkeit zu glauben. Schon in der Jugend, als er den Geschwistern Geschichten erzählen mußte, machte er die erstaunliche Erfahrung, «daß ein Mensch zu binden ist, ... indem man sich seiner Einbildungskraft bemächtigt», ja mehr noch, daß man auf diesem Wege «ihn sogar vom Schlechten abbringen kann». Dieser Glaube an die Wirkungsmöglichkeiten des Wortes prägte seine Vorstellung von der Aufgabe der Dichtung und des Dichters. Wassermann vertraute auf die «Verwandlung des Menschen durch Phantasie». Nur ein ethisch empfindendes und moralisch geläutertes Subjekt könne eine in die Irre gehende Menschheit aufhalten und zur Umkehr bewegen. Diese idealistische Erlösungsidee zieht sich als verbindendes Element durch das gesamte Werk. Auch die Auswahl historischer Stoffe und Themen wird aus dieser Perspektive vorgenommen. Viele seiner literarischen Gestalten – von Agathon Geyer aus dem frühen Roman «Die Juden von Zirndorf» (1897) bis hin zum Arzt Kerkhoven, der Titelfigur des letzten Romans «Joseph Kerkhovens dritte Existenz» (1934) – verstehen sich als Botschafter einer gerechteren Welt. Noch im Jahre 1924, nach dem blutigen Weltkrieg und inmitten von Inflation und sich zuspitzenden politischen Auseinandersetzungen, heißt es in einem «Brief an einen jungen Autor»: «Ich glaube an die Möglichkeit der sittlichen Entwicklung des Individuums und bis zu einem gewissen Grad auch an die Möglichkeit der seelischen Verwandlung ... Aber immer nur, was den einzelnen betrifft, im Kreis seines Willens, seines Schicksals, seiner Erkenntnisfähigkeit, seines metaphysischen Vermögens und seiner Harmoniebereitschaft.» Mit dieser Überzeugung auf «Erlösung» hinzuwirken sei «Sinn und Zweck der großen Kunstwerke und großen Künstler».

Dieser Anspruch zog freilich die Bedingungen und Ursachen gesellschaftlicher Prozesse nicht in Betracht. Der bitteren Erkenntnis, daß sich seine Hoffnung als Illusion erwies, er sich von den aktuellen Fragen der Zeit immer weiter entfernt hatte, konnte Wassermann sich nach der Machtergreifung durch die Nationalsozialisten nicht mehr verschließen. Über die Wirkung seines literarischen Werkes sagte er resignierend in den «Selbstbetrachtungen» (1933): «... ethisch angesehen ist das Ergebnis zum Verzweifeln. Nicht als ob es nicht da und dort Ergriffene gäbe, Reuige und der Verwandlung Fähige, aber am Lauf der Welt ändert sich nichts, am Haß, an der Lüge, am Mißverständnis, am Wahn und an der Ungerechtigkeit nichts.» In einem Brief an Ernst Rowohlt vom 23. September 1933 klingt bereits Todessehnsucht an: «Daß ich ein vierzigjähriges Lebenswerk in Trümmern zerschlagen sehe, ist ein Kapitel für sich, das nicht näher glossiert zu werden braucht. Die Worte fehlen, die Empfindung, unter der man weiterlebt, ist nicht mitteilbar.» Wenige Monate später, am 1. Januar 1934, stirbt Wassermann. Sein Ableben zu diesem Zeitpunkt veranlaßte Klaus Mann in seiner Autobiographie «Der Wendepunkt» zu der gewiß nicht abwegigen Vermutung, daß der Tod ihm «so sehr unwillkommen nicht gewesen sein dürfte ... Er wollte seine Ruhe.»

Wassermanns Kindheit und Jugend gleicht einer Kette persönlicher Katastrophen. Familiäre Herkunft und Geburtsort scheinen das Schicksal vorherzubestimmen. Er wurde am 10. März 1873 in Fürth als Sohn jüdischer Eltern geboren. Vorfahren der Mutter wie des Vaters waren seit Jahrhunderten in der Gegend um Würzburg, Fürth, Bamberg, Zirndorf ansässig und hatten sich allmählich der christlichen Umwelt angepaßt. Aus dieser Tradition erklärt sich die enge Bindung Wassermanns an die fränkische Heimat, deren Geschichte und kultureller Reichtum für ihn zum entscheidenden Bildungserlebnis werden. Obwohl er Deutschland 1898 verläßt und seinen Wohnsitz nach Österreich verlegt, bleibt die Landschaft zwischen Main und Altmühl selbst im Spätwerk des Autors so lebendig, als hätte er sie nie verlassen.

Dem Vater, einem kleinen Händler, gelang es nicht, am ökonomischen Aufschwung Deutschlands nach der Reichsgründung 1870/71 durch Bismarck teilzuhaben. Alle seine Spekulationen schlugen fehl. Armut, Hunger und die Verbitterung dieses Mannes bestimmten die häusliche Atmosphäre. Die Mutter starb, als Jakob neun Jahre alt war. Das für den Knaben Unfaßbare ihres Todes ist noch 1897 in der Novelle «Schläfst du, Mutter?» gegenwärtig. Die seelische Not steigert sich unter dem Regime einer Stiefmutter, die mit ihrer Strenge und Lieblosigkeit einem bösen Märchen entstiegen scheint. Allein ein früh ausgebildetes Talent zum Erzählen, mit dem er eine andere Wirklichkeit vortäuschen kann, erfüllt für Augenblicke die Sehnsucht nach einer «Menschenwelt». Doch auch hier verhängnisvolle Eingriffe; seine ersten, versteckt aufbewahrten Gedichte werden von der Stiefmutter entdeckt und verbrannt. Als ein Fürther Lokalblatt einen «Roman» des Vierzehnjährigen veröffentlicht, bringt ihm das nicht nur «wegen verbotener Publikation» zwölfstündigen Karzer in der Schule, sondern auch schwere Vorwürfe der Eltern ein.

Nach Abschluß der Realschule soll der Sechzehnjährige in der Fabrik eines Wiener Onkels auf den Kaufmannsberuf vorbereitet werden. Noch vor Jahresfrist flieht Jakob aus der Lehre und widersetzt sich den Plänen der Eltern, ihn in ein standesgemäßes bürgerliches Leben zu pressen. Von der vagen Vorstellung eines künftigen Dichterdaseins erfaßt, pendelt er zwischen Nürnberg, München, Würzburg und Freiburg oder wandert durch den Schwarzwald. Es sind Jahre bitterer Not und gesundheitlicher Gefährdung, weit entfernt vom Ideal schriftstellerischer Ungebundenheit. Ein erster Versuch, sich Anfang der neunziger Jahre beim Münchener Dichterfürsten Paul Heyse Bestätigung und Mut zu holen, endet kläglich. Heyse, dem er ein «voluminöses Epos in Blankversen» übergab, empfahl ihm, sich doch «wieder dem Kaufmannsberuf zuzuwenden». Erst als ihn Ernst von Wolzogen, dessen Name sich eng mit dem literarischen Kabarett «Überbrettl» verbindet, 1895 als Sekretär einstellt, findet die Irrfahrt ein Ende. «Er war der erste Mensch, der mich als Dichter uneingeschränkt ernst nahm», erinnerte sich Wassermann 1921, «und das bedeutete für mich soviel wie Rettung und Erlösung.»

Rettung zwar noch nicht in materieller Hinsicht, aber, und das wog entschieden schwerer, durch den Mentor konnten weitere Kontakte geknüpft und die eigenen Möglichkeiten im Kreise Gleichgesinnter erprobt werden. Zu Thomas Mann, der in München Fuß zu fassen sucht, und zu Rilke, der von Prag herüberkommt, bahnen sich erste Kontakte an. Sie befördern die literarischen Pläne Wassermanns ebenso wie die Besuche im Hause seines ersten Verlegers Albert Langen, wo er mit Bjørnstjerne Bjørnson und Knut Hamsun zusammentrifft. Wassermanns literarische Anfänge stehen ganz im Zeichen eines «tief wurzelnden Verlangens nach Rechenschaftsablegung». Figuren und Bilder der Kinder- und Jugendjahre drängen zur Gestaltung und werden in kaum verhüllter Form verarbeitet. An der mangelnden Fähigkeit, sich in der Figurengestaltung von der engen Bindung an die eigene Erlebniswelt zu lösen, scheitert Jahre später ein umfangreicher autobiographischer Roman mit dem Titel «Engelhart Ratgeber». Nicht zuletzt diese Erfahrung bewog ihn, sich historischen Stoffen zuzuwenden, um mit Hilfe des von der Geschichte vorgegebenen Materials seine Erzähllust zu disziplinieren.

In den Jahren, da Wassermann mit Romanen wie «Melusine» (1896) und «Die Juden von Zirndorf» (1897) die literarische Bühne in München betritt, steht die Literatur bereits im Zeichen der Abkehr vom Naturalismus. Eine der Gegenströmungen nimmt unmittelbar von der Stadt an der Isar ihren Ausgang. Der «Simplicissimus» von Albert Langen und die von Georg Hirth herausgegebene Wochenzeitschrift «Jugend», beide werden 1896 aus der Taufe gehoben, machen den Jugendstil in Deutschland populär. Wassermann, der wie Thomas Mann für kurze Zeit in der Redaktion des «Simplicissimus» arbeitet, fühlt sich dem Symbolischen und dem Gestaltungsanspruch dieser Kunstrichtung verwandt. Die dekorative Bildsprache und die stimmungsbetonten Elemente des Jugendstils sowie das Streben zum geschlossenen Gesamtkunstwerk kommen seinem Naturell entgegen. Ganz in diesem Geist ringt der noch Suchende nach Gesetzen, um das «Chaos» seiner Gedanken «durch die Form zu bannen». Die satirische Glossierung von Kaiser und Vaterland dagegen, die in den Spalten beider Zeitschriften Raum findet, ist seine Sache nicht. Die moderne Großstadt mit ihren sozialen Spannungen, ihrer Häßlichkeit, ihren Außenseiterexistenzen wird zwar wahrgenommen, für Wassermann aber erst mit der Arbeit am «Christian Wahnschaffe» literarisch bedeutsam. Zunächst bleibt die kleinstädtische Welt der heimatlichen Lebenssphäre bevorzugter Ort des Erzählens. Eine Konfrontation mit politischen Tagesfragen oder mit Personen öffentlichen Interesses liegt außerhalb seiner Bestrebungen.

Ist es ein Gefühl des Fremdseins in dieser, wie Thomas Mann es äußerte, völlig unliterarischen Stadt, das ihn veranlaßt, 1898 überraschend München und Deutschland zu verlassen und in Österreich seinen Wohnsitz zu nehmen? Oder will er, wie er selbst behauptet, nur «das unheilvolle Band» zu einer Frau lösen, die seine «moralische Existenz» bedroht? Beides mag eine Rolle gespielt haben. Im Kern aber berührt die Flucht aus der Heimat ein anderes und wesentlicheres Problem seines Lebens.

Empfindlich traf Wassermann der Ende des Jahrhunderts verstärkt auftretende Antisemitismus. In der Familie wurden zwar «gewisse äußere Vorschriften eingehalten», aber «mehr aus Rücksicht auf Ruf und Verwandte, aus Furcht und Gewöhnung als aus Trieb und Zugehörigkeit ... Genau betrachtet war man Jude nur dem Namen nach und durch die Feindseligkeit, Fremdheit oder Ablehnung der christlichen Umwelt ...»

Feindseligkeiten hat der Jude Wassermann während seiner kurzen Militärzeit und in den Jahren des Umherirrens mehrfach zu spüren bekommen. Sie trafen ihn, der sich der deutschen Kultur und Geschichte zugehörig fühlte, besonders schmerzlich. Die Frage: «Wozu war man also noch Jude, und was war der Sinn davon?» berührte zunehmend sein Leben. Eine Antwort fand er weder im Assimilierungsbestreben der Vorfahren noch in der zionistischen Selbstabgrenzung der jungen jüdischen Generation. Er glaubte an einen dritten Weg: Als Deutscher und Jude zugleich leben zu können und angenommen zu werden. In publizistischen und essayistischen Arbeiten hat er seine Haltung mehrfach zu definieren versucht, besonders engagiert in dem autobiographischen Bericht «Mein Weg als Deutscher und Jude». Daß die Töne werbenden Verständnisses für die Stellung des Juden zunehmend anklagender werden, spiegelte nicht nur die Enttäuschung über die politische Entwicklung wider, sondern war auch Reflex auf die mangelnde Resonanz, die er in der Öffentlichkeit fand. Der Wechsel nach Wien befreite ihn von der unmittelbaren Last dieser Probleme und «wirkte wohltätig» durch die «leichtere Form» des Lebens dort. «Da waren Widerstände aufgehoben, die ich bei uns auf Schritt und Tritt gespürt hatte. Die Menschen kamen mir freier entgegen, williger, offener ...» So empfand er es noch zwanzig Jahre später. Daß sich in der Donaumetropole Antisemiten um die Figur Karl Luegers – Bürgermeister und Führer der Christlichsozialen Partei – bereits politisch sammelten, dürfte ihm nicht verborgen geblieben sein. Aber Wassermann, durch die Trennung nur fester an die Heimat gebunden, entwickelte kaum Spürsinn für die Konflikte der auseinanderbrechenden Donaumonarchie. So angenehm ihm das Wohnen dort war, österreichische Landschaft spielt, außer in dem Novellenband «Der goldene Spiegel» (1911) und im Roman «Ulrike Woytich» (1923), kaum eine Rolle.

In Wien heiratet Wassermann die reiche Fabrikantentochter Julie Speyer. Er kann nun frei von materiellen Sorgen seine literarischen Pläne verfolgen. Die Ehe selbst erweist sich als weniger glücklich und wird 1919 geschieden. Wassermann zieht sich gänzlich in die Bergwelt von Altaussee zurück und lebt dort gemeinsam mit der Schriftstellerin Marta Karlweis bis zu seinem Tod.

Der Wechsel nach Wien hat auch und vor allem für den Dichter Folgen. Im Salon seines Schwiegervaters lernt er Arthur Schnitzler, Hugo von Hofmannsthal, Richard Beer-Hofmann kennen, die ihm «neue Vorstellungen vom Wesen der Kunst» nahebringen. Er habe «an der Richtigkeit seiner bisherigen Arbeitsweise zu zweifeln» begonnen, heißt es rückblickend in den «Selbstbetrachtungen», und «in den Meisterwerken der Weltliteratur nach Gesetzen» gesucht, «die das Geschaffene oder zu Schaffende aus dem engen Bezirk des Stimmungshaften, Persönlichen und persönlich Erlebten heraushoben und ihm eine gewisse Dauerhaftigkeit und Allgemeingültigkeit verleihen sollten».

Besonders Hofmannsthal, dessen menschliche Erscheinung und poetischer Geist ihn beeindrucken, wird zum umworbenen Vorbild. Dieser ist es auch, der Wassermann vor «dem Zuviel an Schilderung» warnt, «die dem Leser nichts erspart». Unter seinem Einfluß und der tätigen

Hilfe Moritz Heimanns, des Freundes und Lektors beim S. Fischer Verlag, versucht er, «den Stoff einzudämmen, Verkürzungen zu machen, Schutt wegzuräumen» und sich Themen außerhalb seines unmittelbaren Erfahrungsbereiches zuzuwenden. Seine Fabulierlust zu zügeln, die langen Wortketten und verschlungenen Handlungsfäden aufzugeben gelang ihm indes nie. Trotzdem oder gerade deshalb fanden die geschickt gebauten und mit kräftigen Kolportageelementen durchsetzten Romane eine außergewöhnliche Resonanz. Der Erfolg wird auch durch den von realistischen Erzähltraditionen des neunzehnten Jahrhunderts beeinflußten Stil getragen, der den Leseerfahrungen eines breiten Publikums entgegenkommt.

Die Vorbilder der Jugend – Zola, Turgenjew, Dostojewski, Tolstoi, Dickens, Jacobsen, Achim von Arnim oder E.T.A. Hofmann –, in deren Nachfolge er sich sieht, bleiben zeitlebens bestimmend für ihn. Thomas Mann, der in seiner «Pariser Rechenschaft» (1926) eine Begründung für die Popularität Wassermanns zu geben versuchte, hob besonders die «echte Romanhaftigkeit seiner Produkte» hervor sowie «eine Gabe des Fabulierens, durch die er uns alle schlägt». Daneben sind es vor allem Wassermanns Gespür für dramatische Steigerungen, die wirkungsvolle Verknüpfung von Lebensschicksalen, die an Freud geschulte psychologische Motivierung der Figuren, die, wie Thomas Mann es sagt, seine große «Kunstgeschicklichkeit» ausmachen.

Wassermann ist ein immens fleißiger und zäh mit seinem Stoff ringender Autor. Bis zuletzt feilt er an seinen Texten, um nicht selten noch in den Nachauflagen veränderte Fassungen vorzulegen. Auch der durch die Wiener Freunde begünstigte Wechsel zum renommierten Großverlag von Samuel Fischer fördert die literarischen Pläne. In regelmäßiger Folge erscheinen dort jetzt seine Bücher, und er gewinnt eine immer größere Lesergemeinde. Aus den über sechzig Romanen, Erzählungen, Novellen, Essays und kleinen dramatischen Versuchen ragen die Romane «Caspar Hauser» (1908), «Das Gänsemännchen» (1915), «Christian Wahnschaffe» (1919), «Der Fall Maurizius» (1928) heraus.

Die Welt dieser Bücher, mit denen Wassermann «die ganze moderne Gesellschaft» einfangen wollte, bleibt durch die eigenen schmerzlichen Erfahrungen, deren Bannkreis er nie verlassen kann, begrenzt. Den stimmungshaften, leidenschaftlichen und tragischen Momenten solcher Haltung ist der Dichter immer wieder erlegen. Ironie oder sachliche Distanz, um dem «bitteren Zweifel an sich, an seiner Stellung in der Welt» zu begegnen, waren ihm nicht gegeben. Zur Ironie, wie Thomas Mann sie entwikkelte, bemerkte er kritisch, sie sei «doch nur eine Flucht vor der künstlerischen Form».

Wassermanns Figurenwelt ist von dieser Grundhaltung geprägt. Die tragenden Gestalten bleiben trotz charakterlicher Eigenheiten einem durchschaubaren Prinzip verhaftet. Auch dann, wenn sie sozial genau bestimmt werden und in vielfältige Beziehungen zum Leben treten, sind sie mitunter von eigenartig «luftiger Existenz». Ihr Bedürfnis zu helfen, Harmonie und Seelenfrieden zu stiften, dabei aber in der selbstgewählten Erlöserrolle zu verharren, ist ein vom Autor nicht aufzuhebender Zwiespalt. Wie Agathon Geyer oder Renate Fuchs aus dem Frühwerk sind viele seiner Geschöpfe Leidende oder Enttäuschte, die ihrem Milieu entfliehen, ihren Lebensanspruch gegen eine feindlich gesinnte Umwelt verteidigen oder deren Opfer werden. Die ethischen Motive ihres Handelns machen sie moralisch überlegen, gefährden sie aber zugleich. Als Ideal eines neuen Menschen, wie Wassermann ihn ersehnte, sind sie uns heute seltsam fern. In ihrer Menschlichkeit, ihrer Leidenschaft für Gerechtigkeit, in ihrem humanistischen Bekenntnis jedoch bestehen sie fort.

Neben seinen großen zeitkritischen Romanen hat Wassermann eine Reihe historischer Erzählungen und Novellen geschrieben, die wie «Das Gold von Caxamalca» (1928) sich ebenfalls großer Beliebtheit beim Publikum erfreuten. Im Nachlaß des Dichters fanden sich darüber hinaus der Plan zu einem groß angelegten Ahasver-Roman und Skizzen für eine Novelle über die Judenverfolgung im Mittelalter. Das Interesse an geschichtlichen Stoffen war im ersten Drittel des zwanzigsten Jahrhunderts außerordentlich gestiegen, und historische Biographien und Romane waren beim Publikum sehr gefragt. Blieb der geistige Zuschnitt der übergroßen Mehrheit dieser Bücher heimattümelndem, preußisch-nationalistischem, präfaschistischem oder mythischem Gedankengut verhaftet, so versuchten Autoren wie Heinrich und Thomas Mann, Döblin und Feuchtwanger, Arnold Zweig oder Stefan Zweig bürgerlich-humanistische Traditionen in Erinnerung zu rufen und aktuelle Fragestellungen in die Vergangenheit zu transponieren. Wenn Lion Feuchtwanger erklärte, er habe «im Kostüm, in der historischen Einkleidung, immer nur ein Stilisierungsmittel gesehen», so trifft dies in noch weit stärkerem Maße auf Wassermann zu. In den Anfangsjahren, so betonte dieser später, habe «ich eingehende historische Studien» betrieben, «um zu einem unanfechtbaren Begriff des Pragmatischen zu gelangen und die unzureichende Kenntnis der Welt zunächst von der Vergangenheit, also vom sichergestellten Material aus, zu beheben». Der vorgegebene geschichtliche Stoff sollte ihn aber auch von der «unvertilgbaren Subjektivität des autobiographischen Stoffes» befreien und zwingen, die erzählerischen Mittel sparsamer einzusetzen. Zunächst jedoch ohne sichtlichen Erfolg. Von der sachlichen Diktion etwa des «Christoph Columbus» – das Porträt des «Don Quichote des Ozeans» erschien 1929 – ist er in seinem Alexanderroman («Alexander in Babylon») des Jahres 1905 noch weit entfernt. Insgesamt aber gilt, daß Wassermann in seinen historischen Erzählungen die Handlung straffer führt, gesellschaftliche Widersprüche deutlicher hervortreten läßt und, dem Symbolhaften der Historie vertrauend, nicht vordergründig moralisiert.

Unsere Auswahl wird eröffnet durch das «Vorspiel» aus den «Juden von Zirndorf», das erst in späteren Ausgaben unter dem Titel «Sabbatai Zewi» erschien, dessen literarische Eigenständigkeit aber von Beginn an außer Zweifel stand. Wassermann greift hier auf eine alte jüdische Legende zurück, die er in der folgenden Romanhandlung gleichnishaft mit der Gegenwart verbindet. Erzählt wird vom Aufbruch einer kleinen jüdischen Gemeinde in das Land ihrer Vorväter. Sind sich die Juden zunächst im gemeinsamen Ziel einig, so gewinnen bald Eigennutz und auch Wundergläubigkeit bei vielen die Oberhand. Wassermanns Kritik gilt der Idee vom auserwählten Volk, die für ihn nur in alttestamentarischer Zeit Gültigkeit besaß, jetzt aber das Zusammenleben von Juden und Christen belastet. So scheitert der Zug der Fürther Juden letztlich nicht allein durch fremde Gewalt, sondern ebenso am Egoismus und religiösen Fanatismus der Gläubigen. Auch der Prophet, dessem Ruf sie Folge leisten, erweist sich als falsch, er war längst zum Islam übergetreten. Daß die Juden ein Dorf Zion auf fränkischem Boden gründen, ist Metapher für Wassermanns Überzeugung, ihre (und seine) Heimat liege hier und nicht im fernen Jerusalem.

Fragen persönlicher Schuld und Gewissensnot bestimmen die Szenerie in «Donna Johanna von Castilien». Die Standesehe zwischen Johanna der Wahnsinnigen und Philipp dem Schönen ist von Anbeginn durch die giftigen Zungen der Hofleute, den Druck der königlichen Eltern und das so unterschiedliche Naturell beider Partner belastet. Daß Johanna, die Mutter Kaiser Karls V., nach dem Tod ihres Gatten in schwere Melancholie verfiel, den Sarg wiederholt öffnen ließ und ihn in schaurigen Nachtfahrten herumführte, ist historisch ebenso verbürgt wie ihr langjähriger Aufenthalt auf dem Schloß Tordesillas, wo sie langsam ihrem Tod entgegendämmerte. Wassermann hat die überlieferten Fakten in seiner Novelle ins Gespenstische gesteigert und das Gewissen der Regentin von Kastilien mit einem Giftmord und der Verstümmelung des Leichnams belastet. Trägt der Leichenkult der historischen Johanna Züge ihres Wahnsinns, so ist er in der Novelle extremer Ausdruck eines Reue- und Schuldgefühls. Die untilgbare Tat und die unerfüllte Liebessehnsucht löschen alle Lebenskraft, und ein Weiterexistieren scheint nur im halbwachen Bewußtseinszustand erträglich.

Das Jahrhundert der Entdeckung und Eroberung Lateinamerikas lieferte Wassermann nahezu ideale Stoffe, den Zusammenhang von Machtgier und Inhumanität kommentarlos ins Bild zu setzen.

In «Geronimo de Aguilar» aus dem Jahre 1911 und in «Das Gold von Caxamalca» aus dem Jahre 1928 erzählt er von den Grausamkeiten der Konquistadoren Cortés und Pizarro.

In der frühen Erzählung gibt es zwar einen ruhm- und geldsüchtigen Ritter, eben jenen Ritter de Aguilar, dessen Herz aber wird in der Ferne durch Liebe geweckt, und die fremde Erde löscht alle Erinnerungen an die Heimat aus. Als Cortés und seine Mordgesellen ins Land fallen, bahnt sich das Verhängnis an. Geronimo kann die Azteken nicht von der Gefährlichkeit der Eindringlinge überzeugen. Nach dem blutigen Gericht flieht er über das Meer, der Sonne entgegen, als dessen Sohn er nach einer alten Weissagung von den Azteken einst begrüßt wurde.

Eine mit menschlichen Zügen ausgestattete Rittergestalt, wie sie de Aguilar nach seiner Bekehrung verkörpert, fehlt in der Erzählung von 1928. Das Ideal harmonischer Menschengemeinschaft wird hier durch das Reich der Inka verkörpert. Symbolisch schon, daß Wassermann von diesem fernen Land im Augenblick seines Untergangs erzählt. Alles, was sein Chronist zu berichten weiß, folgt den geschichtlichen Ereignissen. Selbst das kleinste Detail ist belegt, wie etwa die reiterlichen Eskapaden de Sotos vor dem unbeweglich auf seinem Thron verharrenden Inka Atahualpa, auch daß dieser noch am selben Abend einige Soldaten hinrichten ließ, weil sie vor dem Roß erschrocken zurückwichen. Es ist alles wahr und trotzdem von der geschichtlichen Wahrheit ein Stück entfernt. Denn Wassermann liefert ein idealisiertes Bild der Ereignisse, indem er eine Momentaufnahme bietet und geschichtliche Zusammenhänge außer Betracht läßt. Das untergehende Inkareich war keineswegs, wie Wassermann es sieht, frei von «politischer Leidenschaft und selbstischem Streben», von dem «krankhaften Geist der Unzufriedenheit». Daß sich die Macht der Inkadynastie auf die Niederwerfung älterer und höherentwickelter Kulturreiche gründete und es zur Zeit der spanischen Eroberung in der Thronfolge einen blutigen Bruderkrieg zwischen dem rechtmäßigen Erben Huascar und dessen Halbbruder Atahualpa gab, wird in die Chronik nicht einbezogen. Der Kontrast zwischen Gut und Böse, zwischen Sittlichkeit und Gewalt, wie er im Vergleich des Andenvolkes mit den europäischen Konquistadoren ohnehin angelegt ist, wird noch kräftiger gemalt.

«Sturreganz» ist einem «Wendekreis»-Buch entnommen, jenem weitgespannten vierbändigen Projekt, mit dem Wassermann die Schaffenskrise nach dem ersten Weltkrieg überwinden wollte. Der didaktische Ton, der in jenen Jahren die Oberhand gewinnt, ist bereits spürbar. Reales und Märchenhaftes mischen sich in dieser Novelle und trennen sie gleichsam in zwei Hälften. Im ersten Teil, der sich an historischen Realitäten orientiert, stehen die kleine Residenzstadt Ansbach und der Markgraf Alexander im Blickpunkt. Wie andere Duodezfürsten finanziert Alexander seine Hofhaltung durch den Verkauf von Soldaten. Unter den Opfern ist auch der Schauspieler Ludwig Taube. Auf der Suche nach seiner Tochter kehrt er nach Jahren wieder in die Stadt zurück und bewirkt einen phantastischen Wechsel. Taube hat sich in den Komödianten Sturreganz verwandelt. Er tritt nicht als listiger Held und Anwalt der Gerechtigkeit auf, sondern versucht die tugendhafte Langeweile, die freudlose Atmosphäre in Ansbach durch humoristische Darbietungen zu verändern. Weil er dem Recht nicht vertraut, will er sich Anerkennung erwerben, um seine Tochter zurückzugewinnen. Trotz des Erfolges bleibt Sturreganz' Haltung pessimistisch, der Dichter Uz dagegen rühmt in der Schlußszene dessen «humoristisches Genie» und vertritt die Meinung, daß nicht Schwerter, sondern allein «der Geist verwandeln und die moralische Revolution herbeiführen» kann. Im Meinungsstreit von Schauspieler und Dichter, die Wassermann als verwandt empfand, hat er dem eigenen Zwiespalt Stimme verliehen.

Den «Aufruhr um den Junker Ernst» (1926) hat Wassermann sein «liebstes» Buch genannt. Die Erinnerungen der Kindheit werden noch einmal «verewigt», angeregt vor allem durch den 1924 geborenen Sohn aus der Ehe mit Marta Karlweis. Vor dem Hintergrund des Dreißigjährigen Krieges wird die fränkische Landschaft ins Bild gesetzt, und in die Erzählbegabung des Junker Ernst ist viel eigenes Erlebnis eingeflossen. Wassermann beschwört noch einmal die Macht des Wortes und vertraut der Hoffnung, mit Hilfe der Phantasie verändernd in das Leben hineinwirken zu können.

«Geduld» – mit diesem Wort endet die märchenhafte Rettung des Junkers von Ehrenstein. Für Wassermann eine notwendige Tugend, um den Menschen eine «Höflichkeit des Herzens» anzuerziehen. Seine «Geduld» war erst nach der faschistischen Machtergreifung und dem wenig später erfolgten Ausschluß aus der Sektion für Dichtkunst der Preußischen Akademie der Künste erschöpft. Angesichts dieser bedrohlichen Entwicklung neue Einsichten zu gewinnen war ihm wegen des rapiden Verfalls der Kräfte nicht mehr möglich.

Die Texte dieses Bandes wollen einen Einblick in das Werk und die Gedankenwelt eines Autors geben, der bei allen Illusionen und aller Erlösungsgläubigkeit stets humanistischen Idealen verbunden blieb und der den einzelnen nicht von der Pflicht menschlichen Handelns entband.

Otto Matthies

Quellennachweis:

Sabbatai Zewi. In: Fränkische Erzählungen, S. Fischer Verlag, Berlin 1925

Donna Johanna von Castilien. In: Historische Erzählungen, S. Fischer Verlag, Berlin 1924

Geronimo de Aguilar. In: Der goldene Spiegel, S. Fischer Verlag, Berlin 1911

Sturreganz. In: Der Wendekreis (2. Folge), S. Fischer Verlag, Berlin 1922

Der Aufruhr um den Junker Ernst, S. Fischer Verlag, Berlin 1926

Das Gold von Caxamalca, Verlag Philipp Reclam jun., Leipzig 1928

Ebenfalls
in unserem Verlag
erschienen

Hermann Ungar
Die Klasse

Leseprobe

Er wußte, daß die Blicke der Knaben ihn umlauerten, daß jede Blöße, die er sich gab, sein Verderben werden konnte. Es waren in diesem Jahr achtzehn Knaben, denen er gegenübergestellt war. Sie saßen zu zweien vor ihm auf den Bänken und sahen ihn an. Er wußte, daß das Verderben so kommen würde. Er mußte sich damit abfinden, grausam zu scheinen. Er wußte, daß er es nicht war. Er verteidigte sein Brot, er kämpfte um jeden Tag Aufschub. Seine Härte war ein Glied des Systems, das Ende zu verzögern. Er mußte Zeit gewinnen. Jeder Tag konnte seine Rettung sein, denn gerade an diesem gewonnenen Tag konnte er, der Lehrer Josef Blau, vielleicht durch Sammlung aller seiner Kräfte die Milderung dessen erzielen, was er verwirkt hatte.

Er kämpfte mit allen Mitteln, die Zucht aufrechtzuerhalten. Es war alles verloren, wenn sie sich einmal gelöst hatte. Wenn der erste Stein gelockert war, stürzte das Gebäude. Er wußte, es würde ihn unter seinem Schutt begraben. Er kannte Beispiele, aus denen er gelernt hatte, daß Milde und Nachgiebigkeit nicht die Mittel waren, Knaben im Zaum zu halten. So waren andere Lehrer gescheitert. Der Mensch, sagte man, sei mit Güte und Mitleid begabt; wenn dem so war, waren vierzehnjährige Knaben keine Menschen. Ihre Herzen waren grausam. Wenn dic Schranke der Zucht gefallen war, wußte er, war alles vergeblich, der Hinweis auf die bedrohte Stellung des Lehrers wie das Flehen um Gnade. Sie würden keine Frist geben, wenn sie einen Augenblick gefühlt hatten, daß sie die Stärkeren waren. Der Lehrer wußte, daß ihr höhnisches Gelächter ihn einst verfolgen würde, wenn er fliehen würde, gedemütigt, gesenkten Hauptes, um sein Brot gebracht.

Die Schule lag in einem Viertel der Stadt, in dem der wohlhabendere Teil der Bevölkerung wohnte. Die Knaben waren wohlgenährt und gut gekleidet. Er selbst war armer Herkunft. Er fühlte, wie sehr Wohlhabenheit, wenn man sie von Geburt an genießt, Freiheit der Bewegung und Vertrauen zu sich selbst gewährt und wie sie nicht durch Mittel der Erziehung, selbst nicht durch Bildung und Weisheit zu ersetzen ist. Er fürchtete, daß sich von hier aus den Knaben die erste Blöße bieten könne. Es schien ihm, als ruhten die Blicke der Knaben prüfend auf seinen Bewegungen und auf seiner Kleidung.

Er stand der Klasse unbeweglich gegenüber, den Rücken an die Wand gelehnt. Sein Blick hielt sie, einzeln und in ihrer Gesamtheit. Er wußte, daß ihm kein noch so heimlich aufflackerndes Lächeln auf einem der Gesichter, die ihm zugekehrt waren, entgehen durfte. Es konnte ein Lächeln der Überhebung sein und der Anfang der Empörung. Wenn er es rechtzeitig sah, konnte er es durch seinen Blick auslöschen. Er konnte auch unter einem Vorwand strafen. Das Wesentliche war, während der Stunde jeden Augenblick auf das Ziel gesammelt zu sein, die Zucht unter keiner Bedingung wanken zu lassen. Lehrer Blau vermied schon aus diesem Grunde das Aufundabschreiten in der Klasse, das bei anderen Lehrern in Gewohnheit war. Es durchbrach die Spannung, es verwandelte die Unbewegtheit in Bewegung, es war lösend und löste auf. Es verwischte die Grenze zwischen dem Übergeordneten und der Einheit der Untergeordneten, das System war nicht mehr starr, die Bewegung machte es biegsam. Die beiden Gewichte durften sich auch räumlich nicht verschieben, ohne das Gleichgewicht zu gefährden. Er wußte, bei dem ersten Schritt würde ein Atem durch die Klasse gehen, die Gestrafftheit der Körper würde sich lösen. Die eigene feste Stellung bot zudem weniger Anlaß, seine Bewegungen der Beobachtung der Knaben preiszugeben, als es im Schreiten der Fall sein mußte. Trotz der drohenden Gefahr des Einschwätzens fragte er die Knaben in der Bank ab und ließ sie nicht an die Tafel treten. Auch hierdurch wäre, ähnlich wie durch eigene Bewegung, eine neue durch den Wechsel aufreizende Gruppierung entstanden. Die Zweiteilung in der Ordnung wäre der Dreiteilung gewichen, und die Gradlinigkeit des Blickes von ihnen zu ihm und von ihm zu ihnen wäre durch den dritten Punkt, das dritte Gewicht, abgelenkt worden.

Die Tür des Klassenzimmers befand sich in der Höhe der ersten Bankreihe gegenüber der Fensterwand. Die Fenster sahen nach dem Schulhof. Drei Schritte vor den Bänken, vor der Querwand, an der die Tafel hing, stand das Podium mit Josef Blaus Pult. Das Pult stand an dem Rande der Erhöhung, die den Fenstern zugekehrt war. Wäre Josef Blau, wie andere Lehrer in dem schmalen Gang zwischen Podium und Bänken, quer durch den Raum zur Fensterwand gegangen, um dort in der Ecke zwichen Pult und Wand seinen Hut an den Kleiderrechen zu hängen, der für die Lehrer bestimmt war, hätte er während dieses Ganges die Augen immer eines Teiles der Schüler in seinem Rücken gehabt. Er vermied dies, indem er von der Tür aus sogleich das Podium bestieg und über dieses hinweg an seinen Platz trat. Er beschrieb hierbei einen Halbkreis, nicht nur in der Vorwärtsbewegung, sondern zugleich um die eigene Achse, so daß er die Knaben nicht aus den Augen lassen mußte. Er machte seine Eintragung in das Klassenprotokoll und stellte sich dann so an das erste Fenster, daß der Rücken durch die Wand gegen Sicht von außen geschützt war. Er verharrte so, den Knaben gegenüber, bis an das Ende der Stunde. Er verließ den Raum in derselben Art, wie er ihn betreten hatte.

Inhalt